【제11판】

사회복지정책론

【제11판】

사회복지정책론

원 석 조

지식터

제11판 머리말

출판사 사정으로 지식터에서 11판을 내게 되었다. 이를 계기로 책을 다이어트하기로 했다. 그간 책의 분량이 많고 다소 어려운 부분이 있다는 지적이 있었는데 이를 반영하여 상당 부분을 삭제했다. 예컨대 종교적 비영리사회복지조직, 사용자 부담 보험료, 복지국가와 코포라티즘, 고령화와 사회보장, 한국의 연금, 한국의 국민건강보험, 한국의 노인장기요양보험, 스웨덴의 사회복지시스템, 홍콩의 복지국가 등이다. 장 또는 절 전체를 덜어내다 보니 분량이 많이 줄어들었다. 좀 아쉽기도 하지만 요즘 추세가 그렇다는 출판사 측의 말을 따랐다. 항상 드리는 말씀대로 부단히 퇴고하여 완성도 높은 책을 만들 것을 약속드린다.

2023년 1월

원 석 조

제10판 머리말

본서 제9장 사회복지정책의 이론은 초판 이후 보완한 게 거의 없다. 이론이라 수정할 게 없었기 때문이다. 하지만 다른 부분은 지속적으로 개선하면서 유독 이론만 방치한 것 같아 내내 마음에 걸렸다. 마침 이론과 관련된 새로운 자료들을 얻게 되어 손대기로 했다. 사회복지정책 이론 중 확산이론, 페미니즘론, 사회양심론을 보완했다. 확산이론에서는 제삼세계의 확산현상을 추가했고, 페미니즘론에서는 페미니즘의 개념과 베버리지 보고서에 대한 페미니스트의 비판을 보완했으며, 사회양심론에서는 찰스 부스의 빈곤조사와 사회양심론의 관계를 설명했다.

내친김에 제1장 사회복지정책의 개념, 제3장 공공사회복지조직과 민간사회복지조직, 제12장 고령화와 사회보장, 제16장 공공부조도 일부 수정했다(제2장은 제목만 변경). 사회복지정책의 개념에서는 독일의 사회정책과 영국의 사회정책의 특징에 관한 내용을 보충했다. 공공사회복지조직과 민간사회복지조직은 민영화의 쟁점을 추가하여 민영화 실태와 이를 둘러싼 논란을 분리해 다루었다. 민영화 실태도 민간영리사회복지조직의 성장에 관한 자료를 중심으로 자세히 기술했다. 고령화와 사회보장은 최근에 나온 UN 인구보고서를 참고해 고령화 관련 통계를 업데이트하고, 고령화의 영향을 사회보장에 한정했다. 공공부조는 빈곤의 측정방식만 보충했다.

본문 내용은 그대로 두고 부록만 삭제한 채 9판을 낸 바 있어 면목이 없었는데, 이렇게 수정 보완하게 되어 마음의 빚을 좀 던 것 같다.

2021년 1월

원 석 조

부록을 삭제했다. 부록 1 사회복지와 근로유인은 제16장 공공부조를 개편하면서 보완한 워크페어와 일정 부분 겹치고, 부록 2 중국 복지체제의 성격은 한자녀정책의 폐지와 같은 정책적 변화로 인해 의미가 많이 퇴색되었기 때문이다. 책의 분량도 고려했다. 500페이지가 넘다보니 교수님이나 학생들이 부담스러워한다는 의견이 있었다.

그리고 부록만 삭제했을 뿐인데 판을 바꿔야 하나 하고 고심했으나 내용이 수정된 이상 개정판이라고 하는 것이 옳다는 결론에 도달했다. 초판부터 8판까지 일관되게 한 약속을 다짐하며 머리말을 맺는다.

2020년 2월

원 석 조

제8판 머리말

2017년 7월에 7판을 낸지 1년 반 만에 8판을 내게 되었다. 이번에는 사회보장에 초점을 두었다. 지금까지 주로 사회복지정책의 이론적 부분의 수정과 보완에 주력하느라 현실 시스템을 다루는 사회보장을 소홀히 했던 것 같다. 이를 반성하며 제2부 사회보장의 이해를 완전히 재정비했다.

그동안 미진했던 사회보장 부분을 수정 · 보완하고 나니 책의 완성도가 조금 올라간 것 같다. 앞으로도 더욱 알찬 개정판을 낼 것을 약속드리며 머리말을 맺는다.

2019년 2월

원 석 조

제7판 머리말

2016년 2월 6판을 낸 지 불과 1년 반 만에 7판을 낸다. 6판에서 복지국가 유형을 보완하는 데 중점을 두느라 국민연금, 기초연금, 노인장기요양보험, 국민기초생활보장 등 국내 사회보장제도에 많은 변화가 있었음에도 이를 제대로 반영하지 못했기 때문이다. 내친 김에 사회복지전달체계와 사회복지사상도 보완하였다.

2017년 7월

원 석 조

제6판 머리말

제5판에서 복지국가의 유형론을 중점적으로 보완했다. 하지만 여전히 미흡한 것 같아 1년 만에 제6판을 내게 되었다. 제6판에서는 복지국가의 유형 중 동아시아 복지모델을 수정·보완했다. 제5판 서문에서 이미 언급한 것처럼 동아시아국가들의 경제적·지정학적 중요성이 커짐에 따라 이들 나라의 복지시스템에 대한 관심도 커지고 있다.

이런 점을 고려하여 중국, 홍콩, 일본 등 동아시아 주요 국가들의 복지시스템을 소개하는 데 중점을 두었다. 물론 이들 국가의 복지시스템 전반이 아니라 동아시아 복지모델의 가장 큰 특징인 경제제일주의, 유교, 가족주의에 초점을 두고 분석한 것이다.

2016년 1월

원 석 조

제5판 머리말

본 개정판은 복지국가의 유형을 보완하는 데 중점을 두었다. 주지하듯 복지국가 유형론은 객관적인 지표인 탈상품화 점수를 사용해 서구 복지국가를 과학적으로 분류한 Esping-Andersen의 것이 가장 유명하다. 하지만 그의 복지국가 유형론은 완벽하지 않다. 무엇보다 개별 국가의 소속문제, 예컨대 특정 국가가 복지국가 유형 중 어디에 속하는가 하는 데 있어 이론의 여지가 많았다. 그리고 그의 유형론이 서구 복지국가에 국한되어 이와는 전혀 다른 길을 걸은 동아시아 국가와 계획경제에서 시장경제로 전환한 러시아, 구 소비에트 연방 국가, 동유럽 국가 및 중국을 설명하는 데 근본적으로 한계를 갖고 있었다.

21세기 들어 중국과 러시아를 필두로 한 동아시아 국가와 구 공산권 국가는 이머징국가로서 경제적·지정학적 중요성이 커졌다. 이에 따라 이들 국가의 복지시스템 성격을 규명하는 것에 대한 관심도 높아졌다. 1990년대 러시아와 중국이 자국의 복지시스템을 개혁할 때 World Bank가 각별한 관심을 갖고 많은 연구보고서를 통해 조언을 아끼지 않았으며, 그때부터 사회복지정책 연구자들이 이들 국가를 하나의 독립된 복지모델로 규정하고 그 특성과 본질을 분석하는 데 주력했다. 그 성과가 동아시아 복지모델과 공산주의 이후 복지모델이다.

동아시아복지모델은 경제제일주의, 유교, 가족주의를 특징으로 한다. 서구와 동아시아 국가를 구별짓는 가장 확실한 차이는 유교와 가족주의이며, 경제제일주의는 유교와 가족주의라는 유교문화에 발전국가전략이 합쳐진 결과이다. 발전국가전략이란 국가가 강력한 국가권력을 바탕으로 경제개발을 주도하고 사회복지를 경제성장의 전략으로 이용하는 것을 말한다. 한국, 대만, 일본, 싱가포르, 중국 등을 포함한다.

2014년 2월

원 석 조

제4판 머리말

2010년 제3판 이후 2년 만에 제4판을 내게 되었다. 수정에 나선 가장 큰 이유는 사회보장 부분에 대한 손질이 필요했기 때문이다. 사실 필자는 사회복지정책론 강의에서 사회보장 부분은 생략한다. 사회보장이 별도 교과목으로 개설되어 있기 때문이다. 그럼에도 본 서가 사회보장을 포함한 까닭은 초판 머리말에서 밝혔듯이 사회복지사 국가시험 사회복지정책 과목에서 사회보장 관련 사항들이 비교적 많이 출제되고 있는 사실을 고려한 것이다.

본 서의 사회보장 파트는 사회보장, 사회보험, 공공부조의 개념과 이론에 중점을 두고 있다. 그럼에도 한국의 사회보장제도를 소개하면서 통계자료와 실무적 내용을 많이 포함시켰는데, 자주 업데이트시키지 않으면 현실과 다른 기술이 되고 만다. 사실 사회복지정책론은 이론과목이라는 점에서 이 부분은 그리 중요하지 않다. 이런 판단으로 이번에 이론과 개념을 제외한 상당 부분을 삭제했다.

매 판 서문에서 약속드린 대로 교수님들과 학생들로부터 오래 사랑받는 책이 될 수 있도록 내용을 수정·보완한 개정판을 지속적으로 상재하려 한다. 이런 각오를 다지는 것으로 인사를 대신한다.

2012년 7월

원 석 조

제3판 머리말

본 서는 2006년 2월 초판을 냈다. 그 후 2008년 7월 개정판을 냈는데, 주로 우리나라 사회보장제도의 변경된 부분을 보완하는 데 중점을 두었다. 본 3판은 개정판을 낸 지 불과 1년 반 만에 출간한다.

초판에서는 실력 부족을 절감하면서도 퇴고(推敲)에 지쳐 일단 출간한다고 변명 아닌 변명을 했고, 재판에서는 여전히 부족하나 중요한 제도적 변화가 발생하면 신속히 보완하겠다는 약속으로 출간의 말을 맺었다. 여기서는 앞으로 더욱 보완하여 교수님들과 학생들로부터 오래 사랑받는 책이 되도록 만들겠다는 약속을 드리며 출간의 변을 대신하고자 한다.

2010년 1월

원 석 조

제2판 머리말

본 서는 2006년 초판을 개정한 것이다. 초판을 낸 지 불과 2년 만에 개정판을 내게 된 이유는 새로운 사회보장제도가 도입되어 책의 수정・보완이 불가피했기 때문이다. 초판 발간 이후 우리나라 사회보장제도에는 많은 변화가 있었는데, 예를 들어, 장기요양보험, 기초노령연금, 퇴직연금, 근로장려세제(EITC) 등이 그것이다.

장기요양보험은 노인의 케어에 소요되는 비용을 사회보험화한 제도(제5의 사회보험)이고, 기초노령연금은 모든 노인을 대상으로 하면서 재정은 국고로 충당되는 보편주의 노령연금이며, 퇴직연금은 기업연금으로서 기존의 퇴직금제도와 바꾸어 선택할 수 있는 근로자소득보장제도이다. 근로장려세제는 근로빈민의 근로의욕을 고취시키면서 생계를 지원하는 공공부조제도이다. 이들은 이전의 사회보장제도가 모습을 바꾼 것이 아니라 완전히 새로운 제도이다. 그런 점에서 우리나라 사회보장제도가 한 단계 더 발전한 것으로 간주해도 무리가 없을 듯하다.

사회보장을 포함한 사회복지정책에 관한 교과서는 최신자료를 신속히 보완하는 일이 매우 중요하다고 생각한다. 앞으로도 중요한 제도적 변화가 발생하면 신속하게 재개정판을 내겠다는 약속과 다짐을 하면서 개정판 인사를 대신한다.

2008년 7월

원 석 조

제1판 머리말

2003년 4월 27일 제1회 사회복지사 1급 국가시험이 치러졌다. 시험결과 전체 합격률이 67.2%로서 예상(70%)보다 다소 낮게 나타났다. 과목별로는 대부분 90%대를 넘었으나 사회복지정책론, 사회복지법제론, 정신건강론, 장애인복지론 등 네 과목은 80% 수준에 머물렀다. 그중 사회복지정책의 합격률은 82.8%로서 가장 낮았다.

사실 사회복지정책론의 가장 낮은 합격률은 시험 전에 이미 예견된 일이었다. 사회복지정책론은 사회복지정책들의 내용과 문제점에 대한 이해(이것도 만만치 않다)뿐만 아니라 그 출현배경을 파악하는 것까지 포함한다. 이를 위해서는 세계사, 특히 유럽의 중세사와 근·현대사에 관한 기본적인 소양뿐만 아니라 경제사와 사회사에 관한 지식도 필요하다. 바로 이 때문에 사회복지정책을 배우는 학생들은 물론 가르치는 교수들도 힘들어한다. 이처럼 과목 자체가 어렵기 때문에 합격률이 낮은 것은 당연해 보인다.

그러나 낮은 합격률의 책임을 과목 자체의 난이도에만 넘기기 어려운 면이 있다. 교재 때문이다. 최근 들어 우리나라에서 사회복지정책론 교재가 많이 출간되었다. 사회복지사 국가시험 때문이기도 하겠지만 출판사 간의 경쟁도 작용했을 것이다. 그런데 문제는 교재들마다 다루는 내용이 다르고, 학생들이 이해하기가 쉽지 않을 정도로 어렵게 기술되어 있다는 것이다. 이런 교재로 배운 학생들이 좋은 점수를 얻기는 어렵다.

한편 제1회 국가시험은 사회복지정책론의 범위에 대해 많은 것을 시사하였다. 사회복지정책론 시험에 사회보장에 관한 사항들이 대거 출제되었기 때문이다. 이에 대해 일부 교수들은 불만을 표시했는데, 한국사회복지대학교육협의회가 발간한 사회복지학 교과목지침서(개정판)의 범위를 벗어났다는 것이다.

그러나 교과목지침서가 절대적인 것은 아니다. 여러 교수들이 이미 지적했지만 지침서 개정판은 다른 과목은 몰라도 사회복지정책론의 범위를 지나치게 좁혀 놓았다. 사회복지정책론이라기보다는 사회복지행정론에 가까운 미국의 한 교과서 목차를 거의 그대로 옮겨놓은 느낌이 들 정도다. 이런 좁은 범위 안에서 매년 시험을 출제할 수는 없고, 또 그럴 이유도 없다.

사회보장은 사회복지정책과 별개의 것이 아니라 모든 사회복지정책론 교재들이 공통적으로 말하고 있듯이 사회복지정책의 핵심이다. 따라서 사회보장에 관한 내용을 사회복지정책 시험에서 출제하는 것을 문제 삼아서는 안 된다고 본다. 물론 이에 대해 불만을 가진 교수들은 사회보장 과목이 별도로 개설되어 있다는 점을 상기시킨다. 그러나 사회보장은 사회복지사 국가시험과목이 아니다. 그러므로 사회보장을 사회복지정책론 시험에 포함시키는 데는 별 문제가 없다. 오히려 학생들로 하여금 시험과목이 아닌 사회보장까지 공부하게 만드는 면학효과가 있을 것이다.

새 책을 낼 때마다 고백하는 말이지만 자부심보다는 부끄러움이 앞선다. 퇴고(推敲)를 거듭했지만 부족한 점이 항상 눈에 띈다. 그럴 때마다 필자의 실력 부족을 절감한다. 어떤 때는 절망감을 느끼기도 한다. 결국 퇴고에 지쳐 부족함을 알면서도 원고를 출판사에 넘긴다. 본 서도 예외가 아니다. 이번에도 용기 하나로 일단 내고 재판에서 보완하려 한다. 독자제현(讀者諸賢)의 질정(叱正)을 바란다.

2006년 2월

원 석 조

차례

제8장 사회사상과 사회복지정책 / 177

제9장 사회복지정책의 이론 / 217

PART 02 사회보장의 이해

PART

01

총 론

베버리지가 '정의의 여신'의 모습을 하고 작은 악마 '결핍'에게 "사라져라! 더 이상 나타나지 말라!"고 주문을 거는 광경을 묘사한 한 잡지의 그림(1942년 12월)

CHAPTER

01 사회복지정책의 개념

1 사회복지정책의 정의

1) 사회복지와 정책

미국의 저명한 사회복지정책학자인 Gilbert와 Terrell(2002 : 2)은 사회복지정책을 정의하기 어려운 개념(an elusive concept)이라고 하면서 힘들게 개념정의를 할 것이 아니라 사회복지정책을 사회복지와 정책의 결합개념으로 간주하여 '정책'과 '사회복지'의 개념을 각각 이해하는 편이 현명하다고 했다.

사회복지정책을 사회복지와 정책의 결합으로 보는 경우 '정책'에 관해서는 거의 일치된 견해를 갖고 있는 것 같다. 즉, 정책을 "특정 목적을 달성하기 위한 행동들의 원칙, 지침, 일정한 계획, 조직화된 노력"으로 보는 것이다(Gilbert and Terrell, 2002 : 3).

이렇게 되면 중요한 것은 사회복지의 개념이다. 사실 사회복지정책 못지않게 사회복지에 관한 정의도 다양하다. 하지만 사회복지학자들의 사회복지에 대한 정의들을 종합해 보면, 사회복지는 사회문제의 해결 또는 사회적 욕구의 충족과 같은 주요한 기능을 수행하는 사회제도(social institution)라는 데 어느 정도 의견일치를 보이고 있는 것 같다.

예를 들면, 일찍이 Loewenberg(1974 : 44)는 사회복지를 "인간의 정서적 · 지적 · 신체적 · 사회적 기능을 향상시키고 유지하는 것을 일차적 임무로 하는 사회제도"라고 정의내린 바 있고, Bell(1983 : 2)은 사회복지를 "인간의 기본적 욕구를 충족시키는 데 필요한 대책으로서 법, 프로그램, 급여 및 서비스를 말한다"고 정의했으며, Zastrow

(2000 : 5)는 사회복지를 정책과 법에 의거해 있는 사회제도로서 "개인, 집단, 가족, 조직, 공동체의 복지(well-being)를 개선하기 위해 사회문제를 예방하고, 완화시키며, 그것의 해결에 기여하는 데 목적이 있다"고 했고, Popple과 Leighninger(2002 : 29)는 사회복지는 "인간의 기본적 욕구를 충족시키는 사회적 급여와 서비스로서 시장 외부의 경제적 이전(economic transfers) 기능을 수행한다"고 정의하였다.

한편 미국의 저명한 사회복지학자인 Wilensky와 Lebeaux(1965 : 3)는 사회복지를 잔여적(residual) 개념과 제도적(institutional) 개념으로 구분하였다. 잔여적 사회복지는 개인의 욕구가 일차적으로 가족이나 시장을 통해 충족되며, 다만 이것이 제대로 되지 않을 때 잠정적 · 일시적으로 그 기능을 대신하는 구호적 성격의 사회복지이다. 제도적 사회복지는 개인의 사회적 욕구 충족을 목적으로 하는 사회복지제도가 다른 제도들, 예컨대 가족, 경제, 정치, 교육, 종교 등의 사회제도와 동등한 수준에서 일차적 · 정상적으로 제도화되어 있는 것이다. 잔여적 사회복지는 그 역사적 예로 영국의 빈민법을 들 수 있고, 이념적으로는 Spencer, Hayek, Friedman 등 자유주의자들이 지지하는 개념이다. 제도적 사회복지는 욕구 원칙에 입각하여 시장 외부에서 제공되는 보편적 서비스를 지칭하는데, 사회변동과 사회적 평등에 관한 이론에 근거를 두고 있고, 기본적으로 소득재분배 체계와 같다(Titmuss, 1974 : 30-31).

이 두 개념은 철학적으로 정반대의 위치에 있고, 또 역사적으로 볼 때 잔여적 개념에서 제도적 개념으로 변화되어 왔지만, 대체로 두 개념이 혼재하는 것이 현실이다. 양자의 차이를 정리하면 <표 1-1>과 같다.

〈표 1-1〉 **사회복지의 잔여적 개념과 제도적 개념**

잔여적 개념	제도적 개념
개인의 욕구는 비정상적인 것으로 간주된다.	개인의 욕구는 산업화로 인해 필연적으로 발생한다.
문제가 되는 상황은 긴급상황 또는 위기상황이다.	문제상황은 복잡한 현대사회에서 항상 나타난다.
개인이 가진 자원이 모두 소진된 이후에야 사회복지가 제공된다.	사회복지는 문제가 심각해지기 전에 제공된다.
사회복지에는 낙인이 뒤따른다.	사회복지에 낙인은 없다.
사회복지는 문제를 일시적으로 완화시킬 뿐이며, 최후로 기댈 수 있는 자선이나 시혜로서 가급적 단기간에 종결된다.	사회복지에는 예방과 재활이 제도화되어 있으며, 항구적으로 제공된다.

출처 : Johnson, 1982 : 15.

사회복지를 협의의 개념과 광의의 개념으로 구분하기도 한다. 협의의 사회복지는 고통과 빈곤을 완화시키는 것을 목적으로 하는 공공과 민간의 비영리적 사회복지를 말한다. 빈민만을 대상으로 하는 공공부조가 대표적이다. 광의의 사회복지는 미국사회복지사협회(NASW : the National Association of Social Workers)의 정의에 잘 정리되어 있는데, 사회의 유지에 반드시 필요한 사회적 · 경제적 · 교육적 · 보건의료적 욕구를 해결하도록 원조하는 국가의 프로그램, 급여 및 서비스 체계를 말한다. 광의의 사회복지는 민간사회복지조직, 영리사회복지조직, 정부의 사회복지 프로그램을 포함하며, 사회복지사의 활동 영역을 넘어 의사, 간호사, 법률가, 교사, 성직자 등의 활동 영역까지 포괄한다. 무지, 질병, 장애, 실업, 빈곤 등과 같은 고통으로부터 인간을 보호하는 데 목적을 둔 여러 제도들을 포함한다. 협의의 사회복지는 잔여적 사회복지에, 광의의 사회복지는 제도적 사회복지에 각각 대응된다(Dolgoff and Feldstein, 2000 : 112).

이처럼 사회복지가 잔여적, 제도적 개념, 그리고 협의와 광의의 개념이 있고, 잔여적 사회복지는 협의의 사회복지, 제도적 사회복지는 광의의 사회복지에 대응된다면, 사회복지정책도 잔여적(협의) 사회복지정책과 제도적(광의) 사회복지정책으로 구분해 정의할 수 있다. 잔여적 사회복지정책은 가족과 시장이 제 기능을 못할 때

잠정적 · 일시적으로 국가가 그 기능을 대신하기 위한 행동들의 원칙, 지침, 일정한 계획, 조직화된 노력이다. 제도적 사회복지정책은 개인의 사회적 욕구 충족을 위한 사회복지제도들의 원칙, 지침, 일정한 계획, 조직화된 노력이다. 제도적 사회복지정책은 가족, 경제, 정치, 교육, 종교 등의 사회제도와 동등한 수준에서 일차적 · 정상적으로 제도화되어 있다.

사회복지정책을 '사회복지'와 '정책'의 결합으로 보는 입장

- 정책이란 "특정 목적을 달성하기 위한 행동들의 원칙, 지침, 일정한 계획, 조직화된 노력"이다.
- 사회복지는 잔여적 개념과 제도적 개념으로 구분된다.
  - **잔여적 개념** : 개인의 욕구가 일차적으로 가족이나 시장을 통해 충족되며, 이것이 제대로 되지 않을 때 잠정적 · 일시적으로 그 기능을 대신하는 구호적 성격의 사회복지이다.
  - **제도적 개념** : 사회적 욕구 충족을 목적으로 하는 사회복지가 다른 사회제도와 동등한 수준에서 일차적 · 정상적으로 제도화되어 있다.

2) 사회정책과 사회복지정책

국가별 차이에 초점을 두고 사회복지정책을 이해하려는 사람들은 독일의 사회정책(sozialpolitik)과 영국의 사회정책(social policy) 그리고 미국 사회복지정책(social welfare policy)의 특징을 중시한다.

(1) 독일의 사회정책

독일은 세계 최초로 사회정책을 시행한 나라이다. 1880년대 독일제국에서 비스마르크(Bismarck, 1815~1898)[1] 재상이 주도하여 제정한 일련의 사회입법, 즉 1883년의 건강보험, 1884년의 산재보험, 1889년의 노령폐질연금이 그것이다. 사회정책이라는 용어도 독일제이다. 1872년 Schmoller, Wagner 등 강단사회주의자[2] 또는 국가사회주

1) 1862년 프로이센의 재상이 되어 독일의 통일과 근대화를 이룩한 주역으로 활약했다. 그러나 1880년대 말 이후 강해진 국력을 바탕으로 현상유지정책에서 탈피하여 세계로 진출하려 한 젊은 빌헬름 2세와의 대립으로 1890년 사임했다.

2) 1870년대 초 독일제국의 대학교수들 중에는 자본주의의 진전으로 인한 착취, 빈곤, 불평등 등 사회문제와 노동문제가 심각해지는 데 주목한 이들이 많았다. 이들은 빈민구제나 계급협력을 통한 산업평화가 절실하다고 생각했다. 이른바 독일 맨체스터파라 불린 자유방임주의자들이 이들을 멸시하는 뜻에서 '강단사회주의자'라 불렀다. 이들은 19세기 말까지 독일 학계의 주류였다.

의자[3)]가 중심이 되어 사회정책학회(Verein für Sozialpolitik)를 창설함으로써 사회정책 용어가 대중화되기 시작했다.

강단사회주의자들은 기본적으로 사회정책을 분배과정의 조정·수정을 위한 윤리적 조치로서 계급대립을 완화시켜 계급 간의 협조를 유도하기 위한 국가정책, 즉 계급 간 분배정책으로 간주했다. 당시 사회정책에 대한 이들의 생각은 다음과 같은 사회정책학회 설립취지에 잘 나타나 있다. "우리는 방임주의를 반대한다. 왜냐하면 극단적인 이기심의 발호와 제한 없는 자유경쟁은 빈부격차를 심화시키기 때문이다. 또한 우리는 사회주의를 반대한다. 왜냐하면 현재의 경제조직을 파괴하고, 자본가의 몰락은 국민에 해롭기 때문이다. 현재의 사경제조직을 유지하여 그 범위 안에서 개인의 활동과 국가권력을 통하여 계급갈등을 예방하고 사회를 조화롭게 한다."

사회정책학회는 Gustav von Schmoller(1838~1917), Adolf Wagner(1835~1917), Lujo Brentano (1844~1931) 등이 주도했다.[4)] 이들은 노동자계급을 사회에 편입시키고 사회입법을 통해 그들의 생활수준을 개선하는 것이 사회정책이라는 데 공감했다. 사회정책을 정부의 기본적 임무로 생각한 Schmoller는 국가가 이기적인 계급이해를 넘어선 입법과 공정한 행정을 통해 사회적 약자와 하층계급을 보호해야 한다고 주장했다. 그리고 그는 사회정책을 계급 간의 우호적 관계의 형성, 부정의의 배제 또는 경감, 분배정의 원리의 실현, 하층 및 중간계급의 도덕적·윤리적 향상을 위한 사회입법이라고 정의했다(강철구, 1983 : 47). 또한 사회정책을 노동자계급과 여타 사회계급 간의 투쟁을 조정하는 것, 노동자계급을 사회정치시스템 내부로 끌어들이는 것으로 생각했다. Wagner도 이와 유사하게 사회정책을 정부가 입법과 행정 수단을 동원하

3) 국가사회주의(state socialism)는 노동자계급의 생활처지의 개선을 위해 강력한 권력을 보유한 국가가 앞장서는 '위로부터의 사회주의'라 할 수 있다. 비스마르크의 사회입법이 바로 그것이다. 국가사회주의와 유사한 것이 국민사회주의(national socialism), 즉 나치즘 또는 파시즘이다. 국가사회주의나 국민사회주의 모두 공산주의는 물론 자유주의까지 부정적으로 보되, 근본적으로는 자본주의 경제의 유지·발전을 바라고, 권위주의적 국가권력으로 자본주의 경제사회를 통제하려 하며, 대외적으로는 제국주의 또는 팽창주의를 지향한다는 점에서 비슷하다. 그러나 국민사회주의는 나치즘에서 보듯이 특정 민족의 우월성을 기반으로 다른 민족이나 국가를 정치적·문화적으로 지배하는 것을 정당시한다는 점에서 국가사회주의와 차이가 있다. 사회주의보다는 민족주의에 더 중점을 두었다는 것이다. 이 두 사회주의는 사유재산의 부정이 아니라 사회개량(social reform)을 지향했다.

4) 사회정책을 독일에서 처음으로 학문영역에 가져온 사람은 뮌헨대학 Wihelm Heinrich Riel(1823~1897) 교수였다. 그는 비스마르크 사회입법이 제정되기 전인 1851년《독일 사회정책에 기초한 인간의 자연사》(the natural history of the people as the basis of a German social policy)란 저서를 냈다. Riel 교수는 경제적 착취 문제보다 사회적 통합의 이완 문제를 중시했다. 사회갈등을 사회적 핵심문제로 간주한 것이다(Cahnman and Schmitt, 1979 : 49-50).

여 분배과정의 오용(abuse)을 바로잡는 것, 국가개입과 국가사회주의를 촉진하는 것으로 생각했다.

Brentano는 영국 페이비언 사회주의의 영향을 많이 받아 시장에서의 노동조합의 힘의 강화에 관심이 많았다. 당시 가장 젊었던 Werner Sombart(1863~1941)는 협력적인 사회시스템의 이념(계급협조)을 포기했다. 마르크스주의 노선에 약간 기운 그는 정부가 실질적으로 또 이념적으로 노동자계급의 편에 설 것을 주장했다. 후에 그는 국가사회주의를 독일판 사회주의로 간주해서 지지하게 된다(Zwiedineck-Südenhorst, 1979 : 56).

이들이 사회주의는 물론 부르주아적 관념도 배격하면서 양자의 조화와 타협을 강조하고, 기존 사회질서 속에서 국가의 적절한 개입을 통해 사회질서의 폐해를 시정함으로써 사회안정을 유지하려고 한 것은 20세기 이후의 사회민주주의(social democracy)와 대단히 유사하고 따라서 상당히 진보적인 관념으로 생각하기 쉽다. 그러나 1880년대 독일에서 자유방임주의와 사회주의 두 관념을 배격한 것은 신흥 부르주아계급과 노동자계급 모두를 비판한 것이고, 이는 이 두 계급 사이에 끼어 있던 보수적인 귀족계급에 유리하게 작용했다.

강단사회주의자들의 견해는 비스마르크의 생각과 완전히 일치했다. 비스마르크는 1872년 봄 빌헬름 황제에게 보낸 각서에서 사회주의라는 만연된 병을 고치기 위해서는 경찰의 강압적인 수단만으로는 결코 해결되지 않으며, 사회정책을 고려해야만 한다고 주장했다. 강단사회주의자들의 사회정책에 대한 관념은 비스마르크 사회입법의 이론적 기초가 되었다(강철구, 1983 : 46).

한편 독일 사회정책학회의 전통을 이어받은 뮌헨대학 Zwiedineck-Südenhorst (1871~1956) 경제학 교수는 이론을 방임하고 사회문제를 윤리적이고 정치적으로 해결하는 데 주력했던 사회정책학회 선배들과 달리 사회정책을 이론적으로 접근했다. 또 독일과 영국·미국 사회정책의 차이점에 대한 자신의 의견도 제시했다. 그는 사회정책을 정치(politik)의 한 범주로 봤다. 정치는 한편으로 정부의 기능에 초점을 둔 학문의 영역(정치학)이고, 다른 한편으로 공적 생활(public life)에 대한 실제적 접근이다. 정치는 학문적 성격과 실제적 영역이라는 두 가지 의미가 있다는 것이다. 정책(policy)은 사회적 조건의 변화에 영향을 주기 위한 체계적 행동이다. 이는 정부기관 또는 민간조직의 활동을 통해 이루어진다(Zwiedineck-Südenhorst, 1979 : 53). 사회정책은 사회가 나아가야 할 방향과 사회조직의 이념(실재 존재하는 사회와는 다른 어떤 이상적인 사회), 즉 인지적 요소(cognitive element)와 의지적 요소(volitional element) 두 가지로 구성된다. 사회정치적 의지는 정확히 말해서 사회적 통일을 유지하기 위한 노력을 의미한다. 사회정책은 계급적대감(class antagonism), 즉 억압받고 있다고 느끼는 사회계급이 사회에 저항하는 것을 극복 또는 약화시키는 것이다. 농민의 이익을 보호하기 위해 수입 농산물에 과세하는 관세정책이 좋은 예이다.

그는 독일과 영미 사회정책 개념의 다른 점에 대해서도 언급했다. 그에 의하면, 영미 사회복지는 독일 사회정책보다 집합주의적이고 포괄적이다. 영미 사회복지는 두 개의 얼굴을 갖고 있다. 하나는 욕구가 있는 사람을 돕기 위한 것, 다른 하나는 인적자본에 투자하는 것이다. 이에 비해 독일 사회정책은 사회적 조건에 영향을 주기 위한 개입주의 정책으로서 다양한 이익들을 두루 만족시키는 것보다 조정(adjustment)하는 데 목적이 있다. 사회정책이 중시하는 것은 사회적 응집(사회통합)이다. 사회적 응집을 위협하는 것은 배척되어야 한다. 사회정책은 공통의 이익을 인정한 토대 위에서 도덕적 질서를 확립하기 위한 것이다(Cahnman and Schmitt, 1979 : 51).

이상에서 보듯이 사회정책을 만든 비스마르크나 이를 정당화한 강단사회주의자들은 사회정책을 사회주의를 막기 위한 계급정책 · 노동(통제)정책으로 간주했다. 그러나 사회통제 수단으로서의 사회정책, 권위주의적인 사회정책이 민주화된 현대 독일까지 지속될 수는 없었다. 그럼에도 독일 사회정책의 이런 전통은 오늘날까지 면면히 이어져 노동조건을 규제하는 노동법이 사회복지 프로그램에서 중요한 위치를 점하고 있고, 국민 개개인은 시민으로서가 아니라 사회보험의 피보험자로서 사회복지 급여를 제공받을 정도로 사회보험의 비중이 크다(Alber, 1986 : 4-5).

다음은 독일 사회정책 대학교육이다(Jones, 1979 : 512-515). 오늘날 독일에서 사회정책은 사회통합을 촉진시키는 정책, 사회적 약자를 지원하기 위해 필요한 정책, 계급 간의 응집력을 강화시키는 정책, 사회적 통일을 유지하는 정책으로 인식되고 있다. 그런데 복지 또는 빈민구제는 사회정책으로 간주하지 않는다.[5] 복지와 빈민구제는 곤란에 처한 개인의 시급한 욕구를 해결하는 것이다. 전체 사회의 집합적 욕구와 관련된 예방적 · 장기적인 사회정책이 아니다. 독일 대학들도 이런 관점에 서 있다.

독일 학계에서 사회정책은 응용사회과학의 하나이다. 사회과학의 중력장 안에 있다는 것이다. 하지만 독일 대학에서 사회정책은 주요 교과목이 아니다. 정치경제학, 사회법, 산업경제학, 사회학 등의 보조학문, 2차적인 분야로 간주된다. 사회정책을 경제학 교과목의 하나로 생각하는 사람이 많다. 사회정책에서 가장 중요한 것은 경제학이고, 이론적으로도 경제학에 기초해 있다.

독일 학계는 사회정책을 개인의 복지와는 별개의 매크로 한 것으로 보기 때문에 사회서비스 현장실습은 없다(no field-work). 학생들도 대부분 비즈니스계, 사회보장 행정관리, 연방정부와 주정부의 행정관료를 목표로 한다. 사회복지사 경력을 원하는 학생은 없다. 독일에서 사회복지실천 교육은 대학(university)이 아니라 전문대학(Fachhochschule)이 담당한다. 대학의 사회정책 교육과는 무관하다. 대학의 사회정책 교육은 사회복지사 양성을 목표로 하지 않는다.

(2) 영국의 사회정책

1872년 독일 사회정책학회가 창립되었을 무렵 독일어 Sozialpolitik와 같은 의미를 가진 단어가 영국과 프랑스에는 없었다. 당시 영국 학계에서는 독일 사회정책과 유사한 것으로 사회문제(social problems)라는 용어를 사용하고 있었고, 프랑스 학계에는 1940년대까지도 사회정책을 뜻하는 단어조차 없었다.

독일어 Sozialpolitik와 프랑스어 Politique Sociale는 사회정책과 사회정치라는 두 가지 의미를 갖고 있다. 정책(policy)과 정치(politics)를 하나의 단어로 표현하는 것이다. 이와 달리 영국은 사회정책(social policy)과 사회정치(social politics)를 구별한다(Bulmer et al., 1989 : 5). 독일과 프랑스는 사회정책과 사회정치(질서유지를 위한 계급정치)를 구별하지 않을 정도로 사회정책의 '정치성'을 강조하고, 영국은 '정책'이라는 정치색이 덜한

---

5) Zwiedineck-Südenhorst는 예외적으로 개인의 욕구를 보살피는 사회복지사업(social welfare work)의 중요성도 인정했다. 빈민과 사회적 약자를 보호하는 공공부조를 포함한 사회복지사업도 사회적 이익의 관점에서 또 사회적 개입이 필요한 것으로 인정하고 사회정책의 하나로 보자는 것이다. 사회적 응집과 개인적 행복은 분리 불가능하다고 본 그는 사회정책의 집합주의적 접근과 개인주의적 접근의 통합 또는 보수주의적 입장과 자유주의적 입장의 절충을 시도했다고 볼 수 있다(Cahnman and Schmitt, 1979 : 52).

용어를 사용하고 있음을 알 수 있다.

독일이 계급정책과 노동정책으로서의 사회정책을 강조하는 것과 달리 영국은 시민의 복지, 즉 사회복지를 중시한다. 예를 들어 영국의 탁월한 사회정책학자 Marshall(1965 : 7)은 20세기 들어 사회정책의 핵심적 목적이 과거의 노동자 통제(사회통제)에서 벗어나 '복지'가 되었다고 했으며, 사회정책을 "시민들에게 소득이나 서비스를 제공함으로써 그들의 복지를 향상시키기 위한 정부의 정책으로서 사회보험, 공공부조, 보건서비스, 복지서비스, 주택정책 등을 포함한다"고 정의했다.

영국 사회정책학을 대표하는 Titmuss(1974 : 26)는 사회정책을 "시혜적(beneficient) 이고, 재분배적(redistributive)이며, 경제적 목적뿐만 아니라 비경제적 목적을 가진 사회복지시스템(a system of social welfare)"으로 정의했다. 시혜적 사회정책은 가난한 노동자, 노령연금 수급자, 여성, 박탈된 아동, 빈민 등 사회적 취약계층에게 보다 많은 복지혜택을 부여하는 데 초점을 둔 것이고, 재분배적 사회정책은 물질적 · 비물질적 자원을 부자에서 빈민에게로, 한 인종집단에서 다른 인종집단으로, 일하는 연령층에서 은퇴한 연령층에게로 이전하는 데 중점을 둔 것이다. 그러면서 그는 재분배적 사회정책을 중시하고, 이타주의와 평등과 같은 진보적 가치를 높이 평가했다.

사회정책학자 Deacon(2003)은 사회정책의 본질을 스리 알(the three Rs), 즉 규제(regulation), 권리(rights), 재분배(redistribution)로 요약했는데, 영국 사회정책학계의 사회정책 개념을 잘 보여준다.

첫째, 사회정책은 시민의 행동을 규제한다. 공익을 위해 개인의 행동을 규제하는 법률은 규범적 가치에 근거해서 정당화된다. 사적인 개인은 가정, 회사, 경제행위자 집단의 일원일 수도 있고, 시민사회운동의 일원일 수도 있다. 이런 사적 개인을 국가는 공익을 위해 법률(사회정책 관련 법률)로 규제할 수 있다.

둘째, 사회정책은 권리이다. 실질적인 사회경제적 권리(공민권과 정치적 권리에 대비되는)는 국가에 의해 보증된다. Marshall(1965)에 의하면 복지국가는 국가가 보증하는 권리(state guaranteed rights)를 사용해 돈과 정치의 유착(정경유착)을 이기는 것이다. 좋은 예가 2차 세계대전 후 유럽에서 완전고용이 경제적 권리의 하나로 인정된 것이다.

셋째, 사회정책은 재분배 기능을 한다. 국가는 조세, 공공지출, 사회정책을 통해 소득재분배를 기한다. 소득재분배는 경제정책과 구별되는 사회정책의 매우 중요한 기능이다.

영국은 사회정책을 국가의 사회적 대책(state social provision)으로 규정한다(Bulmer et al., 1989 : 6). 사회정책을 국가복지(state welfare)로 보는 것이다. 하지만 영국의 사회정책은 사회보험 중심의 독일 사회정책이나 사회보험, 공공부조, 사회복지서비스로 구성된 미국의 사회보장보다 포괄적이다. 영국은 사회보장(소득보장)뿐만 아니라 보건의료, 주택, 교육, 퍼스널 사회서비스까지 사회정책에 포함시킨다. 이를 총칭해서 사회서비스(social services)라고 한다. 영국에서 사회서비스와 사회정책은 동의어이다.

사회정책의 학문적 독자성도 영국의 특징이다. 유럽대륙 국가에는 사회정책 독립학과를 설치한 대학이 거의 없다. 대부분 대학의 사회학과나 직업전문학교 사회사업과 등에서 사회정책을 전공과목의 하나로 개설하고 있다. 반면에 영국의 주요 대학들에는 사회정책학과가 있다. 영국의 사회정책 대학교육은 4년제 사회정책 학부과정(사회복지실천과 사회행정 통합 과정)과 2년제 대학원 과정(실습 없는 석사과정)으로 구성된다. 교육 목적은 자격과 전문성을 갖춘 사회복지사와 사회복지행정가 양성에 있다. 사회정책학과의 교과목은 상당히 폭넓다. 소득보장, 보건의료, 교육, 주택, 퍼스널 사회서비스 등 사회서비스를 중심으로 해서 가족, 범죄, 법, 인종관계, 실업, 제3세계의 발전까지도 포함한다. 학과 명칭을 사회행정(social administration)으로 한 대학들도 많다. 영국에서 사회행정은 사회정책과 사회복지에 관한 학문적 연구를 의미한다(Brown, 1987 : 88).

영국 버밍엄대학 사회행정학 교수 Jones(1979 : 525)는 영국의 사회정책학을 상당히 부정적으로 평가했다. 그녀는 영국 사회정책학의 특징을 다음과 같이 세 가지로 요약했다.

첫째, 사회정책은 잡동사니 사회과학(magpie applied social science)이다. 사회정책 학위는 관련 사회과학들에 폭넓게 의존하고 있다.[6)]

둘째, 사회행정학과의 현장실습은 이 과목을 전공하는 학생들에게 바람직한 것으로 간주된다(전문 사회복지실천 실습과는 구분). 그것은 사회정책의 현실을 파악하는 데 도움이 된다.

셋째, 사회행정학은 페이비언 사회주의와 깊은 관련이 있다. 페이비언 사회주의는 사회정책의 관점에 영향을 미쳤다.

(3) 미국의 사회복지정책

독일과 영국이 사회정책이라는 단어를 일관되게 사용하고 있는 데 비해 미국은 사회정책과 사회복지정책을 혼용한다. 사회정책은 사회복지정책의 상위개념이다. 사회정책은 사회가 공인한 사회행동(social action)으로서 인간사(human affairs)의 공식적·체계적 질서유지를 위한 공공정책(public policy)이고, 사회복지정책은 사회정책의 하위체계(a subset of social policy)로서 고용, 소득, 음식, 주택, 보건의료, 사회관계 등 기본적 욕구를 충족시키기 위한 것이다(Karger and Stoesz, 2002 : 3).

미국 사회복지정책의 가장 큰 특징은 비정부조직이 의사결정권을 갖고 사회복지서비스를 제공하는 민간정책(private policy)을 사회복지정책에 포함시킨다는 사실이다. 독일이나 영국과 달리 미국이 민간복지도 사회복지정책의 하나로 간주하는 것에는 역사적·현실적 이유가 있다. 미국에서는 19세기 중후반부터 자선조직협회(charity organization societies)나 인보관(settlement houses)과 같은 민간비영리사회복지조직이 사회복지 발전에 크게 기여(때로는 주도)했고, 대중에 대한 사회적 영향력이 매우 컸으며, 현재도 비영리사회복지조직, 특히 종교적 비영리조직은 사회복지 부문에서 큰 비중을 차지하고 있다.[7)]

6) 이에 대해 Jones(1979 : 526)는 응용을 너무 많이 하고, 산만하며, 지나치게 학제적(so applied, so diffuse and so multi-disciplinary)이라고 말했다.

7) 미국은 유럽에 비해 자선조직 기부금 규모가 훨씬 크고, 자선조직 회원 수도 월등히 많으며, 다양한 자원봉사집단들이 다양한 봉사활동을 하고 있다(Skocpol et al., 2000). 국가복지의 수준이 높으면, 민간의 자선인센티브가 약화된다고 하는데(Glaeser and Shleifer, 2001), 미국과 유럽의 이런 차이를 설명해 준다. 하버드대 연구 팀 Alesina 등(2001)이 미국과 유럽의 복지수준의 차이를 검증하기 위해 미국과 유럽 각국의 세전 소득, 조세, 소득 이전 등의 경험적 자료를 비교분석했다. 이런 변수들은 미국과 유럽의 복지수준

정부와 민간의 사회복지활동을 모두 사회복지정책으로 보는 것은 미국사회복지사협회(NASW)가 대표적이다. NASW(1995 : 2226)는 사회복지정책을 "정부와 민간조직의 공식적으로 명시된 법, 시행규칙, 조례에 근거를 두고, 법적 판결로 뒷받침되는 활동 원칙, 계획, 절차"로 정의하고 있다.

나아가 미국은 영리를 목적으로 하는 사회복지조직까지 사회복지정책에 포함시킨다. Karger와 Stoesz(2002 : 4)가 사회복지정책에 국가가 시행하는 정부 사회복지정책(governmental social welfare policy)과 비영리 민간사회복지조직이 운영하는 민간사회복지정책(voluntary social welfare policy) 이외에 영리를 목적으로 하는 기업이 운영하는 기업사회복지정책(corporate social welfare policy)을 포함시킨 것이 좋은 예이다.

영리사회복지조직은 매우 미국적인 현상이다. 원래 미국도 공공이건 민간이건 모든 사회복지사업은 비영리적이었다. 하지만 신자유주의 이후 정부가 민간사회복지조직의 영리추구를 허용함으로써 휴먼서비스 영역(특히 노인요양 부문)에서 영리를 추구하는 사회복지비즈니스가 많이 등장했다. 그리하여 정부의 법정 프로그램(mandated programs)인 공공사회복지정책과 민간비영리사회복지조직이 시행하는 민간사회복지정책뿐만 아니라 영리를 추구하는 기업에 의한 기업사회복지정책까지 사회복지정책에 포함되었다.

〈표 1-2〉 **미국의 사회복지정책**

구 분	내 용
정부사회복지정책	정부가 공익을 목적으로 실시하는 법정 사회복지정책
민간사회복지정책	민간비영리사회복지조직이 공익을 위해 시행하는 사회복지정책
기업사회복지정책	기업이 영리를 목적으로 시행하는 사회복지정책

그럼에도 사회복지정책을 공공정책의 하나로 간주하는 미국인들이 많다. 사회복지정책이 전 국민을 대상으로 하고, 의회의 입법과정을 거쳐 만들어지기 때문이다.

차이를 설명하지 못했고, 대신 미국의 인종적 이질성(racial heterogeneity)과 미국의 정치제도가 유의미한 것으로 나타났다. 미국의 인종적 적대감(racial animosity)은 많은 유권자로 하여금 흑인 빈민에 대한 복지를 거부하게 만들었고, 미국의 정치제도는 사회주의 정당의 성장과 빈민의 정치적 파워를 제한했다는 것이다.

사회복지정책의 공공성을 강조하는 사회복지학자들도 있다. 예를 들어 Dolgoff와 Feldstein(2000 : 114)은 사회복지정책을 "공공부문뿐만 아니라 민간부문을 포함하지만, 대부분은 정부가 결정한다. 정부는 사회복지 관련자들의 행동을 규제하고, 관료조직과 프로그램을 조직하며, 급여를 배분하고 재정에 필요한 세금을 징수한다"고 했고, DiNitto(2000 : 2-3)는 "사회복지정책은 국민의 삶의 질에 영향을 미치는 것을 결정하는 정부의 활동이다. 구체적으로 말하면, 사회복지정책은 시민의 복지에 영향을 주는 정부활동으로서 시민에게 제공하는 서비스와 소득을 말한다. 사회복지정책의 범위는 소득보장(사회보장), 영양, 보건의료, 사회복지서비스(아동복지, 가족복지, 지역사회복지, 고용복지, 노인복지, 직업훈련 등) 등이다"라고 정의했다.

한편 미국에는 영국의 사회행정학과나 사회정책학과처럼 사회복지정책을 연구하는 독립된 학과가 없다. 사회복지정책은 대학의 사회복지학과 학부와 사회복지대학원의 교과목(대부분 선택과목)의 하나일 뿐이다. 미국의 사회복지 대학교육은 전통적으로 정부기관 공직자나 정부의 사회복지정책 연구자가 되려는 사람보다는 민간사회복지기관에서 일할 사회복지사를 양성하는 데 주력했다. 따라서 대학의 사회복지정책 교육은 마이너일 수밖에 없다.[8)] 독일과는 사회복지정책 교육의 접근방법에서 두드러진 차이를 보인다. 독일 사회정책은 경제학의 일부라고 할 정도로 경제학 의존도가 높다. 이에 비해 미국의 사회복지정책 교육은 정치경제학적 매크로 접근보다는 정책결정과정과 정책의 분석틀과 같은 마이크로 접근을 선호하고, 민간사회복지조직의 특성을 비중 있게 다룬다.

이상과 같이 살펴본 대로 독일과 영국의 사회정책과 미국의 사회복지정책은 성격이 다르다. 독일의 사회정책은 자본주의 체제의 유지 또는 사회적 질서의 유지를 목적으로 하는 권위주의적 국가정책의 성격이 짙고, 영국의 사회정책은 국가정책이기는 하지만 질서유지가 아니라 시민의 복지(사회복지)를 목적으로 한다는 점에서 탈권위주의적이다. 미국의 사회복지정책은 영국의 사회정책과 같이 사회복지의 향상을 목적으로 하되 공공(국가)복지뿐만 아니라 민간복지까지 포함한다는 점에서 가장 탈권위주의적이다.

8) 1987년에서야 NASW가 사회정책 교육의 조정을 위해 사회정책 및 실무 센터(the Center for Social Policy and Practice)를 설립했다.

독일 · 영국 · 미국의 사회정책과 사회복지정책

- **독일** : 사회정책을 분배과정의 조정 · 수정을 위한 윤리적 조치로서 계급대립을 완화시켜 계급 간의 협조를 유도하기 위한 국가정책으로 간주한다.
- **영국** : 질서유지가 아니라 시민의 복지, 즉 사회복지를 위한 사회정책을 강조한다.
- **미국** : 사회정책보다는 사회복지정책을 선호하며, 공공정책뿐만 아니라 민간조직의 정책도 중시한다.

2 사회복지정책의 체계

경제정책이나 환경정책과 달리 사회복지정책의 개념은 다소 혼란스럽다. 좁게는 빈민을 위한 소득보장제도를 말하고, 넓게는 거의 대부분의 정부정책을 의미하기도 한다. Wilensky는 이를 명확히 하기 위해 사회복지정책의 영역을 복지국가와 동일시하고 있다. 그가 보는 복지국가란 소득, 영양, 보건, 안전, 교육, 주택 등의 최저수준을 하나의 권리(복지권)로 국가가 보장해 주는 것을 말한다. 이때 핵심은 흔히 사회보장이라고 말하는 사회보험이다. 사회보험은 산업재해, 질병, 실업, 장애, 노령 등으로 인한 소득의 중단 및 상실에 사회적으로 대응하기 위한 제도이다.[9]

그러나 사회복지정책을 복지국가와 동일시할 수는 없다. 왜냐하면 복지국가는 1945년 이후 이 지구상에 등장한 하나의 특수한 국가체제라면, 사회복지정책은 1880년대 독일에서 사회보험의 형태로 시작된 이래 국민보건서비스, 주택정책, 교육정책, 사회복지서비스 등 다양한 형태로 분화 · 발전해 왔고, 앞으로 인간의 욕구변화와 사회적 필요에 따라 다른 형태로 발전할 수도 있는 영속적인 사회제도이기 때문이다.

서두에서 말한 대로 독일, 영국, 미국 등 사회복지정책의 선두국가들이 제도를 시행하면서 사회복지정책을 자국의 실정에 맞게 만들었고, 또 서로 다른 용어를 사용했기 때문에 사회복지정책의 체계(영역)는 상당히 복잡하다. 그러므로 사회복지정

9) 그러면서도 Wilensky는 사회복지정책의 비교연구에서 교육, 노동시장, 환경, 기업건강보험(민간보험), 주택정책을 분석대상에서 제외시키고 있는데, 미국에서는 이런 영역을 사회복지정책으로 잘 간주하지 않는 분위기와 무관하지 않은 것 같다(Wilensky et al., 1985 : 1).

책의 체계를 제대로 이해하기 위해서는 이들 3개국의 특징을 살펴보는 것이 지름길일 것이다.

독일과 미국의 사회복지정책은 대체로 사회보험, 공공부조, 사회복지서비스(노인복지, 장애인복지, 아동 및 청소년복지, 여성복지 등)만을 포함하며, 영국과 같이 보건의료, 교육, 주택은 제외한다는 점에서 서로 유사하다. 그러나 세부적으로는 조금 다르다. 독일의 경우 비스마르크 이후 사회복지정책에서 사회보험이 차지하는 비중이 압도적이다. 1970년대 말 사회보험이 모든 사회적 위험을 포괄하고 국민 모두를 대상으로 삼아 '국민보험'이 됨으로써 이런 경향은 더욱 강화되었다. 반면에 공공부조의 비중은 그리 크지 않다. 독일 공공부조의 특징은 지방정부가 운영과 재정을 '전적으로' 책임진다는 점이다(사회보험의 책임은 연방정부에 있다). 그리고 공공부조는 사회보험으로 해결되지 않는 주변집단에 대해 물질적·비물질적 서비스를 제공한다. 그 밖에 지방정부가 관장하는 청소년복지와 장애인복지와 같은 사회복지서비스가 있다.

미국은 1935년 사회보장법을 제정하면서 사회보험, 공공부조, 사회복지서비스와 같은 사회보장의 3대 체계를 구축했으며, 이후 미국에서는 대체로 이 사회보장을 사회복지정책의 핵심으로 간주한다. 중앙정부가 사회보험을 책임지고, 지방정부가 공공부조와 사회복지서비스를 책임진다는 점에서 미국의 사회보장은 독일과 같다. 그러나 사회보험이 사회복지정책에서 차지하는 비중이 독일처럼 압도적이지 않다. 미국의 사회보험은 대체로 공적연금만을 연상시킬 정도로 연금의 비중이 크고(연방사회보장청의 업무가 사회보장연금의 운영이다), 주지하듯이 유럽식의 전 국민을 포괄하는 건강보험은 시행하지 않고 있다. 그리고 실업보험도 특이하게 주정부가 관장하고 연방정부가 재정을 보조하는 방식으로 운영하고 있다. 사회복지서비스는 주정부가 관장하며, 주정부별로 다양한 프로그램을 운영하고 있다.

이에 비해 영국의 사회복지정책은 사뭇 다르다. 영국에서는 2차 세계대전이라는 특수한 상황에서 보건의료와 주택정책이 사회복지정책의 영역에 포함되었고, 전쟁 중인 1944년 버틀러 교육법에 따라 무상의무교육이 중학교까지 확대(이는 교육이 특권이 아니라 하나의 권리로 인식되는 계기가 되었다)되면서 교육도 사회복지정책의 하나로 간주하게 되었다. 그리고 영국에서는 사회복지서비스를 퍼스널 사회서비스(personal social services)라고 하는데, 과거부터 지방정부가 수행하던 취약계층(노인, 아동, 장애인 등)을 위한 시설보호 및 거택보호가 중심이 되어 있다. 이렇게 퍼스널 사회서비스를 별도로 취급함으로써 사회보장은 사회보험과 공공부조로 구성되는데, 사회보장이라는 용어와 함께 소득유지정책(income maintenance program)이라는 용어를 사용하고 있다. 그리고 영국에서는 이런 제도들을 모두 합쳐 사회서비스(social services)라 한다.

한편 Titmuss(1963 : 43-55)는 사회서비스 이외에 직업복지(occupational welfare)와 재정복지(fiscal welfare)까지 사회복지정책에 포함시켰다. 그러나 기업이 주체가 되어 근로자들의 복지를 위해 시행하는 기업복지 프로그램과 대가족이나 빈민층에 대한 세금감면이나 공제 등을 통해 소득재분배를 기하는 정부의 조세정책까지 사회복지정책으로 간주해야 하는지는 의문이다.

〈표 1-3〉 **독일 · 미국 · 영국의 사회복지정책 체계**

국 가	제 도	하위체계
독 일	사회정책 (sozialpolitik)	사회보험(국민보험)이 중심 공공부조와 사회복지서비스는 부차적
미 국	사회보장 (social security)	사회보험 공공부조 사회복지서비스
영 국	사회서비스 (social services)	소득보장(사회보험, 공공부조) 보건의료(국민보건서비스, NHS) 주택정책 교육정책 퍼스널 사회서비스(아동, 노인, 장애인, 여성복지)

이상과 같이 사회복지정책은 독일 · 미국식의 협의의 체계와 영국식의 광의의 체계로 대별된다. 사회복지정책을 좁게 보면 사회보장과 같고, 넓게 보면 사회서비스가 된다는 것이다. 물론 그 어떤 경우라도 사회복지정책의 핵심은 사회보험이다. 사회복지정책은 사회보험에서 시작되었을 뿐만 아니라 사회보험이 처음에는 육체노동자만을 대상으로 했으나 점차 화이트칼라와 도시 · 농촌 자영업자로 확대되어 전 국민을 대상으로 하게 되면서, 즉 '국민보험'이 되면서 사회복지정책에서 차지하는 비중이 더욱 커지게 되었던 것이다.

CHAPTER 02

사회복지정책의 급여대상과 형태

1 급여대상

1) 보편주의와 선별주의

보편주의(universalism)와 선별주의(selectivity)는 사회복지정책의 급여대상을 선정하는 원칙이다. 보편주의는 전 국민을 사회복지의 대상자로 삼는 것을 말하는데, 시민권(citizenship)에 입각해 하나의 권리로서 복지서비스를 제공하고, 복지 수혜 자격과 기준을 균등화하여 복지서비스의 수급자들이 그 어떤 낙인감, 열등감, 굴욕감도 갖지 않게 한다(Titmuss, 1976 : 129).

보편주의에서 가장 중요한 것은 사회복지 수급이 국민의 기본권이라는 사실이다. 모든 노인을 위한 사회보장연금과 모든 취학아동을 위한 초중등교육이 좋은 예이다. Gilbert와 Terrell(2002 : 89-90)은 보편주의 원칙을 다음과 같은 네 가지로 정리했다.

- **모든 시민을 대상으로 한 프로그램** : 보편주의자는 사회복지를 빈민이나 장애인과 같은 특정한 집단뿐만 아니라 모든 시민이 봉착하게 되는 일상적 생활문제에 대한 대책으로 간주한다. 시민은 누구나 한두 번쯤은 생활 곤란에 직면한다. 빈민과 부자, 남성과 여성과 같은 사회적 범주에 따라 차등을 두지 않고 사회적 욕구를 보편적으로 충족시킬 수 있는 사회적 프로그램을 구비한 것이 복지국가이다.

- **권리 보장** : 보편주의자는 모든 시민에게 정치권이 보장되어 있는 것과 같이 모든 시민에게 그들의 수입에 관계없이 복지권을 보장해야 한다고 믿는다. 청소년을 위한 교육, 환자를 위한 보건의료, 실업자를 위한 소득보장 등이 하나의 권리로서 보장되어야 한다는 것이다.
- **사회통합** : 보편주의자는 사회적 프로그램에서 기여자와 수혜자를 구별해서는 안 된다고 본다. 양자를 구별하면 사회통합과 인간존엄성의 가치가 손상되기 때문이다. 사회복지급여가 권리로 보장되어 있어도 사회복지 수혜자는 인격에 상처를 입는다. 공공부조 수급 빈민이나 특수교육의 대상이 되는 장애학생이 느끼는 낙인감이 그것이다.
- **정치적 장점** : 보편주의자는 포괄성의 원칙에 입각한 복지프로그램의 정치적 장점을 중시한다. 보편주의 프로그램이 비용이 많이 드는 것은 사실이지만 사회적 주변집단만을 대상으로 하는 자산조사(means-test) 프로그램보다 훨씬 더 대중적이라는 것이다. 배타적으로 빈민만을 대상으로 하는 공공부조는 정치적으로 매우 취약한 것이 사실이다.

선별주의는 사회복지 대상자를 사회적 · 신체적 · 교육적 기준에 따라 구분한 다음 복지서비스를 제공하는 것이다. 자산조사(사회복지 수급자 선정을 위해 신청자의 소득과 재산을 조사하는 것)를 통해 원조의 필요가 있다고 인정된 사람들, 즉 결손가정, 장애인, 무능력자, 노인, 빈민 등만을 복지서비스의 대상으로 한다. 공공부조나 공공임대주택이 여기에 속한다. 수혜 조건을 갖추었는지를 조사하는 과정과 일반시민(조세를 통해 그 비용을 부담하는)과의 사회적 관계에서 낙인을 피할 수 없다(Townsend, 1975 : 124).

선별주의자는 사회복지 대상자를 신중하게 선정된 수혜자로 국한해야 한다고 생각한다. 개인이나 가족의 드러난 욕구가 대상자 선정에서 최우선시 되어야 하고, 보편주의 급여보다는 제한적 급여가 필요하다. 자신의 욕구를 스스로 해결할 수 있는 사람은 정부의 사회복지급여를 받아서는 안 된다. 사회복지 수급자는 자활이 불가능한 주변집단에 한정해야 한다. 그래야 사회복지 재정에 필요한 돈을 부담하는 납세자들이 납득한다. 대상자의 제한을 위해서는 자산조사가 관건이다. 정치적으로 힘이 강한 중간계급에게로 사회복지급여가 가는 것을 막기 위해서는 사회복지가 꼭 필요한 사람에게만 가도록 만들어야 하는데, 자산조사가 있어야 이것이 가능하다. 사회적 욕구가 거의 없거나 아주 약간 있는 사람들까지 사회복지 대상자로 삼을 필요는 없다.

양 입장의 공통점도 있다. 비용효과성(cost effectiveness)을 중시한다는 것이다. 보편주의자는 무상의 보편주의 교육과 보건의료서비스를 선호한다. 이러한 프로그램이 없을 때 야기될 수 있는 장래의 문제들, 예컨대 청소년 비행이나 정신적 · 신체적 장애로 인한 제반 사회적 비용들을 사전에 방지하는 효과가 있기 때문이다. 장기적으로 보면 보편주의 프로그램이 비용을 절감하는 효과가 분명하다. 또한 보편주의 프로그램은 선별주의 프로그램에 반드시 필요한 지속적 감시, 점검, 급여 조정에 필요한 비용도 절약할 수 있다.

보편주의자도 욕구가 가장 큰 사람에게 원조를 집중하여 재분배가 이루어지길 원한다. 보편주의 조세정책이라 하더라도 일정소득 이하 저소득층에게는 세금을 감면해 주고, 중간계층 이상에게는 세금을 부과함으로써 소득재분배를 기한다. 연금과 같은 사회보장급여의 경우 일정소득 이하인 사람은 보험료 부과를 면제한다. 보편적 가족수당은 한부모, 저소득층, 장애아동을 가진 가족에게 부가급여를 준다. 보편주의는 모든 시민에게 최저한의 동일한 급여를 제공하는 한편 욕구가 가장 큰 취약집단에게는 상대적으로 많은 혜택을 주어 소득재분배를 기한다.

선별주의자도 보편주의자가 중시하는 사회적 평등성 또는 사회적 효과성을 나름대로 추구한다. 선별주의자는 빈민에게만 사회복지급여를 주는 것이 모든 사람에게 배분하는 것보다 평등을 제고하는 데 더 효과적이라고 본다. 게다가 사회복지급여를 사회적 욕구가 있는 사람에게만 집중시키면, 긴장과 적대감을 야기하는 사회적 반목도 경감시킬 수 있다. 요컨대 사회적 욕구가 제대로 충족이 안 되는 사람이 아주 많을 경우 부족한 자원을 사회적 욕구가 큰 사람에게 우선적으로 배분하면, 사회적 형평성이 제고되고 사회적 평등을 기하는 데도 효과적이라는 것이다(Gilbert and Terrell, 2002 : 90-93).

정리하면, 선별주의는 서비스를 도움이 필요한 사람에게 집중시킬 수 있고, 자원의 낭비가 없으며, 비용이 적게 드는 장점이 있고, 보편주의는 최저소득을 보장함으로써 빈곤을 예방할 수 있고, 수혜자에게 심리적 · 사회적 낙인을 가하지 않으며, 행정절차가 간편하고, 시혜의 균일성을 유지할 수 있으며, 모든 시민의 구매력을 일정 수준에서 유지(유효수요)함으로써 경제적 안정과 성장에 기여하는 장점이 있다.

〈표 2-1〉 보편주의와 선별주의의 장단점

구 분	보편주의	선별주의
주요 내용	보편주의는 전 국민을 사회복지의 대상자로 삼는 것을 말하는데, 시민권에 입각해 하나의 권리로 복지서비스를 제공하고, 복지 수혜 자격과 기준을 균등화한다.	사회복지 대상자를 사회적·신체적·교육적 기준에 따라 구분한 다음 복지서비스를 제공한다. 자산조사를 통해 원조의 필요가 있다고 인정된 사람들, 즉 결손가정, 장애인, 무능력자, 노인, 빈민 등만을 복지서비스의 대상으로 한다.
장 점	최저소득을 보장함으로써 빈곤을 예방할 수 있고, 수혜자에게 심리적·사회적 낙인을 가하지 않으며, 행정절차가 용이하고, 시혜의 균일성을 유지할 수 있으며, 모든 시민의 구매력을 일정 수준에서 유지(유효수요)함으로써 경제적 안정과 성장에 기여한다.	서비스를 도움이 필요한 사람에게 집중시킬 수 있고, 자원의 낭비가 없으며, 비용이 적게 든다.
단 점	한정된 자원을 꼭 필요한 부분에 효과적으로 사용하는 데 한계가 있다.	자산조사 과정과 일반 시민들과의 사회적 관계에서 낙인을 피할 수 없다.

2) 선정원칙의 확대

보편주의－선별주의 이분법(the universal-selective dichotomy)은 사회복지 대상자 선정 문제를 단순화시켜 이해를 쉽게 한다. 그러나 현실은 이런 이분법으로 파악하기 힘들 정도로 복잡하다. 다시 말해 자산조사가 있으면 선별주의, 그렇지 않으면 보편주의라고 할 수 없는 경우가 현실 사회복지에 적지 않게 존재한다는 것이다. 예컨대, 아동수당의 경우 자녀를 가진 모든 가족을 대상으로 하기 때문에 보편주의제도인 것 같지만, 적어도 자녀가 한 명 이상이어야 대상이 된다는 점에서 선별주의제도도 된다. 이런 점들을 고려하여 Gilbert와 Terrell(2002 : 108-109)은 사회복지 대상자 선정원칙을 귀속 욕구, 보상, 등급 분류, 자산조사 욕구 등 네 가지로 확대했다.

- **귀속 욕구**(attributed need) : 특정한 집단 구성원으로서의 조건을 갖춘 사람을 대상으로 한다. 예컨대, 전 국민이 될 수도 있고, 맞벌이 부부, 고령층, 하층민, 농어촌 지역 학생 등 특정 계층이나 지역주민이 될 수도 있다. 모든 시민을 대상으로 무상의 보건의료서비스를 제공하는 영국의 국민보건서비스(시민권자), 모든 노인에게 지급되는 노령수당, 모든 아동에게 지급되는 아동수당 등이 여기에 속한다. 이 경우 욕구에 대한 전문가의 규범적 판단 기준에 따라 특정한 집단이 대상자로 선정된다.
- **보상**(compensation) : 건강보험이나 사회보장연금 등 사회보험의 가입 대상자로서 요건을 갖추고, 일정한 보험료를 납부한 사람, 즉 사회보험제도의 가입 조건과 보험료 납부 실적을 가진 사람을 대상으로 하는 경우가 있고, 사회적 희생자(인종차별과 성차별의 희생자)를 대상으로 하는 경우가 있다. 이들에게는 사회복지 급여가 하나의 보상으로 주어진다. 보상의 원칙에서 중시하는 조건은 형평성에 맞춰 전문가가 규범적으로 판단한 특정한 집단을 대상자로 선정하는 것이다.
- **등급 분류**(diagnostic differentiation) : 신체적 혹은 정신적 손상을 입은 사람과 같이 특정한 재화와 서비스가 필요한 개인을 대상으로 하는데, 이 경우 판단은 전문가의 분류 심사에 의거한다. 장애연금의 등급 분류가 좋은 예이다. 등급 분류 원칙에서 중요한 조건은 욕구에 대한 기술적 분류 기준에 따라 개별적으로 대상을 선정하는 것이다.
- **자산조사 욕구**(means-tested need) : 재화와 서비스를 구입할 능력을 상실했다는 명백한 증거를 자산조사에 의해 제시하는 것이 가장 중요하다. 사회복지급여 수급 여부는 개인의 경제적 여건에 좌우되며, 매우 제한적이다. 욕구의 경제적 기준에 따라 개별적으로 대상자를 선정하는 것이 기본 원칙이다.

이상과 같은 네 가지 대상자 선정원칙을 욕구 판단 기준에 초점을 두고 요약하면 <표 2-2>와 같다. 귀속 욕구는 집단을 대상으로 하고, 규범적으로 욕구를 판단한다. 보상은 집단을 대상으로 하고, 형평성에 입각해 규범적으로 욕구를 판단한다. 등급 분류는 개인을 대상으로 하고, 기술적 분류 기준에 따라 욕구를 정한다. 자산조사 욕구는 개인을 대상으로 하고, 경제적 기준에 따라 욕구를 결정한다.

〈표 2-2〉 사회복지 대상자 선정원칙과 욕구 판단 기준

구 분	대상자	욕구 판단 기준
귀속 욕구	집단	규범적 판단
보 상	집단	형평성에 입각한 규범적 판단
등급 분류	개인	기술적 등급 분류
자산조사 욕구	개인	경제적 기준

Gilbert와 Terrell(2002 : 112)은 이러한 대상자 선정원칙을 사회복지의 제도적 개념과 잔여적 개념에 대입시켜 | 그림 2-1 |과 같이 기술했다. 그림에서 보듯이 귀속 욕구는 제도적 개념에, 자산조사 욕구는 잔여적 개념에 대응되고, 보상과 등급 분류는 두 개념의 중간에 위치하되 보상은 제도적 개념에, 등급 분류는 잔여적 개념에 가깝다. 보상이 제도적 개념에 가까운 이유는 급여 수급 자격 여부가 개인의 조직 내에서의 지위에 따라 정해지기 때문이다. 등급 분류가 잔여적 개념에 가까운 이유는 수급 여부가 개인적 장애 여부에 의해 결정되고, 개인의 특정한 수급 요건 판정이 다소 기계적으로 이루어지기 때문이다.

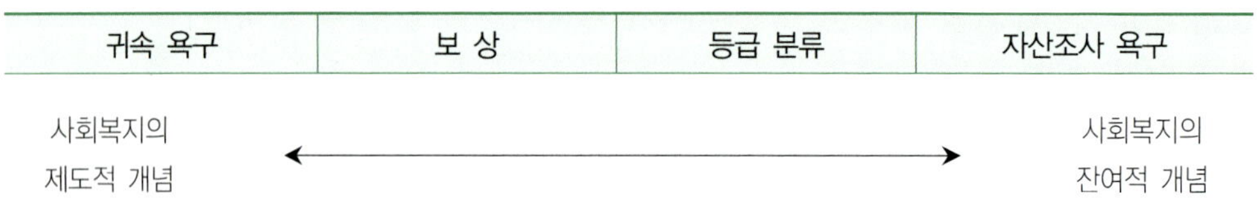

| 그림 2-1 | 사회복지 대상자 선정원칙

출처 : Gilbert and Terrell, 2002 : 112의 표 4.2.

2 급여형태

1) 현금급여와 현물급여

급여대상이 보편주의와 선별주의라는 두 가지 기본 원칙으로 대별된다면, 급여형태는 현금급여(in cash)와 현물급여(in kind)와 같은 두 개의 기본적 형태로 구분된다. 현금급여란 수급자에게 복지서비스가 현금의 형태로 전달되는 것을 말하고, 현물급여란 그것이 현물의 형태로 전달되는 것을 의미하는데, 현금급여로는 사회보장연금이나 공공부조의 현금급여 등을, 현물급여로는 건강보험의 진료서비스, 장애인복지급여의 보장구 등을 들 수 있다.

현금급여와 현물급여에서 가장 중요하고 또 쟁점이 되는 것은 어느 쪽이 더 효과적인가 하는 것이다. 현물급여를 명시적으로 지지한 사람은 스웨덴의 저명한 경제학자 Alva Myrdal이다. 그녀는 1930년대에 스웨덴에서 있었던 아동복지급여에 관한 논의과정에서 현물급여가 현금급여보다 더 효과적이라는 주장을 한 바 있다. 규모의 경제라는 면에서 그렇다는 것인데, 예컨대 신발이나 의류 등 생필품의 대량생산이 가능한 공기업이 그것들을 보다 저렴한 가격으로 생산할 수 있고, 또 보다 효과적으로 분배할 수 있다는 것이다. 반면 현금급여를 제공한 다음 수급자들로 하여금 개인적으로 생산한 생필품을 구입하게 만드는 것은 비용이 보다 많이 든다. 이처럼 국가의 계획경제가 중시되는 시절(1930년대 전후)에는 획일적인 급여, 대량생산-분배된 상품이 시장에서의 낭비를 줄이는 것으로 사료되었다. Myrdal은 또한 현물급여가 현금급여에 비해 목표달성에도 효과적이라고 주장했다. 즉, 현금지원은 그 소비처를 통제할 수 없는 반면, 꼭 필요한 급여를 현물로 지급하는 현물급여는 용도 외 사용을 원천적으로 막을 수 있다는 것이다. 예컨대 현금의 아동수당의 경우, 부모가 아동양육 이외의 비용으로 사용할 수도 있다. Myrdal은 현물급여를 개인적인 보험장치가 아니라 사회공학(social engineering)의 하나이자 사회적 연대성을 제고하고 공통의 목적을 위해 자원을 동원하는 것(pooling of resources)으로 인식했던 것이다(Gilbert and Terrell, 2002 : 126-128).

반면에 효용(행복)의 극대화를 중시하는 고전적 복지경제학 이론에 의하면, 현금급여가 더 효과적이다. 왜냐하면 현금을 지급하고 그 소비를 개인의 자유에 맡기면, 자신에게 가장 큰 만족을 주는 곳에 그 돈을 소비할 것이고 따라서 개인의 행복(복지)이 극대화되기 때문이다. 물론 이 이론은 개인이 합리적으로 행동하고 또 정확한 판단을 할 능력이 있다는 것을 가정하고 있으며, 공동체의 복지는 개개인의 복지의 총합이라는 점에서 개인은 공동체의 선을 위해 봉사한다는 점도 가정하고 있다. 이런 가정이 틀리다면 당연히 이론도 틀린 것이다. 이런 입장은 개인의 자기결정권(the right to self-determination)과 시장에서의 소비자주권론(consumer sovereignty)과 깊은 관련이 있다.

이에 대해 현물급여 찬성론자들은 소비를 개인의 자유에 맡길 수 없는 부분이 있다고 한다. 음식, 보건의료, 학교급식 등 기본적인 욕구가 그것이다. 이런 것들을 개인의 자유에 맡길 경우 그런 것들 대신 술, 디지털 TV, 값비싼 운동화 등을 살 수도 있다는 것이다. 이를 나쁜 선택(bad choice)이라고 한다. 여기에는 좋은 증거가 있다. 즉, 1970년대와 1980년대 미국에서 주택급여제도를 시행한 바 있는데, 주택급여 수급자의 단 10% 정도만이 주택급여를 원래 목적대로 사용했다는 것이다. 대부분의 수급자들은 주택급여를 소득보조제도로 인식했던 것이다.

그러나 오늘날 현물급여가 효과적이라는 주장은 상당한 도전을 받고 있다. 공적으로 생산된 현물급여가 비용을 절감한다는 주장부터 그렇다. 오늘날 국가독점(담배 등)이 더 낭비적이라는 증거가 많이 나타나고 있다. 규모의 경제가 여전히 타당한 분야가 있겠지만, 케이스워크나 직업상담과 같은 사회복지서비스에는 맞지 않는다. 피복 등과 같은 생산물에 표준화를 적용하는 것(개인의 선택의 자유를 희생하고)도 점점 더 시대에 맞지 않게 되었다. 더욱이 현금급여와 밀접한 관련이 있는 시장경제의 경쟁이 공적 생산보다 비용을 더 절감한다는 것도 더욱 분명해지고 있다.

그리고 현금급여는 현물급여에 비해 관리운영 비용도 절약할 수 있다. 왜냐하면 현금급여에는 물류비용이나 감독비용이 들지 않기 때문이다. 또한 현금급여는 빈민이 지출을 스스로 결정할 수 있기 때문에 낙인도 줄일 수 있다. 아울러 현금급여는 빈민의 소득을 직접적으로 향상(가계수입 증대)시키기 때문에 보다 효과적으로 빈곤문제를 해결하는 데 기여한다(반면에 현물급여는 빈민의 수입을 직접적으로 향상시키지는 못한다).

그러나 현물급여는 수급자의 복지수준을 현금급여보다 더 많이 향상시킬 수 있다. 건강보험급여나 노인요양급여가 그것인데, 이들 비용은 현금으로 환산할 경우 공공부조 현금급여 이상일 경우가 많다.

〈표 2-3〉 **현물급여와 현금급여**

구 분	현물급여	현금급여
주요 내용	복지서비스가 현물의 형태로 전달되는 것을 의미하는데, 현물급여로는 건강보험의 진료서비스, 장애인복지급여의 보장구 등이 그 예이다. 사회통제와 집합적 선을 중시한다.	수급자에게 복지서비스가 현금의 형태로 전달되는 것으로 사회보장연금이나 공공부조의 현금급여 등을 예로 들 수 있다. 개인의 자유와 소비자 선택을 중시한다.
장 점	대량생산과 분배를 통해 낭비를 줄이고, 꼭 필요한 곳에 현물로 지급함으로써 용도 외 사용을 막아 목표달성에 효과적이다.	선택의 자유를 극대화하고, 관리비용을 절감할 수 있다.
단 점	선택의 자유를 제한하고, 관리비용이 많이 든다.	용도 외 사용이 가능하다.

요약하면 현금급여는 개인의 자유와 소비자 선택에, 현물급여는 사회통제와 집합적 선(collective good)에 기반을 두고 있다. 현금급여 옹호론자들도 특수한 경우, 예컨대 정신질환자 문제의 해결책으로 현금급여 대신 현물급여(정신병 치료를 위한 시설의 신설 및 관련 의료인력을 통한 치료서비스)를 받아들인다. 현물급여와 현금급여 간의 선택에서 관건은 개인의 자유 대 사회통제 간의 갈등에 있는 것이 아니라 정부의 사회복지정책 안에서 수급자 개인의 선택의 기회가 극대화될 수 있도록 만드는 데 있다(Gilbert and Terrell, 2002 : 129-132).

2) 사회적 급여의 여섯 가지 형태

사회적 급여의 형태는 전술한 것처럼 기본적으로는 현물급여와 현금급여 두 가지 형태가 있지만, 실제에 있어서는 보다 다양한 형태로 나타난다. 예를 들어, 주택급여만 보더라도 주택보수서비스, 주택수당, 임대료 상환권(Rent Vouchers) 등이 있다. Gilbert와 Terrell(2002 : 132-133)은 사회적 급여의 형태를 기회, 서비스, 재화, 상환권 및 세금감면, 현금, 권력 등 여섯 가지로 분류했다.

① **기회**(opportunities) : 기회란 원하는 목적을 달성하게 만드는 유인과 제재(incentives and sanctions)를 말한다. 사회복지정책은 기회의 창출과 배분과 깊은 관련이 있다. 재화와 서비스와 달리 기회급여(opportunity benefits)는 시민권의 보장과 기타 기회(extra chance)의 제공을 포함한다. 기타 기회는 공무원시험에서 제대군인에게 가산점을 주는 것이나, 학교입학 시 소수인종 학생에게 특혜를 주는 것 등에서 그 예를 찾아볼 수 있다. 그리고 기회급여는 타인에게 양도할 수 없으며, 재화나 서비스와 같은 다른 형태의 급여와 바꿀 수가 없다.

② **서비스**(services) : 서비스란 가정보호, 개인상담, 케이스매니지먼트(case management), 직업훈련 등과 같이 수급자를 위한 제반 활동을 말한다. 수급자에게 제공되는 서비스는 시장에서 다른 재화와 교환할 수 없다.

③ **재화**(goods) : 재화는 식품, 피복, 주택과 같은 상품(commodities)을 말한다. 재화는 현금에 비해 교환가치가 낮아 유통경로가 매우 제한적이다(예 벼룩시장, 전당포, 비공식적 물물교환 등).

④ **상환권 및 세금감면**(vouchers and tax credits) : 상환권과 세금감면은 교환가치만 있는 급여로서 이미 짜여진 부문 안에서만 자원으로서의 가치를 갖는다. 예컨대 탁아서비스의 세금감면은 탁아비의 일부를 상쇄하고, 식품교환권(food stamp)은 여러 식료품과 교환된다. 상환권은 재화와 서비스에 비해 선택의 폭이 넓은 장점이 있다(원하는 탁아소와 식료품을 선택할 수 있다는 점에서). 사회적 공급의 한 형태인 상환권은 그것이 사용되는 부문 안에서는 소비자선택권(부문 내)을 담보할 수 있는 동시에 해당 부문 안에서만 사용이 제한되어 있어 사

회적 통제(부문 간)도 기할 수 있는 장점이 있다. 따라서 상환권은 개인주의자와 집합주의자 양쪽 모두 선호한다.

⑤ **현금급여** : 공공부조, 아동수당, 사회보험 등이 현금급여에 해당한다. 현금급여는 구매력 행사에 제한이 없어 교환가치가 가장 크고, 소비자 선택의 범위가 가장 넓다는 장점을 지닌다.

⑥ **권력**(powers) : 권력이란 재화와 자원을 통제할 수 있는 영향력을 의미한다. 예를 들면, 권력은 의사결정권을 특정 집단에게 이양하는 정책을 통해 획득된다. 우리나라의 경우 건강보험이나 국민연금의 가입자 대표(노동조합이나 시민단체의 추천을 받은)를 의사결정에 참여시키는 것이 여기에 해당한다. 권력은 재화나 서비스와 같이 수급자가 직접적으로 소비 또는 이용할 수 있는 것은 아니지만, 그러한 것들에 관한 경제사회적 선택에 큰 영향을 주기 때문에 복지수급자에게는 대단히 중요하다. 이렇게 볼 때 권력은 유동적인 교환가치(a fluid exchange value)라고 말할 수 있다.

CHAPTER 03

공공사회복지조직과 민간사회복지조직

사회서비스 공급에 필요한 절차와 시스템, 즉 서비스 공급자와 이용자를 연결시키는 조직적 장치를 사회복지전달체계(social welfare delivery system)라 한다. 사회복지전달체계에서 서비스 공급자는 전통적으로 공공사회복지조직(public social welfare organizations)과 민간사회복지조직(voluntary social welfare organizations)이었고, 현재도 그렇다.

공공사회복지조직과 민간사회복지조직은 공익을 위해 비영리적으로 시민에게 사회서비스를 전달하는 공급자라는 점에서 기능이 같다. 하지만 성격이 다르다. 양자를 구분하는 일반적인 기준은 운영주체(의사결정 주체)와 재정조달이다(Burchardt et al., 1999). 공공사회복지조직의 운영주체는 정부(중앙정부와 지방정부)이다. 지배적이고 독점적인 권한을 가진 정부가 운영권을 행사한다. 민간사회복지조직의 운영주체는 민간이다. 민간단체(사회복지법인)가 정부 간섭 없이 자율적으로 운영한다. 공공사회복지조직은 재정을 조세로 충당한다. 민간사회복지조직은 후원금, 기부금, 이용자 부담금 등 기업과 시민사회로부터의 지원금으로 재정을 조달한다. 정부보조금도 민간사회복지조직의 주요 재원이다.

공공사회복지조직과 민간사회복지조직의 특성을 정리하면 <표 3-1>과 같다.

〈표 3-1〉 공공사회복지조직과 민간사회복지조직의 특성

구 분		내 용
의사결정 주체	공공사회복지조직	지배적이고 독점적인 권한을 가진 정부(중앙정부와 지방정부)가 운영권 행사
	민간사회복지조직	민간단체(사회복지법인)가 정부 간섭 없이 자율적으로 운영
재 원	공공사회복지조직	조세
	민간사회복지조직	후원금, 기부금, 이용자 부담금 등 기업과 시민사회로부터의 지원금. 정부보조금

1 공공사회복지조직

공공사회복지조직은 중앙정부와 지방정부의 사회복지 부서와 정부 산하 공공사회복지조직인 공공부조기관, 아동복지기관, 정신건강센터와 같은 관료조직이다. 공공사회복지조직에도 전문사회복지사가 근무한다. 이들은 공무원 신분을 가지고 정부를 위해 일하며, 당연한 말이지만 공무원 직무규정의 규제를 받는다. 공공사회복지조직은 합리적이고 효율적인 전달체계를 중시한다.

미국의 공공사회복지조직은 연방정부, 주정부, 시군에 설치되어 있다. 예를 들면 제대군인을 위한 보훈병원 네트워크는 연방정부가, 공공아동복지기관과 공공노인복지기관은 주정부가 관할한다. 대부분의 공공사회복지조직은 주정부 관할 아래 있다. 이들은 연방정부로부터 재정적 지원을 받는다.

공공사회복지조직의 대표적인 예로는 미국의 공공아동복지기관(public child welfare agency)을 들 수 있다. 전통적으로 미국에서는 민간사회복지조직의 비중과 역할이 크지만, 아동복지만큼은 공공아동복지기관이 중심에 있다. 민간아동복지기관, 법원, 기타 조직들(정신보건, 아동학대 예방, 보건의료, 교육, 가정폭력 등의 조직)은 공공아동복지기관의 파트너로 활동한다. 공공아동복지기관의 역할은 아동학대와 방임의 신고 처리, 아동학대와 방임을 야기하는 가정의 문제 해결 지원, 아동의 안전과 보장,

아동의 가정 이탈 예방, 가정이탈 아동의 보호와 가정복귀 지원, 가정복귀 불가능 아동에게 항구적인 가정을 찾아주는 일 등이다. 공공아동복지기관의 직원 대부분은 대학 또는 대학원에서 사회복지를 전공한 사회복지사들이다.

영국의 지방정부 사회서비스과(social services departments)도 대표적인 공공사회복지조직이다. 사회서비스과는 일반(generic) 사회서비스조직으로서 아동, 가족, 장애인, 노인을 대상으로 지역사회에 기초한, 가족지향적 서비스를 제공한다. 사회서비스과는 영국 사회서비스의 중심축이다. 사회서비스과의 퍼스널서비스 담당직원은 사회복지사 자격증이 있어야 한다. 사회서비스과는 대졸 사회복지사들이 가장 많이 취업하는 사회복지조직이다.

공공사회복지가 특히 발달한 영국의 전통적인 사회복지행정의 특성은 다음과 같은데, 공공사회복지조직의 성격을 잘 보여준다(Butcher, 1995 : 19-89).

- **관료제 구조**(bureaucratic structure) : 중앙정부나 지방정부 모두 위계서열 구조, 기능의 명확한 분화, 법에 기초한 절차 등 전통적 관료제의 특성을 가진다.
- **전문가 우위**(professional domination) : 사회서비스 전달체계에서 전문직이 중요한 역할을 한다. 국민보건서비스(the National Health Services, NHS)의 의사, 간호사, 사회복지사, 지방정부 사회서비스과의 사회복지사가 좋은 예이다.
- **대중에 대한 책임**(accountability to the public) : 사회서비스를 제공하는 사회복지조직은 서비스 질을 일정 수준 이상 유지해야 하는 사회적 책임이 있고, 사회복지사 같은 전문직은 서비스 질에 대해 자신의 동료와 자신이 속한 전문직협회에도 책임을 진다.
- **처우의 공평성**(equity of treatment) : 특정한 사회복지 대상자를 우대해서도 안 되고 차별해서도 안 되는 행정의 불편부당성이다. 사회복지급여와 서비스는 법에 의해 상세히 규정되어 있고, 사회복지사는 여기에 입각해 행정업무를 수행한다.
- **자급자족**(self-sufficiency) : 공공사회복지조직은 부여된 기능을 자체 역량으로 수행한다(민간사회복지조직은 후원자나 정부의 재정적 지원이 있어야 한다). 정부는 사회복지조직의 기능 수행을 위해 재정을 지원하거나, 직접 사회서비스를 제공한다.

이러한 공공사회복지조직의 특성 중 관료제 구조와 전문가 우위는 갈등의 소지를 안고 있다. 같은 공공조직에서 근무하는 관료와 전문직이 업무를 놓고 충돌하는 경우가 그것이다. 보통 관료들은 기계적인 업무와 절차, 상명하복의 수직적 질서를 중시한다. 반면에 전문직은 문제해결에 필요한 전문적 기술과 수평적 역할분담을 선호한다. 전자가 형식주의적이라면 후자는 실용주의적이다.

2 민간사회복지조직

민간사회복지조직은 자선조직협회, 인보관 등 초창기 민간사회복지활동과 가톨릭, 개신교, 유대교, 이슬람, 불교 등 종교에 기반을 둔 사회복지조직, 개인이나 집단의 인도주의 · 박애주의 · 이타주의 조직을 포함한다. 원래 민간사회복지조직은 비영리를 가장 큰 특징으로 했으나 20세기 후반 신자유주의의 영향으로 영리를 목적으로 하는 조직의 수가 꾸준히 증가했다. 민간사회복지조직은 대부분 비정부조직(non-governmental organizations, NGOs) 또는 비영리조직(nonprofit organizations, NPOs)의 형태로 운영되고 있다.

1) 비정부조직

비정부조직(NGO)이라는 용어는 UN이 가장 먼저 사용했다. 1945년 UN은 정부조직과 민간조직을 구분하기 위해 이 용어를 썼는데, 정부 통제로부터 독립적인 모든 민간단체를 비정부조직으로 정의했다. 그러면서 집권을 목적으로 하는 정당과 정부에 도전하는 반정부 인권조직은 제외했다. UN의 정의에 부합되는 비정부조직은 자선조직이 가장 많다. 비정부조직이 1945년에 처음 등장한 것은 물론 아니다. 18세기 후반부터 이미 노예, 인종차별, 여성차별에 대응하기 위한 비정부조직들이 활동하고 있었다.

어쨌든 비정부조직과 UN의 협력관계는 오래되었을 뿐만 아니라 여전히 견고하다. 대표적인 UN 단체가 유네스코이다. 유네스코는 창립 당시부터 비정부조직과 긴밀히 협력했다. 조직의 활동과 프로그램의 실행을 위해 기층 시민사회와의 파트너십을 구축하였는데, 교육, 과학, 문화, 커뮤니케이션, 정보 분야의 비정부조직과 거기에 소속된 유능한 인재들과의 협력 네트워크를 만들었다.[1)]

비정부조직은 이름에서 보듯이 정부와는 무관한 민간조직이다. 민간조직이지만 영리를 추구하는 기업조직은 비정부조직에 포함되지 않는다. 워낙 다양한 조직들이 활동하고 있어 비정부조직을 정의하기는 쉽지 않다. 월드뱅크와 UN의 정의가 비교적 많이 인용되고 있다.

월드뱅크는 비정부조직을 고통의 완화, 빈민 이익의 촉진, 환경의 보호, 기본적인 사회서비스의 제공 또는 지역사회개발을 추동하는 민간조직으로 정의하였다. UN은 비정부조직을 시민이 지역, 국가, 국제 수준에서 조직한 비영리조직이라고 정의하였다. 비정부조직은 공통의 관심을 가진 시민이 주도한다. 다양한 서비스와 인도주의 기능을 수행하고, 시민의 관심을 정부에게 전달하며, 정책을 옹호 및 모니터하고, 정치적 참여를 격려한다.

정부, 국제기구, UN에 자문하는 비정부조직의 수가 증가하고 있다. 이들은 인권, 환경, 극빈층 문제 해결, 보편적 초등교육, 성 평등, 여성 지위 개선, 영아사망률 개선, 정신건강 수준의 개선, 환경보호, 질병(에이즈, 말라리아 등) 퇴치 등에 주력하고 있다.

비정부조직을 요약하면 공공의 선을 지지하는 지역적 · 국가적 · 국제적 수준의 비영리조직으로 시민이 자발적으로 만든 조직이다. 비정부조직은 일반적으로 다음의 특징을 갖는다.[2)]

- **비영리** : 사적인 이익을 추구하지 않는다. 수익이 생겨도 조직의 회원들에게 배분하지 않는다. 대신 조직의 활동에 사용한다.

---

1) http://en.unesco.org/partnerships/non-governmental-organizations (UNESCO 검색일 2016/9/19)

2) http://www3.fundsforNGOs.org/cat/1-1-what-is-a-non-governmental-organization/ (Funds for NGOs 검색일 2016/9/19)

- **사회적 가치** : 공공의 선을 추구한다. 비정부조직의 활동은 사회적 약자의 삶의 조건을 개선하는 데 초점을 둔다.
- **자발성** : 창립회원들의 자유의지에 의해 조직된다. 비정부조직의 결성을 제한하거나 촉진하는 어떠한 법도 없다.
- **법적 등록** : 국가의 법규범에 따라 법적으로 등록을 해야 한다.
- **독립성** : 비정부조직은 정부 또는 민간의 간여로부터 독립적이다. 비정부조직은 이사회의 통제를 받으며 독립적으로 사회복지를 위해 활동한다.
- **합법성** : 비정부조직은 범죄 또는 반사회적 활동을 하지 않는다.

비정부조직은 실행(operational) 비정부조직, 대변(advocacy) 비정부조직, 자선(charitable) 비정부조직, 서비스(service) 비정부조직, 참여(participatory) 비정부조직, 권능부여(empowering) 비정부조직 등 여섯 가지가 있다.

- **실행 비정부조직** : 프로젝트 개발을 목적으로 하는 비정부조직이다. 지역사회에 기반을 둔 소규모 조직, 개별 국가의 발전을 지향하는 국가조직, 국가 간 조직인 국제조직을 포함한다. 프로젝트와 프로그램의 유지를 위해 재정 지원, 물자, 자원봉사 인력과 같은 자원을 동원한다. 정부, 재단, 기업 등으로부터 재정 지원을 받는다.
- **대변 비정부조직** : 특정한 정책의 변화를 촉진하거나 옹호하는 데 목적을 둔 비정부조직이다. 시위, 집회, 이벤트를 통해 정부정책의 변화를 도모한다.
- **자선 비정부조직** : 사회적 취약계층을 돕는 프로젝트를 톱다운 방식으로 실시한다. 수혜자로부터 피드백은 중시하지 않는다. 지역사회의 참여도 높지 않다.
- **서비스 비정부조직** : 시민을 대상으로 보건의료, 가족계획, 교육 서비스를 제공하는 것을 목적으로 한다.
- **참여 비정부조직** : 밑에서 위로 접근한다. 지역주민들이 프로젝트에 직접 참여한다. 참여 방법은 현금, 도구, 토지, 물자, 노동 등 다양하다.
- **권능부여 비정부조직** : 주변화된 공동체에 감성을 주고 자신감을 부여함으로써 힘을 갖도록 만든다.

비정부조직은 시민사회 안에서 사회운동을 전개한다. 비정부조직은 시민사회의 등장과 성장에 매우 중요한 역할을 했다. 시민사회조직의 하나로서 비정부조직은 정부로부터의 자율성이 매우 중요하다. 정부의 간섭과 영향으로부터 자유로워야 한다는 것이다.

정부는 각종 국가정책의 정당성을 위해 비정부조직에 영향력을 행사하고 싶어 한다. 가장 좋은 방법이 비정부조직에 자금을 지원하는 것이다. 정부의 재정지원을 가장 많이 받는 비정부조직이 민간사회복지조직이다. 민간사회복지조직은 사업의 지속을 위해 안정적인 자금원이 필요하다. 하지만 비정부조직이 정부의 재정지원을 받으면 자금집행에 대한 정부 감독과 간섭을 받게 된다. 이로 인해 독립성과 자율성 제한은 불가피하다.[3)]

비정부조직의 특징과 유형

구 분	내 용
일반적 특징	• **비영리** : 사적 이익을 추구하지 않는다. • **사회적 가치** : 공공의 선을 추구한다. • **자발성** : 창립회원들의 자유의지에 의해 조직된다. • **법적 등록** : 국가의 법규범에 따라 법적으로 등록한다. • **독립성** : 정부 또는 민간의 간여로부터 독립적이다. • **합법성** : 범죄 또는 반사회적 활동을 하지 않는다.
유 형	• **실행 비정부조직** : 프로젝트 개발을 목적으로 한다. • **대변 비정부조직** : 특정한 정책의 변화를 촉진하거나 옹호하는 데 목적이 있다. • **자선 비정부조직** : 사회적 취약계층을 돕는 프로젝트를 톱다운 방식으로 실시한다. • **서비스 비정부조직** : 시민을 대상으로 보건의료, 가족계획, 교육 서비스를 제공하는 것을 목적으로 한다. • **참여 비정부조직** : 지역주민들이 프로젝트에 직접 참여한다. • **권능부여 비정부조직** : 주변화된 공동체에 감성을 주고 자신감을 부여함으로써 힘을 갖도록 만든다.

3) 권위주의 국가에서는 정부가 주도해 비정부조직을 만들기도 한다. 정부가 조직한 비정부조직을 GONGO (governmental NGO)라고 한다. 관변조직이 대표적이다.

2) 비영리조직

비영리조직(NPO)은 영리 이외의 것을 목적으로 하는 조직으로 수입을 조직의 회원들에게 이윤 또는 배당으로 배분하지 않고 자신의 목적 또는 사명을 위해 사용한다. 이런 이유로 비영리조직은 조세감면의 대상이나 자선단체의 지위를 갖는다. 비영리조직 중에는 자선조직이나 사회봉사조직이 많다. 이들은 법인, 기업, 신탁, 협동조합, 비공식조직 등의 형태로 존재한다. 많은 사람들이 비영리조직과 자선조직을 동일시한다. 하지만 비영리조직의 범위는 넓다. 자선조직뿐만 아니라 사립학교, 사설박물관, 사설도서관, 민간병원 등과 같은 휴먼서비스조직(human service organizations)을 포함한다.

비영리조직은 경제적 성공보다는 회원 또는 사회에 가치 있는 일을 하는 것을 목적으로 한다. 그래서 비영리조직은 회원을 위한 조직과 지역사회를 위한 조직으로 대별된다. 회원봉사조직(member-serving organizations)은 상호부조조직, 노조, 산업부문의 협회, 스포츠클럽, 퇴직자단체 등이 있고, 지역사회봉사조직(community-serving organizations)은 지역사회에 봉사하는 조직으로 지역 수준의 조직과 국제 수준의 조직이 있다. 휴먼서비스 프로그램, 프로젝트, 원조 및 개발 프로그램, 교육, 보건의료서비스, 보건의료 조사연구 등 매우 다양한 사업을 한다.

비영리조직은 대개 회원이 있지만 없는 경우도 있다. 회원조직(membership organization)은 회원들의 통제를 받는 조직이다. 회원들은 이사회 멤버를 선출하고, 이를 통해 조직을 통제한다. 회원들은 회원 모임을 정기적으로 갖고 조직 규정을 개정한다. 회원이 없는 조직을 이사회조직(board-only organization)이라고 한다. 이사회는 조직의 사업 전반을 통제하는 권한을 갖는다. 이사회조직의 신임 이사는 기존 이사들이 자체적으로 선임한다. 재단의 경우 기금 출연자와 그 가족이 이사를 역임한다.

비영리조직의 특징 중 하나가 후원자(constituencies)이다. 후원자들은 비영리조직의 목적에 공감하여 조건 없이 일정한 금전이나 자신의 재능을 기부하는 평범한 시민인 경우가 많다. Drucker(1990)는 비영리조직과 영리조직의 근본적 차이의 하나로 비영리조직이 영리조직에 비해 많은 후원자를 가지고 있다는 것을 꼽았다.

많은 비영리조직이 이윤 창출보다 사회봉사를 중시한다. 하지만 비영리조직이 이윤 창출을 전혀 안 하는 것은 아니다. 비영리조직도 필요하면 수익사업을 통해 이윤을 추구한다. 이윤은 조직의 지속가능성을 위해 필요하다. 단, 이윤의 사용처가 중요하다. 기업의 이윤은 주주의 배당금이나 기업개선 자금 등 기업과 주주를 위해 배타적으로 사용된다. 그러나 비영리조직은 수익사업을 통해 이익이 생겨도 이사들에게 배당하지 않고 자체 프로그램이나 서비스에 필요한 재정에 투입한다. 비영리조직은 조직의 오너가 없고 그래서 오너를 위해 이윤 창출을 할 필요가 없기 때문에 가능하다.

많은 나라에서 비영리조직은 조세감면 혜택을 받고 있다. 소득세나 기타 세금을 면제 또는 감액 받는 혜택을 누린다. 비영리조직이 공공조직이 아님에도 공익을 추구하기 때문에 정부는 이를 권장하기 위해 이런 혜택을 준다. 하지만 비영리조직이 난립하는 것은 바람직하지 않다. 겉으로는 비영리지만 실제로는 영리를 도모하고 여기에 세금 특혜까지 받는 것도 용납할 수 없다. 이런 이유로 많은 나라들이 비영리조직의 설립과 운영을 규제하는 법률을 갖고 있다. 대형 비영리조직은 매년 자신의 수입과 지출 내역을 담은 재무보고서를 공표한다. 예외도 있다. 교회들이다. 이들은 대개 재무상황을 대중에게 공개하지 않는다. 교회 신도들에게도 공개하지 않는다.

미국 소매관련세법(the Sales and Use Tax Law and Regulations)은 비영리조직을 자선조직, 문화조직(박물관, 정부예술프로그램, 도서관), 비영리퇴역군인조직, 종교조직, 사회클럽(social clubs) 및 우애조직(fraternal organizations),[4] 학교 및 학부모교사협회, 학생조직, 보건의료 관련 휴먼서비스조직으로 분류하고 있고, 조세감면(후원자가 낸 후원금에 대한 조세감면) 대상 비영리조직에 교회와 종교조직, 적십자사, 구세군, 비영리 학교, 병원, 의료부조 및 연구단체, 비영리 교육조직, 비영리 박물관, 아트갤러리, 예술집단활동 등 교육적 · 과학적 · 문학적 목적을 가진 조직, 아동 또는 동물 보호를 위한 조직, 자선 목적의 우애조직을 포함시키고 있다.

4) 서비스클럽, 숙박시설, 공동체, 컨트리클럽, 체육클럽 등 하나의 단위로 활동하는 기업, 파트너십 또는 집단을 말한다.

비영리조직의 개념과 유형

구 분	내 용
개 념	• 영리 이외의 것을 목적으로 하는 조직 • 수입을 조직의 회원들에게 이윤 또는 배당으로 배분하지 않고 자신의 목적 또는 사명을 위해 사용 • 조세감면의 대상이나 자선단체의 지위를 가짐
유 형	• **회원봉사조직** : 상호부조조직, 노조, 산업부문의 협회, 스포츠클럽, 퇴직자단체 등 회원을 위한 조직 • **지역사회봉사조직** : 휴먼서비스 프로그램, 프로젝트, 원조 및 개발 프로그램, 교육, 보건의료서비스, 보건의료 조사연구 등 지역사회에 봉사하는 조직

3) 비영리사회복지조직

비영리사회복지조직은 전국규모의 조직(기관들의 협의체)도 있지만 대부분 지역사회에 기반을 두고 있다. 비영리사회복지조직은 지역사회와 자원봉사자의 참여하에 운영되고 있으며, 기부금, 후원금, 정부보조금, 서비스 이용료 등으로 프로그램의 재원을 삼고 있다. 미국의 경우 대부분의 비영리사회복지조직들이 클라이언트로부터 서비스 이용료를 받고 있는데, 클라이언트의 경제적 능력에 따라 요금을 차등화한 슬라이딩스케일(sliding scale)을 적용하고 있다.

비영리사회복지조직은 아동보육서비스, 정신건강서비스, 장기요양서비스 등 다양한 서비스를 제공한다. 서비스 수급자는 일반인이면 누구나 다 겪을 수 있는 위기(human risks), 즉 실직, 질병이나 정신질환, 저임금, 열악한 주거환경 등으로 고통받는 사람들이다. 비영리조직은 공공부문이 경제적 보장에 초점을 두는 것과 달리 단기적 위기상황에 처한 사람을 돕는 데 주력하고, 특정한 상황하에서 공공부문의 서비스를 보충하는 데 중점을 둔다. 요양원, 가정봉사, 장애인재활서비스, 정신건강서비스, 아동복지서비스 등이 그것이다. 군인과 군인가족을 위한 서비스(적십자), 가족계획서비스, 긴급구호(구세군), 지역사회복지관이 제공하는 지역사회개발, 성인교육, 사회화, 레크리에이션 프로그램도 여기에 속한다.

Dolgoff와 Feldstein(2000 : 280-281)은 사회복지 분야에서 비영리조직이 존재하는 이유를 다음과 같이 말했다.

첫째, 비영리조직은 시장과 공공부문이 공급하지 않는 상품과 서비스를 제공하기 위해 존재한다. 이러한 상품과 서비스는 사회가 보편적으로 요구하는 것이 아니라 특수한 공동체만이 필요로 하는 것이다. 따라서 사회가 다원화되면 될수록 비영리부문의 필요성은 커진다.

둘째, 비영리조직은 영리를 추구하지 않기 때문에 수익성보다는 서비스의 질을 중시한다. 그러므로 가장 취약한 계층인 노인과 장애인을 보호하는 데 강점을 발휘할 수 있다. 또한 클라이언트의 대변자나 옴부즈맨(ombudsperson)이 되어 필요하면 정부에 대항하기도 한다. 좋은 사회에서 반드시 필요한 일이다.

셋째, 비영리조직은 영리 추구로부터 자유롭기 때문에 개입대상과 개입방법을 특정화할 수 있다. 그리고 특수한 욕구를 가진 사람을 대변하고, 자조집단이나 기타 소비자를 보호하기 위한 집단을 조직할 수 있다.

넷째, 비영리조직은 공공부문의 문제점인 관료화, 경직성 및 비인격성을 최소화할 수 있다.

다섯째, 비영리조직은 특정한 인종집단이나 이익집단만을 위한 특화된 서비스(sectarian services)를 제공한다. 가톨릭이 가톨릭 청소년을 대상으로 취미 · 레저 프로그램을 운영하는 것이나 흑인 비영리조직이 흑인들의 뿌리 찾기나 역량강화를 위한 프로그램을 운영하는 것이 좋은 예이다. 공공부문은 이러한 특화된 서비스를 제공하기 어렵다.

여섯째, 비영리조직은 알코올중독극복집단과 같은 자조집단을 운영한다. 자조집단은 자원봉사자를 활용하고, 재정을 자체 충당하며, 독특한 프로그램을 운영한다. 공공부문이 이런 조직을 운영할 수는 없다.

그러나 비영리조직이라고 해서 한계가 없는 것은 아니다. 비영리조직은 특정한 문제, 집단, 개인에게만 초점을 맞춤으로써 서비스의 수준이 일관되지 못하고 자주 바뀌며, 자원이 한정되어 있다.

비영리사회복지조직의 개념과 존재이유

구 분	내 용
개 념	• 지역사회와 자원봉사자의 참여 아래 운영 • 재원은 기부금, 후원금, 정부보조금, 서비스 이용료 등
사회복지분야 비영리조직의 존재이유	• 시장과 공공부문이 공급하지 않는 상품과 서비스를 제공하기 위해 존재 • 영리를 추구하지 않고 서비스의 질을 중시하기 때문에 사회적 취약계층 보호에 장점이 있음 • 영리 추구로부터 자유롭기 때문에 개입대상과 개입방법을 특정할 수 있고, 특수한 욕구를 가진 사람을 대변하고, 자조집단이나 기타 소비자를 보호하기 위한 집단을 조직할 수 있음 • 공공부문의 문제점인 관료화, 경직성 및 비인격성을 최소화할 수 있음 • 특정한 인종집단이나 이익집단에 특화된 서비스 제공 • 자원봉사자를 활용하고, 재정을 자체 충당하며, 독특한 프로그램을 운영하는 자조집단 조직

3 민영화와 영리사회복지조직

1) 민영화

(1) 민영화의 개념

민영화(privatization)는 1980년대에 등장한 신자유주의와 깊은 관련이 있다. 신자유주의자들은 복지국가로 표상되는 큰 정부의 비효율을 경제위기의 주범으로 규정했다. 신자유주의의 영향 아래 광범위한 정부자산의 매각 또는 임대와 공공서비스의 민간이양이 이루어졌다. 사회복지부문도 민영화를 피할 수가 없었다. 연금을 중심으로 한 사회보장시스템의 민영화, 보건의료 부문에서의 민간의 역할 증대, 공공임대주택의 매각, 사회복지시설의 민영화 등 다양한 형태의 민영화가 이루어졌다. 사회복지부문의 민영화도 공공부문 민영화정책의 일환으로 추진되었기 때문에 민영화 일반에 대한 이해가 필요하다.

먼저 학자들의 견해부터 살펴보자.

- Martin(1993) : 민영화는 단순한 소유권의 변화를 넘어 국가의 역할, 책임, 우선순위, 권한의 변화를 의미한다.
- Donahue(1989) : 민영화는 공공부문의 책임을 민간조직에 위임하는 것이다. 민영화의 배경에는 공공부문의 발전가능성에 대한 불신과 자조 · 자발주의 관념에 대한 믿음이 있다.
- Kent(1987) : 민영화는 정부가 독점적으로 수행하던 기능을 민간으로 이전시키는 것이다. 실제 비용보다 낮은 가격으로 서비스를 공급한 정부와 달리 민간은 완전한 시장가격 또는 완전한 생산비용으로 공급한다.
- Kolderie(1985) : 민영화는 공급의 민영화와 생산의 민영화가 있다. 공급의 민영화는 정부가 공급하던 상품과 서비스를 민간이 공급하게 하는 것이고, 생산의 민영화는 상품과 서비스를 생산하는 조직의 관리운영을 민간에 이양하는 것이다.

이상과 같은 견해들을 보면, 협의의 민영화와 광의의 민영화가 있음을 알 수 있다. 협의의 민영화는 정치적 측면을 배제한 경제적 차원의 정의로서 정부 자산을 매각 처분하고 정부 활동을 종결시키는 것이다(소유권의 이전). 광의의 민영화는 국가의 역할 변화로서 국가의 활동과 기능을 민간부문으로 이양하는 것이다(운영권의 이전). 요컨대 민영화는 공공 소유권의 민간 이양뿐만 아니라 공공서비스의 관리운영을 민간으로 이전하는 것까지 포함한다는 것이다.

한편 1980년대부터 각국 정부는 공항 운영, 데이터 처리, 운송수단의 유지와 보수, 교정, 상하수도 시설, 쓰레기 수집과 처리 등 공공부문의 민영화에 적극적으로 나섰는데, 이유는 공공부문의 성격에 따라 차이가 있겠지만, 비용절감, 위기 전가, 재원, 서비스의 질, 전문성, 적시성, 융통성 등 매우 현실적인 데 있었다.

- **비용절감** : 정부는 비용 절감을 위해 업무를 민간에게 하청(아웃소싱)을 준다. 정부와 하청 계약을 맺은 민간 공급자는 서비스를 공공부문보다 낮은 가격에 공급한다. 민간 공급자는 공무원 시스템의 제약을 받지 않고, 인사와 직원복지에서 융통성을 발휘한다.

- **위기의 전가** : 정부는 위기에 빠진 프로젝트를 민간에 넘기고 싶어 한다. 위기에 직면한 서비스 업무를 민간에 외주함으로써 위기를 떠넘길 수 있기 때문이다. 민간은 이를 통해 자금을 얻는다.
- **재원** : 공공자산을 매각하거나 임대함으로써 정부는 새로운 자금을 마련한다. 정부는 도로, 교량, 융자, 건물, 복권 등을 매각 또는 임대해 그 대금을 부채를 경감하거나 새로운 프로젝트의 자금으로 사용한다.
- **서비스의 질** : 민간은 동일한 비용으로 공공부문보다 수준 높은 서비스를 공급한다. 민간은 비용을 증가시키지 않으면서도 서비스 수준을 개선할 수 있는 능력이 있다.
- **전문성** : 민간 계약자는 정부보다 더 전문성 있는 서비스를 공급한다. 건축이나 건설 부문에서 외부 전문가를 기용하여 전문성을 강화하는 것이 좋은 예이다.
- **적시성** : 정부는 능력이 없어서가 아니라 자원이나 시간이 부족하여 기한 내에 프로젝트를 완수하지 못할 때가 있다. 이런 경우 민간부문의 도움을 받아 정부는 프로젝트를 기한 내에 완료할 수 있다.
- **융통성** : 단체협약으로 인해 공공부문은 근로자를 고용하거나 해고할 수 없는 경우가 있다. 민간부문은 그런 제약이 없다. 민간 계약자는 프로젝트에 필요한 인력의 계절적 수요에 탄력적으로 대응할 수 있다.

민영화의 개념

유 형	내 용
협의와 광의의 민영화	• **협의** : 정치적 측면을 배제한 경제적 차원의 정의로서 정부 자산을 매각 처분하고 정부 활동을 종결시키는 것(소유권의 이전) • **광의** : 국가의 역할 변화로서 국가의 활동과 기능을 민간부문으로 이양하는 것(운영권의 이전)
정부의 민영화 이유	• **비용절감** : 정부는 비용 절감을 위해 업무를 민간에게 하청(아웃소싱) • **위기의 전가** : 위기에 빠진 서비스 업무를 민간에 외주함으로써 위기를 떠넘김 • **재원** : 공공자산을 매각하거나 임대함으로써 새로운 자금 마련 • **전문성** : 정부보다 더 전문성 있는 민간 계약자가 서비스 공급 • **적시성** : 자원이나 시간이 부족하여 기한 내에 프로젝트를 완수하지 못할 때 민간부문 활용 • **융통성** : 민간 계약자는 프로젝트에 필요한 인력의 계절적 수요에 탄력적으로 대응 가능

(2) 민영화 형태

민영화는 일반적으로 공공부문의 책임 아래 운영되는 시설과 공공부문이 제공하는 서비스를 민간부문에 이양하는 것을 말하지만 그 스펙트럼은 넓다. 정부 자산의 소유권을 매각하는 것, 정부의 관리운영과 서비스 전달을 민간부문에게 맡기는 것, 정부 공공서비스의 관리와 전달체계에서 민간부문을 활용하는 것 등이 다 민영화 범주에 포함된다. 민영화의 여러 형태를 정리하면 다음과 같다(Brooks, 2004).

- **완전 민영화**(complete privatization) : 정부 자산을 민간에 완전 매각하는 것이다. 자산뿐만 아니라 소유권 관련 책임도 모두 민간부문에 넘긴다.
- **운영의 민영화**(privatization of operations) : 정부가 공공시설의 소유권은 갖되 운영권을 민간기업에 이양하는 것이다. 민간기업은 정부 소유 공공시설을 이용하는 개인 고객이 내는 요금을 수취하여 재정을 조달한다.
- **외주**(contracting out) : 정부와 민간의 계약 아래 정부가 지정하는 서비스의 생산을 민간기업에 맡기는 것이다. 정부는 서비스를 제공하는 민간기업에 비용을 직접 지급한다. 재원은 세금이나 이용자로부터 징수한 요금이다.
- **프랜차이징**(franchising) : 정부가 특정 지역에 한정한 서비스 독점권을 민간기업에 주는 것이다. 민간기업은 이용자로부터 요금을 징수하여 재원으로 삼는다. 케이블 TV가 좋은 예이다. 전기, 가스, 수도도 이런 범주에 포함시킬 수 있다.
- **경쟁의 개방**(open competition) : 정부 관할 아래 민간기업의 완전 경쟁을 허용하는 것이다. 전화와 인터넷 서비스가 대표적 예이다. 전기, 가스, 수도 등 공급자가 많아져도 효율성이 개선되지 않는 부문은 경쟁 개방방식의 민영화는 바람직하지 않다.

민영화 형태

유 형	내 용
완전 민영화	정부 자산을 민간에 완전 매각하는 것
운영의 민영화	정부가 공공시설의 소유권은 갖되 운영권을 민간기업에 이양하는 것
외 주	정부와 민간의 계약 아래 정부가 지정하는 서비스의 생산을 민간기업에 맡기는 것
프랜차이징	정부가 특정 지역에 한정한 서비스 독점권을 민간기업에 주는 것
경쟁의 개방	정부 관할 아래 민간기업의 완전 경쟁을 허용하는 것

(3) 민영화 찬반론

공공정책을 민영화하자는 주장은 Milton Friedman과 Fredrick Von Hayek의 신자유주의를 기초로 하고 있고, 민영화 반대 논리는 John M. Keynes의 국가개입주의에 근거를 두고 있다. 민영화 찬성 주장과 반대 주장은 매우 다양하다. 이해를 돕기 위해 찬반 주장과 논리를 재정적 측면, 관리운영 측면, 서비스 측면 등 세 가지로 구분해 살펴보기로 한다. 먼저 민영화 찬성 논리이다.

- **재정적 측면** : 공공서비스 관리와 공급 비용을 절감할 수 있다. 공공서비스 지출의 증대는 유권자, 정치인, 관료의 이기적인 결탁의 결과이다. 민주적 정치 시스템은 큰 정부와 예산 증대를 가져온다. 작은 정부는 납세자들의 부담을 줄인다. 정부 자산의 매각이나 임대를 통해 확보한 자금을 정부의 다른 재정 수요에 충당할 수 있다.
- **관리운영 측면** : 공기업은 민간기업보다 비효율적이다. 민영화를 통해 규제를 줄이면 비즈니스 환경이 개선되고 보다 많은 일자리가 창출된다. 민영화는 관리를 용이하게 만든다. 민간부문은 수요에 맞춰 필요한 자원을 동원해야 할 때 의사결정을 신속하게 하고, 적시에 프로그램을 실행시킬 수 있다. 민영화는 조직 혁신의 기회를 준다. 혁신은 민간기업에서만 가능하다.
- **서비스 측면** : 민간부문은 혁신적인 접근과 기술을 사용해 정부보다 더 효율적이고 품질이 나으며 보다 혁신적인 서비스를 제공한다. 정부조직과 민간 공급자 간의 경쟁을 유발시켜 서비스의 품질을 향상시킨다. 자유시장에서 소비자

는 양질의 저렴한 제품을 구입할 수 있다. 시장은 소비자 선호와 소비자 선택을 보장한다.

이에 비해 민영화 반대론자들은 민영화의 부정적 측면을 강조한다.

- **재정적 측면** : 공공서비스는 책임과 비용 측면에서 장점이 분명하다. 민영화가 비용 절감을 보증하지 않는다. 조직의 운영비용은 낮출 수 있겠지만, 낮춰진 비용은 소비자가 부담해야 한다. 비용 절감이 목적이라면 정부가 구조개혁을 하여 조직을 보다 효과적으로 만들고 서비스 전달체계를 보다 효율적으로 만들면 된다.
- **관리운영 측면** : 민간기업은 투명성이 부족하고 충분한 감시와 책임 부과가 어렵다. 정부와 영리추구 민간기업 간의 부패 가능성도 있다. 관리운영을 민간에게 위탁하는 외주는 정부독점을 민간독점으로 대체하는 것에 불과하다.
- **서비스 측면** : 이윤 추구는 공공의 안전을 위협하고 일반 대중의 서비스 이용을 감소시킨다. 서비스의 질도 낮아진다. 민간 공급자는 서비스의 가치보다는 이윤에 더 큰 관심을 두기 때문이다.

민영화 논쟁에서 핵심은 효율성이다. 하지만 효율성보다 더 중요한 가치가 있다. 민주주의이다. 민주주의는 효율적인 게 아니다. 민주주의는 효율성을 위한 시스템도 아니다(McLaren, 1998). 민주주의에는 효율적으로 무엇인가를 하는 것보다 더 중요한 것이 있다. 예를 들어 민주주의 국가의 공공정책은 행정적으로 효율적인 것을 넘어 시민에게 꼭 필요한 공공재를 공급한다. 국가조직의 상업적 효율성은 민간기업보다 열등한 면이 있는 게 사실이지만, 정부조직은 시민에게 공공서비스를 제공함에 있어 민간부문보다 우월하다. 정부조직이 일단 민영화되면, 그 기능에 대한 정치적 통제는 불가능해진다.

민영화 찬반론

구 분	내 용
찬성론	• **재정적 측면** : 공공서비스 관리와 공급의 비용을 절감할 수 있다. • **관리운영 측면** : 공기업은 민간기업보다 비효율적이다.
반대론	• **재정적 측면** : 공공서비스는 책임과 비용 측면에서 장점이 있다. 민영화가 비용 절감을 보증하지 않는다. • **관리운영 측면** : 민간기업은 투명성이 부족하고 충분한 감시와 책임 부과가 어렵다.

2) 사회복지 민영화와 영리사회복지조직의 확대

(1) 정부의 사회복지 민영화정책

1960년대까지 미국의 사회서비스는 도덕단체(moral associations), 즉 비영리적 자선조직의 무대였다. 미국인 대다수는 영리를 추구하는 조직이 사회복지 영역에서 활동하는 것을 곱게 보지 않았다. 사회복지는 어디까지나 영리와는 무관한 정부 아니면 교회와 같은 비영리조직이 하는 일이었다. 정부 생각도 같았다.

하지만 1967년 사회보장법 개정으로 정부가 민간으로부터 서비스를 구매하는 것을 허용하고, 1980년대 이후 복지개혁(welfare reform)이라는 이름하에 미국과 영국에서 사회복지 민영화가 확산되면서 비영리조직 중심의 사회서비스체계에 커다란 변화가 찾아왔다. 영리를 목적으로 하는 영리사회복지조직이 나타난 것이다.

미국의 사회복지 민영화는 1967년 사회보장법 개정에서 비롯되었다. 개정 사회보장법은 중앙정부와 지방정부가 민간부문으로부터 서비스를 구매하는 것을 허용했다.[5] 이를 계기로 정부는 민간조직과의 계약 하에 이들로 하여금 서비스를 제공케 하고 그 대가로 비용을 지불하는 서비스 구매자가 되었다(공급의 민영화). 정부가 사회서비스 공급자(provider)라는 자신의 전통적 역할을 버리고 구매자(purchaser)가 된 것이다.

5) 메디케이드(Medicaid, 빈민을 위한 의료급여)와 메디케어(Medicare, 사회보장연금 수급 노인을 위한 건강보험)가 민간 요양원과 병원에 환자의 진료 및 케어 비용을 지급한 것이다.

1980년대가 되자 사회복지 민영화가 본격적으로 진행되었다. 정부는 자유시장과 자유경쟁을 통해 효율성을 증대하고 비용을 절감한다는 명분하에 민영화정책을 추진했다. 정부는 민영화정책에 따라 민간조직이 사회서비스부문에 진출하도록 지원했다. 정부의 사회서비스 구매액수가 급증하고, 민간조직에 대한 정부지원금도 대폭 증가했다. 그러자 사회서비스에서 수익을 낼 수 있음을 간파한 영리조직들이 대거 진출했다. 사회서비스 시장이 형성되고 사회서비스조직이 산업화 · 기업화 되었다. 영리사회복지조직이 사회복지전달체계에 정식으로 등장한 것이다. 영리사회복지조직은 사회복지사업을 기업관점에서 접근했다. 기획과 규제 기능을 중시하는 공공사회복지조직과 달리 이들은 자원 배분과 프로그램 평가에서 시장의 합리성을 중시했다.

영국도 사회복지 민영화정책을 실시했다. 대처 정부(1979~1991)는 1990년 커뮤니티 케어 정책을 개혁하면서 지방정부 직영 사회복지시설의 민영화를 결정했다. 정부의 민영화 방침에 따라 지방정부는 직영 시설을 민간에게 매각하거나 정부 소유는 유지하되 운영을 민간에게 위탁했다. 지방정부는 서비스 공급자에서 서비스의 구매자(buyers), 서비스를 설계 · 조직 · 소비하는 조장자(enablers)로 변신했고, 지방정부와 민간부문은 서비스를 놓고 서로 경쟁하는 사이가 되었다.[6)]

(2) 하이브리드모델

사회서비스 부문에서 정부의 역할이 공급자에서 구매자로 바뀌고, 민간조직에 대한 정부 자금지원이 증가하자 공공조직과 민간조직의 재정과 기능이 유사해지고 그 경계가 모호해지는 현상이 나타났다. 공공조직도, 민간조직도 아닌 중간형태 조직인 준-공공조직(quasi-public agency)과 준-민간조직(quasi-private agency)이 나타난 것이다. 공공조직과 민간조직의 성격이 혼합된 것을 하이브리드모델(hybrid model)이라고 한다(Gibelman, 2000 : 125).

준-공공조직은 Quangos라고 부르는데, 준(quasi)과 비정부조직(NGOs)의 합성어이다(1980년대부터 미국 언론에서 사용). 준-공공조직은 정부와의 계약하에 공공 프로그

6) 영국의 사회복지 전달체계 개혁은 구조적인 한계가 있었다. 미국과 달리 무엇보다 구매자인 지방정부 사회서비스과가 사용할 수 있는 자원이 한정되어 있었고, 구매할 만한 서비스의 종류도 다양하지가 않았기 때문이다(Johnson, 1990 : 164).

램을 운영한다. 비영리조직이지만 정부 자금에 전적으로 의존하기 때문에 독립성이 약하다. 원래 공공조직이었지만 정부의 민영화 조치로 민간조직이 된 경우가 대부분이다.

준-민간조직은 자체 강령에 따라 이사회의 권한과 책임 아래 운영되는 영리 및 비영리조직으로서 정부로부터 상당한 재정지원을 받는다. 요양원, 방문간호, 홈메이커서비스 등이 여기에 속한다.

준-공공조직과 준-민간조직 모두 정부의 재정지원을 받는다. 그러나 준-공공조직은 공적자금에 전적으로 의존하는 반면에 준-민간조직은 재정의 일부를 지원받는다는 점에서 다르다. 그리고 준-공공조직이 이전의 공공조직이 민영화된 것임에 비해 준-민간조직은 정부의 재정적 지원에 의존하되 민간조직의 본질을 견지한다.

〈표 3-2〉 **사회서비스조직의 유형 : 경계의 모호화**

공공조직	준-공공조직	준-민간조직	민간조직
공무원의 전통적 관료조직	Quangos	민간 소유 및 운영	좌동
법적 위임	공적자금에 전적으로 의존	이사회	이사회와 자문위원회
세금으로 운영	공공의 목적에 부합되는 사명	공공의 목적과 부합되지 않을 수 있음	자체 강령에 규정된 사명
공적 권한을 가진 당국	법적 근거를 가진 기관(직업소개소, 지역 보건소 등)	자체 강령을 가지고 있지만 정부로부터 상당한 재정지원을 받는 기관(요양원, 방문간호, 홈메이커서비스 등)	공공부문의 지원 없이 운영, 공공부문과 프로그램 운영계약은 가능
계약을 맺은 기관에 대표자 파견	영리, 비영리	영리, 비영리	대부분 영리. 비영리도 있음

출처 : Gibelman, 2000 : 126의 표 6.3.

(3) 영리조직의 진출과 기업화

미국 정부의 사회서비스 구매정책에 따라 연방정부가 민간비영리사회복지조직에 지급한 서비스 구매대금이 1982년 민간조직 지출의 절반을 넘어섰다. 정부의 민간조직에 대한 대규모 재정지원은 영리조직이 사회복지 영역에 진출하는 것을 북돋웠다. 사회서비스 시장에서 돈을 벌 수 있다고 생각한 영리 목적의 개인소유기관들(proprietary agencies)은 가사, 데이케어, 교통(이동), 음식배달, 직업훈련 등 다양한 영역에서 활동을 개시했다. 1980년대 들어 영리시설은 요양원, 아동시설, 응급진료서비스, 아동학대 대처서비스, 정신치료, 홈 케어, 생명유지서비스 등으로 확대되었다.

영리조직의 진출은 요양원과 병원이 가장 두드러졌다. 소규모 요양원과 개인병원은 기업형 프랜차이즈(요양원체인, 병원체인)로 변신했다. 그중에는 월스트리트 증권시장에 상장한 곳도 있었다. 1960~1970년 요양원은 140%나 증가했고(베드 수는 3배 증가), 1969~1978년 요양원의 매출은 매년 16.9%씩 증가했다. 1980년대 초 요양원은 연 250억 달러 규모의 산업이 되었다. 요양원의 80%가 영리시설이었다. 영리요양원은 전체 원비의 2/3를 메디케이드로부터 받았다. 요양원은 하나의 산업으로 성장했다(Gilbert, 1984 : 64-65).

정부의 직접서비스 제공자 역할이 감소되자 영리조직과 비영리조직 간의 경쟁이 심해지기도 했다. 직업훈련 분야와 비영리병원 부문이 대표적이었다. 또 영리조직의 성공에 고무되어 스스로 영리조직으로 탈바꿈한 비영리조직도 있었다. 보건의료 분야, 특히 병원, 요양원, 건강관리산업 부문이 그랬다. 개인, 회사, 비정부 제삼자로부터 요금을 받은 영리조직들은 정부 재정지원에 의존하지 않아도 되었다. 복지의 기업화(the corporatisation of welfare)라 할 만한 이런 상황은 정부에도 유리했다. 영리기관의 재정적 자립만큼 정부부담이 감소했기 때문이다(Stoesz and Karger, 1991 : 162-163).

정부지원의 증가와 함께 비영리조직의 프로그램이 다양해지고, 수준이 향상되었으며, 정부를 상대로 벌이는 계약 협상기술과 재무관리기법도 비약적으로 발전했다. 서비스 구매자로서 정부는 서비스의 결과(효과)와 전달과정에서의 문제점에 대한 감시 · 감독과 법적 규제를 강화했다. 비용을 지불하는 자의 당연한 의무였다.

간혹 서비스 공급자인 영리조직이 불법을 저지르기도 했다. 정부가 위임하는 프로그램의 사명이 공익에 있는 반면에 서비스를 제공하는 영리조직은 수익을 중시하기 때문에 발생하는 일이었다.

영리기관들은 수익의 극대화를 위해 시장에서 사용되는 다음과 같은 전략을 구사했다(Stoesz and Karger, 1991 : 164-169).

첫째, 표준화(standardisation) 전략이다. 시장경제 안에서 기업들은 이윤을 위해 지속적으로 효율을 추구한다. 생산성 증대와 비용의 절감을 위해 노력하고, 가장 적은 비용으로 가장 많이 생산하려고 한다. 민간기업의 이런 전략을 영리기관도 채택했다. 휴먼서비스의 기술을 표준화하고, 이를 다수의 소비자에게 적용했다. 시장의 합리성 강화를 통해 사회서비스의 비용-효과를 극대화한 것이다. 경쟁력 강화를 위해 대량구매, 정교하고 세련된 정보제공시스템, 공격적 마케팅도 실시했다. 이런 기법들은 영리기관의 표준이 되었다. 비영리기관들도 영리조직의 효율화 기법들을 모방했다. 하지만 경쟁시장의 부정적 측면도 나타났다. 크림 떠내기(cream skim)가 그것이다. 이익의 훼손을 막기 위해 소비자 중 중증질환자나 비용을 지불할 능력이 안 되는 사람을 솎아낸 것이다. 이른바 돈이 안 되는 사람을 다른 시설로 보내는 현상, 즉 클라이언트 덤핑(client dumping)도 발생했다.

둘째, 상품화(commodification) 전략이다. 기업은 인간의 욕구를 상품화하는 데 능하다. 광고에서 보듯이 기업은 전통적으로 상품과 서비스에 대한 환상을 만들어왔다. 영리 사회서비스기관도 자신의 상품과 서비스를 판매하기 위해 자신이 제공하는 서비스를 소비자들이 원하는 상품으로 포장했다. 공격적인 광고와 마케팅으로 소비자를 견인한 대표적인 게 영리보건의료산업이다. 영리를 지향하는 사회서비스산업의 가장 든든한 토대는 정부의 공공복지 자금이다. 공공복지 프로그램은 사회서비스 상품화의 마르지 않는 수원이 되었다.

셋째, 독과점화(oligopolisation) 전략이다. 자본주의시장에서 흔하게 일어나는 독과점화가 휴먼서비스시장에서도 발생했다. 병원과 요양원이 그러했다. 요양원사업이 잘 되자 인수합병이 증가했다. 요양원 체인회사 베벌리엔터프라이스(Beverly Enterprise)가 대표적이다. 이 회사가 보유한 요양원은 전국 44개 주에 781개(베드 수 88,198개)에 달했다. 병원관리부문도 비슷했다. 1976~1982년 투자자 소유 또는 투자자 관리 병원이 533개에서 1,040개로 증가했다. 병원체인 간의 인수합병도 빈번하게 일어났다. 이런 인수합병을 통해 요양원과 병원의 독과점화가 심화되었다. 대형화한 영리회사들은 사회복지시장에서 자신의 파워를 키웠다. 정부의 사회복지정책에도 상당한 영향력을 행사할 수 있게 되었다. 휴먼서비스산업복합(human service-industrial complex)이라 부를 만했다. 복지국가가 기업복지국가(corporate welfare state)로 전락할 가능성을 우려하는 사람도 있었다.

이상에서 보듯이 정부의 사회복지 민영화정책에 따라 비영리사회복지조직의 전통적·배타적 영역인 사회복지부문에 진출한 영리조직들은 사회서비스 시장을 형성하고, 사회서비스를 기업화·상업화하는 데 성공했다. 정부 정책을 발판으로 영리사회복지조직이라는 새로운 형태의 사회서비스 제공자가 사회복지전달체계에 나타난 것이다.

민영화와 영리사회복지조직

구 분	내 용
배 경	• **1967년 사회보장법 개정** : 중앙정부와 지방정부가 민간부문으로부터 서비스를 구매하는 것을 허용 • **1980년대 정부의 민영화정책** : 정부가 민간조직으로부터 구매하는 서비스와 구매액수 급증
하이브리드모델	• 공공조직과 민간조직의 경계가 모호한 조직 • **준-공공조직** : 정부와의 계약하에 공공 프로그램을 운영하는 비영리조직 • **준-민간조직** : 자체 강령에 따라 이사회의 권한과 책임 아래 운영되는 영리 및 비영리조직
영리사회복지조직의 실태	• 사회서비스에서 수익을 낼 수 있음을 확신한 영리조직들이 대거 진출. 사회서비스 시장이 형성되고 사회서비스조직이 산업화·기업화 됨 • 영리조직이 가장 많이 진출한 것은 요양원과 병원 • 영리조직과 비영리조직 간의 경쟁 심화. 직업훈련과 비영리병원 • 영리조직의 성공이 확산되자 비영리조직이 스스로 영리조직으로 변신. 병원, 요양원, 건강관리산업

영리조직의 수익증대 전략	• **표준화 전략** : 휴먼서비스의 기술을 표준화하고, 이를 다수의 소비자에게 적용. 시장의 합리성 강화를 통해 사회서비스의 비용-효과를 극대화한 것 • **상품화 전략** : 기업처럼 상품과 서비스를 판매하기 위해 서비스를 소비자들이 원하는 상품으로 포장 • **독과점화 전략** : 자본주의시장에서 흔하게 일어나는 독과점화가 휴먼서비스시장에서도 발생. 병원과 요양원의 인수합병이 대표적

3) 사회복지 민영화의 쟁점

사회복지 민영화는 비정부조직 선호(nongovernment preferences)가 반영된 것이다. 비정부조직 선호는 정부가 제공하는 서비스보다는 민간이 제공하는 서비스를 선호하는 것이다. 1970년대 중반 이후 민영화는 경제부문뿐만 아니라 휴먼서비스 부문에서도 대세가 되었는데, 민영화는 정부의 규모와 권한의 축소를 선호하는 정치적 이데올로기의 한 부분을 이루었다. 이러한 이데올로기는 정부조직에 대한 반감, 예컨대 클라이언트에 대한 관료적 규칙의 적용과 이용자 비친화적 시스템(user-unfriendly system)에 대한 반감과 민간부문에 대한 선호를 포함한다(Gibelman, 2000 : 126).

하지만 전통적인 사회복지 주창자들은 영리를 목적으로 하는 조직이 사회복지 목적에 얼마나 잘 부합되는지, 영리 동기와 사회복지 정신(ethos)이 양립할 수 있는지 회의적이었다. 영리 목적의 사회복지조직에 도덕적 거부감을 가진 이들은 영리조직이 사회복지전달체계의 효율성을 증대시키고 또 효과적인 수단이 된다는 사실을 인정하지 않았다.

사회복지전달의 효율성과 효과성을 계량적으로 측정하기는 어렵다. 사회서비스의 목적이 복합적이고 때로는 모호하기 때문이다. 비영리조직과 영리조직의 효과성을 비교한 연구를 보면, 비영리조직이 클라이언트의 욕구에 보다 민감하다는 것이 있는 반면에, 영리조직이 일에 최선을 다하고 있다는 것이 있고, 양자 사이에 별다른 차이가 없다는 것도 있다. 이런 연구결과들은 서비스 공급자로서 영리조직과 비영리조직에 차이가 난다고 단정할 수 없음을 의미한다.

결정적인 경험적 증거가 없는 것은 사실이지만 이론적으로는 양자의 특징을 구분할 수 있다. 이론적으로 비영리조직은 영리조직에 비해 공적인 책임감이 더 강하다. 이유는 비영리조직은 공동선과 공공의 이익을 중시하는 사람들이 최고 의결기구인 이사회를 구성하는 반면에 영리조직은 오너의 경제적 이익을 중시하는 사람들로 이사진이 짜이기 때문이다. 쉽게 말해서 비영리조직이 자선정신(a charitable ethos)과 깊이 연관되어 있다면, 영리조직은 이익을 추구하는 기업의 자본주의정신(the capitalist spirit)을 추수한다는 것이다(Gilbert and Terrell, 2002 : 162).

민영화 주창자들은 민간조직이 사회서비스의 공급과 전달에 강점을 지니고 있고, 서비스 공급의 독점권을 가진 공공조직은 경쟁상대가 없어 업무 효율성이 떨어진다고 주장한다. 경쟁적인 시장은 비용－효과적인 접근에 대한 강한 인센티브가 있다. 그러나 사회복지부문에서는 이런 가정이 항상 옳은 게 아니다.

사회서비스를 민영화하면, 서비스 공급자는 민간사회복지조직이 되고, 서비스 수급자(클라이언트)는 소비자가 되며, 정부는 비용을 지급하는 제삼자가 된다. 그런데 클라이언트가 서비스 비용을 직접 지불하지 않기 때문에 자신에게 제공되는 서비스의 질이 적정한지 체크하기 어렵다. 게다가 클라이언트는 아동, 노인, 빈민 등 사회적 취약계층으로서 서비스에 대한 정보를 충분히 갖고 있지 않다. 제품(상품과 서비스)에 관한 정보를 소비자가 충분히 숙지하지 못해 시장 안에서 경쟁과 소비자 선택이 보장되지 않는 것을 계약의 실패(contract failure)라고 한다. 계약의 실패는 정보의 비대칭성 때문에 발생한다. 이렇게 제삼자가 비용을 부담하게 되면 서비스 질과 가격의 적정성이 담보되기 어렵다.

그리고 민간비영리조직이 정부의 민영화정책(특히 프로그램의 민영화)으로 운영비의 상당 부분을 정부보조금 형태로 지원받게 됨에 따라 재정의 정부 의존성이 커져 민간조직의 자율성과 독립성이 약화되는 부작용도 나타났다. 정부-민간조직의 협력관계 강화가 민간조직을 위협하는 것을 민간부문의 실패(voluntary sector failure)라고 한다(Salamon, 1990).

민간조직이 공공조직보다 서비스 수급자들에게 더 다가가고, 덜 관료적이며, 지역의 영향력 있는 집단에 보다 책임 있는 자세를 견지하는 것은 사실이다. 그러나 이것이 사회서비스 전달체계의 효율성을 제고하는 보증수표가 된다는 보장은 없다(Gilbert and Terrell, 2002 : 157-159).

많은 사회복지조직들이 영리를 추구하면서 영리조직과 비영리조직의 경계가 모호해지고 있다. 이런 상황에서는 정부의 역할이 중요하다. 정부는 비영리조직의 공공친화적인 강령이 유지될 수 있도록 적절히 지원하고, 영리조직이 지나친 영리추구를 하지 못하도록 적절히 규제해야 한다(Gibelman, 2000 : 128-129).

사회복지 민영화의 쟁점

구 분	내 용
배 경	• **비정부조직 선호** : 정부가 제공하는 서비스보다는 민간이 제공하는 서비스를 더 선호하는 것. 정부의 규모와 권한의 축소를 선호하는 정치적 이데올로기의 한 부분 • **정부조직에 대한 반감** : 클라이언트에 대한 관료적 규칙의 적용과 이용자 비친화적 시스템에 대한 반감
전통적 입장	• 영리를 목적으로 하는 조직이 사회복지 목적에 얼마나 잘 부합되는가 하는 비판 제기 • 전통적인 사회복지 주창자들은 영리사회복지조직의 부상에 매우 부정적 • 영리 동기와 사회복지 정신은 양립 불가능 • 영리조직이 사회복지전달체계의 효율성을 증대시키고 효과적인 수단이 된다는 사실 불인정
민영화의 부작용	• **계약의 실패** : 제품(상품과 서비스)에 관한 정보를 소비자가 충분히 숙지하지 못해 시장 안에서 경쟁과 소비자 선택이 보장되지 않는 것. 정보의 비대칭성 때문에 발생. 제삼자가 비용을 부담하면 서비스 질과 가격의 적정성이 담보되지 않음 • **민간부문의 실패** : 정부－민간조직의 협력관계 강화가 민간조직을 위협하는 것. 정부의 보조금으로 인해 민간조직의 자율성과 독립성 약화 초래

CHAPTER 04

사회복지정책의 재원

1 공공재원

복지국가에서 보듯이 사회복지정책은 많은 비용을 필요로 한다. 바로 그 때문에 사회복지정책의 도입과 확대, 그리고 그 축소에 있어서 항상 관건이 되는 것이 재정문제이다. 따라서 사회복지정책 학도들은 사회복지정책의 재정에 대한 정확한 이해가 필요하다. 사회복지정책의 체계에서 보았듯이 사회복지정책은 매우 다양하고, 제도가 다양한 만큼 그 재정구조도 다르다. 사회복지정책의 재원은 크게 볼 때 공공재원과 민간재원으로 나뉜다. 사회복지정책의 공공재원으로는 조세가 가장 큰 비중을 차지한다. 사회복지정책의 공공재원이 되는 조세에는 일반세, 목적세, 조세비용이 있다.

1) 일반세

일반세는 조세의 지출용도를 정하지 않고 징수하는 세금이다. 일반세에는 소득에 부과하는 소득세, 소비에 부과하는 소비세, 재산에 부과하는 재산세가 있다.

① **소득세** : 소득세에는 개인소득에 부과되는 개인소득세와 법인의 수익에 부과되는 법인소득세가 있다. 개인소득세는 누진세율을 적용하고, 일정 소득 이하인 사람에게는 조세를 면제해 주거나 저소득층일수록 보다 많은 조세감면 혜택을 부여하여 소득계층 간 소득재분배 효과가 가장 크다.

② **소비세** : 소비세는 상품을 소비할 때 부과된다. 소비세는 모든 상품에 단일세율을 부과하는 일반소비세와 특정한 상품에만 부과하는 특별소비세로 분류된다. 일반소비세는 소득에 관계없이 상품을 소비할 때 동일한 세금을 부담해야 하므로 소득역진성이 강하다. 특별소비세는 주로 사치품에 부과되는데, 사치품의 주된 소비자가 중상위계층이기 때문에 소득역진성이 일반소비세보다 작다. 우리나라의 부가가치세도 소비세의 하나인데, 부가가치세는 생산단계에서 최종 소비단계까지 부과되는 것이 특징이다.

③ **재산세** : 재산세는 소유재산에 부과되는 세금으로서 지방정부의 주요 재원이다. 재산세는 대개 단일세율이 적용되며, 세금의 부과기준이 되는 재산의 가치를 시가로 계산하기 어려운 문제가 있다.

우리나라의 일반세는 내국세, 관세, 목적세 등의 조세수입과 그 밖에 재산수입, 수수료, 정부소유재산 매각대금, 벌금 등의 기타 수입, 그리고 국공채, 차관 등의 채무수입 등으로 구성된다. 그러나 역시 내국세가 조세수입의 대부분을 차지한다(세입의 80% 이상). 내국세는 부가가치세, 소득세, 법인세, 특별소비세 등으로 구성된다.

일반세는 직접세와 간접세로 분류되기도 한다. 직접세는 재산이나 소득이 많을수록 많은 세율이 적용되는 누진세를 말하고(소득세와 상속세), 간접세는 재산이나 소득에 관계없이 과세대상에 대해 동일한 세율이 적용되는 세금(상품에 부과되는 세금)을 말한다. 따라서 직접세의 비중이 높을수록 조세형평성이 높다고 할 수 있다.

우리나라는 선진국에 비해 간접세의 비중이 매우 높다. 전체 조세 중 간접세의 비중이 영국과 뉴질랜드가 비교적 높아 35% 정도이고, 대부분의 서유럽 선진국들은 30% 미만이다. 반면에 우리나라는 44%에 달하고 있다. 그리고 대표적인 누진세인 개인소득세의 비중이 덴마크는 50%를 넘고, 서유럽 선진국들은 40%를 넘거나 그에 육박하고 있다(영국과 독일은 상대적으로 낮아 25% 정도이다). 반면에 우리나라는 2할이 채 안 된다. 이렇게 간접세의 비중이 아주 높은 일반세에서 공공부조급여에 소요되는 재정을 충당할 경우 소득재분배 효과는 제한적일 수밖에 없다. 왜냐하면 공공부조 대상자인 빈민들도 시장에서 생필품을 구입할 때 상당한 세금을 물기 때문이다.

2) 목적세와 조세비용

목적세(special purpose tax, earmarked tax)는 일반세와 달리 지출용도를 정해놓은 세금이다. 일반세가 다른 정책목적과 경합되어 재원의 안정성은 떨어지지만 일반적으로 증액할 수 있고, 또 신축성도 있다는 장점이 있다면, 목적세는 사용목적이 정해져 있어 다른 정책부문과 경합되지 않기 때문에 재원으로서의 안정성이 있다는 장점이 있다. 이처럼 목적세는 가장 안정된 세원이기 때문에 중앙정부나 지방정부가 선호한다. 그러나 과세대상의 방법 여하에 따라 재원의 확대가 어렵다는 단점이 있으며, 목적세로 조성된 자금으로 운영되는 프로그램으로부터 아무런 혜택을 받지 못하는 사람들이 조세저항을 할 가능성도 있다.

그리고 베버리지가 지적한 대로 목적세는 납세자를 설득하기가 쉬운 반면(예컨대 석유세를 부과하여 자동차 사용자로 하여금 도로 개선비용을 부담하게 하는 것은 합리적이다), 어디에다 부과하는 것이 합당한가 하는 의문이 항상 제기되는 데다가, 조세의 안정성이라는 면에서는 일반세보다는 안정적이지만 보험료에 비해서는 안정성이 약하다. 원래 목적대로 사용되지 않을 수도 있다는 것이다(Beveridge, 1942 : 107-108). 우리나라의 교육세와 미국의 사회보장세(social security tax)가 대표적인 목적세이다.

조세비용(tax expenditure)이란 특정 집단에게 조세를 감면·공제·면제해 주는 제도를 말한다. 조세감면·공제·면제는 그만큼 납세자의 구매력을 실질적으로 증가시키는 효과가 있다. 조세비용은 정부입장에서는 세입이 감소하는 것이고, 수혜자의 입장에서는 정부로부터 지원을 받는 것이 된다. 조세비용은 그 혜택이 주로 중상위 소득계층에게 가고(각종 기부금에 대한 세금감면), 저소득층은 조세비용의 수혜를 받기 어렵다는 점에서 소득역진적인 성격이 있다.

조세비용

- 조세비용이란 특정 집단에게 조세를 감면·공제·면제해 주는 것을 말한다.
- 조세감면·공제·면제는 그만큼 납세자의 구매력을 실질적으로 증가시키는 효과가 있다.
- 조세비용은 정부입장에서는 세입이 감소하는 것이고, 수혜자의 입장에서는 정부로부터 지원을 받는 것이 된다.
- 조세비용은 그 혜택이 주로 중상위 소득계층에게 가고, 저소득층은 조세비용의 수혜를 받기 어렵다는 점에서 소득역진적인 성격이 있다.

2 사회보험의 재원

사회복지정책의 핵심인 사회보험의 재정은 주로 보험료로 충당되며, 경우에 따라 목적세와 본인부담금(user charge)으로 보충된다(Murphy, 1979 : 4-5). 보험료는 소득비례 보험료와 정액보험료 두 가지가 있는데, 소득비례 보험료는 말 그대로 소득(표준보수월액)의 일정률을 갹출하는 것이고, 정액보험료는 소득이나 재산에 관계없이 모든 사람이 동일한 액수의 보험료를 부담하는 것이다. 목적세는 프랑스의 사회보험에서 보듯이 담배나 술에 사회보험세를 물려 그 수입을 사회보험재정에 보태는 것을 말한다. 본인부담금은 주로 건강보험에 적용되는데, 진료비의 일정 부분을 환자, 즉 수익자에게 부담 지우는 것이다.

베버리지는 사회보험의 재정이 보험료로 충당된다는 사실에 큰 의미를 부여했다. 보험급여에 소요되는 재정이 얼마나 많이 들든지, 또 얼마나 오랜 기간 동안 필요한지를 막론하고, 사회보험의 재정이 모두 보험료로 충당된다는 것(수혜자가 보험료 부담으로 재정을 충당하고, 부족하면 보험료를 더 부담해서 보충하는)은 사회보험에서는 개인과 정부의 '자선'이 필요 없다는 것을 의미하기 때문에 그렇다는 것이다(Beveridge, 1942 : 12).

한편 영어로 사회보험의 보험료를 contribution이라고 하고, 민간보험의 보험료는 premium이라고 하는데, 이 두 단어의 차이를 통해서도 보험료의 성격을 파악할 수 있다. premium이란 보험가입자가 민간보험회사(보험자)와 자유계약을 맺어 개인적 필요성(personal desires)과 자신의 지불능력(ability to pay)에 따라 보험자에게 지불하는 돈을 말한다(Rejda, 1999 : 40). 그리고 민간보험의 보험료는 사망이나 질병 등 위험에 관한 확률에 의거한 보험통계에 의해 정해진다. 반면에 contribution은 개인의 의사와는 무관하게 제도의 규정에 따라 의무적으로 부담해야 하는 돈이며(강제성), 보험통계에 의해 결정되지 않는다(Midgley, 1986 : 111). 또한 사회적 위험을 공동체로 분산(pooling)하기 위해 피보험자가 보험자에게 지불함으로써 결과적으로 공동체의 복지에 기여한다.

사회보험 재원의 기본 원칙으로 삼자부담제도(tripartite scheme)라는 게 있다. 삼자부담제도란 사회보험의 수익자인 가입자(근로자)와 사용자 그리고 고용안정과 사회안정의 책임자인 정부, 이 삼자가 사회보험의 재정을 공동으로 부담한다는 원칙을 말한다. 삼자부담제도는 1881년 독일제국의 산재보험법의 초안에 처음 등장했다. 당시 사회보험의 도입을 주도한 비스마르크는 사회보험의 두 당사자인 노동자와 사용자 이외에 국가가 재정의 일부를 부담(보조금)해야만 노동자가 국가(자본가가 아닌)에 대해 고마움을 느끼고, 또 그래야만 국가에 통합된다고 확신하였다. 그리하여 법 초안에는 저임금 노동자인 연소득 750마르크 미만의 노동자는 보험료가 면제되고, 연소득 750~1,500마르크의 노동자는 보험료의 1/3, 고임금 노동자인 연소득 1,500마르크 이상의 노동자는 보험료의 1/2을 부담하도록 되어있었다. 그러나 비스마르크의 의도를 파악한 부르주아지의 반대에 부딪혀 삼자부담제도는 무산되고 대신 제국보험공단(사회보험 운영조직)의 운영비(국가부담)를 제외한 모든 비용을 사용자가 부담하는 것으로 결정되었다. 그리고 연이어 도입된 건강보험과 연금에서도 삼자부담 대신 노동자와 사용자 이자부담의 원칙이 확정되었다.

삼자부담의 원칙이 최초로 관철된 것은 1911년 영국의 국민보험법이었다. 구체적으로 말해서, 건강보험의 보험료를 노동자, 사용자, 정부 삼자가 각각 4 : 3 : 2의 비율(주당 피용자가 4펜스, 사용자가 3펜스, 대장성이 2펜스를 부담)로 부담하기로 했고, 실업보험의 보험료는 사용자와 노동자가 동일하게 부담(사용자와 노동자가 각각 25펜스씩 부담)하고, 대장성이 사용자와 피용자 보험료 합계액의 1/3을 보조하는 것으로 결정했던 것이다.

이후 삼자부담의 원칙은 베버리지 보고서에서도 재확인되었고(Beveridge, 1942 : 109), 1944년 ILO의 소득보장 권고와 의료보장 권고에서도 천명되었다. 그러나 현재 정부부담은 점차 감소하여 노동자와 사용자 양자가 재정을 분담하는 이자부담제로 변해가는 추세에 있다.

사회보험의 보험료

- 사회보험의 보험료는 소득비례 보험료와 정액보험료 두 가지가 있다. 소득비례 보험료는 소득(표준보수월액)의 일정률을 갹출하는 것이고, 정액보험료는 소득이나 재산에 관계없이 모든 사람이 동일한 액수의 보험료를 부담하는 것이다.
- 민간보험의 보험료는 보험가입자가 보험회사와 자유계약을 맺어 개인적 필요성과 지불능력에 따라 보험자에게 지불하는 돈인 데 비해, 사회보험의 보험료는 의무적으로 부담해야 하는 공동체를 위한 돈이며, 보험통계에 의해 결정되지 않는다.

3 보험료와 조세

보험료와 조세의 관계에 대해서는 두 가지 견해가 있다. 하나는 임금에 부과되는 조세(payroll-tax)라는 점에서 보험료와 조세는 본질적으로 같다고 보거나 보험료를 조세의 일부라고 보는 입장이다. 다른 하나는 보험료를 조세의 일부가 아니라 임금의 일부로 보는 입장이다. 이 입장에서는 보험료를 노동자에게 직접 지불되는 것이 아니라 재분배를 위해 사회보장기구에 지불되는 사회화된 임금(socialized wage)이라고 본다. 두 견해 모두 일리가 있지만, 그 어느 것도 실정법에 의해 확실히 규정된 적은 없다(Pavard, 1979 : 412).

사실 조세 중 직접세(소득세)와 보험료는 매우 유사하다. 양자는 다음과 같은 공통점을 갖고 있다. ① 소득의 이전(income transfer)을 통해 빈민들에게 최저한의 소득을 제공함으로써 빈곤을 완화한다. ② 생애주기를 통해 가족소득의 규칙성과 안정성을 강화시켜 준다. 사회보험의 경우 연금, 장해급여, 실업급여 등으로 근로기간은 물론 퇴직 후까지 소득을 보장해 주고, 조세는 누진적인 세금부과(저소득층의 부담 경감)를 통해 조세부담을 전 생애에 걸쳐 퍼지게 하는 효과(the effect of spreading the burden of taxation over the life cycle)를 거둔다. ③ 이전소득(transfer payments)과 조세를 가족의 크기에 연계시킴으로써 수평적 불평등(대가족과 소가족 간의 불평등)을 감소시킨다. ④ 이전소득과 조세의 누진적 분배(progressive distribution)를 통해 소득의 불평등을 완화시킨다.

그리고 이런 목적을 달성하기 위한 수단에도 공통점이 있는데, 두 제도 모두 국가의 공권력(정부의 사회보장부처, 세무당국, 공법상의 기구인 사회보장기관 등)을 사용한다는 점에서 그렇다.

또한 사회보험에서 개인별로 부담한 보험료 총액과 급여가 절대적으로 일치하는 것은 아니란 사실(수지불상등의 원칙), 다시 말해서 자신이 낸 돈보다 많은 급여를 받는 사람도 있고, 반대로 적은 급여를 받는 사람도 있다는 사실도 사회보험 보험료와 조세의 유사성을 말해준다. 소득이 많은 사람이 더 많이 부담한다는 점에서 두 제도 모두 누진적 요소를 갖고 있다는 공통점도 있다.

그러나 양자는 분명히 다른 점도 있다. 무엇보다도 베버리지가 말한 대로 조세와 보험료가 부과되는 대상에 차이가 있다. 베버리지에 의하면, "조세는 납세자가 장차 받을 수 있을 것으로 기대되는 어떤 것의 가치가 아니라 추정된 조세부담능력(assumed capacity)에 관련되어 있다. 반면에 보험료는 지불능력(capacity to pay)이 아니라 급여가치(the value of the benefits)에 관련되어 있다. … 조세는 생계능력(means)에 의거해 있고, 사회보험의 보험료는 보험료를 납부하는 사람들의 위험의 정도와는 관계가 없고, 또 생계능력에 의거할 필요가 없다"(Beveridge, 1942 : 107). 요약하면, 조세는 부담능력에 따라 보험료는 급여가치에 따라 부과된다는 것이다.

그리고 사회보험 보험료는 조세에 비해 역진적이다. 왜냐하면 사회보험 보험료율은 소득의 대소에 관계없이 일정(정률제)한 반면에 소득세는 누진세이고, 대부분의 보험료에 상한선(ceiling)이 정해져 있는 데 비해 소득세는 상한선이 없기 때문이다(Tamir and Achdout, 1979 : 3-4; Brittain, 1972; Musgave and Musgrave, 1973). 또한 보험료는 조세와 달리 근로소득에만 부과되고(조세는 재산이나 상거래에도 부과), 소득세와 보험료의 과세대상이 되는 임금의 범위도 차이가 난다. 대체로 보험료의 표준보수월액이 근로소득세의 과세임금보다 적다. 또한 세금이나 보험료 모두 소득의 일정 부분에 부과되는 공적 비용이라는 점에서는 같지만 세금은 보험료와 달리 국가의 반대급부가 특정화되어 있지 않다(Beattie and McGillivray, 1995 : 19).

〈표 4-1〉 조세와 보험료의 차이점

조 세	보험료
누진적	역진적
소득상한선(ceiling) 무	소득상한선 유(고소득층에 유리)
인적 공제 유	인적 공제 무(저소득층에 불리)
부담능력 고려	부담능력 불고려

출처 : 의보공단, 1994 : 19.

한편 보험료와 소득세의 유사점 때문에 두 제도의 통합을 주장하는 사람들이 있다(Tamir and Achdout, 1979). 특히 소득세와 아동수당의 성격은 대단히 유사하다. 자녀에 대한 소득공제를 통해 세금부담을 경감시켜 주는 것과 미성년 자녀에게 가족수당을 지급하는 것은 본질적으로 같다는 것이다. 그리하여 주로 일반세입에서 개별 가족에게 곧바로 지급되는 아동수당(조세당국이 운영하는)과 소득세의 통합이 거론된 바 있다(Hochard, 1979; Messere, 1979; Büttner, 1979). 그리고 공공부조를 조세인 역소득세(NIT : Negative Income Tax)[1]로 대체하자는 주장도 이런 입장과 맥을 같이한다.

보험료와 조세

- 보험료를 조세의 일부로 보기도 하고, 임금의 일부로 보기도 한다.
- 보험료와 조세는 빈곤완화, 소득의 안정, 불평등의 완화 등 동일한 기능을 수행한다.
- 조세는 부담능력에 따라 보험료는 급여가치에 따라 부과된다.
- 보험료는 조세에 비해 소득역진적이다.

1) 1960년대 후반 미국과 영국의 자유주의 성향의 경제학자들이 공공부조의 대안으로 제시한 것으로 기존의 모든 사회보장제도를 폐지하는 대신 기준소득액을 설정한 다음 기준 이하의 가계에 대해서는 부족액의 50%에 상당하는 현금급여를 제공하고, 그것을 초과하는 가계에는 세금을 부과하자는 것이 핵심이었다. 이에 따라 1968~1972년 사이 미국의 일부 주정부가 대규모 시범사업을 실시했다. 그러나 시범사업 결과 역소득세의 항구적인 효과와 영향을 판정할 수 없었으며, 주정부가 공공부조를 실업자에게 확장함으로써 복지가 근로의욕을 저하시킨다는 데 대한 증거도 발견하지 못했다. 사실상 역소득세 실험은 실패로 끝나고 말았다.

4 민간재원

민간사회복지조직의 재원은 다양하다. 예를 들어, 첫째, 정부로부터 직접 받거나 계약의 형태로 지원받는 정부보조금, 둘째, 재단지원금, 후원금, 기증 등과 같은 기부금, 셋째, 서비스 요금, 임대료, 상품판매 수익 등과 같은 수익사업에 의한 수입, 넷째, 기타 특별행사 수익이나 투자수익 등이 있다.

1) 정부보조금

전통적으로 정부는 비영리조직을 재정적으로 지원해 왔으며, 지방정부가 관할 지역 내의 사회복지기관의 운영비를 지원하는 것이 오랜 관례였다. 정부의 사회복지조직에 대한 예산지원을 보조금(grants)이라 한다.

정부보조금은 정부가 해야 할 사회복지사업을 민간사회복지기관에 위임하면서 지불하는 자금이다. 정부가 민간사회복지기관에 사업을 대행시키는 이유는 정부조직의 관료주의를 피하고 민간조직의 장점인 전문성과 융통성을 살리기 위해서이다. 그리고 민간사회복지기관의 입장에서 정부보조금은 매우 안정적인 재원이 되므로 선호한다. 흔히 하는 말처럼 win－win인 것이다. 그러나 정부보조금을 받게 되면 정부의 감사 등 상당한 제약과 통제를 받게 된다. 정부예산을 사용하기 때문에 불가피한 것이다. 그렇기 때문에 독립성과 자율성을 중시하는 사회복지기관은 정부보조금 신청을 기피한다.

우리나라의 경우 정부보조금은 「보조금 관리에 관한 법률」(제2조)에 규정되어 있다. 그것에 의하면, “보조금이라 함은 국가 외의 자가 행하는 사무 또는 사업에 대하여 국가가 이를 조성하거나 재정상의 원조를 하기 위하여 교부하는 보조금(지방자치단체에 교부하는 것과 그 밖의 법인·단체 또는 개인의 시설자금이나 운영자금으로 교부하는 것만 해당한다), 부담금(국제조약에 의한 부담금은 제외한다), 그 밖의 상당한 반대급부를 받지 아니하고 교부하는 급부금으로서 대통령령으로 정하는 것을 말한다.”

그리고 사회복지사업법(제42조)에도 사회복지사업에 대한 정부보조금에 관한 규정이 있는데, 그에 따르면 "국가 또는 지방자치단체는 사회복지사업을 수행하는 자 중 대통령령이 정하는 자에 대하여 필요한 비용의 전부 또는 일부를 보조할 수 있다."(보조금) 그리고 "보건복지부장관은 시 · 도지사 및 시장 · 군수 · 구청장에게 사회복지사업의 수행에 필요한 비용을 지원할 수 있다."(지방자치단체에 대한 지원금)

2) 기부금과 후원금

기부금(contributions)이란 개인이나 단체가 사회복지기관이나 기관의 프로그램에 조건 없이 주는 증여를 말한다. 서비스 이용료와 마찬가지로 대부분의 기부금은 사회복지조직에게 유동적인 재원이다. 따라서 사회복지조직들은 기부금을 만들기 위해 다양한 전략을 추구하며, 이러한 전략은 특히 이사진의 적극적인 참여를 요구하는데, 이의 지속을 위해서는 조직 차원에서의 상당한 노력이 필요하다.

기부금은 오랫동안 사회복지기관의 주요 재원이었다. 그러나 현재는 다소 감소하는 추세에 있다. 미국에서 기부금을 많이 내는 재단은 네 가지 유형이 있다(라프 · 퇴트너, 2002 : 205-206).

① **독립재단 또는 가족재단**(independent or family foundations) : 한 가족이나 집단이 운영하는 재단으로서 종교, 교육, 사회복지 부문의 단체나 조직에 일정한 기부를 한다. 기부 여부를 결정하는 이사회는 대개 가족구성원이나 친구로 구성된다.

② **기업재단**(corporate foundations) : 기업이 자신의 이윤을 재원으로 해서 만든 재단이다. 기업의 간부와 지역사회주민으로 이사회를 구성한다. 지역 기부금위원회를 둔 기업도 있다.

③ **운영재단**(operating foundations) : 기관의 프로그램 또는 프로젝트 운영자금을 지원하는 재단으로서 대학의 프로젝트에 예산을 지원하는 지역대학지원재단이 좋은 예이다.

④ **지역사회재단**(community foundations) : 기부자의 신탁으로 자금이 마련되는 재단이다. 기부자의 지침과 관심에 따라 지원 여부가 결정된다.

우리나라의 경우 사회복지기관(사회복지법인의 대표이사와 시설의 장)이 후원자로부터 아무런 대가 없이 무상으로 받은 금품 기타의 자산을 후원금이라고 한다(사회복지사업법 제45조). 우리나라 사회복지기관의 후원금 관리는 「사회복지법인 및 사회복지시설 재무 · 회계 규칙」(제41조)에 규정되어 있다. 그것에 의하면, 기관장은 후원금의 명확성을 확보해야 하고, 후원자에게 영수증을 즉시 발급해야 하며, 후원금의 사용내역을 후원금을 낸 법인 · 단체 또는 개인에게 통보해야 하고, 후원금 수입 및 사용결과 보고서를 관할 시장 · 군수 · 구청장에게 제출하여야 하며, 후원금을 후원자가 지정한 사용용도 외의 용도로 사용하지 못한다.

3) 이용료

이용료(fees)는 클라이언트와 제3자(공공사회복지기관, 사회보장기관, 직업재활, 보험회사 등)가 사회복지기관의 서비스를 사용한 대가로 지불하는 돈을 말한다. 다시 말해, 서비스에 대한 클라이언트 차지(client charge)인 것이다(로만, 1989 : 119).

서비스 이용에 대한 대가인 이용료로 기관의 재정을 충당하는 것은 수익자부담이라는 자본주의 시장경제의 일반적 원칙에 부합된다. 그리고 서비스 이용자인 클라이언트가 지불하는 이용료 수입은 사회복지기관이 해당 프로그램을 주체적 · 자율적으로 운영할 수 있도록 만들기 때문에 기관으로서는 선호할 만한 재원이다.

이런 장점에도 불구하고 이용료는 유동적이고 불안정하다는 단점을 지니고 있다. 사회복지기관이 서비스 이용자의 이용료만으로 재정을 충당하는 프로그램을 운영한다고 할 때 참여이용자의 수가 기대 이하이면 재정적자라는 심각한 문제에 봉착하는 것이다.

이용료를 재정의 주요 수단으로 활용하는 기관의 경우 가장 중시해야 하는 것이 이용료 수입총액에 대한 예측 가능성이다. 이를 위해 기관은 가능하면 장기간 이용료를 지불하는 클라이언트를 확보하기 위해 노력해야 하며, 가급적 개인 클라이언트보다 집단 클라이언트를 이용자로 만드는 것이 좋다. 사회복지기관의 이용료의 종류는 다음과 같다(로만, 1989 : 125-126).

① **참가비**(participation fees) : 사회복지기관의 프로그램에 참가할 때 지불하는 일정액을 말한다.

② **고정이용료**(fixed fees) : 특정 프로그램을 이용할 수 있는 권리를 구입하는 비용이다.

③ **슬라이딩-스케일 이용료**(sliding-scale fees) : 클라이언트의 지불능력을 고려한 이용료이다. 일정 소득 이하의 클라이언트는 이용료를 면제해 주고, 그 이상의 소득을 가진 클라이언트에게는 누진적 이용료를 부과한다.

④ **공평부담이용료**(fair fees) : 전체 비용을 참가자 수로 나눈 이용료이다. 예를 들어, 주말여행경비 총액을 참가자 수로 공평하게 나누어 개인이용료를 책정하는 방식이다.

⑤ **삼자 지불 이용료**(third party fees) : 미국의 노인의료보장제도(Medicare)나 빈민을 위한 의료급여제도(Medicaid), 우리나라의 장기요양보험(건강보험공단) 등과 같은 제3자가 사회복지기관의 서비스 이용료를 대신 지불하는 방식이다.

이용료는 서비스 이용자가 요금을 부담하는 것이기 때문에 서비스 제공자가 서비스의 질에 대해 강한 책임감을 갖게 되어 서비스의 질이 향상되는 효과가 있으며, 서비스 이용자는 자신이 그 비용을 부담하기 때문에 낙인감 없이 서비스를 이용하는 장점이 있다. 그리고 건강보험의 이용자부담은 불필요한 의료수요, 즉 남수진(濫受診)을 억제하는 효과가 있다. 그러나 서비스가 필요한 시점에 서비스를 요하는 사람에게 경제적 부담을 주어 서비스 이용을 제한하는 문제점이 있다.

4) 모 금

모금은 사회복지기관의 재정 충당방법의 하나로서 조직목표를 달성하는 데 필요한 자금을 획득하는 것과 지역사회주민을 모금활동에 참여시킴으로써 조직목표에 대한 관심을 증진시키는 것이 목적이다. 말하자면, 모금은 기관의 재원일 뿐만 아니라 기관을 홍보하는 수단도 된다는 것이다. 일반적으로 모금은 기획, 조사, 프레젠테이션, 사후평가 등 4단계를 거친다(Rubin and Rubin, 1986 : 344-348).

제1단계 기획(planning)이다. 기관은 어떻게, 언제, 누가 모금을 할 것인지를 기획해야 한다. 모금방법을 결정하는 일은 쉬운 일이 아니다. 모금방법의 결정은 필요한 자금의 총액, 모금에 소요되는 기간(모금의 속도), 기금의 목적 등에 달려있다.

제2단계 조사(research)이다. 모금을 앞두고 기관의 회원들은 서비스 시장 또는 가능한 후원자에 대해 조사를 해야 한다. 후원자들, 후원자들의 재정상태, 후원 실적 등에 관한 정보를 수집하는 것이다. 재단이나 정부가 어떤 프로포절을 지원하는지에 대해 알아보는 것도 중요하다.

제3단계 프레젠테이션(presentation)이다. 가능성 있는 후원자를 대상으로 한 프레젠테이션이다. 기관의 명칭과 목적, 과거의 실적, 현재 필요한 것, 후원의 필요성 등을 담아야 한다. 기금의 사용처 및 그 결과에 대해 기술하는 것도 필요하다.

제4단계 사후평가(follow through)이다. 후원내역을 기록하여 주변에 알리고 모금캠페인을 평가하는 일이다. 후원자와 기부자에게 기금이 어떻게 사용되었으며 프로젝트가 얼마나 성공적이었는지를 알려야 한다. 그리고 모금캠페인을 평가하는 일도 중요하다. 평가결과는 기관의 다음 모금에 큰 도움이 된다.

5) 직업복지

직업복지는 기업이 그 피용자들에게 제공하는 임금 외 급여 또는 부가급여(fringe benefits)로서 기업연금, 민간 건강보험, 유급휴가, 주택구입비 지원, 사택제공, 무이자 대출, 사내 후생시설, 출퇴근 버스운영, 사내 취미서클 지원 등 기업마다 아주 다양한 형태로 나타나고 있다. 퇴직금제도도 원래는 직업복지 프로그램의 하나이지만 우리나라만 예외적으로 법정급여의 형태로 운영하고 있다.

기업이 직업복지를 운영하는 주된 이유는 우수한 인력의 확보와 유지, 노사관계의 안정, 기업에 대한 근로자의 충성심 강화, 생산성 향상 등에 있다. 대부분의 나라들이 직업복지로 지출되는 비용에 대해 세제상의 혜택을 부여하여 직업복지를 권장하고 있는데, 이유는 직업복지의 확대가 국가의 사회보장 수요를 감소시키기 때문이다. 기업입장에서도 세금이 부과되는 임금보다는 세제상의 혜택이 있는 직업복지형태로 근로자에게 급여를 제공하는 것이 유리하기 때문에 선호하는 편이다. 그리고 직업복지 급여수준은 임금에 비례하는 경향이 있기 때문에 기업 내에서 지위가 높은 사람이 낮은 사람보다 유리하며, 임시직은 배제하고 정규직에게만 제공되며, 실업자는 대상에서 제외된다는 점에서 소득역진적인 성격이 강하다.

민간재원

- 민간재원에는 정부로부터 직접 받거나 계약의 형태로 지원받는 정부보조금, 재단지원금, 후원금, 기증 등과 같은 기부금, 서비스 요금, 임대료, 상품판매 수익 등과 같은 수익사업에 의한 수입, 기타 특별행사 수익이나 투자수익 등이 있다.
- 정부보조금은 정부가 해야 할 사회복지사업을 민간사회복지기관에게 위임하면서 지불하는 자금이다.
- 기부금은 개인이나 단체가 사회복지기관이나 기관의 프로그램에 조건 없이 주는 증여를 말한다.
- 이용료는 클라이언트와 제3자(공공사회복지기관, 사회보장기관, 직업재활, 보험회사 등)가 사회복지기관의 서비스를 사용한 대가로 지불하는 돈이다.
- 모금은 사회복지기관의 재정충당방법의 하나로서 조직목표를 달성하는 데 필요한 자금을 획득하는 것이다.
- 직업복지는 기업이 그 피용자들에게 제공하는 임금 외 급여 또는 부가급여를 말한다.
- 퇴직금제도는 직업복지 프로그램의 하나이지만 우리나라만 예외적으로 법정급여의 형태로 운영하고 있다.

CHAPTER

05 사회복지정책과 경제

1 사회복지정책과 경제성장

박정희 시대부터 우리나라에서는 이른바 '선 성장 후 분배'라 하여 사회복지가 경제성장을 저해한다고 생각한 사람(특히 경제관료)이 많았다. 이들의 논리는 단순 명료하다. 얼마 안 되는 성장의 과실을 골고루 배분하다 보면 국민 최저의 복지는 보장할 수 있을지는 모르지만 투자할 재원이 부족해진다고 본 것이다. 다시 말해서, 힘들지만 경제성장을 위한 투자를 먼저 하고 남은 부분을 조금씩 배분할 수밖에 없다는 것이었다. 이는 후진국 국민들에게 설득력을 가질 수 있었다. 이런 인식이 고착화되어 우리 국민들 대부분은 경제성장과 사회복지를 대립적인 것으로 보고 있다.

1) 인적자본론과 케인스이론

과연 사회복지는 경제성장을 저해하는가? 그렇지 않다. 국민들의 건강과 교육수준을 증진시켜 노동력의 질을 높이는 보건의료서비스와 교육복지정책은 경제성장에 필요한 양질의 노동력을 확보하게 만들어 경제성장에 기여한다. 예를 들어, 건강보험은 질병에 걸린 노동력을 치유시켜 노동현장에 복귀시키고, 교육정책은 청년들의 지적 수준을 향상시켜 생산성이 높은 노동력을 배출한다. 이를 인적자본론(human capital theory)이라 한다.

그리고 케인스가 잘 규명한 바와 같이 사회복지정책은 유효수요(effective demand)를 창출하여 경제활동을 진작시킨다. 예컨대, 사회보장연금을 수급하는 노인들은 자신의 연금으로 시장에서 필요한 물품을 구입하는데, 이들의 구매력은 시장에서의 수요를 증대시키고 나아가 경제성장에 기여한다. 실업급여 수급 실업자나 공공부조 대상 빈민의 경우도 마찬가지이다. 특히 경제 불황기에 이들의 구매력은 상당한 위력을 발휘한다(George and Wilding, 1984).

케인스이론은 복지국가를 정당화하는 데 결정적인 기여를 했다. 그러나 그의 이론은 신자유주의의 득세와 함께 설득력을 상실했다. 1970년대 두 번에 걸친 오일쇼크로 경기후퇴와 높은 실업률이 겹친 스태그플레이션이 발생하자 미국과 영국은 경제에 활력을 떨어뜨린 주범으로 케인스주의 복지국가를 지목하고 경제정책 기조를 케인스주의에서 신자유주의로 전환했다.

2) 신자유주의

신자유주의자들은 복지국가를 경제성장의 장애물로 간주한다. 이들이 문제 삼은 것은 복지국가의 높은 재정지출이다. 대규모 정부지출은 총 통화량을 증대시키고, 총 통화량의 증가는 인플레를 가져오며, 높은 인플레는 높은 실업률과 결합하여 경제 활력을 약화시킨다고 본 것이다. 아울러 신자유주의자들은 고복지가 경제성장에 반드시 필요한 근로유인을 약화시킨다고 비판한다.

사회복지가 경제성장을 저해한다고 가장 확실하게 주장하는 집단은 World Bank이다. World Bank는 부과방식 사회보장연금이 국가에 엄청난 재정부담을 주고, 노동 생산성을 저하시키고, 경제성장에 장애가 되고 있다고 비판했다. World Bank의 주장을 요약하면, "높은 사회보장세 → 낮은 가처분소득 = 높은 노동비용 → 취업률 저하(일부 저개발 국가의 경우 사회보장세를 회피하기 위해 비공식부문에의 취업이 증가하고, 선진국 사용자는 사회보장세 부담을 임금 인하로 대신하려 한다) = 낮은 경제활동참가율 → 경제성장 저하", 그리고 "관대한 연금 → 조기퇴직 → 낮은 경제활동참가율 → 경제성장 저하"로 이어진다는 것이다(James, 1996 : 3-20).

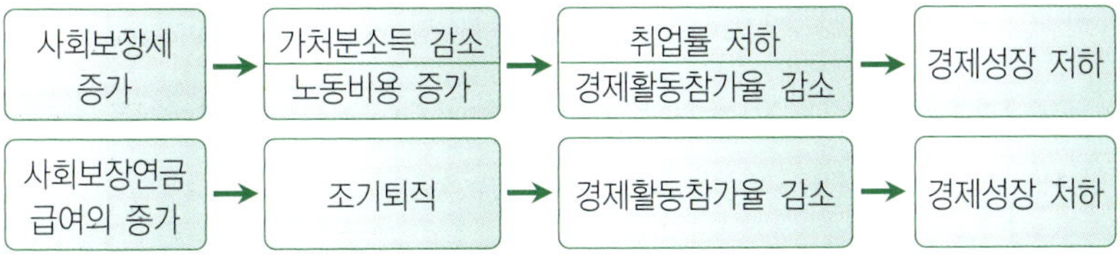

| 그림 5-1 | 사회보장이 경제성장에 미치는 영향 : World Bank의 입장

경제성장과 사회복지정책

- 성장론자들은 복지가 경제성장을 저해한다고 본다.
- 신자유주의자들은 사회복지정책이 경제의 활력과 근로유인을 약화시켜 경제성장의 걸림돌이 된다고 본다.
- 인적자본론에 의하면, 국민들의 건강과 교육수준을 증진시켜 노동력의 질을 높이는 보건의료서비스와 교육복지정책은 경제성장에 필요한 양질의 노동력을 확보하게 만들어 경제성장에 기여한다.
- 케인스는 사회보장이 유효수요를 증대시켜 경제성장에 기여한다고 보았다.

2 사회복지정책과 투자

1) 사회보험과 투자

사회복지정책, 특히 사회보험은 기업의 투자율에 영향을 미친다. 원론적으로 말해서 기업의 보험료 부담으로 재정이 충당될 때 투자율은 감소한다. 기업의 입장에서 보면 보험료는 기업의 노동비용이고, 또 그만큼 이윤이 줄어들기 때문에 보험료 부담이 크면 클수록 투자여력은 줄어든다는 것이다(기업의 보험료 부담 증가 → 이윤 감소 → 투자여력 감소)(Siren, 1987 : 9).

그런데 기업의 보험료 부담이 과중해지면, 노동을 자본으로 대치시키려는 유인(자동화)이 발생한다. 즉, 보험료 부담이 큰 노동집약적 산업구조를 기술집약적 또는 자본집약적 산업구조로 대체하려 노력한다는 것이다(Rejda, 1999 : 365). 이는 자본으로서는 투자 증대를 뜻한다. 투자의 증가와 경제성장 간의 직접적인 연관성을 볼 때, 이런 경향은 장기적으로 경제성장과 고용의 확대를 가져온다는 점에서 경제에 유리한 결과를 가져온다(보험료 부담 증가 → 산업구조조정 → 투자 증대 → 경제성장 → 고용 증대)(Pavard, 1979 : 413). 그러나 눈앞의 보험료 부담이 더 큰 관심사인 개별 자본가가 이러한 장기적인 투자제고 효과를 어느 정도 중시할지는 의문이다.

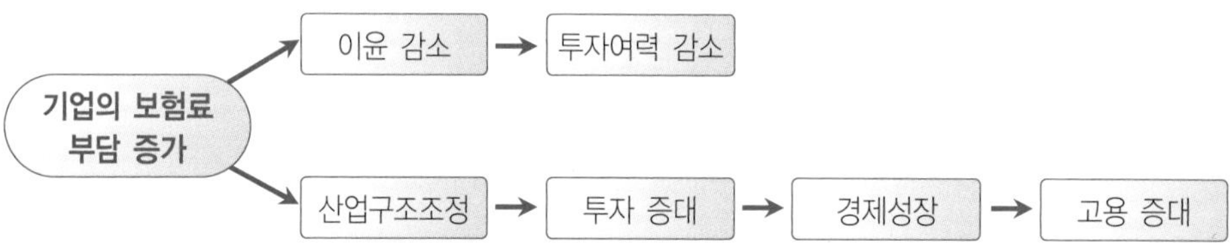

| 그림 5-2 | 사회보장이 투자와 경제성장에 미치는 영향

2) 사회보장연금의 투자효과

신자유주의자들은 사회복지정책이 투자에 부정적인 영향을 준다고 주장한다. 이들은 경제성장을 위해서는 투자가 촉진되어야 하고, 투자 촉진을 위해서는 높은 저축률이 필요(소비가 미덕이라고 본 케인스와 정반대이다)한데, 사회복지정책, 특히 사회보장은 저축률을 낮추는 효과가 있다고 본다.

World Bank는 특히 부과방식연금에 대해 부정적이다. 부과방식연금 급여를 통해 지불되는 막대한 돈의 대부분이 소비되고 있는 것을 문제 삼은 것이다. 이 돈을 투자로 유도하기 위해서는 부과방식연금을 적립방식연금으로 전환할 것을 주장한다. 왜냐하면 적립방식의 사회보장연금은 투자효과를 갖기 때문이다. 적립방식연금을 운용하기 위해서는 사회보장연금을 민영화해야 한다.

이처럼 부과방식을 적립방식으로 바꾸고 운영을 민영화시키면 연금펀드에 막대한 자금이 적립되고, 이렇게 조성된 대규모 자금은 자본시장으로 유입되어 기업의 투자여력을 증대시킨다. World Bank(1994 : 84)는 완전 적립방식연금의 가장 큰 약점이라 할 수 있는 투자수익의 불확실성에 대해서도 낙관적이다. 가입자들이 투신사의 역량을 전문적으로 판단하기는 어렵겠지만, 단기적인 부침이 있는 경제라도 장기적으로는 안정적으로 성장하고, 투자수익률은 경제의 장기적인 건전성에 좌우되기 때문에 그리 우려할 바가 아니라는 것이다. 그리고 정부가 투자 약정과 수익률을 적절하게 규제할 수 있어 투자수익의 위험은 물론 그에 따른 정치적 위험까지 피할 수 있다고 한다.

그러나 전통적으로 부과방식연금을 지지해 온 국제노동기구(ILO)와 국제사회보장협회(ISSA)는 World Bank의 이런 주장에 대해 매우 비판적이다. 이들은 World Bank가 사회보장연금의 민영화가 자본시장의 증대(투자의 증대)를 가져온다고 주장하지만, 칠레는 물론 다른 나라의 자료를 보아도 연금 민영화가 자본시장을 증대시키거나 활성화시킨 증거는 없었으며, 자본시장의 증대가 경제성장을 가져온다는 주장 역시 연기금 투자대상인 자본시장(주식, 채권 등)보다는 은행과 같은 재무중개(financial intermediaries) 시장이 정보 균형, 기관 비용, 거래 비용 등 투자 효율성이 더 높다는 사실, 다시 말해서, 일본이나 독일과 같이 은행 중심의 투자 패턴을 가진 나라들이 투신사가 투자의 중심축을 이루는 앵글로색슨 국가보다 투자 효율성이 더 높다는 사실에 비추어 볼 때 믿을 수 없다고 한다. 그리고 주식시장의 휘발성(volatility), 즉 주식시장은 근본적으로 변동이 심하며 투자 안전성이 은행에 비해 떨어진다는 점에서도 민영화의 투자증진 효과에 회의적일 수밖에 없다. 게다가 주식시장의 성장이 투자 증대로 이어진다는 것도 증거가 없다. 또한 주식시장의 성장이 저축률을 증대시킨다는 증거도 없다. 주식시장의 성장은 은행 저축과 정부 채권의 단순한 형태 변화일 수도 있다(Singh, 1996 : 21-39).

사실 논리적으로만 생각하면 적립방식연금 → 투자 증대는 맞다. 연기금이 주식과 채권을 대규모로 매입하면, 기업으로서는 주식과 채권의 발행을 통해 투자에 필요한 자금을 확보하기가 쉬워지기 때문이다. 그럼에도 연기금의 투자 증대 효과는 확실치 않다. 저축 관련 변수가 다양한 것처럼 투자 관련 변수도 다양하고(일례로, 경기전망이 좋아야 기업이 투자를 늘리는데, 경기에 영향을 미치는 변수는 아주 많다), 강제 저축이 유효수요를 줄여 기업의 투자유인을 감소시키는 효과가 있기 때문이다.

이렇게 적립방식연금이 저축과 투자에 미치는 영향이 긍정적인지의 여부가 불투명하다면 경제성장과의 관계는 더더욱 불확실하다. 1998년 하버드 대학에서 열린 사회보장연금 민영화 심포지엄에서 브루킹스연구소 연구원인 Henry Aaron이 민영화 반대론자나 찬성론자 모두 민영화가 저축률, 투자율, 경제성장률을 높이는 것은 아니라는 데 동의했으며, 저축률이 같을 때 연기금을 정부가 관리하건 아니면 민간에게 맡기건 간에 경제성장에 미치는 영향은 같다는 데 의견일치를 보였다는 점을 강조했는데, 시사하는 바가 매우 크다(Friedman, 1999 : 159).

사회복지정책과 투자

- 사회복지정책은 기업의 보험료 부담 증가 → 이윤 감소 → 투자여력 감소로 이어질 수 있다.
- World Bank는 사회보장연금이 투자여력을 소진시킨다고 보아 부과방식의 사회보장연금을 적립방식으로 전환(민영화)하여 투자 증대를 기해야 한다고 주장한다.
- ILO/ISSA는 사회보장연금의 민영화가 투자 증대로 이어진다는 증거가 없고, 투자 안전성을 보장할 수 없다고 주장한다.

3 사회복지정책과 저축

1) 사회보장연금과 저축

적립기금이 아예 없거나 있다 하더라도 지불준비금 정도의 소규모 자체기금만 보유한 건강보험, 산재보험, 실업보험과 같은 단기보험은 저축과 거의 관계가 없다. 반면에 장기보험인 사회보장연금은 재정방식이 적립방식일 경우 엄청난 규모의 적립기금이 형성되기 때문에 저축과의 관계가 대단히 중요하다.

사회보장연금을 시행하고 있는 대부분의 국가에서 사회보장연금은 국민저축의 상당 부분을 차지한다. 사회보장연금의 가입이 의무적이고, 완전급여를 수급하기 위해서는 일정 기간 이상 가입해야 하기 때문에 시민들은 보통 다른 저축(금융기관, 생명보험, 저축대부조합, 소비자금융 등)에 가입할 여유가 별로 없다. 게다가 사회보장연금에 가입하고 나면, 노후 대비를 위한 저축의 필요성이 감소한다. 사회보장연금이 유력한 저축수단이기 때문이다. 이것이 사실이라면, 사회보장연금은 소비자의 가처분소득을 줄여 민간저축을 억제하는 효과가 있다(의보공단, 1994 : 36).

반대로 사회보장연금은 저축을 증가시킬 수도 있다. 사회보장연금은 조기퇴직을 조장함으로써 간접적으로 저축을 증가시킨다. 퇴직 후 생존기간이 길다고 생각해서 퇴직 전에 보다 많은 저축을 할 것이기 때문이다. 보험료 부담이 가처분 소득을 줄여 저축까지 억제한다는 것은 저소득층에게 해당하는 말이며, 사회보장연금 외에도 저축할 여유가 있는 중산층은 사회보장연금 가입으로 저축습관이 강화되어 오히려 저축을 늘린다는 주장도 있다(신수식, 1983 : 186).

사회보장연금의 소득재분배 효과와 저축도 관계가 있다. 사회보장연금에 가입한 저소득층이 소득재분배에서 유리하면(동시에 저소득층의 저축률이 낮으면), 소비가 증가해 저축이 감소한다. 고소득층이 더 오래 살아 소득재분배에서 유리해도, 장수효과로 인해 저축이 감소한다. 사회보장연금의 소득계층 간 수직적 소득재분배 효과가 있으면, 소비지출 증가로 저축이 감소한다는 것이다.

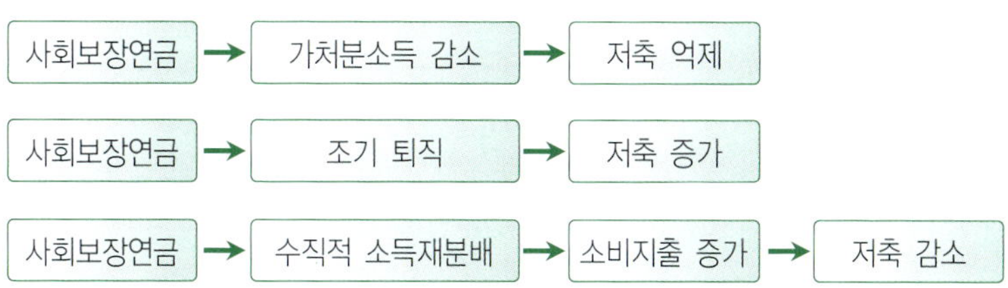

| 그림 5-3 | 사회보장연금과 저축의 관계

2) 경험적 연구

여러 학자들이 사회보장연금과 저축과의 관계, 즉 사회보장연금이 저축을 감소시키는지 여부에 관해 실증적인 연구를 했다. 하지만 결정적인 연구결과는 나오지 않았다. 일부 연구는 사회보장연금이 저축을 억제하는 효과가 있다고 하고, 일부 연구는 이를 부정하였다.

미국 하버드대학 경제학 교수 Feldstein은 미국의 저축 관련 자료 분석을 통해 일관되게 사회보장연금이 저축을 감소시킨다고 주장했다. Feldstein은 부과방식연금의 저축효과를 부정한다. 그에 의하면 사회보장연금이 없을 경우 근로자는 자신의 노후 대비를 위해 매년 보수의 1/4(25%)을 저축해야 한다. 현재 미국의 사회보장세는 소득의 12.5%이다. 따라서 사회보장세는 근로자 개인 저축의 절반을 대체하고 있다. 사회보장세가 저축을 감소시키고 있다는 것이다. 이를 이유로 그는 부과방식연금의 개인계정(완전 적립방식)으로의 전환을 강력히 주장하였다(Feldstein and Liebman, eds., 2002).

반면에 Munnell(1974) 및 Leimer와 Lesnoy(1982)는 사회보장연금의 저축 감소 효과는 극히 미미하다고 주장했다. Rejda와 Schmidt(1979)는 사회보장세와 개인연금 간의 대체관계, 즉 사회보장세가 증가하면 개인연금 가입률이 감소한다는 사실을 밝힌 바 있다. Auerbach와 Kotlikoff(1983)는 사회보장연금과 저축의 관계는 근거 자료의 시계열 기간에 좌우된다고 주장했다. 자료가 생산된 시기가 문제라는 것이다. 이는 분석시점(실업률이 높은 시점과 낮은 시점이 중요. 저축과 소비에 영향을 주는 변수)에 따라 사회보장연금의 저축 감소 효과가 달라진다는 것을 의미한다. Gullason 등(1993)은 사회보장연금과 노후보장성 저축은 역관계에 있지만, 다른 저축에는 별다른 영향을 미치지 않는다는 사실을 밝혀냈다. 사회보장연금과 저축 간의 관계에 관한 시계열 자료를 분석한 Aaron(1982)은 확실한 것은 없다고 결론 내렸다.

〈표 5-1〉 사회보장연금과 저축에 관한 실증적 연구

연구자(연도)	연구결과
Feldstein(2002)	사회보장연금의 저축 감소 효과 긍정 부과방식연금의 저축효과 부정
Munnell(1974)/Leimer와 Lesnoy(1982)	사회보장연금의 저축 감소 효과 극히 미미
Rejda와 Schmidt(1979)	사회보장세가 증가하면 개인연금 가입률 감소
Auerbach와 Kotlikoff(1983)	사회보장연금과 저축의 관계는 근거 자료의 시계열 기간에 좌우 분석시점(실업률이 높은 시점과 낮은 시점이 중요, 저축과 소비에 영향을 주는 변수)에 따라 사회보장연금의 저축 감소 효과에 차이
Gullason 등(1993)	사회보장연금과 노후보장성 저축은 역관계 다른 저축에는 영향 무
Aaron(1982)	사회보장연금과 저축 간의 관계에 관한 시계열 자료 분석 결과 확인 불가

이상과 같은 경험적 연구결과를 보면 사회보장연금과 저축과의 관계는 확실치 않다는 것을 알 수 있다. 어떤 연구는 사회보장연금이 저축을 감소시킨다고 하고, 다른 연구는 이를 부정하는데, 이렇게 상반된 연구결과가 나온 것은 접근방법의 문제에서 이유를 찾을 수 있다. 사회보장연금의 저축효과에 관한 연구의 대부분이 생애주기모델에 입각한 횡단연구였는데, 여기에는 계량경제학적으로 상당한 문제가 있다.

(1) 생애주기모델

생애주기모델(the life-cycle model)은 부채도, 재정적 곤란도, 불확실성도 없는 평범한 근로자가 오직 노후를 위해서만 저축한다는 가정에서 출발한다. 또한 사회보장 보험료는 세금처럼 근로자 임금의 일부에만 부과되고, 연금은 보험료에 비례해서 지급되며, 연금 적립금 수익률은 시장금리와 동일하다고 가정한다.

이처럼 다른 저축 없이 오로지 노후대비 저축만 하고, 낸 만큼 받고, 시장 금리의 수익을 본다고 가정하면, 사회보장연금은 근로자의 생애에 걸친 저축(자산)에 아무런 영향도 미치지 않는다. 연금 보험료가 저축을 대신하는 것뿐이기 때문이다.

이처럼 생애주기모델에 의하면 사회보장연금과 저축은 관계가 없다. 특히 부과방식연금이 그렇다. 부과방식연금은 현재 일하는 근로자로부터 징수한 보험료로 연금수급자에게 연금을 지급한다. 이것은 근로자로부터 연금수급자로의 단순 이전(세대 간 소득재분배)일 뿐이다. 따라서 부과방식연금의 저축 제고 효과는 없다.

그러나 부과방식연금에서 자신이 낸 보험료 총액보다 더 많은 연금을 받거나 반대로 더 적은 연금을 받거나 하면, 저축이 달라진다. 연금제도 도입 초기에 가입한 근로자는 보험료 납부기간은 짧지만 연금 수급기간은 길어 이익을 본다. 반면에 연금제도 성숙기에 가입한 근로자는 가입기간이 길어 보험료를 많이 납부한 것에 비해 적은 연금을 받기 때문에 손해를 본다. 자신이 낸 보험료 총액보다 더 많은 연금을 받으면, 저축이 감소한다. 많은 연금을 받으면 소비가 증가하는데, 그에 따라 저축이 줄어들기 때문이다. 반대로 자신이 낸 보험료 총액보다 연금이 더 적을 경우에는 저축이 증가한다. 우선은 연금 수입의 감소로 저축이 감소하겠지만, 연금 감소로 인해 생애 자산이 감소하면 소비를 억제하는데, 이렇게 되면 저축이 증가한다.

요약하면 생애주기모델하에서 사회보장연금은 저축을 대체할 뿐 저축을 늘리거나 줄이거나 하지 않는다. 다만, 부과방식연금의 경우 초기 가입자와 성숙기 가입자 간에 차이가 나는데, 초기 가입자는 저축을 줄이고, 성숙기 가입자는 저축을 늘린다.

그런데 이런 논리의 사실 여부를 떠나 문제는 생애주기모델의 가정에 있다. 생애주기모델은 개인은 생애 총소득, 이자율, 가족 구성, 소비성향 등을 고려해서 자신의 미래에 대해 전망한다고 가정한다. 그리고 미래에 관한 명확한 전망을 갖고 평생 동안 지출과 저축을 합리적으로 결정한다고 가정한다.

그러나 많은 사회과학자들은 이런 가정에 대해 회의적이다(Rejda, 1999). 예컨대 합리적인 목적을 가지고 저축하기보다는 억지로 하거나 별생각 없이 하는 사람도 있고, 장래를 생각하지 않는 근시안적인 사람도 있으며, 퇴직 계획 없이 사는 사람도 있다. 이럴 경우 사회보장연금은 그 어떤 자산 대체 효과, 조기 퇴직, 선제적 저축도 야기하지 않는다. 따라서 사회보장연금이 저축에 미치는 영향은 없다. 목표달성에 가까워질수록 목표달성을 위해 더 열심히 노력한다는 목표경사가설(a goal gradient hypothesis)도 있다. 이 가설에 의하면 이미 노후대비 저축이 충분하게 적립되었음에도 저축 목표치 달성을 위해 더 많이 저축한다. 사회보장연금이 아예 존재하지 않을 경우 저축을 덜 할 수도 있다. 노후에 사회적 도움을 받을 수 있을 거라고 생각하기 때문이다. 이처럼 인간은 완전하게 합리적인 존재는 아니다. 따라서 생애주기모델로 사회보장연금의 저축효과를 분석하는 데는 한계가 있다.[1)]

(2) 횡단연구

사회보장연금이 저축에 미치는 영향을 분석한 대부분의 연구가 횡단연구(cross-sectional studies) 방법을 사용한 것이다. 횡단연구는 모집단에서 단 한 번만 표본을 뽑아 사회경제적 지위나 인구학적 특성별로 어떤 차이가 있는지를 비교분석하는 방법인데, 다음과 같은 계량경제학적 문제를 안고 있다.

첫째, 저축 이유가 노후대비만 있는 게 아니다. 일반시민들이 저축하는 이유는 퇴직뿐만 아니라 긴급사태 대비, 휴가, 새 차 구입 등 매우 다양하다. 따라서 사회보장연금이 저축을 감소시켰다 하더라도 이런 저축 요인들이 그 효과를 상쇄시켰을 가능성이 크다.

둘째, 거의 모든 횡단연구가 사회보장연금이 저축에 미친 영향을 과장하고 있다. 사회보장연금이 저축효과가 있는지를 판단함에 있어 핵심은 사회보장연금에 가입함으로써 다른 자산을 감소시키는지의 여부에 있다. 하지만 이에 관한 증거는 불확실하거나 과장되었다. 게다가 연령, 기대수명, 퇴직연령을 설명변수에서 배제했는데, 이럴 경우 사회보장연금이 저축에 미치는 영향은 과장된다.

이처럼 횡단연구는 결정적이지 않다. 특히 사회보장연금의 저축효과를 과장하는 것이 가장 큰 문제이다. 엄밀히 말해 사회보장연금으로 인한 저축 감소효과는 거의 없거나 있더라도 미미하다. 개인의 입장에서 유동성이 약한 사회보장연금자산은

1) 사회보장연금이 저축에 미치는 영향을 분석하는 데 있어 가족의 노인부양 비용과 정부의 공공부조 비용을 배제했다는 비판도 있다. 즉, 사회보장연금이 없을 경우 자녀들이 부모를 부양해야만 하고, 따라서 그에 소요되는 비용만큼 저축을 줄여야 한다는 사실을 고려하지 않았고, 사회보장연금이 없을 경우 대규모 공공부조 프로그램이 필요한데, 이는 시민들의 조세부담을 증가시켜 결국 저축을 감소시킬 것이라는 사실을 고려하지 않았다는 것이다(Rejda, 1999 : 125-126).

노후대비 저축으로 완전한 대안이 아니다. 사회보장연금에 가입했다 해서 다른 노후대비 저축을 모두 방기하는 사람이 얼마나 될지 의문이다.

3) 부과방식연금과 적립방식연금의 저축효과

World Bank(1994)는 부과방식연금과 적립방식연금의 저축효과가 다르다고 주장한다. 부과방식연금이 현재의 근로자로부터 징수한 돈을 연금수급자에게 지급하기 때문에 저축효과가 없는 반면에 적립방식연금은 개인계좌에 매달 보험료가 적립되기 때문에 저축효과가 있다는 것이다. World Bank는 이런 저축효과의 차이를 부과방식연금의 적립방식연금으로의 전환과 사회보장연금 민영화의 논거로 삼고 있다.

World Bank는 부과방식연금에 대해 매우 부정적이다. World Bank에 의하면, 부과방식연금은 청장년 근로자로부터 연금수급자로의 단순한 소득이전이므로 저축효과가 없고, 급여와 기여 간의 연계성이 약해 가입 회피와 노동시장의 왜곡을 야기한다. 또한 부과방식연금은 제도 초기에 소수의 가입자에게 과도한 혜택을 부여함으로써 저축한 것 이상을 소비하게 만들었고, 이로 인해 저축률과 경제성장률을 하락시켰다.

그런데 World Bank(1994 : 92-93)는 부과방식연금이 저축을 감소시킨다고 확언하지는 못하고 있다. 부과방식연금이 저축을 감소시키는 것에 대한 확실한 증거가 없기 때문이다. 사실 사회보장연금이 개인의 저축 또는 민간연금을 대체하는 효과는 있지만 국가 총 저축률을 감소시키지는 않는다는 것이 정설이다.

World Bank는 적립방식연금에 대해서는 매우 긍정적이다. 적립방식연금이 부과방식보다 저축률이 높고, 주식과 채권 등에 투자되어 자본시장을 발전시키기 때문이다.[2] 그 근거로 칠레의 연금개혁과 싱가포르 · 말레이시아의 공제기금(강제저축시스템) 사례를 들었다.

2) 그렇지만 World Bank(1994 : 209)는 법정연금의 저축률(보험료율)이 5% 미만일 경우 자본형성에 미치는 영향은 미미할 것이라고 한다. 왜냐하면 법정저축만큼 개인저축을 줄여 저축효과가 상쇄되기 때문이다. 법정 적립방식연금의 보험료율이 높고, 가계대출과 같은 대안이 제한되어 있을수록 그리고 연기금이 부동산과 귀금속 대신 주식과 채권에 투자될 때 저축효과가 크다고 한다.

칠레는 1981년 기존의 부과방식 사회보장연금을 완전 적립방식 개인계정연금으로 개편했다. 이후 국내 저축률이 1986년 10% 이하에서 1996년 29%로 크게 증가했다.[3] 이 중 공공부문 저축률(1983년 GDP 0.1%에서 1993년 5%로 증가)이 큰 비중을 차지했다. 칠레 연기금은 단기간에 국내에서 가장 큰 기관투자자로 성장했으며, 투자수익률도 상당하여 1981~1990년 평균수익률이 10.4%(전체 재정투자의 평균 수익률 7.8%)에 달했다(Ferrara and Tanner, 1998 : 135).

그리고 1970, 1980년대 싱가포르와 말레이시아는 아시아 저축률 1, 2위를 기록했다. 싱가포르의 중앙공제기금(the Central Provident Fund)이 보유한 자산은 1976년 GDP의 28%에서 1991년 76%로 급증했고, 말레이시아의 노동자공제기금(the Employees Provident Fund)의 보유자산도 1980년 GDP의 18%에서 1991년 41%로 증가했다(World Bank, 1994). 이 두 나라 공제기금의 기여금 총액은 국가 총저축의 20~25%를 차지하고 있을 정도로 규모가 크다(Bateman and Piggott, 1997; Khan, 2001).

그럼에도 World Bank는 적립방식연금의 저축 제고효과를 단정하지 못하고 있다(적립방식이 부과방식에 비해 저축률이 높다는 것과 적립방식이 저축 제고효과가 있다는 것은 다른 말이다). 이유는 적립방식연금(개인계정)과 다른 저축수단의 대체관계 때문이다. 개인계정에 적립한 기여금은 다른 저축을 줄인 것이다. 개인계정이 없다면 다른 형태로 저축한다. 따라서 개인계정의 저축 제고효과는 없다(Orszag and Stiglitz, 1999). World Bank는 또한 저축률과 관련된 변수(노후대비만이 저축 동기는 아니다)가 많아 적립방식연금의 순수 저축률 제고효과를 가려내기가 쉽지 않고, 연기금이 보유한 막대한 금융자산의 저축효과를 산출하기도 대단히 어렵다는 사실도 인정한다. 싱가포르와 말레이시아 공제기금의 저축효과를 단정할 수 없다는 것이다.[4]

이처럼 적립방식연금의 저축 제고효과를 확정할 수 없고, 적립방식연금의 순수 저축률 제고효과를 파악하기 어려움에도 불구하고 World Bank가 부과방식연금을 적립방식연금으로 대체하고 민영화하자고 주장하는 것은 논리적으로 상당한 문제가 있다.

---

3) 민영화 조치로 국내 가계 저축이 증가한 것은 사실이지만, 주로 고소득층의 저축이 증가했다는 지적도 있다(Holzmann, 1997).

4) 아울러 World Bank는 부과방식이 저축을 감소시킨다고 해서 적립방식이 저축을 증가시킨다고 말할 수는 없다는 점도 인정한다. 부과방식의 저축 감소효과와 적립방식의 저축 증가효과는 서로 다른 이슈라는 것이다(Orszag and Stiglitz, 1999).

사회보장연금과 저축

- 사회보장연금은 저축을 증대시킬 수도 있지만, 감소시킬 수도 있다.
- World Bank는 부과방식연금보다 적립방식연금의 저축률이 높다고 주장한다.
- 사회보장연금과 저축의 관계는 불분명하다.

4 경기변동과 사회복지정책

앞에서 사회복지정책이 저축, 투자, 경제성장 등 경제에 미치는 영향에 대해 살펴보았는데, 역으로 경기변동이 사회복지정책에 미치는 영향도 있다. 사회복지정책, 특히 사회보장에 대한 경기후퇴와 인플레의 영향이 그것이다.

첫째, 사회보장에 대한 경기후퇴(recession)의 영향이다. 경기후퇴는 사회보험의 재정수입을 감소시키고, 지출을 증가시킨다. 재정수입의 감소는 ① 소득수준이 감소되어 보험료 수입이 감소되고, ② 실업자가 증가하여 보험료를 납부하는 사람의 수가 감소하며, ③ 사회보장기금이 보유한 자산(현금과 부동산)의 가치가 하락하여 발생한다. 지출의 증가는 ① 실업자가 증가하여 실업자를 대상으로 하는 실업보험과 실업이 야기한 가족해체와 관련된 공공부조 지출이 증가하고, ② 조기퇴직으로 노령연금 수급자가 증가함에 따라 관련 지출이 증가하여 일어난다.

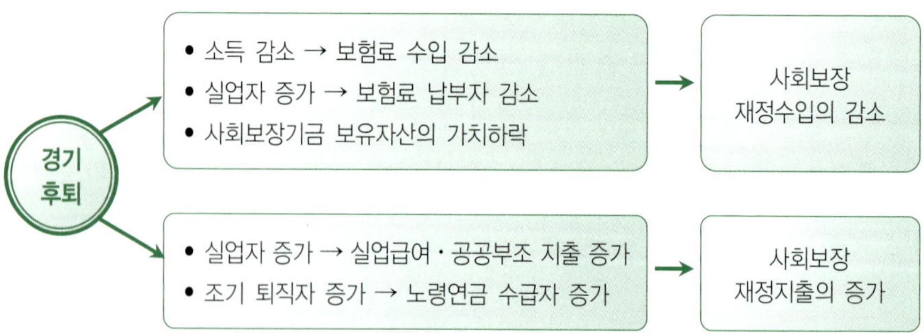

| 그림 5-4 | 경기 후퇴가 사회보장 재정에 미치는 영향

둘째, 인플레가 사회보장에 미치는 영향이다. 인플레는 사회보장의 수입을 감소시키고, 사회보장의 지출은 증가시킨다. 인플레가 사회보장 수입을 감소시키는 이유는 ① 인플레로 소득의 실질가치가 감소하고, ② 사회보장기금의 실질가치가 감소하기 때문이다. 아울러 인플레는 장기적으로 사회보장 기금 수입의 실질적인 가치도 하락시킨다. 그리고 인플레는 사회보장 지출을 증가시킨다. 인플레는 최저수준에서 생활하는 인구의 소득의 실질가치를 하락시키는데, 이를 보상하기 위해 사회보장기금의 지출이 증가하는 것은 필연적이다(Siren, 1987 : 10-11).

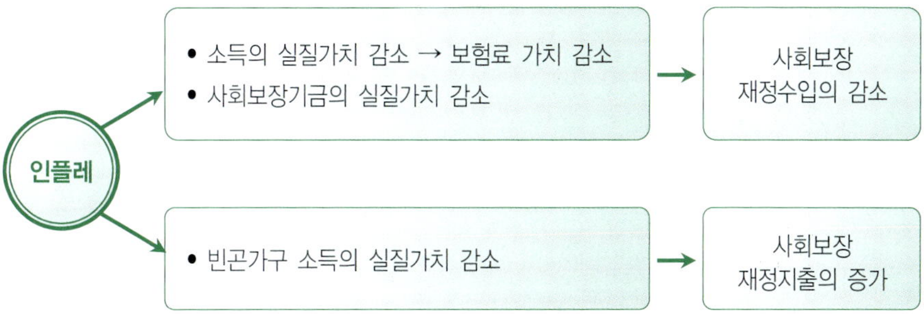

| 그림 5-5 | 인플레가 사회보장 재정에 미치는 영향

경기변동과 사회복지정책

- 경기후퇴는 사회보장의 재정수입을 감소시키고, 지출은 증가시킨다.
- 인플레는 사회보장의 재정수입을 감소시키고, 지출은 증가시킨다.

CHAPTER 06 사회복지정책의 역사

1 사회복지정책 역사의 세 단계

헝가리 과학아카데미의 Ferge는 사회복지정책의 역사를 <표 6-1>과 같이 세 단계로 구분한 바 있다. 첫 번째는 빈민법 단계이다. 빈민법은 유럽 절대왕정시대의 국가정책으로서 그 대상자는 걸인과 부랑자 및 구제가치가 있는 빈민이고, 정책의 시행주체는 절대주의 국가, 교회, 봉건영주였으며, 시행주체가 인정하는 대상자의 욕구는 최소한의 생존(survival)에 국한되었다. 그리고 정책수단으로는 부랑자와 빈민을 시설(구빈원, 작업장)에 수용·보호하거나 주거가 있는 빈민에게는 구호금품을 제공하거나 하는 방법을 사용했는데, 오늘날의 시설보호와 거택보호에 해당된다(빈민법은 생계능력이 없는 빈민만을 대상으로 하고 그 재정을 국가가 마련했다는 점에서 공공부조의 효시였다). 또한 당연한 말이지만, 빈민법을 통한 구제는 그 대상자의 권리와는 전혀 무관했으며, 급여는 그 제공자인 국가와 교회의 완전한 재량에 좌우되었다. 빈민법 단계에서는 정책의 대상이 되는 사회문제를 경제와는 무관한 주변적인 문제로 인식하였다(Ferge는 사회복지정책과 경제의 관련성에 초점을 두었다).

두 번째는 사회보험 단계이다. 1880년대 독일 비스마르크 사회입법에서 시작된 사회보험은 그 주된 대상자가 노동자계급(특히 산업 프롤레타리아트)이었고, 정책주체는 행정책임자인 국가와 대상자들의 대변자인 노동조합이었으며, 보장의 대상이 되는 욕구는 산업화·도시화로 인한 사회적 위험, 즉 산업재해, 실업, 질병, 노령화 등이었다. 주요 제도는 사회보험(단, 공중보건·교육·주택복지가 이 단계에서 시작)이고,

권리수준은 사회보험 가입자로서 보유하는 권리, 즉 구입한 권리(purchased right; 사회보험에 가입하여 보험료를 부담함으로써 수급권을 보장받는다는 점에서)였다. 또 사회복지정책은 경제에 종속적(잔여적)이었다.

세 번째 단계는 2차 세계대전 직후 영국에서 시작된 복지국가이다. 복지국가는 사회복지정책의 대상자를 전 국민, 즉 시민으로 확대했고, 그에 따라 국가와 함께 시민들의 조직인 시민단체가 사회복지정책의 주체가 되었으며, 대상욕구 역시 국민최저(national minimum) 이상으로 확장되었다(또 직업보장, 즉 완전고용과 복지의 관련성이 중시되었다). 또 전 국민으로 확대된 사회보장과 시장을 보완하기 위한 케인스주의적 사회경제정책이 핵심 정책수단(제도)이 되었으며, 시민들의 복지수급권, 즉 시민권이 완전히 보장되었다. 사회복지정책이 사회적으로 차지하는 비중이 커짐에 따라 경제와도 대등한 관계를 갖게 되었다.

〈표 6-1〉 사회복지정책의 세 단계

단 계	대상자	복지주체	대상욕구
빈민법	걸인, 부랑자, 구제가치가 있는 빈민	국가/교회/봉건 영주	최소한의 생존
사회보험	노동자계급	국가, 노동조합	산업화·도시화로 인한 사회적 위험에 대한 최소한의 지원
복지국가	시민, 개인	국가, 시민단체	국민최저(national minimum) 이상, 직업보장(완전고용)과 복지의 관련성 중시
단 계	**주요 제도**	**권리수준**	**경제와의 관계**
빈민법	시설 및 거택보호, 공공부조	무권리/ 정책당국의 재량	주변적/사회문제를 경제와 무관한 것으로 인식
사회보험	사회보험, 공중보건·교육·주택 복지의 시작	사회보험에 입각한 권리 (구입한 권리)	경제에 종속/잔여적 복지정책
복지국가	확대된 사회보장, 시장을 보완하기 위한 케인스주의적 사회경제정책	시민권	경제와 거의 대등한 파트너 관계

그러나 이런 세 단계론이 완전한 것은 아니다. 빈민법 때문이다. 빈민법을 사회복지정책으로 간주하면, 사회복지정책과 사회복지의 역사가 다를 바가 없어진다. 사회복지정책은 자본주의의 성립과 함께 등장한 노동자계급을 대상으로, 그리고 노동자계급과 자본가계급 간의 갈등과 대립을 완화하기 위한 정책수단으로 만들어졌다. 반면에 빈민법은 절대왕정시대에 농촌 노동력에 대한 통제(농촌 노동자의 임금과 노동력의 이동억제, 그리고 노동능력이 있는 부랑자 노동력의 강제적 활용)를 위해 절대주의 국가가 제정하였다.

따라서 빈민법을 사회복지정책으로 보기는 어렵다. 다만, 빈민법이 완전히 소멸한 것이 아니라 빈민을 대상으로 하는 근대적인 사회복지정책인 공공부조로 이어졌다는 점을 인정하여 사회복지정책의 뿌리 또는 사회복지정책의 전사(前史)로 간주할 수는 있을 것이다.

그리고 세 단계론은 1970년대 후반 이후 나타난 복지국가의 후퇴상황을 반영하지 못하고 있다. 현재 복지국가의 주요 제도들의 틀이 유지되고 있고, 또 여전히 국가재정의 상당 부분이 투입되고 있다는 점에서 복지국가가 파산했다고 보기는 어렵지만, 신자유주의와 그 뒤를 이은 제3의 길 노선에서 볼 때 2차 세계대전 이후의 케인스주의적 복지국가는 더 이상 설 자리를 잃었다고 보는 게 현실적이다.

2 빈민법 시대

빈민법은 중세 봉건제가 쇠퇴하고 절대주의 국가가 성립하면서 등장했는데, 농촌의 부랑자에 대한 사회통제책으로서 노동력을 중시한 중상주의 국가정책이었다.

빈민법의 전형적인 예는 영국에서 찾을 수 있다. 14~16세기에 노동임금의 억제를 위해 농촌 노동력의 이동을 억압한 여러 빈민법들, 절대주의 국가의 성립(튜더 왕조의 성립)과 함께 빈민구제의 책임이 교회가 아닌 국가에 있다는 점을 명기하고, 국가의 부랑자 통제를 보다 체계화(빈민법 대상자들의 분류)한 엘리자베스 빈민법(1601), 부랑자를 연고가 있는 곳으로 추방하기 위해 제정한 정주법(1662), 구빈비용의 충당을 위해 교구가 연합하여 빈민공장(pauper factory)을 설립·운영하는 것을 허용한 토마스 길버트법(1782), 임금 상승을 억제하기 위해 임금의 인상 대신 빈민의 생계비를 지원하는 것을 법제화한 스핀엄랜드법(1795), 국가의 구제활동을 제한하고 구빈비용을 억제하기 위해 만든 신빈민법(1834) 등이 그것이다.

〈표 6-2〉 14~18세기 영국의 빈민법

빈민법	내 용
1349년 노동자규제법	주민은 자신이 속한 장원을 떠나서는 안 되고 영주가 주는 임금을 받고 일을 해야 할 의무 규정. 임금은 영주가 결정. 노인과 근로능력이 없는 빈민을 제외한 사람의 구걸행위 금지. 구제가치가 있는 빈민(노인, 장애인, 과부, 부양아동)과 구제가치가 없는 빈민(근로능력이 있는 성인 실업자)을 최초로 구분.
1531년 걸인·부랑자 처벌법	영국 최초의 빈민구제 법률. 지방법원에 노인과 장애인에게 구걸 라이센스를 발급하는 권한과 라이센스 없이 구걸행위를 하는 사람에 대한 처벌권 부여.
1536년 건장한 빈민·걸인 처벌법	빈민을 분류하고 민간 시주금 모금과 그 기금 사용에 관한 절차를 규정. 최초의 구빈세 규정. 단, 중앙정부가 아닌 지방정부의 징수권. 지방정부의 구빈세 징수권 인정은 교회나 민간인이 아닌 국가의 빈민구제 의무를 의미.
1572년 구빈세	빈민구제 비용 조달을 위해 국세인 교구 구빈세(the parish poor rate) 신설. 빈민구제를 원하는 빈민을 등록. 빈민기금으로 근로능력 있는 빈민을 위한 일자리 창출에 사용 가능. 민간의 빈민구제 시주금(모금)에서 탈피.
1601년 엘리자베스 빈민법	1536년 헨리 8세 빈민법과 1572년 교구 구빈세의 경험에 입각해 제정. 이후 200년간 빈민법의 전범이 됨. 지방정부 차원의 빈민구제 행정 유지. 지방 자체 빈민을 위한 구빈세. 빈민의 분류 : 노동능력이 없는 빈민(노령자, 만성병자, 맹인, 정신병자)은 구빈원에 수용, 노동능력이 있는 빈민은 교정원(실제로는 작업장)에서 강제 노역, 아동은 도제로 삼음.
1662년 정주법	세계 최초로 원조 자격 취득을 위해 정주 요건 요구. 지방당국은 빈민의 정주자격 판단 권한 보유. 정주자격이 있는 빈민만 구제, 정주자격이 없는 빈민은 타지로 추방.

1697년 작업장제도	브리스톨에서 최초의 작업장 시작. 곧 영국 전역과 유럽 일부 국가로 확산. 작업장 입소를 거부하는 사람은 구제 거부. 작업장 운영은 지방정부와 계약을 맺는 민간기업이 담당. 입소자(아동, 장애인, 노인 포함)에게 최소한의 케어 제공. 입소자 근로를 활용. 노예 같은 장기간 중노동.
1782년 토마스 길버트법	많은 작업장 폐쇄. 거택보호 제공. 6세 이하 유아는 가족과 생활(의무). 작업장 운영자를 민간기업에서 지방정부 고용 운영자로 대체. 교구연합 빈민공장 허용.
1795년 스핀엄랜드법	일정 소득 이하의 빈민에게 스핀엄랜드 수당(보조금) 지급. 수당은 빵의 가격과 부양자 수에 기초. 스핀엄랜드 수당은 빈곤선의 원조.

이상과 같은 여러 빈민법 중에서 신빈민법은 역사적으로 중요한 의미를 갖는다. 신빈민법이 제정된 19세기 초에는 자본주의의 진전과 함께 도시의 노동자계급이 등장했고, 이들의 열악한 생활조건, 만성적이고 주기적인 실업, 극도의 저임금, 열악한 위생과 보건 등 이전의 농촌 부랑자 문제와는 질적으로 다른 새로운 사회문제가 야기되었다. 따라서 봉건사회의 농촌 노동력과 농촌사회로부터 이탈한 부랑자에 대한 억압책이었던 기존의 빈민법으로는 이러한 문제에 대해 적절히 대처할 수가 없었다. 이에 대해 영국의 지배층은 빈민법을 대체하는 새로운 사회입법(19세기 말 독일의 사회보험과 같은)을 만들 생각은 못하고, 기존의 빈민법을 수정(사실은 개악)함으로써 대처하고자 했다. 그것이 시대착오적인 신빈민법이었다.

그리고 신빈민법은 이른바 열등처우의 원칙(less eligibility principle)을 적용했다는 점에서도 의미가 있다. 열등처우의 원칙은 빈민법의 폐지를 주장한 자유주의자 맬서스(Malthus)의 주장을 반영한 것으로 구제대상 빈민의 생활수준은 최하층의 독립 근로자(lowest working poor)의 생활수준과 같아서는 안 되는 조건에서만 구제가 제공되어야 한다는 것을 말하는데, 이 원칙은 노동 가능한 빈민에 대한 구제를 국가가 거절할 수 있는 법적·논리적 근거를 갖게 만들었다.

여하튼 봉건적·중상주의적인 국가정책인 빈민법은 봉건제의 약화와 자본주의의 진전으로 계급구조와 빈민의 성격이 변화되자 시대상황에 맞지 않게 되었다. 이제 빈민법은 자신의 자리를 사회보험에 내주게 되었다.

열등처우의 원칙

- 열등처우의 원칙이란 구제대상 빈민의 생활수준은 최하층의 독립 근로자의 생활수준과 같아서는 안 되는 조건에서만 구제가 제공되어야 한다는 것을 말한다.
- 열등처우의 원칙은 1834년 영국 신빈민법의 핵심 원칙이었으며, 빈민법 폐지론자이자 자유주의자인 맬서스의 영향을 크게 받았다.
- 열등처우의 원칙은 노동 가능한 빈민에 대한 구제를 국가가 거절할 수 있는 법적·논리적 근거를 갖게 만들었다.

3 사회보험 시대

자본주의는 농촌의 노동력을 공장으로 대거 흡수함으로써 부랑자 문제를 근본적으로 해소하는 대신 프롤레타리아트라는 새로운 계급을 출현시켰고, 실업자라는 새로운 사회문제를 야기했다. 이에 대한 대응책으로 등장한 것이 사회보험이었다. 빈민법이 봉건적인 국가정책이라면 사회보험은 자본주의적인 사회복지정책이다. 사회보험은 사회적 위험, 즉 산업재해, 노령으로 인한 정년퇴직, 각종 질병, 실업 등 봉건시대에는 존재하지 않았던 위험에 대응하기 위해 만들어졌으며, 그 주된 대상자가 프롤레타리아트(후에 화이트칼라와 도시·농촌의 자영업자 계층에게로 확대되었지만 사회보험의 도입 초기에는 산업노동자만을 대상으로 했다)였고, 재정을 자본가, 노동자, 국가 등 삼자가 부담한다는 점에서 가장 대표적이고도 전형적인 자본주의적 복지정책이다. 따라서 자본주의의 출현과 발전에 따라 사회보험이 등장한 것은 필연적이었다.

사회보험 시대는 19세기 말에서 20세기 중반까지 비교적 짧았지만, 진정한 의미에서 사회복지정책이 시작된 시기였다. 자본주의는 시장과 이윤 동기가 모든 것을 압도하게 만들었다. 구매력을 갖지 못한 사람은 인간의 기본적인 욕구조차 충족하기 힘들게 되었다. 이렇게 시장이 인간의 기본적인 욕구보다 더 큰 비중을 갖게 되자 기본적 욕구의 충족 또는 사회적 재생산(social reproduction)을 위한 새로운 제도의 출현이 불가피해졌다. 그것은 국가의 재량이나 교회의 자선에 기초한 빈민법이나 개개인의 능력에 기반을 둔 시장경제의 논리(약육강식의 논리, 적자생존의 논리)와는 다른 논리, 즉 사회복지 수급 권리(비록 처음에는 제한된 권리였지만)에 따라야 했다. 그것이 사회보험이었다.

사회보험의 도입과 확대는 비 시장활동(non-market activities)의 확대를 의미했다. 그렇게 된 데에는 다음과 같은 이유가 있다. 산업화는 복잡한 산업기술을 지닌 숙련 노동자를 요구했다. 이들은 수준 높은 문화, 교육, 자율성을 지녔다. 이들의 확보를 위해 자본과 국가는 사회복지정책의 필요성을 인정하지 않을 수 없었다. 그리고 노동자계급이 즉자계급(class in itself)에서 대자계급(class for itself)으로 변화되었다는 점도 중요하다. 이들은 보다 나은 근로조건(임금과 복지)과 인간 존엄성, 즉 사회복지에 대한 기본적인 권리를 요구했다(Ferge, 1989 : 267-270).

사회보험은 나라별로 등장배경과 성장과정에서 큰 차이를 보이고 있다. 이 말은 나라별로 사회보험의 역사를 일일이 기술한다는 것은 대단히 복잡한 일이라는 것을 의미한다. 따라서 사회보험의 역사에서 큰 의미를 갖는 역사적 분기점을 찾아 그 내용과 의의를 살펴보는 것이 합리적이고 능률적이다. 세계 최초의 사회보험인 1880년대의 비스마르크 사회입법, 영국 복지국가의 출발점이 된 1911년 국민보험, 미국 사회보장의 요체인 1935년 루스벨트 사회보장법 등이 그것이다. 그리고 공공부조가 빈민법에서 나온 데 비해 사회보험은 공제조합에 기원을 두고 있다는 사실을 고려할 때 사회보험의 역사를 파악하기 위해서는 공제조합의 역사부터 살펴봐야 한다.

1) 공제조합

공제조합은 조합원 상호 간의 부조와 복지를 위해 조합원이 갹출한 부금으로 펀드를 만들어 조합원이 고령, 재해, 실업, 질병, 사망 등의 사고를 당하면 급여를 지급(조합원 본인이 사망하면 그 미망인과 자녀에게 지급)하는 민간조직이다. 오늘날과 같이 국가가 시행하는 사회보장제도가 없어 노동자 가족들의 생계문제는 전적으로 스스로 해결할 수밖에 없었던 19세기 말까지 공제조합은 노동자와 서민의 복지를 위한

유일하고도 유력한 사회조직이었다.[1)]

(1) 영국의 우애조합

대표적인 공제조합은 17세기에 영국 노동자들이 자생적으로 만든 우애조합(友愛組合, friendly societies)이다. 우애조합 조합원은 정기적으로 부금을 납부하고 연말 배당금(우애조합의 연간 수익 총액을 조합원 수로 평등하게 나눈 것)과 질병급여, 사망급여, 노후서비스와 같은 현금 및 현물의 급여를 받았다. 질병에 걸린 조합원에게는 현금급여와 진료서비스가 제공되었다(질병급여). 진료는 우애조합이 고용한 의사(우애조합은 환자 1인당 정액의 진료비를 지급했다)가 했다. 조합원(가장)이 사망하면 유족(미망인과 자녀)에게 현금의 사망급여를 지급했다. 고령이 된 조합원은 우애조합이 운영하는 요양원(nursing home)에서 보호했다.

조합원의 부금이 적립된 펀드는 일종의 은행이었다. 여기에 돈을 낸 사람은 그 돈에 대한 권리로 급여를 받았다. 우애조합이 자선조직과 본질적으로 다른 점은 여기에 있었다. 우애조합의 가장 중요한 정신은 진정한 상호주의(genuine reciprocity)였다. 우애조합은 조합원의 참여 민주주의와 형제애가 구현되었다. 모든 조합원은 조합의 회의에 평등하게 참여했다. 조합의 조합장과 부조합장은 정기적으로 교체되었는데, 조합원 누구라도 이런 직책을 맡을 수 있었다. 조합원과 조합은 대면관계였다. 조합은 조합원 개인에 대해 잘 알고 있었다. 조합은 조합원을 조직의 일원으로 중시했다. 조합은 조합원이 아프면 최소 일주일에 한 번 또는 필요하면 매일 문병했다. 조합원은 진정한 소속감과 형제애를 가지고 조합에 참여했다. 일부 사기도 있었으나 기본적으로 조합을 신뢰했다.

---

1) 멤버십을 가진 성원 또는 그 가족에게 일정한 급여를 제공하는 상호부조 아이디어는 길드(guild)에서 기원을 찾을 수 있다. 길드는 중세 유럽의 상인이나 수공업자가 기독교 우애정신에 입각하여 상호부조하기 위해 결성한 자발적인 직업단체, 즉 동직조합(同職組合)을 말한다(11세기에 등장 13세기에 전성기). 길드는 동업자의 질병, 사망, 불행 등에 대한 상호부조와 길드성원 이외의 사람에 대한 자선, 도시의 갖가지 시설에 대한 기부, 성원의 연회 등 다양한 활동을 전개했다. 그러나 길드와 공제조합은 성격이 다르다. 길드는 신분제 수공업 경영의 경제적 이해의 수호, 즉 동일한 직업집단의 배타적 이익(개업권, 영업권 등)을 지키기 위한 것이 주목적이었는 데 비해 공제조합은 사회생활에서의 상부상조를 지향했다. 길드는 17, 18세기 들어 자유경쟁 자본주의의 확산과 함께 쇠퇴·소멸했다.

우애조합은 19세기 들어 크게 발전했다. 1803년 70만 명의 조합원(조합은 9,672개)이 1877년 275만 명, 1887년 360만 명으로 증가했으며, 1897~1910년 사이 매년 14만 명씩 증가했다. 우애조합은 도시화가 급격히 진행된 맨체스터, 랭커셔, 요크셔 같은 신흥 공업도시에서 번성했다.

1911년 국민보험이 시작되었을 때 등록(합법적) 우애조합의 조합원 수만 660만 명에 달했으며, 국민보험 가입자의 3/4이 우애조합 조합원이었다(1/3은 노조 조합원). 국민보험은 노조와 우애조합이 운영하던 상호부조조직을 붕괴시켰다. 사회보험인 국민보험이 상호부조인 우애조합을 흡수해 버린 것이다.[2)]

노동조합도 노동자 상호부조조직인 노동클럽(중세 직인들의 모임에서 발전)에 기원을 두고 있다. 18세기 들어 빈곤과 저임금이 만연하면서 노조의 호전성도 크게 증대되었고, 1789년에는 프랑스 대혁명이 발발했다. 당시 지배계급은 노조가 임금 인상은 물론 음모와 소요의 근원지라 여겼다. 노조를 불온시한 영국 정부는 1793년 로즈법(Rose's Act)을 제정하였다. 호전적 조합원과 온건한 노동자를 분리시키기 위해 우애조합의 등록을 의무화하고(등록 우애조합의 합법화), 활동을 감독했다. 1799년에는 단결금지법(the Combination Act)을 만들어 모든 노조를 불법화(임금 인상을 위해 조직을 결성하면 3개월 금고형이나 2개월 중노동형에 처함)했다. 이와 같이 노조가 불법화되고, 우애조합이 합법화되자 우애조합의 수가 크게 늘어났다.

주택조합(housing society)은 조합원들이 납부한 주택청약금으로 펀드를 조성해 조합원이 주택(임대주택이나 개인주택)을 취득하는 것을 돕는 상호부조조직이었다. 최초의 주택조합은 1781년 버밍엄에 설립되었다. 1874년에는 그 수가 2천 개로 증가했다. 주택조합은 두 가지 유형이 있었다. 하나는 주택협회로서 노동자 가족을 위해 집을 짓는 박애적 성격의 조직이었고, 다른 하나는 주택건축조합으로서 주로 중산층의 투자수단이었다. 1820년대가 되면 대부분의 주택건축조합들이 주택신축보다는 현금대출(높은 이자율)에 열을 올렸다. 상호부조의 성격을 완전히 상실한 것이다(Jones, 1991 : 50-51).

---

2) 사실 사회보험에 앞서 상호부조를 쇠퇴시킨 것은 민간보험이었다. 1854년 프루덴셜(Prudential) 보험회사가 설립되어 상호부조를 상업적 보험으로 대체하기 시작했다. 1872년 프루덴셜 보험가입자 수는 백만 명을 넘어섰다.

주민은행(people's bank)은 저축을 목적으로 한 공제조합이 발전한 것이다. 19세기 중반 숙련 노동자들의 임금이 개선되자 여분의 돈을 안전하게 보관할 곳이 필요했고, 이런 필요에 의해 많은 주민은행이 생겨났다.

협동조합은 로버트 오웬(Robert Owen)이 1800년 설립한 뉴 라마크 면화공장에 기원을 두고 있다. 오웬은 자본주의가 착취를 필요로 하지 않는다는 사실을 증명하기 위해 협동조합운동을 전개했다. 1844년에는 오웬의 영향을 받은 일군의 직물 짜는 사람들이 협동조합을 만들어 자신들이 만든 직물을 잡화점에 내다 파는 운동이 일어났다. 수입은 서로 나누고 일부는 재투자했다. 이들은 도덕적으로 사고판다는 명분을 내걸었다. 협동조합의 수명은 짧았다. 하지만 그 정신만큼은 노동자계급운동에 흡수되어 노동자를 위한 성인교육과 공동투자에 영향을 미쳤다(Jones, 1991 : 51-52).

(2) 독일과 프랑스의 공제조합

독일에서도 17세기경부터 직인과 도제 및 광부의 상호부조조직이 전국 각지에서 자연발생적으로 생겨났다. 1845년 프로이센은 영업법을 제정하여 독일 최초로 공제조합(Hilfseinrichtungen)을 합법화했다. 이로써 공장 노동자는 공제조합에 가입할 수 있게 되었고, 지역별로 공제조합을 설립하여 공장 노동자의 가입을 의무화하고, 노동자가 부담하는 공제조합의 갹출료의 절반까지 사용자가 부담하는 것을 의무화할 수 있게 되었다. 이후 직업별, 공장별, 지역별로 결성된 공제조합들은 통폐합을 거듭했으며, 우후죽순처럼 생긴 건강보험조합과 직장, 지역, 수공업자 조합이 공존하였다. 독일이 세계 최초로 사회보험을 만든 후 그 시행이 비교적 순조로웠던 것은 이처럼 잘 조직된 지역별 · 직능별 공제조합이 있었기 때문이다.

프랑스에서도 19세기에 공제조합(Société de Secours mutuels)이 상당히 발달했다. 프랑스 공제조합도 영국이나 독일과 같이 동일 직업에 종사하는 노동자, 예컨대 목수, 미장이, 제화공, 방직 및 방적공 등이 직업 연대성에 기초하여 자생적으로 결성하였다. 프랑스 정부는 노동조합은 물론 공제조합까지도 형법상의 집회 금지 조항의 적용 대상으로 삼았다. 그러다가 1848년 제2공화국의 성립 이후 조직이 허용되어 1850년에는 약 2천 개로 늘어났고, 19세기 후반기에는 노동자 및 가족의 생활안정보장의 주된 수단으로 성장하였다. 1889년에는 공제조합헌장이 공포되어 공제조합 결성의 촉매제가 되었다.

프랑스는 특이하게도 국가가 직접 공제조합을 만들어 노동자와 가족의 생활안정 대책을 강구하였다. 1850년에 설립된 국가노령퇴직금고(Caisse nationale des Retraites pour la vieillesse)가 그것이다. 이 금고는 국가의 재정적 지원에 힘입어 여타의 저축보다도 많은 이윤을 보장함으로써 저임금 노동자들의 노후에 대비한 예방적 노력을 장려하기 위한 것이었다. 그러나 한편으로는 노동자들의 무관심과 다른 한편으로는 높은 수준의 이자 수입을 노린 중산층의 대폭적 참여 때문에 본래의 목적에서 빗나간 제도로 변질되었다.

공제조합과 국가노령퇴직금고가 있음에도 불구하고 노동자의 퇴직과 산업재해 등과 같은 사회적 위험에 대비하기는 여전히 미흡했다. 이런 상황에서 19세기 후반이 되자 기업이 주체가 되어 자신의 기업에 고용된 노동자들을 위해 만든 사용자금고(Les caisses patronales)가 등장했다. 사용자금고는 기업체 내에 금고를 설치하여 피고용 노동자들의 산업재해 또는 퇴직에 대해 보상금을 지급했는데, 그 재원은 노동자와 사용주의 기여금으로 충당하였다. 사용자금고는 주로 산업재해가 빈번한 광산과 탄광업체(산업재해를 위한 사용자금고), 숙련된 일손의 확보에 부심하였던 주물공장과 농촌의 노동인력을 끌어모아 선로의 정규적인 감독과 서비스에 종사시켜야 했던 철도 회사(퇴직에 대비한 사용자금고)들이 만들었다.

그러나 공제조합이나 사용자금고는 그 혜택 범위가 한정되어 대부분의 노동자들은 여전히 질병, 산업재해, 실업, 퇴직 등의 사회적 위험에 대해 스스로 해결해야 했다. 19세기 말에 이르러 노사 간의 계급대립이 심화되고 노동자계급의 생활 처지 개선 요구가 강해지자 노동자복지에 대한 국가의 관심이 증대되었다. 그와 함께 종전까지는 통제와 감시의 대상이었던 노동자 공제조합을 국가가 앞장서서 적극 권장하기 시작했다(1895년 공제조합자율화법, 1898년 공제조합헌장).

(3) 공제조합과 사회보험

공제조합은 노동자들의 복지문제에 국가가 본격적으로 개입하기 전까지 노동자들의 재해, 질병, 고령, 사망 등 사회적 위험을 상호부조를 통해 스스로 해결하고자 했던 자조(self-help)조직이었다. 그러나 조합원의 범위가 좁고 비조합원에 대해 배타적이었으며, 재정 규모가 영세한 공제조합은 산업화가 본격적으로 진행되면서 규모가 엄청나게 커진 사회적 위험(대량실업, 산업재해, 직업병 등)에 대응하긴 역부족이었다. 이때 등장한 것이 국가의 사회보험이었다.

사회보험은 공제조합에 기원을 두고 있다. 공제조합이 채택한 보장의 기술, 즉 일정한 사회적 위험들과 그런 위험에 대한 보상금을 사전에 약정한 다음 실제로 그런 위험이 발생하면 약정된 급여를 하나의 권리로 제공하며, 이런 권리를 갖기 위해서는 사전에 일정한 부금을 납부해야 하는 기술은 현대적 사회보험의 기본 원리와 본질적으로 완전히 같다.

공제조합은 사회보험의 일선 조직으로 변모했다. 1880년대 독일제국이 사회입법의 일환으로 건강보험을 도입(1883)할 때 중앙집중식 관리 기구를 새로 만드는 대신 이미 질병급여를 제공하고 있었던 기존의 공제조합을 중심으로 질병금고(sickness funds, 건강보험조합)를 만들었고, 영국도 1911년 국민보험의 하나로 건강보험을 실시하면서 별도의 관리운영기구를 신설하지 않고 기존의 공제조합 중에서 정부가 공인한 조합(approved societies)에 맡겼다. 프랑스 역시 1930년에 공적연금을 시행할 때 기존의 공제조합들을 일선 금고로 활용했다.

공제조합

- 공제조합이란 조합원 상호 간의 부조와 복지를 목적으로 하는 상호부조조직으로 조합원이 갹출한 일정의 부금을 재원으로 해서 조합원이 노령, 재해, 실업, 질병, 사망 등의 사고를 당했을 경우 급여를 지급한다.
- 공제조합은 노동자들의 복지문제에 국가가 본격적으로 개입하기 전까지 노동자들의 재해, 질병, 노령, 사망 등 사회적 위험을 상호부조를 통해 스스로 해결하고자 했던 자조조직이었다.

2) 독일제국의 사회입법

1883년에 제정된 독일제국의 건강보험은 세계 최초의 사회보험이다. 독일제국은 건강보험의 관리운영을 위해 국가의 중앙집중식 기구를 별도로 만들지 않고, 이미 질병급여를 제공하고 있었던 기존의 길드, 공장, 기업 및 상호부조조직(공제조합)을 중심으로 건강보험조합인 질병금고(sickness funds)를 만들었고, 이와 별도로 소매업자를 위한 지역 질병금고(local sickness funds)와 여기에 가입할 수 없는 사람들을 위해 교구금고(parochial funds)를 만들었다. 보험료는 통상 노동자가 2/3, 사용자가 1/3을 분담하도록 했다. 그리고 모든 금고는 해당 조합원들의 대표자들이 통제하도록 했는데, 노동자와 사용자는 분담비율만큼의 대표를, 교구금고는 지역에서 선출된 대표를 보내 관리하도록 하였다.

이듬해인 1884년에는 산재보험법이 제정되었다. 비스마르크 사회보험 중에서 논란이 가장 심했고 또 비스마르크가 가장 큰 관심을 두었던 것이 바로 산재보험이었다. 산재보험은 건강보험에 앞서 1880년에 논의가 시작되었는데, 당시 비스마르크는 ① 강제보험, ② 제국보험공단의 중앙집중식 통제, ③ 민간보험회사의 배제, ④ 국가보조금의 지급 등 몇 가지 기본적인 방침을 세워 이를 관철시키고자 했다. 이런 방침에는 산업재해의 보상책임을 자본가가 아닌 국가가 지고, 국가의 직접적인 보조가 필요하며, 이윤을 목적으로 하는 사기업, 즉 민간보험회사가 국가의 책임영역에 들어오는 것을 허용할 수 없다는 그의 의지가 내재되어 있었다. 그는 특히 국가보조금 지급을 중시했는데, 노동자에게 국가가 직접 보조금을 지급해야만 노동자가 자본가가 아닌 국가에 대해 고마움을 느끼고, 또 그래야만 국가에 통합된다고 확신하였다. 그의 지시에 따라 만들어진 산재보험법의 초안(1881년)에 의하면, 연소득 750마르크 미만의 노동자는 보험료가 면제되고, 연소득 750~1,500마르크의 노동자는 보험료의 1/3, 그리고 연소득 1,500마르크 이상의 노동자는 보험료의 1/2을 부담하도록 되어 있었다.

그러나 그의 법안은 좌우 양쪽으로부터 격렬한 비난에 봉착하였다. 노동계의 좌파지도자들은 산재보험이 노동운동의 자유에 강철족쇄를 채우려는 것이라고 비난했고, 사회주의자들은 산재보험이 노동자를 국가복지의 노예로 만드는 병영사회주의라고 맹공격하였다. 반면에 보수적인 자유주의자들은 비스마르크의 사회보험이 국가의 권력강화와 관료화를 초래할 것이라고 우려했으며, 국가보조는 그만큼 노동자들의 부담을 줄이는 대신 자본가의 부담이 늘어나는 것이라고 하여 이를 거부하고 나섰다. 결국 이 법안은 부르주아지들이 장악한 의회를 통과하는 데 실패하고 말았다. 이로써 비스마르크는 국가의 중앙집중식 통제와 국가보조를 포기할 수밖에 없었다.

원래 비스마르크는 노동자도 보험조직의 일정한 관리책임권한을 공유하길 원했다. 왜냐하면 그는 국가가 직접 통제하고 모든 생산적인 계급들이 참여하는 조합주의 조직(corporative organization)을 만들기 원했는데, 이 조직은 점진적으로 의회를 대신하거나 의회와 함께 입법권을 공유하는 대의기구로 발전할 수 있다고 여겼기 때문이다. 이렇게만 되면 국가는 손쉽게 모든 계급을 통제할 수 있었다. 비스마르크의 이런 의도를 간파한 의회가 이를 찬성할 리가 없었다.

1884년에야 제국의회를 통과한 산재보험법은 노동자들을 완전히 배제한 채 자본가들이 산재보험의 조직을 장악하도록 만들어졌다. 대신 자본가들은 제국보험공단의 운영비를 제외한 모든 비용을 부담해야만 했다. 그래도 그들은 그들로서는 가장 중시한 산재보험에 대한 통제권만큼은 확보할 수 있었다.

다음은 연금이었다. 연금은 건강보험과 달리 장기보험이다. 따라서 비스마르크는 연금에 관심을 두지 않을 수 없었다. 비스마르크는 연금, 즉 노령폐질보험에서 다시 한번 자신의 의도를 관철시키고자 했다. 그는 적은 금액이지만 국가의 연금을 수령하는 국민들이 많다면 이들로부터 국가에 대한 충성심을 이끌어 낼 수 있다고 생각했다. 그러나 1889년 제국의회를 통과한 노령폐질보험에서도 비스마르크는 자신의 의지를 완전히 관철시키지 못했다. 즉, 그의 집요한 요구였던 직접적인 국가보조에는 성공했지만(재무성이 지급하는 50마르크의 정액 기초연금), 전술한 조합주의적 조직을 강화하는 데는 실패했던 것이다. 노령폐질보험은 노동자와 사용자가 파견하는 동수의 인원으로 구성된 위원회의 통제를 받는 관리기구가 운영하도록 되어 있었다. 그리고 재정은 노사 양측이 각각 반씩 부담하는 것으로 정해졌다.

한편 사회보험이 현재는 농민과 도시자영업자를 포함한 전 국민을 대상으로 하고 있지만 시행 초기에는 임금 노동자, 특히 육체 노동자(프롤레타리아트)가 주된 대상이었으며, 자본제적 생산양식에서 발생한 문제인 사회적 위험(social risks : 산업재해, 실업, 질병, 정년퇴직 등)에 대한 대응책이고, 그 재정을 노동자와 자본가가 공동부담한다는 점에서 가장 대표적인 자본주의 사회복지정책이다. 그럼에도 1880년대에 후발 공업국이었던 독일제국이 가장 선진적인 자본주의 국가였던 대영제국보다 거의 한 세대 앞서 사회보험을 시행하였는데, 그 이유는 19세기 말 독일제국의 계급관계에서 찾을 수 있다.

프로이센은 1866년대 오스트리아 전쟁과 1870년대 프랑스 전쟁에서 승리함으로써 독일을 통일하는 데 성공했다. 이런 정치적 대승리를 발판으로 봉건적인 융커계급은 신흥 부르주아지들의 거센 도전, 즉 권력분점 요구를 억누르고 정치적 헤게모니를 유지하는 데 성공했다. 그러나 제국 내부에서는 노동자계급과 사회주의자들의 세력확대와 정치적 진출이 두드러져 융커계급과 신흥 부르주아지 등 지배층들이 위협을 느낄 정도였다.[3] 비스마르크는 영토적 통일에 이어 독일 민족의 내부적 통일, 즉 사회통합의 필요성을 통감하고 이른바 '채찍과 당근' 정책에 착수하였다. 채찍이란 사회주의자들에 대한 직접적인 탄압책을 말하고(즉, 반사회주의법), 당근이란 노동자계급을 국가 내로 통합시키기 위한 일정한 양보를 의미하는데, 사회보험이 바로 당근이었다.

비스마르크 사회보험은 재정을 주로 자본가계급에 부담시키면서도 노동자들의 충성심을 융커가 헤게모니를 쥔 국가로 유도하고 사회보험기구 속으로 모든 계급을 편제(regimentation)시켜 의회를 무력화시키려는 고등전략이었다. 이런 점에서 비스마르크 사회보험을 코포라티즘의 원조로 보아도 무방할 듯하다. 따라서 전술한 대로 부르주아지들이 이를 순순히 받아들일 리가 없었다. 다만, 비스마르크의 군사적 성공에 압도당한 부르주아지들로서는 사회보험 자체를 거부할 정도로 계급역량이

3) 1869년 아이제나하에서 개최된 전 독일 사회민주주의 노동자 대회에서 노동운동의 좌파(베벨과 리프크네히트 등 마르크스주의자)는 사회민주노동당을 창당하였다. 사회민주노동당은 1871년 제국의회 선거에서 2인의 노동자 대표를 의회에 진출시키는 데 성공하였다. 이어 1874년 선거에서는 9인의 대표를 의회에 진출시켰다. 1875년에는 노동운동의 우파인 라살레파(전독일노동자연맹, 1860년대 중반 결성)와 좌파는 고타에서 합류하여 사회주의 노동당을 결성하였다.

강하지는 못하였다. 그리하여 일단 사회보험의 도입은 수용하되, 그 관리운영의 주도권만큼은 양보할 수가 없었던 것이다.

독일제국의 사회입법

- 1880년대 독일제국의 사회입법은 세계 최초의 사회정책이었다.
- 비스마르크는 독일제국의 사회통합을 위해 '채찍과 당근' 정책에 착수하였다. 사회정책은 당근정책의 하나로 시작되었다.
- 비스마르크 사회보험은 노동자들의 충성심을 국가로 유도하고 사회보험기구 속으로 모든 계급을 편제시켜 의회를 무력화시키려는 고등전략이었다.

3) 1911년 영국의 국민보험법

1911년에 영국의 자유당 정부가 제정한 국민보험법은 건강보험과 실업보험으로 구성되었는데, 당시 자유당 정부의 개혁을 주도했던 로이드 조지와 윈스턴 처칠의 합작품이었다. 국민보험의 제1부이자 로이드 조지가 '앰뷸런스'라고 부른 건강보험은 공제조합, 보험회사, 의사 등과 같은 강력한 기득권 집단들과의 장시간 협상을 거쳐 탄생하였다. 이미 조합원들에게 의료급여를 제공하고 있었던 공제조합은 국가의 건강보험이 자신들의 사업영역을 침해하는 것으로 보아 극구 반대했다. 결국 정부는 공제조합에게 건강보험의 운영을 맡김으로써 이들을 포섭할 수 있었다(원석조, 1996 : 40-41).

공제조합에게 건강보험의 운영권을 부여하자 유사업체인 보험회사에서 가만히 있지 않았다. 사실 보험회사의 수많은 인력은 건강보험을 운영하기에 충분했고, 보험회사는 건강보험에 참여함으로써 새로운 고객을 확보하는 데 유리했다. 국가입장에서도 이들 보험회사를 끌어들인다면 건강보험의 운영을 위해 별도의 운영기구를 만들 필요가 없었다. 보험회사들은 로이드 조지에게 실업보험상의 미망인급여와 고아급여를 폐지해 줄 것을 요구했다. 이들 급여가 그들의 보험상품의 하나인 사망보험과 경쟁관계에 놓일 것을 우려했기 때문이었다. 결국 로이드 조지가 이를 수용함으로써 보험회사의 반대를 달랠 수 있었다.

의사들도 목소리를 냈다. 당시 의사들은 대부분 공제조합과 계약하에 진료서비스를 제공하고 있었는데, 항상 공제조합은 진료비를 깎으려 했고 이에 의사들의 불만은 컸다. 그러므로 국가가 관장하는 건강보험을 거부할 이유가 없었다. 그러나 국가의료로 편입되고 싶은 생각은 추호도 없었다. 영국의학협회는 건강보험의 대상을 빈민법 대상 이상에서 일정 소득(연소득 백 파운드) 이하인 사람(절대빈민 이상 상층 이하인 사람)으로 제한할 것을 요구했다.

여하튼 협상 끝에 연소득 250파운드 이하 16~70세의 모든 육체 노동자와 연소득 160파운드 이하의 비육체 노동자가 건강보험의 대상자가 되었다. 보험료는 주당 피용자가 4펜스, 사용자가 3펜스, 대장성이 2펜스를 부담하고, 운영은 공제조합 중 정부가 공인한 조합(approved societies)이 맡고, 피보험자에게 조합선택권을 부여했다. 가입은 의무적이었고, 국가는 감독권을 행사했다. 말하자면, 국가가 국민들에게 의료서비스와 질병급여를 직접 제공한 것이 아니라 국민들이 자신의 힘으로 의료서비스와 질병급여를 받도록 강제한 셈이었다. 상병수당은 주당 10실링, 장애수당은 5실링, 출산수당은 30실링이었으며, 피보험자(가입자 본인, 부양가족은 제외)는 지역보험위원회의 의사명부에서 의사를 선택하여 무료로 진료를 받게 되었다. 의사들은 자신의 명부에 등록된 피보험자의 수에 비례하여 진료비(a capitation fee)를 받았다.

국민보험의 제2부는 실업보험이었다. 실업보험은 처칠이 주도했다. 처칠은 당시 실업문제 전문가로 인정받고 있던 베버리지의 도움을 받아 실업보험을 입안하였다. 건강보험이 관련 이익집단들 때문에 상당한 진통을 겪은 반면, 실업보험은 비교적 순탄하게 진행되었다. 그리고 건강보험은 독일의 전례가 있지만 실업보험은 생소한 분야였다. 영국에서는 실업기금을 가진 노조가 일부 있었을 뿐이었다. 먼저 실업사태에 직면할 가능성이 많은 특정한 산업분야에 한정하고, 갹출방식으로 하며, 국가가 보조한다는 큰 틀이 짜여졌다. 급여액과 보험료 간의 관계, 정액제와 소득비례제 등 여러 쟁점들에 관한 논의가 이루어졌지만, 가장 중요한 문제는 실업의 책임이 자신에게 있는 사람의 실업급여를 회수해야 하는가의 여부였다. 이에 대한 로이드 조지와 윈스턴 처칠의 입장은 명확했다. 실업급여와 실업의 책임과는 관계가 없다는 것이었다. 이들에게 사회보험은 도덕의 문제가 아니라 수학의 문제였다. 이런 이들의 견해는 영국 사회보험의 고전적 원칙으로 평가받고 있다.

그리고 베버리지는 보험료에 비례하여 급여가 정해져야 한다고 주장했고, 그의 의견은 법안에 반영되었다. 그리하여 주당 실업급여액은 5주간 불입한 보험료에 상당하도록 정해졌고, 대상은 경기변동에 민감한 산업인 건축, 토목, 조선, 기계, 철강, 자동차, 제재업 등이었으며, 보험료는 사용자와 피용자가 각각 25펜스씩 부담하고, 대장성이 사용자와 피용자 보험료 합계액의 1/3을 보조하도록 하였다. 실업수당은 성인남성의 경우 기본액이 주당 7실링이었고, 그 이상은 보험료에 비례하고, 최고 15주간 지급되도록 하였다. 당시 직업소개소법에 의해 신설된 각 지역의 직업소개소들이 실업수당 지급실무를 담당했고, 실업수당 청구인에게 적절한 일자리를 제공함으로써 청구인의 진실성을 조사할 권한을 부여받았다.

한편 자유당 정부가 국민보험의 도입에 앞장섰던 이유는 독일제국과 같이 사회보험이 사회주의에 대한 방파제가 된다고 확신했기 때문이다. 사회보험의 반사회주의적 성격을 가장 잘 간파한 자유당 각료가 처칠이었다. 그는 사회보험의 도입 필요성을 역설하면서 독일의 비스마르크 사회입법이 사회주의를 부드럽게 죽이기 위해 마련되었다는 점을 강조하였다. 그는 사회보험을 포함한 자유주의적 사회개혁이 부자와 빈민 사이의 양극화를 막아주어 사회를 공고히 하는 피라미드와 같은 역할을 한다고 생각했다.

자유주의 개혁파인 로이드 조지와 윈스턴 처칠에게 사회보험은 급여 측면에서도 자신들의 관념과 잘 부합되었다. 즉, 피보험자가 갹출한 돈으로부터 급여혜택을 받는다는 것은 자신의 노력으로 급여권리를 획득한 것이나 마찬가지이므로 떳떳하다는 것이었다. 이는 전통적으로 자유주의자들이 선호해 온 빅토리아적 자조의 미덕에 잘 합치하였다. 로이드 조지는 사회보험을 강제적인 자조(compulsory self-help)로 간주했다. 따라서 급여수준은 인간다운 생활을 유지할 만큼 충분해서는 안 되었다. 국가부담도 적어야 했고, 재정은 노동자와 그 사용자가 주로 부담해야만 했다(원석조, 1996 : 39-40).

1911년 영국의 국민보험법

- 1911년에 영국의 자유당 정부가 제정한 국민보험법은 건강보험과 실업보험으로 구성되었는데, 당시 자유당 정부의 개혁을 주도했던 로이드 조지와 윈스턴 처칠의 합작품이었다.
- 로이드 조지와 윈스턴 처칠은 사회보험급여와 가입자의 도덕적 책임을 연계시키지 않았다. 이들에게 사회보험은 도덕의 문제가 아니라 수학의 문제였다. 이런 이들의 견해는 영국 사회보험의 고전적 원칙으로 평가받고 있다.
- 로이드 조지는 사회보험을 강제적인 자조로 간주했다.

4) 1935년 미국의 사회보장법

1929년에 촉발된 대공황으로 심각한 경제위기가 계속되던 1933년, 대통령에 취임한 루스벨트는 이른바 제1차 뉴딜이라고 불린 일련의 위기극복정책을 폈다. 통화의 흐름과 외환거래를 통제할 수 있는 권한을 대통령에게 부여함으로써 국민들의 은행에 대한 공포, 즉 예금의 인출사태를 수습한 긴급은행법, 농산물 가격을 인상시키기 위해 경작면적과 생산량을 줄임으로써 몰락한 농업부문을 회생시키기 위한 농업조정법, 최저임금과 최대 노동시간 및 가격고정에 관한 기준을 정하여 '상품가격 인하 : 임금 삭감'이라는 악순환을 종식시키기 위한 산업부흥법(NIRA) 등이 그것이다.

그러나 루스벨트의 뉴딜정책은 1935년 5월 27일 검은 월요일, 대법원이 NIRA를 위헌이라고 판결함으로써 결정적인 위기에 빠졌다. 이로써 루스벨트는 제1차 뉴딜의 국가통제계획사상을 포기해야만 했다. 그 대신 정부가 대기업의 독점을 막고 노동자들의 권익을 보다 적극적으로 보호하는 방향으로 정책을 선회하였다. 다시 말해, 위헌판결을 계기로 정부의 산업정책이 경기회복과 사회개혁을 동시에 추구한 신국가주의적 정책에서 반독점과 노동자보호를 지향한 개혁정책을 도모하는 방향으로 정책기조가 전환되었다는 것이다.

이때부터 더욱 진보적인 색채를 띤 이른바 제2차 뉴딜이 시작되었다. 제2차 뉴딜에서 가장 중요한 것이 와그너법(노동자들의 단체교섭권을 인정한 노동법)과 사회보장법이었다. 뉴딜과 조직노동이 서로 정치적 동맹을 맺는 데 기여한 사회보장법은 미국 최초의 연방정부 차원의 복지 프로그램이었으며, 명실상부하게 미국 사회보장제도의 근간이 되었다. 이 법은 ① 연방정부가 관장하는 노령보험, ② 주정부가 관장하고 연방정부가 재정을 보조하는 실업보험, ③ 주정부가 관장하고 연방정부가 재정을 보조하는 공공부조와 사회복지서비스로 구성되어 있었다.

사회보장법의 성격은 1934년 6월 루스벨트가 의회에 보낸 사회보장에 관한 교서에 잘 나타나 있는데, 거기서 루스벨트 대통령은 미국 역사상 처음으로 미국 헌법이 경제적 안정에 대한 개인의 권리를 포함하고 있다고 말하면서 가정의 보장, 생활의 보장, 사회보험의 보장이 필요함을 역설했다. 그리고 그는 경기회복과 병행해서 사회재건이 추진되어야 하고 사회재건의 가장 중요한 목표는 '시민의 생활보장'이며, 생활보장은 주택과 고용기회 그리고 생활변동에 대한 대비책에 달려있고, 그러한 대비책으로 사회보험과 공공부조를 수립해야 한다고 주장했다. 특히 사회보험의 기본 방침은 ① 여러 종류의 사회보험을 하나로 묶어 포괄적인 제도를 수립하고, ② 사회보험의 운영은 주와 연방정부의 어느 한쪽이 전담하는 것이 아니라 양자의 긴밀한 협조하에 이루어져야 하며, ③ 필요한 재원은 일반 조세수입이 아니라 보험료(사회보장세)로 조달하고, ④ 연방정부가 기본적인 보험적립금을 관리하고 전국적인 사회보험을 만든다는 것 등이었다.

이같은 기본 방침하에 1934년 6월 작업기구로서 경제보장위원회(노동장관 퍼킨스가 위원장, 위원으로 재무장관 등 네 명의 각료급 인사가 임명)가 설치되었다. 그해 8월부터 실업보험, 노령연금, 건강보험 등의 사회보험과 기타 공공부조를 포괄한 사회보장제도 전반에 관한 기초적인 연구작업에 들어갔다. 이때 쟁점이 된 것이 실업보험이었다. 즉, 운영의 책임을 연방정부가 전담하는가 아니면 연방정부와 주정부가 분담하는가 하는 것이 논쟁거리가 되었던 것이다. 사실 전국적으로 단일한 제도를 수립한다는 원칙에 따르자면, 연방정부가 운영의 책임을 져야겠지만, 이는 연방정부의 권한확대를 의미하기 때문에 연방정부와 주정부의 긴밀한 협조의 원칙에는 어긋났다. 그런데 주와 연방정부가 운영을 분담하는 방법도 두 가지가 있었다. 하나는 실업보험을 목적으로 세금을 부과하되 연방정부가 그것을 모두 징수한 다음 각 주에 보조금으로 지불하는 방식이고, 다른 하나는 연방정부가 세금을 징수하지 않고 일정한 기준을 정해놓고 거기에 맞는 제도를 수립한 주에 대해 세금을 면제해 줌으로써 주정부가 그것을 징수·관리하게 만드는 방식이었다. 결국 위헌판결을 두려워한 경제보장위원회는 후자, 즉 세금면제에 입각한 연방정부와 주정부 간의 협력방식을 채택했다. 이같이 연방의 권력을 되도록 제한하면서 각 주가 독자적으로 실업보험제도를 시행하도록 한 것은 신자유주의자들의 이념에 부합되는 것이었다. 이에 따라 연방법에서는 실업보험을 목적으로 하는 세금과 그것을 운영할 연방기구에 대해서만 규정하였고, 피용자와 주정부의 기여금, 실업수당의 급여기준, 기금의 형태 등 세부적인 것은 각 주의 입법사항으로 넘겨졌다. 결국 미국의 실업보험은 주별로 다양한 형태를 갖게 되었다.[4)]

반면에 노령연금은 쉽게 합의에 도달했다. 노령연금의 재원은 전국의 사업주에게 급료총액의 2.5%에 해당하는 사회보장세를 부과하고, 피용자에게도 동일한 부담, 즉 임금의 2.5%를 갹출시켜 마련하였다. 재무부는 이 돈을 양노적립금으로 징수하고, 피용자가 65세에 달하면 노령연금을 지불하는데 그 액수는 퇴직자의 퇴직 전 소득에 비례하도록 하였다.

한편 모겐타우 재무장관은 연방정부의 재정지원방식에 제동을 걸어 세율을 처음부터 사용자, 피용자 각각 3%로 하되 처음 1%에서 12년에 걸쳐 단계적으로 3%로 인상하는 대안을 제시했다(원안은 처음 1%에서 20년에 걸쳐 2.5%로 인상). 그렇게 함으로써 연방정부의 지원이 필요하지 않게 만든다는 것이었는데, 결국 모겐타우의 수정안이 채택되었다. 그러나 적용대상에서 피보험자의 부양가족이 배제되고, 농업노동자, 가사종사자, 종교, 자선, 교육분야 종사자 및 자영업자도 적용범위에서 제외되어 노동인구의 약 절반만이 수혜대상이 되었다. 그리고 급여수준도 낮아 노령부조의 급여액보다 적은 경우도 있었다.

경제보장위원회는 공공부조 분야에서도 쉽게 결론에 도달했다. 공공부조의 대상을 65세 이상 노령의 빈민, 맹인, 요보호아동으로 하고, 각 주가 공공부조제도를 수

---

4) 세금으로는 4인 이상의 피용자를 둔 사업주에 대해 매년 3%의 사회보장세(pay-roll tax)를 부과하기로 하되, 1936년에 한하여 경기회복의 정도에 따라 1~2%로 하기로 하였다. 또한 고용의 안정을 독려하기 위해 해고율이 낮은 사업주에게는 사회보장세를 감면해주는 특별감면제도를 두었다. 그리고 운영기구로는 재무부에 실업신탁기금을 두어 보험적립금 중 필수적인 재원을 관리하게 하였고, 그 밖의 것은 노동부에 사회보험위원회를 두어 관장하게 했다.

립하면 그 재정의 1/3에서 1/2을 연방정부가 보조하고, 신체장애아동, 고아, 신생아와 산모를 위한 주정부의 공공부조에 대해서도 연방정부가 주정부에 보조금을 교부하도록 하였다. 이로써 3세기를 이어온 구빈에 대한 지방책임이라는 빈민법적인 원칙은 폐기되고, 주정부에 대한 연방정부의 지원정책이 항구화되었다. 말하자면, 미 역사상 처음으로 구호가 연방예산의 주요한 항목으로 자리 잡게 되었다는 것이다. 그러나 건강보험은 의사집단과 보험회사들의 완강한 반대에 부딪혀 제외되고 말았다. 건강보험이 만들어지면 의료수가 등 여러 가지의 이해가 정부에 의해 통제받을 것을 두려워한 미국의 의사들은 자신들의 이익집단인 전국의사협회를 중심으로 저지운동을 전개했다. 그들은 의회에 대해 건강보험에 대해 더 연구할 시간을 달라고 하는 한편, 건강보험이 사회보장법안에 포함되면 의회가 법안 전체를 거부하도록 영향력을 행사하겠다고 위협하였다. 또한 건강보험이 정부의 사회보험 영역에 포함되면 자신들의 시장을 잃게 되는 민간보험회사들도 반대에 앞장섰다.

1935년 1월 동 법안이 경제보장위원회로부터 의회에 상정되자, 각 집단은 반대입장을 표명하였다. 특히 의회의 보수적인 의원들은 사회보장제도가 경기회복을 저해하고 노동자를 국가의 노예화시키는 사회주의적 통제책이라고 비난했다. 그러나 대체로 여론은 이 법안에 대해 호의적이었다. 대공황 이후 거의 5년 동안 유례없는 빈곤에 시달려 왔던 대부분의 미국인들은 생활보장을 절실히 원했던 것이다. 1935년 6월 19일 동 법안은 76 대 6이라는 압도적인 지지를 받아 상원을 통과하였다. 그해 8월 14일 루스벨트 대통령이 서명함으로써 역사적인 사회보장법은 발효되었다.

루스벨트 정부의 사회보장법은 미국의 사회복지 역사에서 하나의 분수령을 이루었다. 그 이전까지 미국인에게 자유주의 또는 개인주의는 삶 그 자체였다고 해도 과언이 아닐 정도였으며, 국가가 국민 개개인의 사회경제생활에 간여한다는 것은 상상할 수조차 없었다. 그러던 미국인이 1930년대 중반에 정부의 간섭을 수용한 것이다. 그 계기는 바로 1929년의 대공황이었다.

대공황은 시민들의 경제적 생존권을 심각하게 위협했으나 이런 총체적 위기에 대응함에 있어 개인주의적 자유기업 체제는 매우 무기력하다는 사실을 극적으로 드러나게 만들었다. 따라서 미국인들은 '경제의 자동회복력'의 관념에 입각한 개인주의적 경제사회정책에 대해 재검토하지 않을 수 없었다. 이런 극적인 관념의 변화가 사회보장법을 만들었던 것이다.

1935년 미국의 사회보장법

- 1935년 미국의 사회보장법은 미국 사회복지정책의 근간이 되었으며, ① 연방정부가 관장하는 노령보험, ② 주정부가 관장하고 연방정부가 재정을 보조하는 실업보험, ③ 주정부가 관장하고 연방정부가 재정을 보조하는 공공부조와 사회복지서비스로 구성되어 있었다.
- 사회보장법의 목적은 시민의 생활보장에 있었다.
- 사회보장법은 시민들이 국가의 사회·경제적 간섭을 받아들였다는 점에서 역사적 분수령이 되었다.

4 복지국가 시대

1·2차 세계대전을 거치면서 노동자계급과 함께 시민계급의 힘이 강해졌고, 이들의 다양한 요구를 국가가 수용하지 않을 수 없게 되면서 복지국가가 나타났다. 2차 세계대전 직후 영국에서 처음 등장하여 점차 서유럽 전체로 확산된 복지국가는 사회민주주의 이념에 입각하여 시장의 불평등과 불안정성에 대항하여 사회적 연대와 소득과 부의 평등, 사회적 위험에 대한 공동체의 보장을 추구했다. 그리하여 사회복지의 대상이 전 국민으로 확대되었고, 소득보장은 물론 보건의료, 주택, 교육에 이르기까지 프로그램이 다양화되었으며, 유례가 없을 정도로 많은 재정이 투입되었다.

그리고 복지를 자비나 은전이 아닌 시민의 권리(citizenship)로 인정하면서 사회문제의 해결보다는 욕구(needs)의 충족을 중시하게 되었다. 복지국가는 2차 세계대전 후의 세계적인 호황(자본축적)과 시민계급의 정치적 성장에 힘입어 꾸준히 확대·발전하였다.

한편 복지국가가 성립된 이후에도 사회보험이 복지국가의 핵심제도로 존재하고 있기 때문에 사회보험과 복지국가는 중첩된다고 볼 수도 있다. 그러나 양자는 분명한 차이가 있다. 사회보험의 대상이 화이트칼라와 자영업자로 확대되어 노동정책이라는 본래의 취지를 상실하고 전 국민을 대상으로 하는 시민복지정책으로 성격이 바뀌었다는 점에서 그렇다.

1) 베버리지 보고서

2차 세계대전 직후 총선에서 예상을 뒤엎고 세계적인 전쟁영웅 윈스턴 처칠의 보수당을 애틀리가 이끈 노동당이 이기고 집권하였다. 애틀리와 노동당은 베버리지 보고서에 입각하여 기성복을 만들듯 복지국가를 만들어 나갔다. 그리하여 영국인들에게 베버리지 보고서는 복지국가와 동의어로 인식되고 있을 정도이다. 베버리지 보고서는 영국에만 국한되지 않고 프랑스, 서독, 스웨덴 등 서유럽 복지국가의 기틀 형성에도 큰 영향을 미쳤다. 베버리지 보고서는 서유럽 복지국가의 청사진이 되었다.

사회보험과 관련 서비스에 관한 위원회, 즉 베버리지 위원회는 영국노총(TUC)이 연립정부의 전후 사회재건에 대한 책임을 지고 있던 노동당 소속 무임소장관 그린우드에게 권고하여 만들어졌다. TUC는 그린우드에게 기존의 국민보험을 전면적으로 재검토할 필요가 있고, 이를 위해 정부 각 부처 고위관료들로 구성된 위원회를 조직할 것을 요구했다. TUC는 전후방 없이 총력전의 양상으로 전개된 전쟁에서 병사들과 시민들의 사기앙양을 위해 종전 이후의 국가재건 프로그램이 필요하다고 생각했던 것이다(Jones, 1991 : 249).

위원회는 1941년 6월에 창설되었다. 런던경제학교(LSE) 학장을 그만두고 노동성 촉탁으로 일하고 있던 실업보험전문가 베버리지가 의장으로 천거되었고, 정부 각 부처 소속 고위관료들이 위원으로 참여했다. 처음 베버리지 위원회가 조직되었을 때만 해도 2년 후 자신들의 활동결과보고서가 그렇게 엄청난 대중의 관심을 끌지는 전혀 예상하지 못했다(Brown, 1995 : 26).

베버리지 위원회는 부분적으로는 이미 폐지된 왕립노동자보상위원회의 업무를 계승하고, 또 부분적으로는 전전에 엉성하게 끝난 건강보험 정비작업을 마무리하며, 전쟁 발발 직후부터 점차 거세진 가족수당 요구를 대장성이 회피하기 위한 한 방편으로 만들어졌다. 그러나 베버리지는 보고서에서 기존의 모든 사회복지제도를 다루고자 했고, 전후 재건계획의 청사진으로 만들고자 했다. 그리고 위원회의 민간인 자문위원들의 활동도 미미하였다. 기껏 자문한 내용은 주로 기술적인 문제들, 예컨대 미혼모와 버림받은 아내를 어떻게 사회보험에 가입시킬 것인가, 지역별 차이가 심한 사회·경제적 수준을 어떻게 최저생계비 개념에 반영할 것인가 등이었다. 그런 점에서 베버리지 보고서는 베버리지 한 사람의 작품에 가깝다.

베버리지 보고서는 1942년 9월 완성되었다. 그러나 발간은 동년 12월로 연기되었다. 이유는 일부 각료들이 그 내용이 지나치게 혁명적이라 하여 반대했기 때문이다. 베버리지 보고서에 대한 일반 시민들의 반응은 대단했다. 시민들은 베버리지 보고서를 전후 새로운 사회질서, 즉 새롭고 보다 평등한 영국의 청사진으로 간주하였다. 대중신문들은 베버리지 계획을 '요람에서 무덤까지'의 사회보장이라고 표현했다. 보고서가 발간된 직후 실시된 여론조사에 의하면 95%의 응답자들이 보고서에 대해 알고 있었으며, 90%가 보고서 내용에 찬성하고 있었다(Hinton, 1983 : 167). 베버리지 보고서는 정부간행물임에도 불구하고 발간된 지 한 달 만에 10만 부가 판매되었으며, 그 후 모두 63만 5천 부나 팔렸다고 한다.[5] 곳곳에서 심지어 군 내무반에서도 사회보장에 관한 주제를 놓고 토론이 벌어졌다.

베버리지는 다음과 같은 세 가지 원칙에서 출발했다. 첫째, 과거의 경험을 바탕으로 삼되 분파적 이해는 무시한다. 그는 1911년의 국민보험법이 여러 이익집단 간의 타협의 산물이었고, 또 그러한 타협이 결코 쉽지가 않다는 사실을 잘 기억하고 있었다. 그러나 전쟁 중인 지금은 그런 이해관계에 발목 잡혀서는 안 된다. 둘째, 국가재건을 위해서는 5대 악(Five Giants)을 극복해야 한다. 5대 악이란 결핍, 질병, 무지, 불결, 나태(want, disease, ignorance, squalor, idleness)를 말한다. 그의 계획은 이 중 우선

5) 1939년에 발간된 보건서비스에 관한 정부보고서가 약 2만 5천 부 정도 판매되었는데 이 정도만 해도 놀라운 것이었으며, 1985년에 간행된 사회보장에 관한 백서는 채 천 부도 팔리지 않았다고 한다(Brown, 1995 : 26).

결핍에 초점을 맞추고 소득보장을 기하는 데 중점을 두었다. 그러나 그것은 사회적 진보를 향한 포괄적인 정책의 일부에 불과했다. 셋째, 사회보장은 국가와 개인의 협력을 통해 달성된다. 국가는 단지 국민최저(a national minimum)만을 보장하고 그 이상은 개인과 가족의 노력에 달려있다. 국가는 사회보장을 자산조사 없이 하나의 권리로 제공하고 그 외는 국민이 자유롭게 선택한다.

그리고 베버리지가 제안한 것은 보편적이고 통일된 사회보험체계였다. 핵심 내용은 다음과 같다. ① 모든 시민을 포함하고, 대상자집단을 경제적 곤란의 원인과 그 보호방법에 따라 분류한다. ② 사회보험의 성공을 위해서는 세 가지 기본 전제조건이 필요하다. 즉, 가족수당(family allowances), 포괄적인 보건서비스(comprehensive health service), 완전고용(full employment)이 그것이다. 가족수당은 가족의 크기와 소득을 고려하여 결정되어야 하고, 보건서비스는 치료적일 뿐만 아니라 예방적이어야 했다. 실업은 실업수당의 비용과 그에 따른 임금손실을 감안하면 가장 낭비적인 문제이므로 완전고용은 매우 긴요한 전제조건이었다. ③ 연금은 자산조사 없는 정액제에 최저수준 이상이어야 한다. ④ 재정은 피보험자, 사용자 및 국가(재정의 1/6)가 공동부담한다. ⑤ 소득에 관계없이 모든 국민이 정액의 보험료를 낸다. ⑥ 사회보험으로 해결되지 않는 부분은 근대적이고 인도주의적인 공공부조가 담당한다(Baldwin, 1990 : 117).

베버리지 이념의 핵심은 보편주의(universalism)였다. 보편주의는 모든 시민을 포함하고 동일한 급여를 제공하며 빈민에 대한 자산조사의 낙인을 없애자는 관념으로 전쟁기간 중 새로이 형성된 평등정신(the new wartime spirit of equality)을 담고 있었다. 또 하나의 핵심 이념은 국민최저(a national minimum), 또는 최저생계비 원칙(the subsistence principle)이었다. 사회보험이 시민들의 자조의 관념에 해를 끼치지 않으려면 급여는 단지 기본적 욕구만 충족시켜야 했던 것이다.

베버리지 정책은 혁명적인 게 결코 아니었다. 말하자면, 이전에는 없었던 전혀 새로운 복지정책을 내놓은 게 아니라 기존의 분산된 사회복지제도들을 무시하지 않고 정비하여 새롭게 탄생시킨 것이다. 그런 점에서 비전과 현실을 놀라울 정도로 잘 절충시킨 작품으로 평가받고 있다. 국가가 이전까지는 부자들만의 특권이었던 자유를 모든 시민들에게 부여하고 또 가난의 공포로부터 해방시켜 준다는 베버리지의 의도는 가히 혁명적이었다. 그러면서도 기존의 복지제도들을 폐기하지 않고 합리화하고 발전시키려 했던 것이다. 이를 두고 T. H. Marshall은 진화적 과정(evolution)을 거쳐 혁명적인 변화(revolution)를 가져왔으며, 과거의 요소로 구성되어 있으나 전혀 새로운 것이라고 표현했다. 그리고 1940년대의 낡은 기구들, 즉 중앙정부, 지방정부, 기타 공적 특별기구들을 정비함으로써 복지국가의 틀을 만들었다는 점에서 조용한 혁명(the silent revolution)이었다고 평가하는 이도 있다(Midwinter, 1994 : 90). 또 A. Briggs는 베버리지가 "전전의 곧 무너져 내릴 듯한 사회보장 구조물을 놀라울 만큼 견고한 기초를 지닌 건축물로 바꾸어 놓았다"고 평가한 바 있다(아사 브릭스 외, 1987 : 139).

베버리지 보고서

- 베버리지 보고서는 복지국가의 청사진이 되었다.
- 베버리지는 5대 악(결핍, 질병, 무지, 불결, 나태)의 극복을 주장했다.
- 베버리지 이념의 핵심은 보편주의와 국민최저이다.
- 사회보험의 성공을 위해 가족수당, 포괄적인 보건서비스, 완전고용과 같은 세 가지 기본 전제 조건이 필요하다.

2) 복지국가의 등장

복지국가라는 용어는 영국의 켄터베리 대주교 윌리엄 템플(William Temple)이 자신의 저서 『시민과 성직자』(Citizen and Churchman, 1941)에서 가장 먼저 사용하였다고 알려져 있다. 즉, 템플 대주교가 나치 독일을 전쟁국가(warfare state) 또는 무력국가(power state)로, 영국을 복지국가(welfare state)로 대비시켜 규정한 데서 비롯되었다는 것이다. 그에 의하면, 전쟁국가는 시민과 인접국가를 억압하는 폭군적인 국가인 데 비해, 복지국가는 시민의 복지를 위해 봉사하고 이웃국가를 존중하는 하나의 공동체로 대비된다. 그러면서도 그는 시민의 복지를 향상시키려는 자비로운 국가권력이 자칫하면 전체주의를 가져올 수 있다고 경고했으며, 가급적 많은 권한과 책임을 비정부기구에 위임할 것을 권고했다(Flora and Heidenheimer eds., 1982 : 19).

한편 용어로서의 복지국가는 1930년대 독일에서 최초로 사용되었다는 지적도 있다. 즉, 당시 독일의 일부 인텔리들이 바이마르 공화국을 Wohlfahrtsstaat라고 했는데, 이는 무능한 바이마르 국가가 정치·경제적 생존능력을 상실할 정도로 너무 많은 책임을 떠안은 것을 비아냥거리는 의미를 담고 있었다. 그러다가 1940년대 후반부터, 복지국가는 노동당 정부하에서 크게 확대된 국가권력을 지칭하는 것으로 사용되기 시작하였으며, 그때부터 국제적으로도 통용되고 또 학계와 정계의 보편적인 용어가 되었다. 처음 영국의 학자들은 복지국가라는 단어를 사용하길 꺼렸다. 왜냐하면 전술한 대로 1930년대 독일에서 부정적인 의미로 사용된 전례가 있었고, 또 영국이 미국의 원조를 받는 입장에 처해 있었기 때문이었다(Loew, 1993 : 10).

다른 한편 복지국가는 1934년 옥스퍼드대 교수인 Alfred Zimmern의 신조어였다는 말도 있다. 1937년에는 경제학자인 George Schuster 경도 사용했다고 한다. 그 의미는 이 용어를 대중화시킨 윌리엄 템플 대주교가 사용한 것과 같았는데, 이들은 모두 복지국가를 유럽의 전체주의 국가인 무력국가에 대비시켰다. 그것은 기독교적 의미가 강했다. 마르크스적이기보다는 감리교적이었던 것이다(Midwinter, 1994 : 94).

복지국가는 2차 세계대전 직후 영국에서 노동당 정부의 집권과 함께 출현하였다. 당시 총선은 전시 거국내각의 성립 이후 10년 만에 이루어지는 선거였는데, 이 선거에 대해 전 세계의 언론은 모두 2차 세계대전의 세계적인 영웅인 윈스턴 처칠이 이끄는 보수당의 압승을 예상하였다. 그러나 결과는 놀랍게도 애틀리의 노동당의 승리였다. 애틀리 노동당 정부는 1951년 총선에서 패해 보수당에게 정권을 내줄 때까지 베버리지 보고서를 바탕으로 6년 동안 복지국가의 골격을 완성하게 된다. 그러면 여기서 노동당이 집권하게 되는 과정을 간략히 살펴보자.

1944년 아직 유럽에서 전쟁이 한창일 때 노동당은 종전이 되면 즉각적으로 연정에서 물러나 독립된 당으로서 총선에 임한다는 방침을 정했다. 1945년 5월 전쟁 막바지에 연정을 지속할지 여부에 대한 논의가 있었다. 당의 반 토리 정서[6]는 점차

6) 히틀러의 패배가 확실해진 시점인 1944년 말이 되자 나치에 대항하여 국민통합을 기한다는 연립정부의 목적은 점점 그 의미가 약해지고, 해방 유럽에서 반공체제(reactionary regimes)를 회복한다는 처칠의 계획에 반대하는 좌파를 잠재운다는 의미가 점점 더 커졌다. 이와 함께 노동자계급의 지배계급에 대한 호전성이 증대되었다. 일반 노동당원들의 새로운 호전성은 1944년 12월 당 대회에서 나타났다. 여기서 전후 국가재건의 적극적인 참여와 제한적인 국유화 제안이 부결되고, 토지, 중공업, 모든 은행, 교통, 에너지, 전력 등의 국유화 계획이 채택되었던 것이다. 1945년 총선에서 노동당이 내건 국유화 강령은 여기서 비롯되었다(Hinton, 1983 : 167).

강화되고 있었다. 애틀리, 베빈 등 노동당 지도부는 전후 총선에서 국가적 영웅인 처칠을 이길 수 없다고 보아 종전 후 국가 재건기간까지 연립정부를 지속시킬 생각이었다. 그 무렵 처칠이 이런 제안을 했을 때 애틀리와 베빈은 수용하려 했다. 그러나 당 집행위원회가 이를 거부하였다. 그러자 보수당은 전쟁영웅으로서의 처칠의 명성을 선거에 활용하기 위해 조기 총선을 추진했고, 연정은 끝났다. 당 지도부의 불안 속에서 여름부터 선거운동에 들어갔다.

그러나 6월 총선의 결과는 예상 밖의 대승리였다. 총선에서 노동당은 393개의 의석을 차지하는 압승을 거두며 집권에 성공하였다. 보수당은 213석에 불과했으며, 기타 정당이 34석이었다. 득표수로는 노동당이 47.8%, 보수당이 39.8%를 기록하였다. 이런 압승으로 노동당은 창당 후 처음으로 단독정부를 구성할 수 있었다. 영국의 유권자들은 종전 후 일종의 뉴딜을 원했다. 그것이 노동당의 복지정책이었던 것이다(Hinton, 1983 : 168).

그런데 이상과 같이 노동당이 예상 밖의 대승리를 거두어 집권에 성공할 수 있었던 것은 바로 계급관계의 변화 때문이었다. 다시 말해서, 애틀리의 복지국가는 노동자계급의 힘의 증대, 노동자계급과 중간계급 간의 복지동맹(welfare coalition), 자본의 복지국가에 대한 암묵적 수락의 결과라는 것인데, 이런 중대한 변화는 바로 전쟁 때문에 가능했던 것이다. 우선 노동자계급의 태도에 변화가 있었다. 전전의 대공황기에 엄청난 실업과 실질임금의 하락을 경험한 노조는 급진적 요구 대신 적절한 국유화(사적 소유하에서는 노동자들에게 생활임금을 줄 수 없는 산업에 한해 국유화하는 것), 완전고용, 복지정책의 확대 등 자본주의 틀 안에서 실현 가능한 것을 요구하기로 입장을 바꾸었다. 노동당 역시 생산수단의 사회화라는 실현 불가능한 강령 대신 재분배를 통해 자본주의의 부정적 결과들을 완화시키는 것을 자신의 목표로 삼았다. 이는 곧 노조와 노동당이 복지국가라는 매개를 통해 자본과 타협할 준비가 되어 있었다는 것을 의미한다(김영순, 1996 : 80-83). 이런 점에서 Cole(1948 : 465)이 지적한 대로 전후의 노동당 정책은 사회주의적(socialistic)이었지 사회주의(socialism)는 결코 아니었다.

그리고 전쟁은 중간계급의 태도도 변화시켰다. 전통적으로 중간계급은 노동시장에서의 자신의 유리한 지위 때문에 자조의 신념을 지니고 있었으며, 국가복지는 자신들의 부담으로 운영될 뿐만 아니라 그 대상자들에게 의존심을 조장한다 하여 반대하는 입장이었다. 그런데 전쟁은 이들에게도 무차별적으로 위험을 안겨주었고, 전시의 국가통제에 익숙해졌으며, 보편적인 국가복지가 자신들에게도 유리한 점이 있다는 것을 자각하게 되어 복지국가를 수용하게 되었던 것이다. 해서 이들은 전후 애틀리의 노동당을 선택하게 된다. 이것이 곧 중간계급과 노동자계급의 복지동맹이다(김영순, 1996 : 83-85).

사실 중간계급이 노동당을 선택한 것은 매우 중요한 의미를 갖는다. 중간계급의 지지 없이 노동자계급 유권자들만으로 노동당이 승리하기는 어려웠을 것이다. 전통적으로 자유당이나 보수당 지지자들이었던 이들 중간계급은 장기간의 전시생활에 지쳐 보수주의냐 사회주의냐 하는 이데올로기보다는 종전 후의 새로운 개인의 자유와 가족생활을 염원했다. 다시는 전쟁에 휘말리기 싫어했던 것이다(the spirit of 'never again'). 전쟁은 끝났으니 이제 시민들에게는 전시의 문제가 아니라 전쟁 전의 사회문제가 더 중요했다. 그런 점에서 2차 세계대전 직후의 총선은 지난 20년간의 불행에 대한 심판이었고, 선택받은 쪽이 노동당이었던 것이다(Jones, 1991 : 123).

윌리엄 템플과 복지국가

- 복지국가라는 용어는 영국의 켄터베리 대주교 윌리엄 템플이 자신의 저서 『시민과 성직자』에서 가장 먼저 사용하였다고 알려져 있다.
- 템플 대주교는 나치 독일을 전쟁국가 또는 무력국가로, 영국을 복지국가로 대비시켰다.
- 전쟁국가는 시민과 인접국가를 억압하는 폭군적인 국가인 데 비해, 복지국가는 시민의 복지를 위해 봉사하고 이웃국가를 존중하는 하나의 공동체로 대비된다.
- 템플은 시민의 복지를 향상시키려는 자비로운 국가권력이 자칫하면 전체주의를 가져올 수 있으며, 가급적 많은 권한과 책임을 비정부기구에 위임할 것을 권고했다.

3) 신자유주의와 복지국가의 후퇴

돌이켜 보면 20세기는 사회복지 확대의 시기였다. 빈민구제보다는 부랑자에 대한 공안대책으로 악명 높았던 빈민법이 완전히 사라졌고, 산업재해·노령·질병·실업 등 사회적 위험에 공동체적으로 대응하기 위한 사회보장제도가 만들어졌으며, 모든 국민의 사회적 욕구를 하나의 권리(복지권)로 보장한 보편주의적인 복지국가가 탄생한 것이 바로 20세기였던 것이다.

그러나 사회민주주의적인 복지국가는 관료화, 비효율, 의존성 증대 등의 부정적인 결과를 야기했고, 또 경제발전의 활력을 상당 부분 소진시킴으로써 1970년대 말부터 시민들로부터 외면당하기 시작했다.

1979년과 1980년에, 대서양을 사이에 두고 영국의 대처리즘(1979년 총선에서 대처 당수가 이끈 보수당의 승리로)과 미국의 레이거노믹스(1980년 대선에서 공화당의 레이건 후보가 당선되어)가 거의 동시에 등장한 게 그 시발이었다. 1973년과 1979년 두 차례에 걸친 오일쇼크로 인해 야기된 스태그플레이션은 2차 세계대전 후 복지국가의 이념적·이론적 기반이 되었던 케인스주의를 무력화시켰다. 신자유주의자들은 스태그플레이션의 극복을 위해서는 케인스주의 경제사회정책을 포기하고, 화폐공급을 억제하여 경제의 자율성을 회복시키는 방법, 즉 통화주의 정책밖에 없다고 보았으며, 이런 신자유주의 정책에 대해 중간계급은 물론 복지국가의 가장 큰 수혜자인 동시에 지지자였던 노동자계급, 특히 고소득·숙련기술 노동자들마저 지지를 표명함으로써 복지국가는 체계적으로 침식당하기 시작했다.

한편 1990년대 중반 유럽에서는 복지, 평등, 사회적 약자에 대한 배려 등과 같은 사회민주주의 가치(제1의 길)와 시장의 자유, 경제적 효율, 노동인센티브 등과 같은 시장자유주의 가치(제2의 길)를 동시에 추구하는 '제3의 길' 노선이 일정 부분 지지를 얻었다. 영국 노동당 정부의 토니 블레어 총리와 독일 사민당 정부의 슈뢰더 총리가 추구하는 사회경제정책이 그것이다(미국의 클린턴 정부도 제3의 길을 지지하였다). 이들은 사회민주주의 정당에 대한 지지를 회복하기 위해서는 당 이념의 쇄신이 반드시 필요하며, 제3의 길 노선은 신자유주의의 득세 속에서 좌파가 취할 수 있는 유일한 대안이라고 주장하였다. 반면에 전통적인 좌파는 제3의 길을 신자유주의의 변종일 뿐이라며 평가절하 하였다. 복지국가의 개념에 대해서는 다음 장에서 보다 자세하게 살펴볼 것이다.

CHAPTER 07

복지국가

1 복지국가의 정의

사회정책이 독일제이고, 사회보장이 미국제라면, 복지국가는 영국제이다. 사회정책이 1880년대 독일 비스마르크 사회입법에, 사회보장이 1935년 루스벨트 사회보장법에 기원을 두고 있다면, 복지국가는 2차 세계대전 후 영국 노동당 정부가 세계 최초로 건설했다는 점에서 그렇다.

복지국가는 서유럽 국가들이 영국 복지국가를 전후복구사업의 모델로 삼으면서 서유럽 전역으로 퍼져나갔다. 베버리지 보고서는 서유럽 복지국가 건설의 핵심 텍스트가 되었다. 영국 복지국가의 청사진이 서유럽 복지국가의 청사진이 된 것이다.

서유럽이 복지국가를 지향하면서 복지국가는 국제사회에서 널리 통용되는 용어가 되었다. 하지만 복지국가의 의미는 혼란스러워졌다. 왜냐하면 나라별로 사회복지제도를 둘러싼 정치적 상황, 발전과정, 문화적 배경뿐만 아니라 재정 및 운영방식에 차이가 있었고, 복지국가의 본질과 목표에 대한 생각도 서로 달랐기 때문이다.

현재 복지국가에 관한 일치된 정의는 없다. 복지국가를 정부의 사회복지정책이라고 보는 사람도 있고, 정치체제 또는 사회체제(자본주의체제와 사회주의체제가 혼합된 국가)와 동일시하는 사람도 있다. 이를 감안하여 Lowe(1993 : 12-14)는 복지국가를 실용적으로 세 가지 측면에서 정의하였다.

첫째, 국가가 제공하는 사회복지의 범위로 정의한다. 복지국가는 좁게는 사회서비스를, 넓게는 시민의 복지를 위해 정부가 제공하는 모든 사회경제적 서비스를 포함한다.

둘째, 연대기적으로 정의한다. 복지국가를 1940년대의 산물로 본다. 2차 세계대전 후 산업국가들은 국가와 시민 간의 관계를 새로운 각도에서 보기 시작했다. 이는 베버리지 보고서에 가장 잘 나타나 있다. 베버리지 보고서는 역사상 처음으로 국가가 모든 시민을 '요람에서 무덤까지(from cradle to grave)' 보장한다는 것을 보여주었다. 요람에서 무덤까지라는 신문기사 제목은 국가가 부자들만의 특권이었던 자유를 모든 시민에게 부여하고 또 가난의 공포로부터 해방시켜 준다는 것을 의미했다.

셋째, 복지국가의 기능으로 정의한다. A. Briggs는 복지국가가 시장의 힘을 교정하기 위해 시민에게 최저소득 이상을 보장해 주고, 시민이 질병, 노령, 실업 등과 같은 사회적 위험을 극복하도록 지원하며, 모든 시민에게 적정 수준의 복지서비스를 제공한다고 말했는데, 복지국가의 기능을 잘 요약하고 있다.

복지국가의 정의

- 복지국가는 좁게는 사회서비스를, 넓게는 시민의 복지를 위해 정부가 제공하는 모든 사회경제적 서비스를 포함한다.
- 복지국가는 2차 세계대전 직후 '요람에서 무덤까지'의 보장을 지향하며 탄생했다.
- 복지국가는 최저소득의 보장, 사회적 위험의 감소, 적정수준의 보편적 서비스를 목적으로 한다.

2 복지국가의 전통적 유형

복지국가를 최초로 유형화한 학자는 미국의 Furniss와 Tilton(1977)이다. 이들은 복지국가를 적극적 국가(the positive state), 사회보장국가(the social security state), 사회복지국가(the social welfare state)로 분류했다.

적극적 국가는 복지보다는 경제적 효율성과 시장을 중시하며 복지는 단지 시장에서 배제된 사람들을 위한 시혜 또는 통제 장치일 따름이다. 복지국가가 아니라는 말이다. 미국이 대표적이다.

사회보장국가는 지방분권의 전통 아래 단지 국민최저(national minimum)만을 보장하는 국가로 영국이 여기에 속한다.

사회복지국가는 유럽의 강력한 중앙집권의 전통을 유지하면서 소득, 재산 및 권력의 불평등을 제거하기 위해 정부가 적극적으로 나서는 국가이다. 대표적인 사회복지국가는 스웨덴이다.

〈표 7-1〉 Furniss와 Tilton의 복지국가 유형

유 형	내 용	국 가
적극적 국가	복지보다는 경제적 효율성과 시장을 중시하며 복지는 단지 시장에서 배제된 사람들을 위한 시혜적 또는 통제적 장치일 뿐. 복지국가라 볼 수 없음	미 국
사회보장국가	지방분권의 전통 아래 국민최저만을 보장하는 국가	영 국
사회복지국가	유럽의 강력한 중앙집권의 전통을 유지하면서 소득, 재산 및 권력의 불평등을 제거하기 위해 정부가 적극적으로 나서는 국가	스웨덴

가장 유명한 복지국가 유형은 Esping-Andersen(1990)의 복지자본주의의 세 가지 형태(three worlds of welfare capitalism)이다. 그는 탈상품화점수(decommodification score)와 복지지출을 기준으로 복지국가를 분류했다. 탈상품화점수는 연금, 건강보험, 실업보험과 같은 3대 사회보험에 있어서 ① 최저급여액의 평균 임금에 대한 비율, ② 평균 급여액의 평균 임금에 대한 비율(소득대체율을 의미), ③ 급여 수급 자격요건(가입기간), ④ 전체 재정 중 수급자 부담의 비율, ⑤ 전체 인구 중 실제 수급자의 비율을 점수로 매긴 것이다. 이를 근거로 그는 복지국가를 자유주의 복지체제(the liberal welfare regime), 코포라티스트 복지국가(the corporatist welfare state), 사회민주주의 복지국가(the social democratic welfare state)로 유형화했다.

자유주의 복지체제는 시장과 민간부문에 기초해 있다. 국가는 자산조사를 통한 빈곤제거와 기본적인 욕구충족에만 개입한다. 사회보장 수준은 낮고 사회적 불평등도는 높다. 미국, 호주, 캐나다, 스위스, 일본이 여기에 속한다.

코포라티스트 복지국가는 직업범주에 따른 소득보장에 기초해 있다. 사회보험의 역할이 가장 크다. 중간 수준의 복지를 보장하며, 사회적 불평등을 어느 정도 용인한다. 독일, 오스트리아, 벨기에, 프랑스, 스페인, 이탈리아가 코포라티스트 복지국가이다.

사회민주주의 복지국가는 보편주의 원칙에 기초해 있다. 시민권에 의거해 사회복지 급여와 서비스를 제공한다. 사회복지에 있어서 가족과 시장의 역할은 제한적이다. 사회복지정책은 시장에 대항하는 정책으로 인식된다. 스웨덴, 덴마크, 핀란드, 노르웨이 등 노르딕 국가와 네덜란드가 이에 속한다.

〈표 7-2〉 Esping-Andersen의 복지국가 유형

복지국가모델	주요 내용	국 가
자유주의 복지체제	복지국가는 시장과 민간부문에 기초해 있다. 국가는 자산조사를 통한 빈곤제거와 기본적인 욕구충족에만 개입한다. 사회보장 수준은 낮고 사회적 불평등 수준은 높다.	미국, 호주, 캐나다, 스위스, 일본
코포라티스트 복지국가	복지국가는 직업범주에 따른 소득보장에 기초해 있다. 사회보험의 역할이 가장 크다. 중간 수준의 복지를 보장하며 사회적 불평등을 어느 정도 용인한다.	독일, 오스트리아, 벨기에, 프랑스, 스페인, 이탈리아
사회민주주의 복지국가	복지국가는 보편주의 원칙에 기초해 있다. 사회복지 급여와 서비스는 시민의 권리이다. 사회복지에 있어서 가족과 시장의 역할은 제한적이다. 사회정책은 시장에 대항하는 정책으로 인식된다.	스웨덴, 덴마크, 핀란드, 노르웨이, 네덜란드

그러면 Esping-Andersen이 분류한 자유주의 복지체제, 코포라티스트 복지국가, 사회민주주의 복지국가를 좀 더 자세히 살펴보기로 한다.

1) 자유주의 복지체제

자유주의 복지체제의 가장 큰 특징은 시장과 가족을 통한 욕구충족과 국가개입의 최소화이다. 개인은 기본적으로 시장과 가족을 통해서 자신의 욕구를 충족시키고, 국가의 역할은 노동시장에서 적절한 소득을 얻지 못하는 사람(저임금 근로자, 요보호대상자)과 가족의 실패(failure of family)로 가족의 도움을 받을 수 없는 사람에게 최

저수준의 복지급여를 제공하는 데 국한된다는 것이다.[1)]

자유주의 복지체제는 개인주의적 자기책임을 중시한다. 자신의 문제는 자신이 책임지는 자조(self-help)의 신념을 강조한다. 여유 있는 계층의 시장에 대한 태도는 매우 자유주의적이다. 사회복지 욕구도 시장을 통해 해결한다. 많은 사람들이 감세 혜택이 있는 민간보험(개인연금, 장기요양보험 등)을 구입해 노후에 대비한다.

사회복지제도 중에서는 공공부조의 비중이 크다. 공공부조는 빈민과 요보호대상자의 마지막 피난처이다. 공공부조 수급자 선정에서 가장 중요한 기준은 구제가치가 있는 빈민과 구제가치가 없는 빈민이다. 빈민을 구제가치 유무로 구분하는 것은 복지수급자의 근로인센티브 강화에 목적이 있다. 노동시장 참여를 유도하는 근로인센티브시스템은 공공부조에서 매우 중요하다. 따라서 공공부조의 수급자격요건은 매우 엄격하다. 예컨대 일을 해야만 복지 수급자격을 준다(workfare). 이런 이유로 많은 여성들, 심지어 부양아동이 있는 어머니까지 노동시장에 뛰어들고 있다.

사회복지제도에서 공공부조의 비중이 큰 대신 보편주의 급여 및 사회보험의 비중은 중간(보통)수준이다. 사회보험은 퇴직자보다 현직 근로자를 중시한다. 사회보험 급여수준은 근로자의 근로기간에 비례한다. 근로경력이 없는 사람은 사회보험 급여대상에서 배제된다. 일을 포기하고 가정에서 요보호가족을 돌보는 사람도 배제된다.

한편 자유주의 복지체제인 미국에 영국과 아일랜드와 같은 유럽 국가를 추가해 앵글로색슨 모델(anglo-saxon model) 또는 앵글로색슨 복지국가라고 한다. 앵글로색슨 모델의 특징은 약한 보편주의(weak universalism), 중간계급을 위한 직업복지·재정복지(occupational/fiscal welfare), 빈민(근로빈민 포함)을 대상으로 하는 자산조사 급여이다. 약한 보편주의란 전 국민을 사회복지 수급자로 하는 베버리지 원칙을 따르되 예외 없는 완벽한 보편주의는 아니란 것이다. 중간계급을 위한 직업복지·재정복지는 직장을 통한 기업복지급여(기업연금, 개인연금 등)와 조세감면 혜택을 말한다.

1) 오랜 기간 가족은 중요한 복지공급자였다. 복지국가 성립 후 국가의 역할이 커지면서 가족의 역할은 후퇴했다. 그러나 1980년대 신자유주의로 국가의 역할이 축소되면서 다시 가족의 역할이 커졌다.

앵글로색슨 모델은 잔여적인 복지국가이다. 사회복지의 소득재분배 효과는 미약하고, 최저임금 수준은 낮으며, 연금 수급 개시 연령은 높다. 소득격차가 크고, 노조의 힘은 강하지 않다. 반면에 사회복지의 경제적 지속가능성은 크다. 앵글로색슨 모델에서 예외적인 것이 영국과 아일랜드의 국민보건서비스(NHS : the national health service)이다. NHS는 모든 국민을 포괄하는 공적인 보건의료시스템으로 조세로 운영한다. 영국의 NHS는 세계 최대의 공공 보건의료시스템으로 효율적이고, 평등주의적이며, 포괄적인 시스템으로 평가받고 있다.

2) 코포라티스트 복지국가

코포라티스트 복지국가는 기독교민주주의 복지국가(christian-democratic welfare state), 보수적 복지국가(conservative welfare states), 대륙모델(continental model), 비스마르크 형(Bismarck type)으로도 불린다. 코포라티스트 복지국가는 가톨릭교회, 군주주의, 전통적 코포라티즘(corporatism), 비스마르크 사회보험의 영향을 크게 받았다.

코포라티스트 복지국가에서 가장 중요한 사회복지제도는 사회보험이다. 사회보험은 노사가 의무적으로 납부하는 기여금으로 운영된다. 급여수준은 높다. 소득보장 수준은 국민최저 이상이다. 하지만 자격요건은 엄격하다. 민간보험은 제한된 역할만 한다. 공무원이 사회보험에서 특권을 누린다.

코포라티스트 복지국가 사회보험은 직업범주별 분리가 특징이다. 사회보험 대상자가 공직자, 사무직, 노동자와 같은 직업범주에 따라 구분되어 있다. 이를 직업주의 접근(occupationalist approach)이라 한다. 이들 직업집단의 소득보장은 주로 사회보험을 통해 담보된다. 국가는 소득보장 이외에도 이들이 직무 경력을 쌓아가도록 교육과 직업훈련을 적극 지원한다.

사회복지제도에서 가족은 남성 가장의 역할을 가장 중시하는 남성가구주모델(male breadwinner model)에 기초해 있다. 남편은 가족의 생계를 책임지는 가장으로, 아내는 전업주부로 간주된다. 아내는 남편의 피부양자로서 사회보험 수급자격을 가진다. 남편의 지위가 높고 자녀와 아내의 지위는 의존적이고 낮다. 정부는 남편의 생계능력이 소진되었을 때, 즉 가족의 기능이 실패했을 때만 개입(주로 공공부조를 통해)한다. 정부는 여성의 노동시장 참가에 대해서도 미온적이다. 근로여성을 위한 보육서비스와 가족복지서비스도 수준이 높지 않다.

노조의 사회적 영향력은 다른 유럽국가에 비해 큰 편이다. 근로자를 보호하기 위한 고용보호 법률 규제가 많다. 노조의 단체교섭 권한도 비교적 큰 편이다. 이로 인해 노동시장의 유연성은 다소 약하고, 세계화 진행이 더디다. 강한 노조에 힘입어 임금수준도 높다. 하지만 노동 생산성이 낮은 근로자의 취업기회는 제한되어 있고 취업률도 낮다.

코포라티스트 복지국가의 사회복지 수준은 서유럽 내에서 중간급, 즉 노르딕 모델과 앵글로색슨 모델 중간에 있다. 국가는 보장의 원칙(the principle of security)을 중시한다. 단, 사회보장 수준은 경제성장 수준과 밀접히 연관되어 있다. 다시 말해, 경제성장의 범위 안에서 사회보장을 개선한다는 것이다. 그리고 사회문제에 대응하기 위해 완전고용을 강조하기보다 소득보장 전략을 추구한다. 국가의 복지재정이 탄탄하여 빈곤 완화, 관대한 실업급여, 양질의 보건의료, 장애연금이 보장되고 있다. 보건의료 재정은 사회보험 또는 법정 민간보험으로 충당된다. 정부가 재정의 일부를 보조한다. 정부 보조 수준은 벨기에가 높고, 독일은 낮은 편이다. 코포라티스트 복지국가는 독일, 오스트리아, 프랑스, 독일, 벨기에, 룩셈부르크, 이탈리아를 포함한다. 가장 대표적인 나라는 독일이다.

3) 사회민주주의 복지국가

사회민주주의 복지국가는 모든 국민을 사회복지 대상으로 하는 보편주의 원칙을 따른다는 점에서 보편적 모델(the universal model)로 불리기도 하고, 노르웨이, 스웨덴, 핀란드, 덴마크, 네덜란드 등 북유럽 복지국가를 포함하고 있어 노르딕 모델(nordic model)로 불리기도 한다.

사회민주주의 복지국가의 핵심 이념은 강력한 보편주의(strong universalism)와 평등주의(egalitarianism)이다. 강력한 보편주의란 영국의 약한 보편주의(weak universalism)와 비교되는 것으로 모든 국민을 빠짐없이 국가복지의 우산 아래 두는 적용범위의 포괄성(high inclusion)을 말한다. 예컨대 중간계급과 상층계급까지 법정 사회보험에 가입되어 있다. 보편주의는 시민권에 입각해 있다. 사회보험에 가입해 기여금을 내어야만 권리를 부여하는 독일식 비스마르크 모델과 다르다.

평등주의는 경제적 · 사회적 배경과 관계없이 모든 시민에게 사회 참여와 자원 사용에 있어서 평등한 기회, 권리, 의무를 부여한다는 정신이다. 노르딕 시민들은 모든 사람은 평등한 가치를 가지고 있다고 생각한다. 성차별과 계급차별이 없는 평등이 핵심이다. 노르딕 국가는 평등정신을 국가복지에 구현했다. 학교와 교육시스템, 공공보건서비스, 노인복지서비스, 실업보험, 건강보험에서 이를 확인할 수 있다(Norden, 2013 : 10).

보편주의와 평등주의 이념을 구현하기 위해서는 국가의 역할이 중요하다. 국가는 시민의 사회복지와 사회적 보호에서 핵심 역할을 한다. 사회적 약자에 대한 각별한 배려와 권리 부여, 즉 사회적 연대를 위해서도 개입한다. 국가는 임금격차 축소정책(임금연대성), 적극적인 노동시장정책(직업훈련, 실업자를 내지 않는 기업에 대한 임금 보조 등) 등 각종 국가정책을 통해 소득의 평등과 평균적인 생활수준의 향유를 위해 노력한다. 국가의 역할을 강조한다 하여 노르딕 국가가 공산주의 국가라는 것은 전혀 아니다. 노르딕 모델은 자유시장 경제와 복지국가의 조합이다.

보편주의와 평등주의의 결과가 세계 최고 수준의 사회복지이다.[2] 사회민주주의 복지국가는 관대한 보편적 소득보장 제도를 갖고 있다. 모든 시민은 동일한 보건의료와 교육서비스 혜택을 무상으로 향유한다. 시민은 실업, 질병, 출산 시에도 국가로부터 양질의 서비스 혜택을 받는다. 따라서 시장의존성은 약하고, 탈상품화 수준이 매우 높다. 사회보험 급여의 소득대체율도 높다. 여기에 소요되는 비용의 조달을 위해 시민의 조세부담률이 높다. 사회복지는 공공부문이 공급한다. 공공부문이 거의 모든 사회복지를 커버하기 때문에 민간복지의 수요가 별로 없고 이로 인해

2) 노르딕 국가의 사회복지정책은 그 진보성과 관대함 때문에 전 세계 사회복지의 절정(pinnacle) 또는 복지국가의 최고 단계(the highest stage of the welfare state's evolution)로 평가받았다(Baldwin, 1990).

민간부문의 역할은 매우 제한적이다(민간복지의 주변화). 사회복지의 소득재분배 효과도 매우 크다.

적극적 노동시장정책(active labour market policies)도 노르딕 국가의 주요 부분이다. 적극적 노동시장정책은 근로자 복지보다는 사회적 투자의 의미를 갖고 있다. 정부는 사회적 투자를 위해 국비로 취업지원 교육훈련 프로그램을 운영한다. 그 결과 취업률이 높다. 노르딕 국가의 높은 취업률은 적극적 노동시장정책뿐만 아니라 여성의 높은 노동시장 참가율 때문에 가능했다. 노르딕 국가의 여성들은 노동시장에 적극적으로 참여한다. 여성의 노동시장 참가율은 세계 최고 수준이다. 여성이 노동시장에 활발하게 참가할 수 있는 것은 정부의 보육정책과 무상교육정책 덕분이다. 정부는 근로여성을 지원하기 위해 가족복지정책에 적극 투자한다. 정부는 양성 가구주 모델(DEM : dual earner model)에 따라 취업과 사회복지에 있어서 남성과 여성을 평등하게 처우한다.

3 남유럽 복지국가

Esping-Andersen의 복지자본주의 유형에 대한 학계의 반향은 매우 컸다. 객관적인 지표인 탈상품화점수를 사용해 서구 복지국가를 과학적으로 유형화했기 때문이다(이 때문에 그는 세계적인 학자가 되었다). 그러나 그의 복지국가 유형은 완벽한 게 아니었다.

Esping-Andersen의 복지국가 유형에 대한 비판은 그가 남유럽 국가를 배제했다는 데 집중되었다. Esping-Andersen은 이탈리아, 스페인, 그리스, 포르투갈과 같은 남유럽국가를 미성숙한 보수적 복지국가(an immature version of the conservative cluster)라 하여 사실상 복지국가 유형에서 제외시켰는데, 이를 문제 삼은 것이다.

Leibfried(1992)가 먼저 시작했다. 그는 복지국가를 네 가지 형, 즉 스칸디나비아 형, 비스마르크 형, 앵글로색슨 형, 라틴 형으로 분류했다. 이 중 라틴 형을 제외한 세 유형은 Esping-Andersen의 복지국가 유형과 동일하다. 스칸디나비아 형은 사회민주주의 복지국가, 비스마르크 형은 코포라티스트 복지국가, 앵글로색슨 형은 자유주의 복지체제와 같다는 것이다.

Leibfried가 독립 유형으로 제시한 라틴 형은 남유럽 복지국가(the south european welfare state) 또는 지중해 복지국가(the mediterranean welfare state)를 말한다. 그는 남유럽 복지국가를 잔여적 사회복지의 성격이 강한 저발전 복지국가(rudimentary welfare states)로 규정하고, 특성으로 가톨릭의 영향을 받아 가족은 가족이 케어하고 노인은 자녀가 부양한다는 전통적 가족주의 문화가 강하고, 따라서 케어시스템에서 가족의 역할이 큰 대신 국가의 사회복지서비스 수준이 낮고, 국가가 여성 취업에 소극적이고, 국가경제에 농업의 비중이 크다(농장주들이 주요 사용자이다)는 점을 들었다.

Ferrera(1996)는 자격기준, 재정구조, 조직구조, 로비 등 네 가지 변수로 복지국가를 유형화했다. 그는 복지국가를 앵글로색슨 형, 비스마르크 형, 스칸디나비아 형, 남유럽 형으로 분류했다. 그가 제시한 네 가지 복지국가의 특성과 해당 국가는 다음과 같다.

앵글로색슨 복지국가는 사회보험 기여금과 조세가 믹스된 재정시스템과 자산조사 공공부조를 특징으로 하며, 영국과 아일랜드가 여기에 속한다. 비스마르크 복지국가는 고용과 가족 상태에 따른 복지수급자격, 소득비례 급여, 기여금으로 재정조달, 사회보험에 대한 노조와 사용자조직의 큰 영향력을 특징으로 하며, 독일, 프랑스, 벨기에, 룩셈부르크, 네덜란드, 오스트리아, 스위스를 포함한다. 스칸디나비아 복지국가는 전 국민의 보편적 적용, 정부재정을 통한 관대한 급여가 특징이고, 스웨덴, 덴마크, 노르웨이, 핀란드가 여기에 속한다. 남유럽 복지국가는 서유럽 국가 중 가장 낮은 수준의 복지국가로서 사회집단별로 구분된 사회보험, 사회복지 수급권과 국민최저보장제의 미비(국민의 사회복지 수급권을 법률로 확실하게 보장하고 있지 않고, 국민최저 개념도 없다), 보편적 건강보험시스템과 함께 지방주의(particularism)와 가신주의(clientelism)를 특징으로 한다. 지방주의와 가신주의는 지중해 국가의 오래된 문화로서 특정한 집단이 정치와 사회적 자원의 배분에 강력한 영향력을 행사하는 현상을 말한다. 지방주의와 가신주의는 독일로 대표되는 보수적 복지국가와 가장 다른 점이다.

Bonoli(1997)는 Esping-Andersen의 탈상품화점수 접근방법 자체를 부정했다. 이유는 복지국가의 현실을 제대로 반영하지 못하고 있다는 것이다. 대신 그는 복지국가를 두 가지 차원의 비교적 단순한 계량적 지표, 즉 복지의 양과 사회복지 공급의 유형으로 분류했다. 사회복지 공급의 유형은 비스마르크 형과 베버리지 형이 있다. 비스마르크 사회정책은 사회보험에 기초해 있다. 기여 실적과 소득비례 급여를 특징으로 한다. 베버리지 사회정책은 보편주의 정액제 급여와 조세방식의 재정조달을 특징으로 한다. 이 두 유형은 목적도 상이하다. 비스마르크 사회정책은 소득유지가 목적이고, 베버리지 사회정책은 빈곤의 예방이 목적이다. 이러한 두 가지 차원, 즉 복지의 양과 복지공급을 범주화하기 위해 복지의 양적 측면은 GDP에서 차지하는 복지지출의 비율로, 비스마르크 공급과 베버리지 공급은 사회복지 재정수입 중 사회보험 기여금이 차지하는 비율로 구분했으며, 이 두 기준을 교차시켜 앵글로색슨 형, 대륙 형, 노르딕 형, 남유럽 형 복지국가로 분류했다.

앵글로색슨 복지국가는 GDP에서 차지하는 사회보험 기여금 비율과 복지지출 비율 모두 낮다. 시민 입장에서 보면 적게 내고 적게 받는 것이다. 영국과 아일랜드가 여기에 속한다. 대륙 복지국가는 기여금과 복지지출 비율 모두 높다. 많이 내고 많이 받는 것이다. 독일, 프랑스, 벨기에, 룩셈부르크, 네덜란드가 대륙 형 국가이다. 노르딕 복지국가는 기여금 비율은 낮고 복지지출 비율은 높다. 적게 내고 많이 받는 것이다. 스웨덴, 노르웨이, 핀란드, 덴마크와 같은 노르딕 국가가 여기에 포함된다. 남유럽 복지국가는 기여금 비율은 높고 복지지출 비율은 낮다. 많이 내는 데 비해 적게 받는다. 이탈리아, 스페인, 그리스, 포르투갈 등 남유럽 국가와 스위스가 여기에 속한다.

이러한 네 유형 중 세 가지는 Esping-Andersen의 것과 같다. 앵글로색슨 복지국가는 자유주의 복지체제, 대륙 복지국가는 코포라티스트 복지국가, 노르딕 복지국가는 사회민주주의 복지국가와 동일하다는 것이다.

Bonoli는 Esping-Andersen이 말한 남유럽 복지국가의 미성숙성에 동의했다. 남유럽 국가의 가톨릭 영향에 대해서도 동의했다. 그로 인해 코포라티즘과 전통적 가족주의가 복지국가에서 중요한 역할을 한다는 사실과 사회보험이 직업별로 분절되어 있다는 것에도 동의했다. 그러나 보수적 복지국가와 달리 남유럽 복지국가의 사회보험은 정규직(제도적 노동시장) 근로자는 관대하게 처우하지만, 비정규직, 제도권 밖의 근로자는 배제하는 이중성(traits of dualism)을 보이고 있다. 그리고 남유럽 복지국가는 개인과 가족을 위한 국민최저소득보장제도(national minimum income scheme)가 없다. 그러면서도 건강보험에서는 보편주의와 조세 재정 조달 시스템에 근접하려 노력하고 있다. 아직 조세로 재정을 조달하는 보건의료시스템을 갖춘 나라는 하나도 없지만, 국민보건서비스는 모든 국민을 적용대상(보편주의)으로 하고 있다.

한편 이들의 비판에 대해 Esping-Andersen(1999)은 자신은 특정한 시점에서 복지국가를 유형화했고, 이후의 변화까지는 고려하지는 않았다고 답하면서 보수주의 모델에서 남유럽 모델을 분리해 독자 모델로 하는 것을 인정했다. 아울러 그는 복지체제 분류기준으로 세 가지를 제시했다. ① 노동시장에서의 사회적 위험의 규제 정도 : 약한 규제, 중간 규제, 강한 규제. ② 복지국가의 유형 : 잔여적(residual) 복지국가, 보편적(universal) 복지국가, 사회보험형(social-insurance based) 복지국가. ③ 가족주의 국가(familialist countries)와 비가족주의 국가(non-familialist countries).

이상과 같이 남유럽 복지국가의 독자 유형을 주장하는 사람들의 견해를 살펴봤다. 이들의 주장에 담긴 남유럽 복지국가의 특징을 정리하면 다음과 같다. 남유럽 복지국가는 국가경제에서 농업의 비중이 높고, 가톨릭의 영향을 받아 전통적 가족주의가 강하며, 지중해 국가의 오랜 문화로서 특정한 집단이 정치와 사회적 자원의 배분에 강력한 영향력을 행사하는 지방주의와 가신주의가 강하고, 복지권과 국민최저 개념이 불분명하며, 사회보험에서 정규직과 비정규직의 차별이 있고, 보건의료시스템 수준이 낮다.

노동시장도 남유럽 복지국가의 특징에 포함시킬 수 있다. 노동시장의 유연성이 약하고, 근로자의 권익을 보호하는 법률이 있으며, 노조 조직률이 높다. 이런 이유로 임금격차가 그리 크지 않다. 아울러 비교적 관대한 국가연금이 있고, 조기퇴직제도 있으며, 공공부조 수준이 낮아 빈곤 완화 효과도 별로 없다.

〈표 7-3〉 유럽 복지국가 유형의 확장

저 자	유 형	기 준	특 징	국 가
Ferrera (1996)	앵글로색슨	자격기준, 재정구조, 조직구조, 로비	자산조사 공공부조, 믹스된 재정시스템	영국, 아일랜드
	비스마르크		고용과 가족 상태에 따른 복지 수급자격, 소득비례 급여, 기여금으로 재정 조달, 사회보험에 대한 강력한 노조와 사용자 조직의 영향력	독일, 프랑스, 벨기에, 룩셈부르크, 네덜란드, 오스트리아, 스위스
	스칸디나비아		전 국민 보편적 적용, 정부재정을 통한 관대한 급여	스웨덴, 덴마크, 노르웨이, 핀란드
	남유럽		사회집단별로 구분된 적용체계(고용상태에 따라 다름), 국민최저보장제 미비, 보편적 건강보험, 지방주의와 가신주의	이탈리아, 스페인, 그리스, 포르투갈
Boloni (1997)	앵글로색슨	GDP에서 차지하는 사회보험 기여금과 사회복지지출의 비율	기여금, 복지지출 모두 낮음	영국, 아일랜드
	대 륙		기여금, 복지지출 모두 높음	독일, 프랑스, 벨기에, 룩셈부르크, 네덜란드
	노르딕		기여금 낮고, 복지지출 높음	스웨덴, 노르웨이, 핀란드, 덴마크
	남유럽		기여금 높고, 복지지출 낮음	이탈리아, 스페인, 그리스, 포르투갈, 스위스

4 공산주의 이후 러시아 · 동유럽 복지모델

동유럽국가, 러시아, 구 소비에트 연방에서 독립한 국가 등 구 공산권 국가들은 서구 복지국가와는 전혀 다른 복지국가의 길을 걸었다. 공산주의 계획경제에서 시장경제로 이행한 이들 국가를 공산주의 이후 복지국가(the post-communist welfare state)라 한다.

공산주의 계획경제 시기 소련과 동유럽국가의 사회복지수준은 상당히 높았다. 공산주의 사회정책(communist social policies)은 상당한 수준(거의 모든)의 식품비와 임대료 보조, 완전고용, 상대적인 고임금, 무상의 보건의료, 교육 및 문화서비스를 포함했으며(Deacon, 2000), 사회보장은 공적연금, 보건의료서비스, 가족급여와 같은 세 개의 큰 기둥과 근로자 복지급여 및 소비자 보조와 같은 두 개의 큰 시스템으로 구성되었다(Fajth, 1999).

공산주의 사회보장의 가장 큰 특징은 국유기업의 사회복지 역할이다. 국유기업은 연금, 의료보험 등 사회보험의 재정을 모두 부담했다. 유급 육아휴직과 아동수당의 비용도 부담했으며, 다양한 현물급여, 예컨대 난방용 연료, 식료품(주로 빵), 무상교육, 무상의료, 주택, 유치원, 유급휴가(국유기업 소유 휴양소 이용) 등도 제공했다. 기업이 국가를 대신했다고 해도 과언이 아니다. 이런 점에서 기업은 근로자를 위한 하나의 마이크로 복지국가(a micro welfare state)였다(Teplova, 2007 : 314).

공산주의체제 붕괴 후 러시아와 동유럽국가들은 인플레, 실업, 빈곤 등 과거에는 경험하지 못했던 경제적 위기를 겪었다. 새 정부의 정당성은 이러한 위기를 극복하기 위해 사회복지정책을 얼마나 잘 개혁하느냐에 좌우되었다. 1990년대 중반부터 러시아와 모든 동유럽국가들은 새로운 사회복지정책을 구축하는 데 총력을 기울였다.

무엇보다 계획경제를 포기한 이상 정부의 재정지출을 최대한 줄여야 했다. 대대적인 민영화로 국유기업의 복지국가 역할도 더 이상 지속될 수 없었다. 공공부문에서 국가가 철수할 수밖에 없는 상황에서 사회복지개혁은 불가피했다. 나라별로 처지가 달랐지만 이들이 추진한 복지개혁의 기본 방향은 매우 유사했다. 그것은 민영화(privatization of provisions), 위기의 개인책임화(individualization of risks), 현물급여의 현금급여화(monetarization of access)로 요약된다. 그리하여 ① 사회보장 전반에 사회보험 원칙(기여금 분담으로 재정 조달)이 적용되었다. ② 사회보장 펀드가 국가재정으로부터 분리되었고, 연금펀드와 건강보험펀드도 분리되었으며, 사회보장시스템은 국가가 아니라 독립된 여러 공법상의 기구들이 관장하게 되었다. 제도적으로 다원화된 복지시스템(an institutionally pluralized welfare system)이 도입된 것이다. ③ 연금 부문에서 민영화와 급여의 분화(differentiation of benefits), 즉 부과방식연금과 적립방식 연금으로의 분화가 일어났다.[3] ④ 보건의료 분야에서는 분권화된 공공/민간 믹스체제(a decentralized public/private mix), 즉 공공의료와 민간의료가 공존하고, 정부와 민간이 재정을 분담하는 시스템이 구축되었다. ⑤ 가족수당이 삭감되고, 극빈층을 위한 공공부조가 신설되었으며, 공공부조에서 지방정부의 권한과 책임이 확대되었다(Cerami, 2007 : 20). ⑥ 사회적 케어 서비스의 민영화와 시장화가 이루어졌다. 사회복지서비스 영역에서 민간부문과 비영리조직도 생겨났다. 이런 개혁의 결과 동유럽국가의 복지시스템은 국가가 국민의 모든 사회적 욕구를 책임지는 사회주의적 보편주의복지에서 사회보험과 민영화가 핵심인 서구 복지국가와 유사한 형태로 변모했다.

그렇다면 러시아와 동유럽국가와 같은 구 공산권국가를 묶어 하나의 복지모델로 규정할 수 있을까? 공산주의 계획경제체제에서 자본주의적 시장경제로 이행했다는 것을 근거로 Deacon(2000)과 Ferge(2001)는 러시아와 동유럽국가를 공산주의 이후 복지모델로 분류했다. 하지만 이를 부정하는 사람도 있다(Rys, 2001). 동유럽국가의 복지개혁 이후 보건의료 부문의 유사성은 나타났지만 그렇다고 하나의 모델로 간주할 정도도 특별하지는 않다는 것이다.

러시아와 동유럽국가의 복지국가를 서구 복지국가와 차별화해 하나의 독립적인 복지모델로 규정하는 데 있어 가장 큰 장애는 구 공산권국가들이 단행한 복지개혁 이후의 모습이 서유럽 복지국가와 상당히 유사하다는 사실이다. 공산주의 이후 복지모델을 주장한 Deacon과 Ferge도 구 공산권 국가의 복지시스템이 유럽모델, 즉 Esping-Andersen이 말한 비스마르크 복지체제와 유사하다는 점을 인정했다. 구 공산주의국가들이 서구 복지국가와는 다른 경로를 거쳤지만, 결과적으로는 비슷한 상태에 도달했다는 것이다.

한편 Fenger(2007 : 23-25)는 공산주의 이후 복지모델에서 한 걸음 더 나아가 구 공산권 복지국가를 사회복지수준별로 세 가지로 유형화했다. 여기서 말하는 사회복지수준이란 보건의료, 교육, 사회복지지출(GDP 대비), 사회보험료, 세율, 불평등, 여성의 노동참여, 경제성장, 인플레, 영아사망률, 기대수명, 실업 등을 점수화한 사회

3) 헝가리, 폴란드, 불가리아는 World Bank의 권고에 따라 법정 민간연금시스템을 도입한 반면에 체코와 슬로베니아는 급진적인 개혁을 거부하고, 전통적인 부과방식연금을 고수하였다.

복지점수를 말한다.

첫째, 구 소비에트 형으로서 러시아, 벨로루시, 에스토니아, 라트비아, 리투아니아, 우크라이나 등 소비에트연방에서 분리된 국가들이 여기에 속한다. 사회복지점수가 보수주의적－코포라티스트 복지국가보다 낮다. 자원집약적·미숙련노동집약적인 전통적 산업의 비중이 높은 발트국가는 높은 수준의 불평등, 낮은 수준의 복지지출, 낮은 사회보험 적용 수준을 특징으로 한다.

둘째, 공산주의 이후 유럽형으로서 불가리아, 크로아티아, 체코, 헝가리, 폴란드, 슬로바키아 등 동유럽국가를 포함한다. 기본적으로 구 소비에트 형과 유사하다. 단, 경제성장과 인플레 상황, 사회복지 수준이 구 소비에트 형보다 양호하고, 평등지향적이다. 특히 자본집약적·기술집약적 산업 위주인 체코, 폴란드, 슬로바키아, 헝가리는 불평등 해소와 사회적 배제의 해소를 위해 구 공산권 국가 중에는 상대적으로 높은 사회복지 수준을 유지하고 있다.

셋째, 복지국가를 지향하는 발전도상 복지국가로서 조지아, 루마니아, 몰도바가 여기에 속한다. 사회복지 관련 지수가 가장 낮다. 영아사망률이 높고 평균수명이 가장 낮다.

〈표 7-4〉 공산주의 이후 러시아·동유럽 복지국가의 유형

유 형	국 가	내 용
구 소비에트형	러시아, 벨로루시, 에스토니아, 라트비아, 리투아니아, 우크라이나	사회복지점수가 보수주의적－코포라티스트 복지국가보다 낮다.
공산주의 이후 유럽형	불가리아, 크로아티아, 체코, 헝가리, 폴란드, 슬로바키아	기본적으로 구 소비에트 유형과 유사하다. 단, 경제성장과 인플레 상황, 사회복지 수준이 구 소비에트 유형보다 양호하고, 평등지향적이다.
발전도상 복지국가형	조지아, 루마니아, 몰도바	복지국가를 지향하는 국가로서 사회복지 관련 지수가 가장 낮다. 영아사망률이 높고 평균수명이 가장 낮다.

5 동아시아 복지모델

동아시아 복지모델(the east asian welfare model) 또는 유교 모델(the confucian model)은 1990년대 중반 일군의 복지국가 연구자들이 한국, 일본, 대만, 싱가포르, 중국 등 동아시아국가의 사회복지제도가 서구 복지국가와 상당히 다르다는 점에 착안하여 서구 중심의 복지국가 모델에 대한 하나의 대안적 패러다임으로 발전시킨 것이다(Jones, 1993; Midgley, 1995; Goodman and Peng, 1996; Holliday, 2000; Tang, 2000; Tang and Midgley, 2002). 동아시아 복지모델은 1980년대 이후 괄목할 만한 경제성장을 기록한 동아시아 네 마리 용(한국, 대만, 홍콩, 싱가포르)에 대한 세계적 관심과 관련이 있다.

동아시아 복지모델은 Esping-Andersen의 복지국가 유형에 대한 비판에서 출발한다. 동아시아 복지모델을 처음 명명한 Jones(1993)가 대표적이다. 그는 Esping-Andersen의 복지국가 유형이 동아시아국가에는 맞지 않다고 주장했다. 그에 의하면 동아시아 국가는 자유주의적이지 않고, 국가의 사회적 지침이 과도하며, 개인의 권리 개념이 약하고, 중산층에게 맞는 충분한 사회적 급여도 보장하지 않고 있다. 그리고 동아시아국가가 보수주의적이긴 하지만 보수주의적 유럽국가와 달리 사회복지정책의 결정에 근로자 참여가 별로 없고, 교회의 역할도 없으며, 평등 없는 연대성, 자유주의 없는 자유방임만 있을 뿐이다.

Jones는 동아시아 복지모델의 특징으로 경제제일주의(복지에 우선하는 경제), 유교, 가족주의를 꼽았다. 서구와 동아시아국가를 구별 짓는 가장 확실한 차이, 즉 서구에는 없고 동아시아국가에만 있는 것이 유교와 가족주의이다. 경제제일주의는 유교와 가족주의라는 유교문화에 발전국가전략(strategy of developmental state)이 합쳐진 결과(유교문화+발전국가전략=경제제일주의)이다.

유교문화가 동아시아 사회저변의 가치에 미친 영향은 자명하다. 일상생활과 관련된 주요 관념인 노인공경(효), 자기책임, 가족의 의무 등이 모두 유교문화에서 나온 것이다. 효 관념은 가족이 부모부양을 전담하게 만들었고, 자기책임의식은 자신의 문제를 스스로 해결하지 못하고 타인의 도움을 받는 것을 수치로 여기게 했으며, 가족의 의무 관념은 가장과 가족이 가족의 복지를 책임져야 한다는 가족주의를 낳았다.[4] 이런 관념들은 자조(self-help)와 쉽게 연결된다. 주지하듯 자조는 사회복지 권리의식과는 정반대의 위치에 있다. 유교문화는 정치에도 큰 영향을 미쳐 보수주의적·권위주의적 정치체제의 성립과 시민들을 이런 정치체제에 순치시키는 데 일조했다.

발전국가전략도 동아시아국가의 공통점이다. 발전국가전략이란 국가가 강력한 국가권력을 바탕으로 경제개발을 주도하고 사회복지를 경제성장의 전략으로 이용하는 것을 말한다. 좋은 예가 공적연금, 보건의료, 교육(직업교육 포함)이다. 연금은 적립금을 경제개발의 자금으로 활용하기 위해, 보건의료는 건강한 노동력을 유지하기 위해, 교육은 기업에 필요한 인력을 양성하기 위해 시행되었다. 게다가 사회복지는 정권의 정당성을 강화시키는 데도 유용했다(Midgley, 1995). 발전국가전략에 의해 동아시아국가의 사회복지는 다음과 같은 특성을 보인다. ① 정부는 적립방식의 사회보험을 선호한다. ② 정부가 사회보장펀드를 직접 관리한다. ③ 사회보장펀드에 적립된 자금을 사회 인프라 건설비용으로 전용한다. ④ 사회보험이 지역 및 직업 집단별로 엄격히 분리 운영된다. ⑤ 사회보험과 공공부조가 분리되어 있다. ⑥ 사회복지에서 가족의 책임을 강조한다. ⑦ 시장의 사회복지 역할은 제한적이다(White, 1998).

유교문화와 발전국가전략은 사회개발보다는 경제개발을 우선시하는 경제제일주의로 귀결되었다. 정부는 복지지출을 억제하기 위해 근로자복지를 기업의 직업복지로 전가하고, 가족의 복지역할을 강조했다(Ringen and Ngok, 2012 : 5). 그리하여 동아시아국가들은 기적이라고 일컬어질 정도로 괄목할 만한 경제성장을 이루었음에도 사회복지의 수준은 낮다. 경제성장에 비해 낮은 수준의 사회복지는 동아시아국가의 사회복지가 서구 복지국가에 비해 재정적으로 비용이 저렴하다는 사실을 의미하는데, 이를 사회적 덤핑정책(social dumping policies)이라 한다(White and Goodman, 1998).

4) 중국은 전통적으로 가족본위 사회였다. 봉건시대 국가권력은 개인보다는 가족을 통제했다(가훈, 가례, 가법 등). 가법에 따라 가장이 가족이나 노비를 처벌할 시 국가는 간여하지 않았다. 계획경제 시기 사회의 기본단위로 가족을 대신한 것이 단웨이(직장)였다. 봉건 중국이 가족을 기본단위로 했다면, 공산주의 중국은 직장을 기본단위로 했다.

1) 중 국

동아시아 복지모델이 처음 나왔을 때만 해도 중국은 예외였다. 자본주의적 경제사회발전을 이룬 아시아 네 마리 용 국가들과 계획경제에서 사회주의적 시장경제로 이행한 중국이 너무 달랐기 때문이다. 하지만 유교의 종주국인 중국을 제외한 동아시아 복지모델은 아무래도 이상했다. White(1998 : 186-187)가 제일 먼저 중국을 동아시아 복지모델에 포함시켰다. 그의 논거는 다음과 같다.

첫째, 가장 중요한 포인트로서 사회보험펀드를 경제발전을 위해 사용한다. 사회보장개혁을 통해 사회보험에서 이전의 부과체계를 없애고 보험료에 기반을 둔 재정, 즉 사회보험펀드를 운용하고 있으며, 국가의 역할도 직접적인 제공자(provider)에서 규제자(regulator)로 변신했다. 그럼에도 국가는 사회보험펀드의 관리운영을 주도하고 있고, 사회보험펀드의 돈을 지역경제개발자금으로 활용하고 있다.

둘째, 공공부조의 잔여적 역할이다. 공공부조의 재정 규모가 매우 제한적이고, 수급자 수도 인구에 비해 매우 적다.

셋째, 중국의 사회복지에 대한 접근방법은 실용주의적이고, 점진적이다. 서구 복지국가를 무조건 모방하는 게 아니라 중국의 실정에 맞는 복지국가를 추구하며, 사회복지 확대에 매우 신중하다.

그런데 이상과 같은 주장에는 문제가 있다. 상기 세 가지 특징 중 두 번째 공공부조의 잔여적 성격은 중국뿐만 아니라 거의 모든 국가에 공통된 것이다. 공공부조제도 자체가 선별주의를 가장 큰 특징으로 한다는 점에서 그렇다. 세 번째 실용적·점진적 접근도 중국의 특징이긴 하지만 중국'만'의 특징은 아니다. 우리나라도 건강보험과 국민연금을 대기업과 도시지역을 먼저 시행한 다음 점진적·단계적으로 중소기업과 농촌지역으로 확대한 바 있다. 독일, 영국, 미국 등 선진국도 사회보험을 시행 가능한 집단부터 시작했다(산업근로자 → 화이트칼라 → 자영업자 순으로 확대 적용).

결국 남는 것은 사회보험펀드를 경제발전 자금으로 활용한다는 발전국가전략이다. 발전국가주의는 동아시아 복지모델의 가장 큰 특징이다. 유교와 가족주의는 동아시아국가가 경제발전 수준에 비해 현저히 낮은 복지수준을 갖게 된 이유를 설명하는 변수이지 동아시아국가 사회복지시스템의 특징을 기술하는 요인은 아니다. 이에 비해 발전국가주의는 동아시아 복지모델의 특성을 기술하는 개념이다. 따라서 중국이 동아시아 복지모델에 속하는지 여부의 관건은 바로 이 발전국가전략에 있다.

중국이 발전국가인가? 덩샤오핑의 개혁개방 정책 이후 중국은 선부론(가능한 곳부터 성장 발전시켜 부유하게 만든 다음 후진지역, 가난한 지역으로 성장의 과실을 퍼지게 한다는 전략. 낙수효과 : trickle down effect)에 의거 경제발전을 최우선시하는 정책을 폈다. 그리고 신중한 사회복지정책, 낮은 수준의 복지비 지출 등 동아시아 발전국가와 유사한 것이 사실이다.

하지만 경제성장을 위해 사회복지를 도구로 이용한다는 것은 사실이 아니다. 양로연금이 그렇다. 단위체제 해체 후 정부는 기업으로부터 연금의 관리운영을 넘겨받아 보험료로 재정을 충당하는 베버리지 방식의 양로보험을 신설했다. 현재 양로보험의 펀드는 지방정부(시현 정부, 성 정부)가 관리하고 있다. 이 연금펀드의 자금을 경제발전의 자금으로 사용한다는 것이 발전국가주의의 핵심인데, 중국은 여기에 해당하지 않는다. 우선 대부분의 양로보험펀드가 재정에 애로를 겪고 있다. 사회보험개혁으로 많은 조기 퇴직자가 발생했고, 연금수급 연령(남자 60세, 여자 55세)이 상대적으로 낮아 연금수급자가 많기 때문이다. 완전적립방식인 개인계정에 적립된 돈을 양로연금(확정급여방식의 사회적 풀)의 적자 분을 보충하기 위해 전용하고 있는 시현 정부도 적지 않아 사회문제가 될 정도다. 요컨대 양로보험 펀드를 경제발전 자금으로 활용할 여유가 별로 없다는 것이다.

경제제일주의도 완전한 것은 아니다. 중국 정부가 사회복지 확대를 부담스러워하고 사회복지를 경제성장의 짐으로 여기는 것은 사실이다(Walker and Wong, 2009 : 6). 경제발전에 자본을 투입해야 하기 때문이다. 하지만 돈이 없어 복지를 못하는 것과 돈이 있어도 안 하는 것은 다르다. 서구 자본주의 국가들은 사회복지에 근본적으로 부정적이다. 과거의 자유방임주의, 현재의 신자유주의가 이를 대변한다. 하지만 중국정부는 공산당이 장악하고 있고, 주요 기간산업과 주요 기업이 여전히 국유기업이다. 그리고 정부가 적극적으로 근로자 임금개선에 의지를 보이고 있다. 양로보험과 의료보험의 전국 확대 적용과 사회부조 수급자 수의 확대에서 보듯이 사회복지의 확충에도 앞장서고 있다. 경제성장의 후유증으로 대량실업이 발생하고, 불평등이 심화되고, 빈민이 증가하자 사회복지를 정책의 후순위로 계속 미루기 어렵게 된 것이 이유이긴 하지만(Ringen and Ngok, 2012 : 20), 중국이 여전히 공산주의자들이 정치엘리트인 국가라는 사실에서 근본적인 이유를 찾을 수 있다. 공산주의자들은 자금여유가 없을 때는 어떨 수 없이 복지를 뒤로 미루고 경제를 최우선시 하지만, 여유가 있을 때는 복지를 위해 자금을 사용하는 데 주저하지 않는다. 그 무엇보다 공산당이 영도하는 정부의 정치적 정당성 강화가 중요하고, 복지는 정당성 확립에 반드시 필요한 사회안정에 매우 효과적이기 때문이다. 요약하면 공산주의자들에게 경제발전은 반드시 필요한 것이지만 최종 목표는 아니며, 경제발전을 통해 사회복지를 확대한다는 것, 즉 선 성장 후 분배는 전략적인 목표이며, 최종 목표는 사회주의적 복지국가의 달성에 있다.

중국은 쿠바, 미얀마, 북한, 베트남과 함께 잔존해 있는 5개 공산주의국가 중 하나이다. 공산당 엘리트가 통치하고 민주집중제와 공산당영도가 관철되고 있다는 점에서 정치적으로 독특하며, 사회주의 시장경제를 채택하고 있다는 점에서 경제적으로도 독특하다. 사회주의 시장경제는 사회주의 계획경제에 대응되는 개념이다. 계획경제 시기 중국은 생산수단의 공유와 노동에 따른 분배 원칙을 고수했다. 개혁개방 이후 계획경제는 포기되었지만 생산수단의 공유 원칙은 포기하지 않고 있다. 민영화로 사기업이 크게 증가했지만, 국가 기간산업의 국유기업체제는 그대로 유지하고 있다. 자본주의시장경제와 구분되는 사회주의시장경제의 근거는 공유제이다. 시장의 수요에 따라 생산하고 성과에 따라 배분한다는 점에서 중국의 국유기업도 여느 민간기업과 다를 바 없지만, 기업의 소유권은 국가에 있다. 그래서 중국은 국영기업이라는 용어 대신 국유기업이라는 용어를 일관되게 사용하고 있다. 러시아와 동유럽국가가 개혁 초기 '시장사회주의'라는 이름 아래 사회주의와 시장경제를 결합한 체제를 유지하다가 곧 국유기업을 대대적으로 처분해 민간기업체제로 전환한 것과 대비된다.

아시아개발은행은 중국을 보수적 복지체제(conservative welfare regime)로 규정한 바 있다(ADB, 2002). 국가가 사회복지의 확대에 매우 신중하고 복지를 체제안정의 수단으로 이용한다는 점에서 그렇다. 그리고 사회보장을 하되 최저생계비 수준을 넘지 않게 하고, 직업별로 사회보험을 나누고, 전통적인 국가온정주의(traditional state paternalism)로 사회복지 여러 제도들을 포괄하는 점에서도 중국은 보수주의체제이다.

동시에 자유주의 성격도 있다. 사회보험 관리운영과 재정에 대한 정부의 과도한 통제를 보면 자유주의모델이라 보기 힘들지만, 민간연금과 민간의료보험의 도입과 성장은 명백한 자유주의이다. 개혁개방 이후의 자유주의적 복지시스템은 계획경제 시기의 관대한 사회복지 잔재와 공존하고 있다. 도시근로자 양로보험에서 기업이 보험료의 대부분을 부담하는 동시에 강제저축제도인 개인계정을 신설한 것이 좋은 예이다. 이런 점을 들어 Ringen과 Ngok(2012 : 21)는 중국을 복지에의 열망과 실제에서 제한적이고 방어적인 분절된 자유주의－보수수의 하이브리드모넬(a fragmented liberal-conservative hybrid model)이라고 했다.

하이브리드모델은 중국의 복지체제가 계획경제 시기의 관대한 복지와 개혁개방 이후의 자유주의적 특성을 동시에 갖고 있다는 것을 잘 함축하고 있다는 점에서 설득력 있는 개념임에 틀림없다. 하지만 말 그대로 하이브리드, 즉 과거와 현재의 혼합이라는 것 그 이상도 이하도 아니라는 점에서 한계가 있다. 말하자면 단순한 혼합을 넘어 혼합되어 있음으로써 어떤 독특한 성격을 갖는가에 대한 규명이 필요하다는 것이다.

2) 일 본

일본의 복지국가 발전경로에는 두 가지 특징이 있다. 첫째, 일본 복지국가는 정당이 아니라 국가 관료제(state bureaucracy)가 주도했다(국가론). 정당들은 사회복지에 관한 일관된 정강을 제시한 적이 없다. 둘째, 국가의 사회복지 역할의 상당 부분을 기업과 가족이 대신했다. 일본정부는 사회복지의 가족책임을 장려했고, 기업은 정부를 대신해 아주 관대한 기업복지를 통해 종업원들의 복지를 책임졌다(Miyamoto, 2003 : 15).

일본에도 동아시아 복지모델의 특징인 낮은 복지비 지출(경제정책 우선), 분리주의(연금과 의료보험에서 수급자의 분리 관리), 가족주의 등이 있는 건 사실이다. 그러나 일본 복지국가는 동아시아국가들에 비해 훨씬 일찍 시작되었고 1960년대에 이미 보편주의 연금과 의료보험을 달성했다(반면에 동아시아국가 중 가장 앞선 한국은 1990년대 후반에 이를 달성). 그리고 복지비지출 규모가 서구 복지국가에 비해서는 작지만 동아시아국가에 비해서는 현저히 많다(한국과 대만의 사회보장지출비는 GDP의 10% 정도. 일본은 18%). 요약하면 복지국가 유형론에서 가장 중시되는 사회보장 수급자 비율(보편주의)과 사회보장비지출 비중에 비춰보면 일본은 선진 복지국가와 동아시아 발전국가의 중간에 위치한다(Miyamoto, 2003 : 16-17).

일본 복지국가는 사회정책의 확장과 축소를 오갔다. 확장의 주요 이유는 가족주의의 후퇴이다. 전통적으로 일본정부는 복지병을 회피한다는 명분을 앞세워 사회복지의 가족책임을 장려해 왔다. 그러나 산업화와 핵가족화로 가족의 노인부양기능이 저하되고 여성들의 노동시장 진출로 자녀부양기능도 약화되자 이를 정부가 노인복지와 보육정책과 같은 사회복지서비스를 통해 떠안게 되었기 때문이다.[5] 사회정책의 후퇴는 후기산업화와 글로벌화와 관계가 있다. 글로벌 경기후퇴와 일본의 장기침체로 정부의 경제적 역량이 현저히 감소되어 사회복지부문의 축소가 불가피했던 것이다.[6] 그리고 일본 사회복지의 특징 중 하나였던 관대한 기업복지[7]도 경기후퇴로 축소되었다. 단, 일본은 다른 동아시아국가와 달리 사회복지의 축소가 매우 완만하게 진행되었다(Miyamoto, 2003 : 21-22). 그러나 일본의 고령화 심화(65세 이상 노인인구 비율 25%)로 인한 공적연금의 적자와 의료보험 적자(노인 의료비 증가로 인한)로 사회보장비지출 상승은 피할 수 없는 부담이다.

---

5) 가족주의로 국가복지를 대체하기가 불가능하다는 사실을 정부가 깨달았다. 그리하여 1970년대 중반부터 복지비지출이 증가했다.

6) 신자유주의 영향을 받은 일본정부는 국가경쟁력 강화를 위해 사회복지지출을 억제했다. 1980년대 들어 공적연금, 공공부조, 보육사업에 대한 정부지원이 삭감되었다.

7) 일본의 수준 높은 기업복지(평생고용제도가 핵심)는 국가복지의 상당 부분을 대체했다.

3) 동아시아 복지모델의 한계

동아시아 복지모델은 동아시아국가의 사회복지가 서구 복지국가와 다르다는 것을 부각시키는 데는 비교적 성공했다. 하지만 완벽하다고 보기는 어렵다. 왜냐하면 다음과 같은 다소 심각한 문제점을 갖고 있기 때문이다.

첫째, 동아시아 복지모델은 이행기에 맞는 것이다. 다시 말해, 동아시아 복지모델은 항구적인 것이 아니라 경제발전의 초기, 경제도약기(take-off)에 나타나는 한시적인 현상이라는 것이다. 우리나라가 좋은 예이다. 권위주의 시기 한국은 '선 성장 후 분배'(경제제일주의)의 발전국가전략을 채택했지만 경제발전과 민주화 이후 사회복지는 경제에의 예속성에서 탈피해 독자적인 논리를 갖게 되었으며, 국가는 경제사회적 규제자에서 보편주의 복지의 제공자로 변신했다. 발전국가에서 벗어나 정상적인 복지국가의 길로 나아가게 된 것이다(Ringen and Ngok, 2012 : 6).

둘째, 동아시아 복지모델의 주요 특징인 가족주의는 유교적 전통을 공유하는 동아시아국가만의 전유물이 아니다. 가족주의는 다른 나라에도 있는 현상이다. 남유럽국가들이 그렇다. 이탈리아, 스페인, 그리스 등 남유럽국가들에는 가장이 가족의 생계와 복지를 책임져야 한다는 가족주의 전통이 강하게 남아 있다.[8)]

셋째, 동아시아인의 의식에 영향을 준 전통사상은 유교만이 아니다. 법가(法家)와 도가(道家)도 있다(양쯔강, 2005 : 192-193). 법가와 도가는 유교와 마찬가지로 사회복지에 부정적인 영향을 주었다. 군주는 법에 따라 권력을 통제하고 나라와 백성을 다스리는 권모술수에 능숙해야 한다는 것으로 요약되는 법가는 진시황제가 통치이념으로 삼은 후 중국의 역대 황제들이 답습하였다. 법가사상은 황제와 관료들이 백성을 다스리는 데 매우 유용했다. 법가는 시민권에 입각한 복지국가와 잘 어울리지 않는다. 법의 합리성을 떠나 무조건 지켜야 한다는 관념은 시민의 권리의식을 약화시키기 때문이다. 도가사상도 복지국가와 거리가 멀다. 도가의 핵심은 무위(無爲)의

---

8) 김연명(2013)은 남유럽 복지국가가 우리나라와 매우 유사하다고 하면서 그 근거로 가족으로의 사회복지 책임전가(가족주의), 높은 자영업자 비율, 대규모 비공식부문의 존재, 비정규직의 급격한 확대를 지적했다. 한편 최근 남유럽국가들의 경제위기로 인해 가족의 전통적인 보호기능이 현저히 약화되고 있다는 지적이 있다(정창률 외, 2015 : 165). 한국, 중국, 홍콩 등 동아시아국가에서도 가족의 전통적인 복지기능이 약화되고 대신 국가의 복지기능이 확대(사회보장제도의 적용확대)되었다.

통치사상인데, 국가불개입주의나 자유방임과 쉽게 연결된다. 요컨대 유교의 가족주의와 개인의 책임의식, 법가의 반 권리의식, 도가의 자유방임주의는 복지의식(welfare consciousness)의 성숙을 가로막았으며, 정부가 경제제일주의를 밀어붙일 수 있는 환경을 조성하는 데 일조했다.

넷째, 경제제일주의가 동아시아국가의 공통점이긴 하지만 동아시아국가에서만 나타나는 현상은 아니다. 오일쇼크 후 서구 복지국가가 신자유주의 아래 체계적으로 후퇴한 것에서 보듯이 서구 복지국가도 복지와 경제가 대립할 때 기꺼이 복지를 포기한다. 세계 최고수준의 복지를 자랑하고 복지와 경제 간의 강력한 연관관계를 가진 스칸디나비아국가조차도 사회복지지출이 생산에 부담을 주는 것으로 보고 있다. 경제와 복지의 경합관계, 복지의 경제에의 예속관계, 경제에 부담을 주는 복지는 동아시아국가의 전유물이 아니라 선진 복지국가에도 관철되는 보편적인 것이다(Walker and Wong, 2009 : 6).

다섯째, 동아시아국가 내에서도 상당한 편차가 존재한다. 앞서 살펴보았듯이 중국, 홍콩, 일본을 동아시아 복지모델로 규정하는 데는 상당한 무리가 있다. 이미 선진 자본주의국가로 자리 잡은 지 오래된 일본, 신흥 자본주의국가를 거쳐 선진 자본주의국가에 진입한 싱가포르, 그리고 그 문턱에 와 있는 한국과 대만 등 선진 동아시아 자본주의국가와 사회주의 국가로서 시장경제를 도입한 중국을 하나의 개념으로 묶을 수 있는지는 의문이다.

동아시아 복지모델

동아시아 복지모델의 특징은 경제제일주의(복지에 우선하는 경제), 유교, 가족주의이다. 서구와 동아시아국가를 구별 짓는 가장 확실한 차이는 유교와 가족주의이다. 경제제일주의는 유교와 가족주의라는 유교문화에 발전국가전략이 합쳐진 결과(유교문화 + 발전국가전략 = 경제제일주의)이다. 발전국가전략이란 국가가 강력한 국가권력을 바탕으로 경제개발을 주도하고 사회복지를 경제성장의 전략으로 이용하는 것을 말한다. 한국, 대만, 일본, 싱가포르, 중국 등을 포함한다.

6 스웨덴 복지국가

스웨덴은 1930년에 개최된 스톡홀름 만국박람회를 통해 스웨덴의 사회민주주의가 평화적이고 안전하며 번영을 구가한다는 것을 전 세계에 알렸다. 2차 세계대전에서는 중립국으로 남아 전쟁으로 인한 경제적 피해를 거의 입지 않았다. 복지국가의 선두주자 영국이 주춤하는 사이 스웨덴이 복지국가의 새로운 모델로 등장했다.

1) 조세방식 연금

일반적으로 사회복지학자들은 사회보험방식보다는 조세방식을 더 진보적이라고 생각한다. 조세방식의 사회복지가 수혜자 부담이 없을 뿐만 아니라 조세가 보험 갹출료보다 더 누진적이기 때문이다. 스웨덴을 포함한 노르딕 복지국가는 복지재정의 상당 부분을 조세에 의존한다. 노르딕 복지국가가 서유럽 복지국가를 제치고 세계 최고의 복지국가로 평가받는 주요 이유가 여기에 있다.

스웨덴의 조세방식 사회복지는 1913년 무갹출연금, 즉 가입자들의 보험료 없이 정부 예산으로 재정을 조달하는 연금으로 소급된다. 당시 스웨덴의 정치지형은 노동자계급의 이익을 대변한 사회민주당과 농민의 이익을 대변한 농민당이 대립하는 양상이었다.[9] 산업화가 충분히 이루어지지 않아 농민층의 분해가 덜 했고, 농장주로서 사용자의 지위(중간계급)에 있었던 농민들의 수가 많아 농민당의 힘이 강했다. 스웨덴 조세방식 연금은 인류 복지라는 진보적 관념의 산물이 아니라 이런 정치지형, 구체적으로 말해 농민의 이기적 요구가 관철된 결과였다.

사회보험방식, 즉 노동자와 사용자가 재정을 분담하는 갹출제 사회보험은 당시 농민들의 이익에 부합되지 않았다. 왜냐하면 노동집약적인 중소규모 농장주로서

9) 스웨덴 최초의 정당은 1889년에 결성된 사회민주당(사민당)이다. 19세기 말에는 사민당과 농민당이 양강 구도를 이루었다. 이후 사민당, 중앙당(구 농민당), 자유인민당, 온건당(구 보수당), 좌익당(구 공산당)의 5개 정당이 경쟁하는 다당제가 되었고, 사민당이 단독 집권하거나 우파 정당들이 연정을 구성해 정권교체에 성공하곤 했다. 2006년 이후 지지율 하락으로 사민당 단독집권이 불가능해지면서 사민당, 좌익당, 환경당이 연대한 진보파와 보수당, 자유당, 기독민주당이 연대한 우파 정당연합(중간계급 정당들)이 번갈아가면서 집권하고 있다. 사민당은 실용주의와 의회주의를 지향하고 자본주의 경제 원리와 사회주의 분배 원리를 조화시킨 중도노선을 걷고 있다.

농업노동자를 고용하고 있었던 농민들에게 사회보험 보험료는 경제적으로 상당한 부담이 되었기 때문이다. 이에 비해 조세방식은 부담이 없었다. 게다가 조세는 주로 도시 상공업자와 공업 노동자가 부담하고 있었기 때문에 조세방식은 사회복지 재정부담을 이들에게 전가하는 것이었다.

농민당은 이들의 이익을 대변하여 조세방식의 무갹출연금을 주장했다. 사민당은 조세방식 연금을 찬성하는 입장과 반대하는 입장으로 나뉘었다. 조세방식을 반대한 사람들은 독일식 사회보험방식이 노동자계급을 위한 것이라고 믿었고, 조세방식을 찬성한 사람들은 사민당이 노동자계급뿐만 아니라 모든 피억압자의 당이 되어야 한다고 믿었다. 결국 다수 농민들의 정치적 힘이 관철되어 무갹출연금이 승리하였다.[10] 이렇게 시작된 스웨덴 조세방식 연금은 1946년에 자산조사를 폐지하고 부유층으로까지 그 대상을 확대함으로써 명실상부한 보편주의 제도로 자리 잡았다(덴마크는 1964년).

그러나 1950년대 이후 산업화가 더욱 진전되면서 농민보다는 도시 노동자의 수가 증대하고 또 이들의 힘이 강해지자, 사회복지정책에서도 농민보다는 도시 노동자의 입장이 더 큰 비중을 차지하게 되었다. 이로써 스웨덴 사회복지정책도 보편주의 모델에서 탈피하여 비스마르크 사회보험을 닮아갈 수밖에 없었다. 근로자만을 대상으로 하면서(자영업자는 임의가입) 급여를 소득에 연계시킨 1958년 스웨덴 소득비례연금이 대표적인 예이다. 이 소득비례연금은 적용대상에서 농민을 배제시켜 농민의 반발을 샀고, 결국 농민당과 사민당 연정(1932년 총선 이후 수립)에서 농민당이 이탈하는 사태를 야기했다(Baldwin, 1990).

---

10) 노르딕 국가 중 조세방식연금을 가장 먼저 실시한 나라는 덴마크였다. 덴마크는 상당히 이른 1891년에 무갹출연금을 도입하였다. 당시 덴마크의 정치적 상황은 스웨덴과 매우 유사했다. 농민의 계급적 이익을 대변한 자유당은 조세방식의 연금을 주장했고, 왕당파 관료, 도시 전문직, 제조업 계급, 귀족적 토지 소유자의 정당인 보수당은 각출제 사회보험방식을 원했다. 보수당은 사용자인 농민들이 피용자인 농업노동자들의 노령과 장애에 대한 보장의 책임이 있다고 간주하여 각출제가 유일한 해결책이라고 생각했다. 좌파인 사민당은 조세방식을 지지했다. 노동자 임금은 불충분하고, 노동의 권리도 보장되어 있지 않은 상황에서 노동자가 궁핍에 직면했을 때 국가가 무조건적으로 하나의 권리로 원조해야 한다고 생각한 것이다. 또 농민이 원하는 조세방식을 지지함으로써 농민의 지지를 얻을 수 있다고도 생각했다(당세 확장). 이처럼 자유당과 사민당이 무갹출연금을 지지함으로써 1891년의 연금은 사회보험방식이 아닌 조세방식으로 결정되었다(연금수급자는 도덕적으로 건전하고 욕구가 있는 60세 이상 노인, 재정은 중앙정부와 지방정부가 반분)(Baldwin, 1990).

2) 살쯔요바덴 협약

1931년 스웨덴 탄광 도시 아달렌에서 노동자와 정부가 유혈 충돌했다. 시위대에 군이 발포하여 5명의 노동자가 사망했다. 노조(LO)는 사용자단체(SAF)와 협상 중지를 선언했고, 노사갈등이 고조되었다. 경제위기도 왔다. 1931~1933년 사이 실업률이 10.9%에서 20.8%로 증가했다. 사용자단체는 실업률 증가를 고임금 때문이라고 주장했다. 노조는 기업 경영의 실패를 주장하며 국가의 규제를 요구했다. 파업도 1930년 약 백만 근로일수 상실에서 1933년 3백만 일로 증가했다.

1933년 의회는 노조가 요구하는 실업보험을 과감하게 받아들였다. 재정은 정부가 부담하고 운영은 노조가 하는 방식이었다. 사민당은 국회 입법을 위해 농민당과 연대했다. 농민들은 농산물 가격 하락과 경쟁 심화로 고통을 받고 있었다. 사민당은 농민을 위해 농산물 가격 유지에 동의했고, 농민당은 사민당이 원하는 실업보험 도입에 찬성했다.

노조, 사용자, 정부 삼자 간 합의도 이루어졌다. 노사정 합의정신은 1938년 파업의 중지와 노동시장의 평화를 위한 '살쯔요바덴 협약'(Saltsjöbaden-Agreement)으로 이어졌다. 동 협약은 생산 관련 결정은 기업 경영자에게 일임하되 국가와 노조가 정책 결정 환경을 통제하는 시스템을 만들자는 것이 핵심이었다. 이에 따라 단체협상을 통한 실질임금의 보장, 완전고용 및 소득재분배를 지향하는 사회복지정책에 합의했다. 이런 합의는 2차 세계대전 후 높은 수준의 복지국가를 건설하는 데 결정적으로 기여했으며, 스웨덴 모델의 기초가 되었다.[11]

3) 2차 세계대전 후의 호황과 케인스주의

1945년 2차 세계대전이 종전되었다. 전시 중립국 스웨덴은 인프라의 파괴와 노동력 손상 없이 전후 경제발전에 임했던 유일한 나라였다. 전시 피해가 거의 없는

11) 자본이 노동과의 이런 합의에 응한 가장 큰 이유는 강력한 노동세력의 존재 때문이었다. 노동세력의 힘이 강화된 가장 큰 요인은 사민당과 농민당의 연대에 있었다. 1932년 총선에서 다수당이 된 사민당은 농업관세와 농업보조금과 같은 농민당의 요구를 수용함으로써 사민당-농민당 연정을 탄생시켰다. 이런 상황에서 스웨덴 노조는 자본과의 소모적인 직접 대립보다는 협상을 통해 자신들의 요구를 관철시킬 수 있다고 판단했고, 자본 역시 강화된 노동세력을 힘으로 누를 수 없다고 생각하였다(김영순, 1998 : 98).

상황에서 전후 유럽 각국의 복구사업 수요에 힘입어 스웨덴의 수출이 크게 증가했다. 전후 유럽의 장기간의 호황국면도 수출 증대에 기여했다. 특히 유럽의 건설부문이 호황을 이루면서 공산품, 목재, 철광석 수출이 증가하였다. 수출은 스웨덴 경제발전의 밑거름이 되었다. 1960~1965년 GDP 성장률이 연평균 5.3%를 기록했다. 노동 생산성도 매년 5.6% 증가했고, 실업률은 2% 이하로 감소했다. 인플레도 발생하지 않았다.

전시 거국정부가 해체되고 들어선 사민당 정부는 모든 가정이 자신의 집을 소유하는 주택정책을 시작했다. 전시에 도입되었던 고율의 누진세제가 전후 스웨덴 정부의 재정에 큰 도움이 되었다. 1946년에는 연금이 노후생활에 충분할 정도로 인상되었다. 출산율 제고(1930년대부터 출산율 감소 추세)를 위해 무상급식과 자녀수당(모든 가족 대상, 소득과 무관)도 도입되었다. 1950년에는 9년제 보통교육이 실시되었고, 1951년에는 법정 휴일이 연간 2주에서 3주로 늘어났다. 1950년대에는 자녀수당이 인상되었고, 주당 근로시간이 48시간에서 45시간으로 줄었다.

경제적 상황이 양호한 가운데 1951년 스웨덴 복지국가의 초석이 된 '렌－메이드네르 모델(Rehn-Meidner model)'이 등장했다. 경제학자 Rehn과 Meidner가 창안한 렌－메이드네르 모델은 수요관리에 중점을 둔 케인스주의 경제관리방식을 넘어 수요와 공급을 보다 포괄적으로 관리하는 것이 핵심이었다. 그리고 이 모델은 네 가지 주요 정책, 즉 ① 제한적 재정정책(수익성이 현저히 낮은 한계기업의 도태 인정), ② 동일노동・동일 임금 정책(고임금 기업의 임금 상승을 억제), ③ 적극적 노동시장정책(통상적인 실업억제정책 이외에 직업훈련과 재훈련에 대한 정부 보조나 노동자의 이동성 증대를 통한 일자리 보장 등을 포함), ④ 높은 수준의 사회복지정책(임금 억제 대신 보장)을 권고했다. 스웨덴 정부는 렌－메이드네르 모델을 수용했다. 이에 따라 임금 억제와 이윤율 압박을 추구함으로써 케인스주의 경제정책의 고질적 문제점인 인플레를 방지하는 동시에 기업 혁신과 생산성 증대를 강제하는 효과를 거둘 수 있었다. 즉, 성장・고용・복지를 동시에 달성할 수 있었던 것이다. 이로써 스웨덴 복지국가는 영국식 '요람에서 무덤까지'를 뛰어넘어 '태내에서 천국까지'의 수준 높고 관대한 복지국가를 자랑할 수 있게 되었다(김영순, 1998 : 106).

1950년대와 1960년대는 케인스주의가 주류였다. 케인스주의에 따라 경제정책의 목표가 상향조정되었다. 노동시장의 확장으로 공공부문이 증가하고 투자가 증가하였다. 완전고용에 도달했고, 전 국민 건강보험도 달성되었다. 높은 성장이 공공부문과 민간의 소비 모두 확장시켰고, 시장경제와 계획경제의 혼합경제가 가능해졌다.

1960년대가 되자 스웨덴은 세계 최고 부자국가가 되었다. 1인당 GDP가 세계 1위로 부상한 것이다. 1960년대 초에는 사민당과 공산당 연정이 수립되었다. 두 당은 좋은 교육, 보건의료, 노인 소득보장, 높은 삶의 기준을 위해 강한 정부가 필요하고, 공공부문의 확장 없이는 이런 것들이 불가능하다고 확신했다. 사민당의 최우선 정책은 주택정책이었다. 매년 10만 채의 신규주택이 10년 동안 건설되었다.

4) 신자유주의

1970년대 들어 1960년대의 모순이 드러났다. GDP 성장률이 반 토막이 났다. 생산성이 정체되고, 산업도 성장을 멈추었다. 1982년 생산은 10년 전보다 줄어들었다. 대부분의 유럽 국가들이 경제위기에 직면했다. 유럽 각국은 미국으로부터 수입은 늘린 대신 스웨덴으로부터의 수입은 줄였다. 또한 유럽 각국은 새로운 기술로 성장하고 경쟁력을 강화시켰다. 이는 스웨덴 경제에 불리하게 작용하였다.

1970년대 경제위기는 오일쇼크와 이로 인한 스태그플레이션이 원인이었다. 스웨덴은 이를 일시적 위기로 생각했다. 그러면서도 경제정책의 초점을 민간 수요 진작과 이를 통한 성장 촉진과 실업률 감소에 두었다.

1976년 44년 만에 처음으로 사민당을 제치고 우파 정당연합(중간계급 정당연합)이 집권했다. 하지만 큰 변화는 없었다. 1970년대 경제위기는 1980년대에도 지속되었다. 1981, 1982년 스웨덴 크로나 가치가 10%나 절하되었다(이후 16%까지 절하). 1982년 사민당으로 정권교체가 되었다. 사민당 정부는 가격을 동결하고, 노조에 임금 인상을 하지 않겠다고 통보했다. 스웨덴 제품의 가격 경쟁력이 국제시장에서 약화된 것에 따른 조치였다. 정부는 많은 반대에도 근로자펀드를 신설했다. 각 기업들은 영업이익의 일부를 근로자펀드에 의무적으로 출연했다. 펀드 운영은 노조가 맡았다.

1980년대 중반 상황이 다소 개선되었다. 실업률과 인플레가 완화되었다. 스웨덴 기업의 국제 경쟁력도 나아졌다. 1990~1991년 스웨덴의 금리 수준은 세계 최고였다. 이로써 조세개혁이 가능해졌다. 소득세가 인하되고 부가가치세가 인상되었다. 1980년대 말이 되자 스웨덴 은행과 경제가 다소 호전되었다. 하지만 이는 일시적 착시에 불과했다. 해외에서의 스웨덴 제품 수요가 감소하고, 인플레도 재발했다. 정부는 6주 유급휴가 약속을 취소했다.

1991년 우파 정당연합이 재집권했다. 우파 연정은 민영화와 감세를 약속했다. 민영화 방침에도 불구하고 위기에 빠진 은행을 정부는 재정적으로 지원했다. 1992~1993년 경제위기가 더욱 심화되었다. 실업률이 10%에 달했다. 이는 1930년대 이후 최고의 실업률이었다. 1992년 스웨덴 크로나 가치가 더 떨어졌고, 국가 채무도 증가했다(1990년대 초 GNP의 80%). 국민 생활수준이 20년 전으로 후퇴했다.

1990년대 중반 상황이 약간 호전되었다. 1994년 사민당이 재집권했다. 사민당 정부는 국가 채무 감소와 인플레 억제를 위해 노력했다. 2006년부터 경제가 회복되었다. 실업이 감소하고 국가 재정이 안정되었다. 수출도 개선되었다.

5) 복지국가 비판

1980년 신자유주의 득세 이후 우파 정치로비스트는 물론 싱크탱크와 OECD 같은 공식기관에 포진한 신자유주의자들은 지속적으로 복지국가를 비판했다. 주 타깃은 스웨덴이었다. 이들은 스웨덴 복지국가의 지속가능성에 끊임없이 의문을 제기하면서 과도한 복지가 경제성장을 제약하고, 시민의 복지의존성(welfare dependency)을 키운다고 공격했다.

스웨덴 복지국가에 대한 신자유주의자의 비판은 스웨덴 경제학자 J. Munkhammar (2005)가 자신의 저서 『유럽의 여명 : 사회적 모델 이후』(European Dawn : After the Social Model)에서 한 다음과 같은 말에 요약되어 있다.

> "유럽의 사회적 모델(social model)은 문제가 있다. 고율의 세금은 성장을 저해한다. 노동시장 규제는 실업률을 높인다. 고복지는 수급자의 국가의존성을 키운다. 정부독점 복지전달체계는 비용은 높이고 질은 낮춘다. 정부가 커지면 시민의 자유는 제약을 받는다. 사회적 모델은 첫 단추부터 잘못 꿰었다. 서유럽의 세금은 1950년 20%에서 1980년 40~50%로 증가했다. 이런 문제를 해결하기 위해서는 세금을 낮추고 자유노동시장을 만들어야 한다. 사회서비스와 사회보장은 민영화되어야 한다. 정부 사이즈를 줄이는 것이 새 유럽의 여명이다. 세금을 낮추면 성장이 촉진된다. 그러면 좋은 일자리가 늘어난다. 국가의존성이 줄어들고 자유가 신장된다."

M. D. Vlieghere(2006)도 Mullally와 O'Brien이 편집한 『유럽의 사회적 모델을 넘어』(Beyond the European Social Model)에 기고한 글에서 Munkhammar와 같은 주장을 했다. 그는 스칸디나비아 국가의 잘못을 지적하며, 유연한 노동시장, 감세, 정부 재정지출 축소와 같은 보다 시장지향적인 개혁(more market-oriented reform)을 촉구했다. 그는 스웨덴과 아일랜드를 비교했다. 스웨덴은 1975년 세계 4위의 부자국가에서 2005년 14위로 추락한 반면 아일랜드는 같은 기간에 22위에서 4위로 급상승했다. 1981년 이후 스웨덴은 민간부문에서 신규 일자리가 창출되지 않았지만, 아일랜드는 민간 일자리가 56%나 증가했다. 스웨덴과 달리 아일랜드는 담세율이 매우 낮고, 세금이 이윤·노동이 아니라 주로 소비에 부과되었다.[12)]

과도한 사회복지가 경제성장을 제한한다는 스웨덴 복지국가에 대한 회의와 비판은 신자유주의자들에 의해 국제적으로 유포되었을 뿐만 아니라 스웨덴 일반 대중의 토론이나 심지어 노동운동계에서도 나타났다. 골수 좌파만이 맹목적으로 스웨덴 복지국가를 옹호했다. 하지만 비현실적이고 유토피아적인 관점으로 치부되었을 뿐이었다.

그렇다면 스웨덴 복지국가가 과연 경제성장을 저해하고, 복지의존성을 키웠을까? 이에 대해 스웨덴 말뫼대학 사회사업학 교수인 Ankarloo(2009)는 복지비 지출이 과도하다는 우파의 주장은 객관적이고 과학적인 탐구의 결과가 아니라 신화와 도그마에 불과하다고 비판하였다.

---

12) 하지만 스웨덴과 아일랜드를 비교한 것은 설득력이 없었다. 2008년에 발생한 아일랜드 경제위기 때문이다. 아일랜드는 2008년 마이너스 경제성장률을 기록했고, 2009년에는 GDP가 7.6%나 감소했다. 원인은 국제금융위기, 은행의 무분별한 대출형태, 부동산 건설시장 붕괴 등 복합적이었다. 결국 아일랜드는 2011년 IMF 구제금융을 받았다.

6) 노르딕 복지국가의 전망

노르딕 국가도 계속되는 경기침체 국면에서 신자유주의에서 자유로울 수 없었다. 모든 노르딕 국가가 경제적 개혁에 나섰다. 덴마크는 1970년대 후반에, 노르웨이는 1980년대 들어 개혁에 착수했다. 스웨덴과 핀란드는 1990년대 초에 경제위기(인플레와 통화가치 절하)에 대응하기 위해 금융시장에 대한 규제를 완화하고, 통화 가치 유지를 위해 금리를 인상했다. 그럼에도 GDP 감소와 실업률 급증과 함께 경기후퇴가 심화되었고 은행위기가 왔다.

노르딕 국가는 사회복지개혁에도 나섰다. 공공부조 수급조건으로 직업훈련과 적극적 근로참여를 요구하는 등 복지정책에 근로유인을 강화했다. 노사협력도 강화되었다. 그러나 비정규직, 경쟁, 민영화, 조세(감세와 증세) 문제를 놓고 좌파와 우파 간의 이견이 컸고, 교육과 보건의료 부문에서의 시장 메커니즘의 확대에 대해서도 좌우는 대립했다.

1992년부터 노르딕 국가의 경제는 조금씩 회복되기 시작해 2000년대 중반 이후 경제위기에서 어느 정도 벗어났다. 노르딕 국가는 1980년대와 1990년대의 경제위기를 경제시스템을 개혁하는 기회로 삼았다. 개혁의 초점을 경제시스템의 유연화에 두었다. 노르딕 국가의 개혁은 성공적인 위기관리 사례로 평가받았다. 복지국가의 틀도 견지했다.[13)]

거의 모든 국가가 글로벌 경제위기에서 벗어나지 못하고 있는 현재 노르딕 국가는 세계 최고 수준의 삶의 질을 유지하고 있다. 사회복지와 평등의 수준도 여전히 세계 최고이다. 노르딕 국가의 보편적 복지는 좋은 경제, 수준 높은 경제, 꾸준한 성장과 동행하고 있다. 돈과 정의가 공존하고 있는 것이다.

한편 스톡홀름에 본부를 두고 노르딕 5개 국가의 사회복지 전문가들이 모여 노르딕 복지국가를 연구하는 '복지와 사회적 이슈를 위한 노르딕센터'(the Nordic Centre

13) 이런 사실은 1990년대 후반 노르딕 전문가들이 위기에 직면한 노르딕 복지국가를 여러 분야로 나눠 분석한 끝에 내린 결론, 즉 "노르딕 모델은 제도, 문화, 시민의 일상생활에 굳건하게 뿌리를 내려 정치적 상황의 변화에 영향을 별로 받지 않는다"(Kautto et al. eds., 1999 : 272)는 것과 노르딕 복지국가가 경제위기, 노동시장과 가족구조의 변화 등 경제사회적 변화에 다른 나라보다 적응능력이 뛰어나다는 분석결과에서 확인할 수 있다(Kautto et al. eds., 2001 : 271).

for Welfare and Social Issues, Norden)는 노르딕 모델에 대한 신뢰[14)]와 함께 노르딕 복지국가의 앞날을 다음과 같이 낙관적으로 전망하였다(Norden, 2013 : 94).

> "노르딕 복지모델은 호박벌(bumblebee)에 비유할 수 있다. 호박벌은 몸체에 비해 날개가 작아 날 수 없을 것같이 보인다. 하지만 여전히 잘 난다. 노르딕 모델도 이와 같다. 높은 담세율과 덩치 큰 공공부문은 장기적으로 지속될 것 같지 않다. 하지만 노르딕 시민은 복지국가를 유지하고 있고 많은 사람들의 부러움을 사고 있다.
>
> 노르딕 국가는 매년 글로벌 경쟁력 톱 텐에 랭크되고 있다. 노르딕 국가는 삶의 질, 복지, 평등권 지표에서 최고 수준에 있다. 이는 정의와 평등한 권리의 강조가 경제적 성공에 배치되지 않는다는 것을 보여준다. 오히려 반대이다. 정의와 평등한 권리가 경제안정의 훌륭한 기반이 되고 있는 것이다.
>
> 노르딕 시민에게 노르딕 모델은 오랫동안 안전과 보장을 의미했다. 경제위기, 부채위기, 실업, 사회적 소요, 국가 파산의 소식이 들리기 전까지는 그랬다.
>
> 노르딕 지역에서 복지국가의 지속가능성을 보장하는 공공지출을 축소한다는 경고가 이어져 왔다. 유럽의 위기가 얼마나 강렬하고 오래가는지를 노르딕 모델에서 강도 높게 테스트할 것
>
> 이라는 말도 있었다. 그럼에도 노르딕 모델의 장래 발전에 대한 비관적인 전망은 거의 없다. 다만, 노르딕 모델이 어떤 방식으로 발전할 것인지, 이를 위해 어떤 스텝이 필요한지만 불분명한 것이다."

스웨덴 복지국가

- 스칸디나비아 국가의 사회복지정책은 그 진보성과 관대함 때문에 전 세계 사회복지의 절정 또는 복지국가의 최고 단계로 인정받고 있다.
- 스웨덴 모델은 자본과 노동 간의 역사적 대타협이라고 하는 1938년의 '살쯔요바덴 협약'에 기원을 두고 있다. 협약의 핵심은 생산 관련 결정은 자본가계급에게 일임하되 정책 결정 환경은 국가와 노조가 강력하게 통제하는 시스템을 만든다는 것이었다.
- 스웨덴 모델은 1951년 '렌-메이드네르 모델'로 보강되었다. 제한적 재정정책, 동일 노동・동일 임금정책, 적극적 노동시장정책, 높은 수준의 사회복지정책이 골자였다.

---

14) 노르딕센터는 노르딕 복지국가의 특징을 기본 복지업무에 대한 포괄적인 공공의 책임, 정책부문에서의 강력한 정부 역할, 보편주의 복지시스템, 모든 시민을 위한 소득보장, 사회부문과 보건부문을 포괄하는 모델, 일정 수준을 유지하는 소득분배, 성 평등 원칙의 견지, 잘 조직된 노동시장과 삼자(노동・자본・정부) 협력에서 높은 수준의 근로자 참여, 조세를 통한 재정조달과 재분배로 정리했다(Norden, 2013 : 10). 노르딕 복지국가에 대한 이들의 깊은 신뢰가 잘 나타나 있다.

CHAPTER

08 사회사상과 사회복지정책

사회복지정책의 이념, 즉 사회복지사상은 매우 다양하지만 페이비언 사회주의, 국가개입주의(케인스주의), 신자유주의(자유방임주의), 마르크스주의 등 네 가지로 대별할 수 있다. 페이비언 사회주의와 마르크스주의는 사회주의로서 궁극적으로 자본주의의 지양(극복 또는 폐절)을 지향한다는 점에서 입장이 같다. 그러나 페이비언 사회주의가 정부의 사회개혁 가능성을 수용하여 자본주의 안에서의 사회복지 확충에 적극적인 반면에 자본주의 자체를 인정하지 않는 마르크스주의는 부르주아적 사회복지정책에 대해서 매우 부정적이다.

한편 국가개입주의와 신자유주의는 자본주의를 가장 바람직한 경제사회체제로 인정하고 자본주의의 발전과 번영을 지향한다는 점에서 같은 입장에 서 있다. 그렇지만 국가개입주의가 자본주의의 유지·발전과 위기극복을 위해 사회복지정책이 반드시 필요하다는 입장을 취하는 반면에 신자유주의는 사회복지정책을 경제발전의 걸림돌로 간주한다. 이러한 네 가지 사회복지사상의 특징을 요약하면 |그림 8-1|과 같다.

	자본주의에 긍정적	사회주의를 지향
사회복지정책에 대해 긍정적	국가개입주의	페이비언 사회주의
사회복지정책에 대해 부정적	신자유주의	마르크스주의

| 그림 8-1 | 네 가지 사회복지사상의 특징

1 페이비언 사회주의

페이비언 사회주의(Fabian socialism)는 영국의 독특한 실용주의적·점진적 사회주의로서 1884년 설립된 영국 페이비언 협회에 기원을 두고 있다. 페이비언이라는 이름은 포에니전쟁(기원전 2~3세기에 걸친 로마와 카르타고의 세 차례 전쟁) 때 카르타고의 한니발을 격파한 로마의 파비우스 장군의 이름을 딴 것인데, 막강한 한니발과의 전쟁에서 로마를 구한 것은 전면전보다는 신중한 태도와 접전의 회피였다는 사실에서 보듯이 사회주의로의 진전을 위해서는 기회가 오기를 기다리는 지연전략이 필요하다는 것을 상징했다(박광준, 1990 : 64).

페이비언 사회주의는 버나드 쇼(Bernard Show), 시드니와 비어트리스 웹(Sydney and Beatrice Webb) 부부, 토니(Tawney) 등 개명한 인텔리들이 주도하였다. 이들은 초기에는 노동운동과 거리를 두었다. 그러나 1918년 노동당 노팅엄 전당대회에서 당 강령작성에 시드니 웹이 핵심적 역할을 하면서 페이비언 사회주의는 노동당의 기본 노선이 되었으며(콜, 1993 : 223), 2차 세계대전 후에는 노동당이 복지국가를 건설하는 데 있어서 가장 유력한 이념이 되었다.

페이비언 사회주의는 사회적 선을 추구하고 달성하는 데 있어 국가가 매우 긍정적인 역할을 수행한다고 믿는다는 점에서는 후술할 국가개입주의와 같다. 그러나 궁극적으로 자본주의를 수정의 대상이 아니라 극복의 대상으로 간주한다는 점에서 국가개입주의와 다르다. 이 점에서 페이비언 사회주의는 마르크스주의와 입장이 유사하다. 하지만 프롤레타리아트 독재와 계급혁명을 부정하고, 평화적(입헌적)이고

점진적인 방법으로 사회주의를 지향한다는 점에서 입장이 갈린다. 그리고 이들은 계급전쟁보다는 윤리와 공리주의를 더 중시했다.[1)]

이들은 평등, 자유, 우애(fellowship), 그리고 민주주의와 인도주의와 같은 프랑스 혁명 후 등장한 시민사회의 기본적인 가치를 신봉한다. 민주주의는 평등과 자유의 소산이고, 인도주의는 평등과 우애의 소산이다. 특히 이들은 평등을 강조한다. 평등이란 사실상 모든 사회주의 원칙 중에서 가장 강한 윤리적 영감(inspiration)이 되어 왔으며(C. A. R., Crosland), 평등주의 없는 곳에 사회주의란 없다(R. Jenkins)고 단언한다(George and Wilding, 1987 : 115-116).

그리고 이들은 사회통합을 중시한다. 사회 · 경제적 불평등에 뿌리를 둔 계급갈등은 사회통합의 가장 큰 적이며, 따라서 불평등은 사회통합을 위해 완화되어야 한다. 동시에 불평등은 비효율을 초래한다. 왜냐하면 첫째, 자유시장체제는 요구가 없는 수요에 응함으로써 불필요한 생산을 초래하고(예 모든 사람을 위한 빵보다는 특정인을 위한 고급과자와 서민을 위한 주택보다는 부유층을 위한 요트와 롤스로이스를 생산한다), 둘째, 지배계급이 세습적이고 자기영속적이 되고 재능 있는 자의 지위상승을 막아 능력의 낭비를 가져오기 때문이다.

불평등은 또 사회정의 이념에 손상을 준다. 그 이유는 첫째, 교육기회의 불평등이 아동의 자연적 재능에 따라 자신의 사회적 지위를 결정하는 자연권을 파괴하고, 둘째, 불평등 자체가 비도덕적 보상과 특권체제의 산물이며(우연적인 출생과 가문의 산물), 셋째, 한 집단이 다른 집단에게 거대한 권력을 행사하기 때문이다.

한편 사회주의자에 있어 평등은 기회의 평등 이상을 의미한다. 토니는 기회의 평등이란 무능력의 해소와 능력의 창출에 좌우되나 어떤 자는 환경의 혜택을 크게 받는 반면, 어떤 자는 오히려 환경에 의해 자신의 능력을 삭감당하기 때문에 기회의 평등이란 고상하지만 실현이 희박한 하나의 허구에 불과하다고 주장하였다. 크로슬랜드(Crosland) 역시 기회의 평등이 사회주의자의 입장에서 보면 충분한 것은 아

1) 이들에 대해 엥겔스나 레닌은 경멸적으로 평가했다. 엥겔스는 페이비언협회란 자유주의의 한 지파일 따름이며, 기만적으로 노동자계급을 부르주아 자유주의와 경제주의에 묶어두려고 하고 있기 때문에 위험하고, 노동자계급과 거리를 두고 있다는 점에서 병사 없는 장교에 불과하다고 혹평했다. 그리고 레닌은 인텔리 집단인 페이비언을 빈곤의 제거에만 관심을 둘 뿐 자본주의의 폐절에 관한 아무런 전략도 갖고 있지 않은 극단적인 기회주의자라고 비판했다(Fox, 1933 : 79-87).

니라는 데 동의했다. 하지만 이들이 원하는 평등은 소득의 평등은 아니다. 모든 사람을 위한 합당한 대책이 마련될 때 특별한 책임은 특별하게 보상받아야 하는 것은 당연하고, 과다한 책임과 특별한 재능은 차등적 보상을 요구할 만한 가치가 있으며, 소득의 평등을 기하기 위한 조치가 자유주의 사회에 있을 수 없는 어떤 규제(공산주의)를 필요로 할지 모른다고 보았던 것이다(George and Wilding, 1987 : 120-121).

이들은 소득의 평등보다는 부의 평등을 주장한다. 부의 불평등은 세 가지 이유에서 불공평하다. 첫째, 불평등이 노력이 아닌 상속된 재산으로부터 발생하거나, 둘째, 능력의 차이보다는 기회의 차이를 반영하거나, 셋째, 조세제도에 의해서 불평등하게 취급되는 경우이다. 특히 세습된 부로부터 생기는 불평등은 가장 비난받아야 한다.

다음으로, 이들은 자유를 신봉한다. 그런데 이들의 자유는 자유주의자들의 자유와 달리 정부의 적극적인 활동의 결과이다. 법, 경제정책, 사회복지정책, 재정정책을 통해 개인의 자유는 신장된다. 그리고 자유는 평등에 달려있다. 권력의 불평등이 존재하는 한 자유를 기대할 수는 없다.

이들은 우애도 강조한다. 경쟁보다는 협동, 권리보다는 의무, 개인의 요구보다는 공동체의 선, 자조(self-help)보다는 이타심을 더 중시한다. 토니에 있어 사회주의의 정수는 출세의 관념으로부터 봉사의 관념으로 대치하는 데 있었다. 그리고 복지국가 성립 후 이론적 · 정책적으로 페이비언 사회주의를 주도한 Titmuss의 주저 『증여관계(The Gift Relationship)』의 주제가 이타주의와 자신도 모르는 타인에 대한 무조건적인 증여였다(George and Wilding, 1987 : 122-124).

복지국가에 대하여 페이비언 사회주의자들은 열렬한 찬성과 지지를 표명한다. 이들은 점진주의와 침투를 통해 자본주의 국가를 개혁시킬 수 있다고 보았다. 복지국가는 이러한 접근의 결실이다. 복지국가의 전통은 영국의 노동당 정책 중 가장 깊숙이 깔려 있는 정강이다. 이를 복지국가주의(welfare statism)라 한다.

이들의 복지국가관은 기본적으로 실용주의적이다. 복지국가는 실제 문제에 대한 논리적 반응으로서 산업화, 도시화, 기술변동, 민주주의의 산물이다. 복지국가의 과도한 재정지출을 비난하는 자들에 대해 이들은 복지국가란 산업사회의 문제와 욕구에 대한 실용적인 대응책이라고 응수하였다. 그리고 사회적 지출의 경제성장에 대한 기여를 중시한다. 복지비란 소비가 아니라 투자이다. 예컨대 실업급여와 부가 급여는 기술과 산업의 변화에 대한 대응책임을 역설하였던 것이다.

Titmuss는 사회복지정책의 기능으로 사회통합, 공동체의식의 강화, 이타주의 의식의 유지를 들었다. 특히 그에게 있어 사회통합은 중심사상이었다. 사회복지정책의 기능으로 재분배도 매우 강조되었다. 사회복지정책을 통한 재분배의 효과는 그 크기보다는 아주 사소하고도 예상치 못한 결과가 중요한데, 이러한 재분배는 사회를 분열시키는 가장 파괴적인 무능력과 추악한 특권을 분쇄하고, 노동의 대가인 화폐임금과 함께 모든 시민들이 평등하게 사회적 임금을 향유할 수 있게끔 보장한다. 경제성장은 무상교육을 통한 교육기회의 재분배를 필요로 하고, 사회의 복지는 청년에서 노인으로, 직업인에서 실업자로, 건강한 자에서 환자로, 자녀가 없는 부부에서 자녀가 있는 가족으로 다양한 형태의 소득재분배가 필요하다.

그럼에도 불구하고 현실의 복지국가는 이들의 눈에는 매우 미흡한 것으로 비쳤다. 이들은 복지국가의 목표는 열렬히 지지하였으나 그 한계와 위험에 대해서는 엄격하게 비판하였던 것이다. 예컨대 현실의 복지국가가 시민의 권리 확립보다는 경제성장의 특별한 예속물로 전락했고, 경제적 특권의 뿌리를 손대지 못했으며, 부·소득·기회의 재분배를 이루지 못했다는 비판 등이 그것이다. 그러나 이들의 비판은 모두 기술적인 것이다. 사회복지정책의 효과를 측정하기 위한 연장이 결여되어 있고, 목적이 불분명하고 조정이 불충분하며, 문제는 낮은 경제성장률에 있다는 주장은 복지윤리와 자본주의적 가치 간에는 근본적인 갈등이 없다는 것을 뜻한다. 페이비언 사회주의자들에게 복지국가는 사회주의를 향한 불안정한 타협이며 디딤돌이었다(George and Wilding, 1987 : 156).

페이비언 사회주의

- 국가는 사회적 선을 추구하고 달성하는 데 있어 매우 긍정적인 역할을 수행한다.
- 계급전쟁보다는 윤리와 공리주의를 더 중시한다.
- 사회통합을 중시한다. 사회·경제적 불평등에 뿌리를 둔 계급갈등은 사회통합의 가장 큰 적이며, 따라서 불평등은 사회통합을 위해 완화되어야 한다.
- 소득의 평등보다는 부의 평등이 중요하다.
- 사회통합, 공동체의식의 강화, 이타주의 의식의 유지를 위해 사회복지정책이 필요하다.

2 케인스주의와 국가개입주의

애덤 스미스가 중상주의를, 마르크스가 자본주의를 비판했다면, 케인스(Keynes, 1883~1946)[2]는 자유방임주의를 비판했다.

케인스 경제이론은 1929년에 시작된 세계적인 대공황 이후 20세기 내내 경제학자는 물론 정치인과 공공정책수립자의 사고에 엄청난 영향을 미쳤다. 자본주의 경제는 국가가 적절히 개입해야만 그 건강성을 유지할 수 있다는 그의 경제관념은 2차 세계대전 후의 복지국가에 대한 이론적 기반이 되었음은 물론, 정치적 지지를 이끌어내는 데에도 결정적인 역할을 했던 것이다.

케인스는 실업, 저축, 이자, 불평등에 대해 고전파 경제학과는 전혀 다른 생각을 했다. 고전파에 의하면, 실업은 기업주와 노동자 사이의 임금계약에 좌우된다. 다시 말해서, 개별 노동자가 요구하는 임금수준이 높으면, 사용자는 고용을 거부하게 되는데, 이러한 경우가 많으면 실업률이 높아진다는 것이다. 케인스는 이를 부정하고, 실업은 '유효수요(투자+소비)'(유효수요의 개념은 케인스 이론의 키워드에 해당한다)에 좌우된다고 주장했다. 총고용은 총수요에 좌우된다는 것이다. 고용이 증가하면, 소득이 증가한다. 소득이 증가하면, 소비행위, 즉 유효수요가 증가한다(고용 증가 → 소득 증가 → 유효수요 증가). 반대로 유효수요가 감소하면, 소득이 감소하고(유효수요의

2) 영국 케임브리지에서 태어나 케임브리지 대학에서 경제학을 공부했다. 대학졸업 후 인도성 공무원으로 일했고, 그 후에는 모교 교수로 재직했다. 영국정부 대표로 각종 국제회의에서 왕성하게 활동했다.

감소는 경기불황을 가져온다), 소득이 감소하면, 실업이 증가하는 것이다(유효수요 감소 → 경기불황 → 소득 감소 → 실업 증가).[3)]

그런데 실질소득의 향상은 소비를 촉진시키지만 소비의 증가율은 항상 소득의 증가율보다 낮다는 데 문제가 있다. 소득의 일부가 저축의 형태로 '퇴장'되기 때문이다.[4)] 고전파는 저축의 증가는 이자율을 인하시키고, 이자율의 인하는 투자를 촉진시킨다고 보았다. 그러나 케인스는 고전파가 말한 저축이란 '퇴장'이며, 퇴장은 투자를 증가시키는 게 아니라 실업을 증가시킨다고 보았다(저축 증가 → 투자 감소 → 고용 감소).

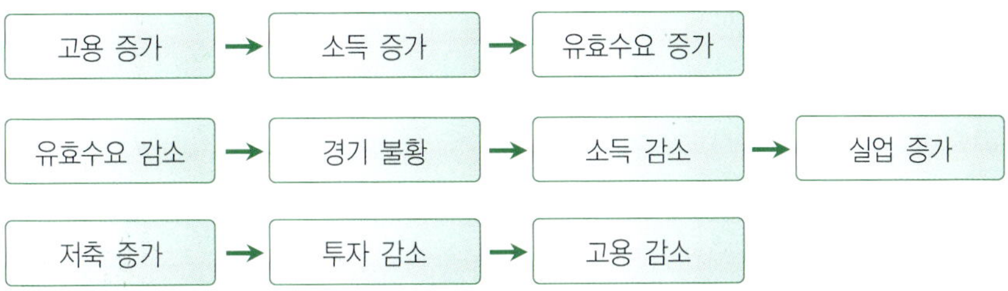

| 그림 8-2 | 케인스의 경제이론 : 고용, 유효수요, 소득, 경기, 투자의 관계

그리고 그는 개인들이 채권이나 주식보다는 화폐나 은행예금 등 현금을 선호하는 이른바 '유동성 선호'가 투자 감소와 대량실업의 증대와 같은 반사회적 결과를 가져올 것이라고 확신했고, 그것은 1929년 대공황으로 증명되었다.[5)] 따라서 일정한 고용수준을 유지하기 위해서는 이 간격을 줄이기 위한 국가정책, 즉 실질적인 투자 증가를 위한 정책이 반드시 필요하다. 이는 자유방임주의에 대한 완전한 부정이다.

---

3) 그의 유효수요론은 '풍요 속의 빈곤'을 설명해 준다. 가난한 사회의 경우 사회의 총소득 대부분을 소비에 사용한다. 반면에 풍요한 사회는 소득과 소비의 간격이 크다. 즉, 총소득의 상당 부분이 소비되지 않고 퇴장하여 유효수요를 감소시킨다는 것이다. 유효수요의 감소는 투자를 위축시킨다. 게다가 이미 충분히 이루어진 구 투자와 신규 투자 간의 경쟁이 심할 수밖에 없는데, 이 역시 투자 위축의 요인이 된다. 따라서 총소득과 총소비의 간격을 메워줄 수 있는, 즉 고용량을 늘릴 수 있는 의식적인 경제사회정책이 반드시 필요하다.

4) 소비하고 남은 부분이 산업자본의 형태로 발전하면 바람직하겠지만, 대부분 금융자본의 형태로 금리의존적인 자본으로 변하기 때문이다.

5) 케인스는 자본을 금융자본과 산업자본으로 구분하면서 이자에 의존하는 금융자본에 대해 매우 부정적이었다. 자본주의의 금융자본적·금리생활자적·투기적 성질에 대한 비판이었던 것이다. 그리고 그는 대공황에서 나타난 대량실업이 인적·물적 가치의 엄청난 손실을 초래한다 하여 그 피해가 전쟁에 필적한다고 보았다.

또한 그는 부와 소득의 불평등도 부정적으로 보았다. 불평등은 도덕적으로서가 아니라 경제적으로 국가에 큰 해악이 되는 문제였다. 즉, 이런 불평등은 부유층이 소비하고 남은 부분인 저축을 증가시키고, 저축의 증가는 소비의 감소를, 소비의 감소는 투자의 감소를, 투자의 감소는 실업의 증가를 가져오기 때문이었다. 그에게 자본주의는 현명하게 관리된다면 가장 능률적인 체제임에 틀림없었지만, 부와 소득의 거대한 불평등을 야기한다는 점에서 관리되어야만 할 존재였다. 이렇게 소득의 불평등이 새로운 부의 창출의 장애물이라고 본 케인스의 생각은 부의 축적이 소득의 잉여에서 나오는 저축에 의존한다는 고전파의 관념과 달랐다.

그런데 케인스가 실업과 불평등을 반대한 이유가 경제적인 데 있었던 것만은 아니었다. 그의 주저 『일반이론』의 결론에서 밝혔듯이 책을 쓰게 된 동기가 실업과 소득분배의 불평등을 해소하여 자본주의를 유지해야 할 급박한 시기에 "자본주의를 보호하기 위한 훌륭한 조치들을 볼셰비즘으로 간주하고 있는" 완고한 지도자들을 계몽시키기 위함에 있었다는 것이다(김수행, 1986 : 134).

여하튼 케인스 이전의 사회민주주의적 평등주의자들은 소득분배의 평등화가 정치적 · 사회적으로 옳은 일이긴 하지만 그것이 저축의 감소와 경제발전의 둔화를 가져온다는 자유주의적 논리에 대한 대응논리를 결여하고 있었는데, 케인스에 의해 저축의 증대가 오히려 경제발전의 정체와 실업을 야기한다는 점이 밝혀짐으로써 자신들의 주장에 상당한 힘을 얻게 되었던 것이다(김수행, 1986 : 136). 바로 이 점 때문에 케인스 이론을 사회민주주의자들이 복지국가의 이론적 무기로 적절히 활용할 수 있었다. 나아가 일국 보수주의(one nation conservatism)를 신봉한 보수당의 주류들까지 케인스주의를 수용하여 사회적 약자를 위한 국가의 사회복지활동의 확대를 정당화했던 것이다.[6)]

케인스는 또 인플레와 디플레 모두를 반대했지만, 적당한 인플레는 비교적 해악이 덜하다고 생각했다. 인플레, 즉 화폐가치의 하락은 과거에 축적된 부(은행예금 등)의 가치를 하락시키고 항상 새로운 투자를 자극하기 때문이었다. 반면에 디플레,

6) 그의 이론은 보수당 주류와 노동당과 사회민주주의자들에게까지 영향을 주었지만, 정작 자신은 철저한 자유당 지지자였다. 그는 보수당을 완고한 사람들의 당으로, 노동당을 아무 일도 하지 않는 사람들의 당이라고 생각했다.

즉 화폐가치의 상승은 금리생활자에게만 유리할 뿐 사회 전체의 복지를 위협하는 것이었다.

그리하여 케인스가 제시한 고용증진을 위한 국가정책은 사회의 소비성향을 증대시키기 위한 누진과세(소득재분배정책), 민간투자의 부족을 채우기 위한 공공투자(인플레를 다소 유발해도 좋다), 화폐공급을 통제하고 이자율을 인하시키기 위한 화폐당국 등이었다. 이 중 사회복지정책과 직접 관련된 것이 소득재분배정책이다. 자본주의에서 누진과세와 함께 소득재분배를 기하기 위한 가장 대표적인 제도가 사회보장이다. 사회보장은 유효수요를 증대시키고, 또 그 수준을 유지하는 데 매우 효과적인 국가정책이다. 바로 여기에 복지국가를 '경제학적으로' 정당화하는 근거가 있다. 이로써 보수적인 사람들도 사회복지정책을 사회주의가 아닌 자본주의를 강화시키는 제도로 수용하게 되었던 것이다(딜라드, 1988).

한편 케인스 사상을 국가개입주의(state interventionism)라고도 한다. 국가개입주의란 자유주의와 같이 자본주의의 기본 가치인 자유, 개인주의, 경쟁적 사기업에 대한 신념을 신봉하되, 자본주의의 자기규제적이지 못한 결함을 직시하고 이의 해결을 위해 일정한 수준에서의 국가개입이 불가피하다고 보는 실용주의적 입장을 말한다. 이를 소극적 집합주의(reluctant collectivism)라고도 하는데, 베버리지와 갤브레이스 등이 거기에 속한다. 이들에 있어 자본주의는 최선의 경제체제임에 틀림없지만 공정하고도 효율적으로 기능하기 위해서는 적절한 규제와 통제가 필요하며, 자본주의의 결함이 심각하지만 근본적인 것은 아니고 수정될 수 있다. 체제선택의 이데올로기에 얽매이지 않으면서 경우에 따라 공공독점이 필요하기도 하고, 자유로운 민간기업이 필요하기도 하다는 실용주의는 강력한 인도주의에서 나왔다. 실업, 질병, 슬픔, 무지 등 인간의 고통에 대한 인간적인 사랑이 그것이다(George and Wilding, 1987 : 76-78).

소극적 집합주의자들의 국가관의 핵심은 국가의 이성적인 활동을 신뢰한다는 데 있다. 이들은 경제사회체계가 간섭을 전혀 받지 않을 때 가장 잘 돌아가는 신비롭고 자율적인 원리에 지배된다는 관념(자유방임주의)을 배격하였으며, 이성적인 사고와 계획에 의해서 문제가 해결된다고 믿었다. 국가는 공공의 이익에 관심을 두어

당면한 문제에 대해 독자적인 견해를 가질 수 있는 조직체이다(George and Wilding, 1987 : 95-96).

한편 이들은 복지를 위한 국가의 역할에 대해 실용주의적인 입장을 취하고 있다. 즉, 국가의 복지역할이란 제거할 수 있는 병폐를 제거하는 것이고, 문제에 대해 조장적(supportive)이기보다는 반응적(reactive)이며 문제중심적이다. 국가는 사기업에 의해 적절히 공급되지 않는 것을 공급하고, 저소득층이나 소득상실로 인한 결핍을 제거하며, 풍요로 인해 생겨난 욕구(예 환경문제)에 대해 공적 서비스를 제공한다.

국가의 사회복지정책에 있어서 특히 중요한 것은 최저수준의 보장이다. 베버리지는 국가가 최저수준 이상을 제공하는 것은 절대 정부의 책무가 아니며, 개인이 돈을 자신에게 최선이라고 생각하는 데 사용하는 자유를 침해한다고 보았다. 최저수준의 보장을 위한 베버리지의 무기는 사회보험이었다. 그에게 사회보험은 자산조사 없이 급여를 제공할 수 있고 수혜자(피보험자)에게 일정한 부담을 지움으로써 검약정신을 장려하며, 일정한 책임의식을 조장할 수 있는 적절한 방법이었다. 그리고 베버리지는 사회보험과 민간보험의 관계를 보완적이라고 보았다. 즉, 사회보험은 최저수준을 보장하고, 민간보험은 개인의 능력과 자유에 따라 생존선 이상을 보장한다는 것이었다(George and Wilding, 1987 : 109-111).

갤브레이스의 복지에 대한 입장은 철저히 실용적이다. 그에게 있어 국가개입은 원칙적인 문제가 아니라 다른 형태의 대책이 실패하여 국가의 정책이 불가피한 경우에 한한다. 예컨대 재취업한 어머니를 위한 아동복지정책, 풍요가 가져다준 건강상의 위험(비만, 간경화, 알코올 피해, 폐암, 심장병 등)에 대한 대책 등이 그것이다(George and Wilding, 1987 : 113). 그는 자본주의 국가가 사회경제생활에 간여할 때 대체로 독점대기업 등 강자를 위한 정책(예 군산복합체에 대한 지원)에는 우호적이지만 약자를 위한 사회복지정책에는 매우 인색하다는 점을 지적하고 이에 대해 매우 비판적이었다.

1929년 미국에서 시작된 세계적인 대공황 이후 한 시대를 풍미했던 케인스주의와 국가개입주의는 1973년과 1979년의 오일쇼크로 인한 스태그플레이션 앞에서 무너지고 말았다. 원래 자본주의 경제에서는 호황기에는 물가가 상승하고, 불황기에는 물가가 하락하는 것이 보통이다. 그러나 1970년대의 오일쇼크는 불황과 인플레를 동시에 발생시켰다. 이는 인플레가 경제를 활성화시키고, 경제활성화는 실업률을 낮춘다는 케인스 이론으로는 설명이 되지 않는 것이었다. 그리하여 신자유주의적인 통화주의 경제학이 힘을 얻게 되었다. 통화주의 이론에 의하면, 실업률이 높은 상황에서 인플레가 발생하면, 장래의 예상 인플레도 뒤따라 상승하게 되는데, 재정·금융정책에 의한 긴축으로 이것을 억제하여 현재의 인플레를 떨어뜨려도 예상 인플레가 그 뒤를 따르기 때문에 안정되기까지는 높은 실업률과 높은 인플레가 공존하는 스태그플레이션이 된다. 신자유주의자들은 스태그플레이션의 극복을 위해서는 케인스주의 경제사회정책을 포기하고, 화폐공급을 억제하여 경제의 자율성을 회복시키는 방법밖에 없다고 보았다. 결국 대처의 등장과 함께 케인스주의는 통화주의로 대체되고 말았다.

케인스주의

- 유효수요가 감소하면 실업이 늘어난다. 유효수요의 증대를 위해 사회복지정책이 필요하다.
- 사회적 불평등은 사회적 해악이다. 불평등의 완화를 위해 사회복지정책이 필요하다.
- 사회복지정책은 자본주의를 보호하기 위한 훌륭한 장치이다.

3 신자유주의

신자유주의(new liberalism) 또는 반집합주의(anti-collectivism)란 애덤 스미스와 데이비드 리카도 등 고전파 경제학자들의 자유주의 사상을 이어받은 오스트리아 학파의 거두 하이예크(F. A. Hayek)와 그의 미국인 제자 프리드맨(M. Friedman), 그리고 영국의 보수정치인 포웰(E. Powell)의 자유방임주의적·반복지적 사상을 말한다. 이들의 주장은 국가의 사회복지정책은 국민들을 국가에 예속시키고 시민적 자유를 박탈한다는 것으로 요약된다[하이예크의 대표저서 중 하나의 이름이 『예종에의 길』(1944)이다].

이들은 자본주의 시장을 신봉한다. 이들에 의하면, 시장은 억압의 원천인 정치적 권위와 강제력의 제동장치이며, 자유로운 경쟁, 수요와 공급, 이윤, 자유로운 임금 교섭 등과 같은 시장의 힘은 사회적 평등의 신장에도 크게 기여하였다(George and Wilding, 1987 : 51).

반면에 이들은 국가를 혐오한다. 그 이유는 시민의 사회생활에 개입하는 국가의 사회복지정책이 사회적 분열을 가져오고, 자원낭비적이며, 경제적 비효율을 조장하고, 개인의 자유를 억압하기 때문이라는 데 있다. 이를 부연설명하면 다음과 같다(George and Wilding, 1987 : 51-58).

① **사회적 분열** : 사회적 욕구를 하나의 권리로 인정함으로써 잠재적인 수혜자층과 재정을 부담하는 사람들 사이에 적대감이 조성된다.

② **자원낭비** : 사회복지정책에 필요한 자원은 한정된 반면, 그에 대한 수요는 무한한데, 무상의 사회복지정책은 가수요를 조장하고, 수혜자의 자존심을 손상시키며, 서비스의 질을 하락시킨다.

③ **비효율** : 국가의 사회복지정책비용이 시장의 이윤과 가격 메커니즘의 효율성을 도저히 따라잡을 수 없다.

④ **전제와 독재의 초래** : 민주주의 사회에서 완전한 합의란 있을 수 없기 때문에 집합주의적 계획은 개인의 자유를 억압하는 전체주의를 가져오고, 그 형태는 파시즘, 사회주의, 공산주의 등으로 나타난다.

그러나 이들은 모든 국가개입을 반대하는 무조건적인 무정부주의자는 아니다. 이에 대해서는 프리드맨이 분명한 입장을 취하고 있는데, 그는 시장을 통해 조정될 수 있거나 매우 큰 비용이 소요되어 정치적인 경로를 통하면 더욱 바람직한 세 가지 영역을 적시했다.

① **규칙 제정자 또는 심판** : 규칙의 제정은 자유사회에서 정부의 기본적인 역할이며, 규칙에 따라 집단 간의 견해차를 조정하고 게임에 불응하려는 자들을 규칙에 순종시킨다.

② **자발적인 교환의 비용이 너무 들거나 불가능한 경우**

- **시장의 불완전성으로 인한 독점** : 원칙적으로는 독점에 반대(특히 정부독점)하지만, 기술적 효율성 때문에 독점이 필요한 경우가 있다. 이를 기술적 독점(technical monopoly)이라고 하는데, 전화나 우편이 여기에 해당된다.
- **이웃효과**(neighbourhood effect) : 개인의 행동이 타인에게 해를 끼쳤음에도 그에 대해 책임을 지우거나 보상을 할 수 없는 경우나 개인이 사회로부터 어떤 혜택을 보았음에도 그 효과를 정확히 측정할 수 없는 경우가 있는데, 이때는 국가가 불가피하게 개입한다. 예컨대 공장폐수로 인해 피해가 발생했을 때, 그 원인제공자를 명확히 구분해 낼 수 없을 때 국가가 대신 보상한다[이를 외부불경제(externality)라고 한다]. 도시의 공원이나 도로도 그렇다. 공원과 도로는 그로부터 직간접으로 혜택을 받는 사람을 정확히 가리기가 매우 어렵다(공원의 숲이 공기를 정화하고 쳐다보기만 해도 마음의 안정을 얻는다 하여 그 주변에 거주하는 사람들에게 공원관리비를 징수할 수는 없다).
- **자신의 행동을 책임질 수 없는 사람에 대한 온정주의** : 심한 정신질환자와 정신장애인이 대표적인데, 이들을 방치하면 대다수 사람들이 불안해하므로 국가가 대신 책임진다(George and Wilding, 1987 : 59-62).

교육의 경우 취학아동의 수가 적어 민간이 활동하기 곤란한 벽촌지역에만 정부가 지원하고 나머지는 모두 민간에 위임해야 하며, 빈민구제의 불가피성은 인정하되 최저수준 이하로 하고(정액의 사회보험급여 이하) 자산조사가 반드시 수반되어야 한다. 사회보험은 위험하다. 사회보험은 사회입법을 위한 트로이의 목마 역할을 하였다. 사회보험의 강제성(강제가입의 원칙)은 관료제를 가져왔고, 더욱 많은 사람들을 국가에 종속시켰으며, 더욱 많은 국가의 보호를 요망하게 만들어 사회주의로 가는 길을 포장하였다. 무상의 국민보건서비스(NHS)는 전 국민의 부담을 증가시키고 서비스의 질을 하락시키며, 청장년층보다는 노인의 생명 연장과 고통 완화에 주력함으로써 경제적으로 비능률적이고, 의사들을 국가에 예속시킨다(George and Wilding, 1987 : 70-74). 국가의료체계의 비능률에 대해 하이예크는 다음과 같이 냉소적으로 비판한 바 있다.

> "잔인한 말처럼 들릴지 모르지만, 자유체제하에서는 노령자와 정신질환자를 제쳐놓거나 희생시키는 한이 있더라도 완전한 노동능력을 가진 자의 질병부터 빨리 치유해야만 하고, 무능력의 위험에서 구출시켜야만 모든 사람들에게 이로울 것이다. 국가의료체계하에서는 일반적으로 노동능력을 완전히 회복할 수 있는 사람들이 장기간 치료를 기다려야 하는 경우를 목격할 수 있다. 왜냐하면 모든 병원시설을 회복가능성이 희박한 사람들이 차지하고 있기 때문이다"(George and Wilding, 1987 : 74).

이런 신자유주의가 정치적으로 가장 분명하게 표현된 것이 대처리즘(Thatcherism)이다. 대처리즘은 1979년, 영국 경제의 쇠퇴와 사회민주주의의 퇴조 속에서 대처가 이끈 보수당이 집권하면서 출현한 이래 거의 같은 시기에 등장한 레이거노믹스(1980년 미 대선에서 공화당의 레이건이 승리함으로써 출현)와 함께 전 세계를 신자유주의 이념으로 휘몰았다.

대처리즘의 본질을 파악하기 위해서는 무엇보다도 보수당의 이념을 이해해야 한다. 전통적으로 보수당 이념에는 두 개의 흐름(strands)이 있는데, 하나는 일국 보수주의(one nation conservatism)이고, 다른 하나는 자유주의이다. 일국 보수주의 또는 토리 집합주의(Tory collectivism)는 빅토리아시대의 토리 수상 디즈레일리[7]에 기원한다. 그는 자신의 저서(『Sybil or the Two Nations』, 1845)에서 국가권력은 "국민의 사회복지의 확보라는 단 하나의 책무를 지닌다"고 단언할 정도로 사회복지에 대한 국가의 책임을 강조했다. 그는 유산자들이 사적 자선을 통해 빈민에 대한 책임을 져야 한다는 버크(Edmund Burke)의 관념을 뛰어넘어 사회복지를 국가의 책임 속에 포함시켰다. 또 그는 국민의 상태를 정치의 중심과제로 삼아야 한다고 주장했으며, 보수당은 국민복지의 정당이 되어야 하고, 사회계급들이 상호 책무라는 강력한 망으로 결속될 때 불평등은 참을 만한 것이 되며, 온정주의적 책무(noblesse oblige)를 지닌 엘리트의 지배는 정당하고 공정한 것이 된다고 확신했다(고세훈, 1999 : 501-503). 그러나 토리 집합주의는 선거(강령)보다는 정부의 권위를 중시하고, 인민(the people) 또는 계급의 이익보다는 국익을 더 중시했다는 점에서 사회주의와는 거리가 멀었다(Kavanagh, 1990 : 189).

---

7) Benjamin Disraeli, Earl of Beaconsfield(1804~1881). 1837년 토리당 하원의원에 당선하여 정계에 입문했다. 귀족의 입장에서 부르주아지에 대응하여 노동자계급을 보호하는 노선에 섰다.

대처는 보수당의 주류였던 이런 온정주의적 집합주의에 도전했다. 그녀는 영국 문제의 근원으로 사회주의, 노동운동, 집합주의 등 보수당 외부의 세력뿐만 아니라 보수당 내의 일국 보수주의를 지목하였다. 볼드윈, 맥밀런, 히스 등 선대의 보수당 지도자들의 잘못된 노선이 영국을 집합주의로 이끌었다고 비판했으며, 일국 보수주의자를 겁쟁이 또는 근성이 부족한 사람(wets)이라고 경멸했다. 또 대처는 사회주의자와 노동당도 도전하지 않았던 국교회, 법, 대학, BBC, 왕실 등으로 대표되는 기득권층과 그들의 귀족적 기풍까지 공격했다. 기득권층이 근대화에 대항하는 보수세력들의 합의체였다면, 대처는 근대화를 지향하는 급진 부르주아 개혁세력(radical conservative)이라 할 수 있었다(Gamble, 1993 : 127-128).

대처의 집권은 보수당 주류가 사회적 약자에 대한 온정주의적 배려를 중시했던 전통적 보수주의에서 자유시장과 경쟁을 중시하는 시장자유주의로 교체되었음을 뜻했다. 대처를 중심으로 한 보수당의 신우파(New Right)는 전후 사회민주적 집합주의의 수명이 다했다고 확신했고, 중도정치(middle ground of politics)에 대한 대중의 합의, 즉 전후의 합의정치(politics of consensus)를 청산해야 한다고 보았으며,[8] 자유시장경제의 복권과 강한 국가의 구축을 도모하였다(Gamble, 1994 : 148). 다시 말해서, 케인스주의와 국가개입을 포기하는 대신 자유방임적 정치경제학(특히 하이예크와 프리드먼)을 되살리고, 자유시장경제의 재확립과 시장기준의 확대적용[9]을 통하여 사회제도의 권위, 국내질서 및 국가안보의 중요성을 강조했던 것이다(Levitas, 1986 : 6).

개인과 국가, 그리고 경제와 복지에 관한 신념체계로서의 대처리즘은 대략 다음과 같은 여덟 가지로 정리된다.

① 정부는 사회적 선(good)을 지속시키는 데는 그 능력에 한계가 있지만, 사회적으로 해로운 것을 행하는 데는 큰 힘을 발휘한다.

8) 1981년 호주방문 시 연설에서 대처는 "나에게 합의란 모든 신념, 원칙, 가치 및 정책을 포기하는 과정이나 다를 바 없어 보인다"고 하며 전후의 합의정치를 분명히 부정했다(Kavanagh, 1990 : 7).

9) 민간기업가를 부의 유일한 창출자로 본 대처는 조세구조를 기업과 자본가에게 유리하도록 개편했다. 즉, 그녀의 임기 중에 소득세의 최고 한계세율을 83%에서 40%로 대폭 낮추었을 뿐만 아니라 자본이득세와 자본이전세의 기준선을 높였고, 투자소득에 대한 세금부담을 줄였으며, 기업세 또한 52%에서 35%로 대폭 하향조정했다(고세훈, 1999 : 538-539).

② 개인의 책임이 중요하고, 선과 악은 존재한다(대처는 사형제도의 부활을 주장한 극소수의 보수당 각료 중 하나였다).
③ 국가의 가장 중요한 임무는 법과 질서의 유지와 국방에 있다.
④ 국민들은 자신의 문제를 스스로 해결해야 하며, 정부에 미루어서는 안 된다.
⑤ 경제성장 없는 공공지출의 증대는 세금부담을 증대시키고 선택의 자유를 축소할 뿐이다.
⑥ 시장은 경제성장과 자유선택을 촉진하고 개인의 자유를 수호하는 가장 좋은 수단이다.
⑦ 한 부분의 지출 증가는 다른 부분의 지출 감소를 가져온다. 그렇지 않으려면 부채 증가와 인플레가 불가피하다. 그리고 그 비용은 납세자가 부담해야 한다. 납세자의 상당수는 그 수혜자보다 가난할 수 있다.
⑧ 정부개입은 사회변화에 대한 사회의 적응능력을 저하시킴으로써 비생산적이다. "제대로"된 대책('correct' programmes)은 사회적 약자, 실업자, 병자 등에 대한 동정심의 표출보다 유용하다(Kavanagh, 1990 : 11-12).

이를 더 압축하면, "시장은 좋고 정부는 나쁘다"라는 말이 된다. 시장은 민간 부문과 함께 존중과 고양의 대상이 되었고, 정부는 사회주의(사회민주주의), 강한 노조, 복지국가와 짝을 이루어 배척과 청산의 대상이 되었다. 강한 노조는 사회주의의 온상으로 지목되었고, 복지국가는 사회주의 이념 확산의 산물로 규정되었다. 반사회주의, 반노조주의, 반복지국가주의가 천명된 것이었다.

대처의 반사회주의는 1987년 9월 14일자 인디펜던트지와의 인터뷰에서 한 다음과 같은 말에 잘 나타났다. "사회주의는 자유로운 인간을 위한 게 아닐 뿐더러 영국의 특성에 맞지도 않는다. 사회주의는 번영도 인간존엄성도 만들지 못한다"(Brown and Spark eds., 1989 : xi). 그녀의 반사회주의는 법과 질서의 강화를 위한 강한 국가(strong state)정책과 동전의 양면을 이루었다. 강한 국가와 자유시장경제는 일견 상호 모순적이지만, 사회민주주의로 인해 크게 후퇴했던 자유시장경제의 회복을 위해서는 물론 사회주의의 온상인 노동조합과 강력한 노동운동을 무력화시키고, 국가보다는 가족중심의 사회복지정책을 관철시키기 위해 '제한되지만 강한(limited and strong)' 국가가 불가피하게 필요했던 것이다.[10)]

반사회주의는 반복지주의이기도 했다. 대처와 보수당에게 복지는 불평등의 완화나 교정을 위한 장치가 아니라 최저생활을 위한 선별주의적 안전망일 뿐이었으며, 국가에 대한 복지수급권을 의미하는 복지권(welfare right)은 국가에 대한 의존성을 키우는 온상이었다. 따라서 책임과 의무를 강조함으로써 복지권은 견제받아야 했고, 복지는 복지권이 아니라 민간부문의 부의 창출역량, 즉 낙수효과(trickle-down effect)에 의존해야 했다(Deakin, 1994 : 214).

대처의 복지국가에 대한 관념은 다음과 같은 세 가지로 정리될 수 있다. 첫째, 요람에서 무덤까지의 복지국가는 비용이 너무 많이 든다. 복지비 증가는 그 재원이 되는 국민소득의 증가를 상회하였다. 이제는 복지비를 줄여 조세감면을 기하고 복지자원을 꼭 필요한 사람에게만 집중시켜 효율성(이는 보편주의에서 선별주의로의 선회를 의미한다)을 기해야 한다. 둘째, 국가책임의 과잉은 개인의 책임의식, 가족과 공동체의 연대의식, 사적 자원의 가치를 약화시킨다. 국민 개개인은 자신의 문제는 스스로 책임져야 하며, 국가지원은 극빈층에 대한 사회안전망에 한정되어야 한다. 셋째, 복지윤리는 시장의 위험을 제거하고, 실패에 대한 쿠션을 제공하며, 열망의 인센티브를 약화시킴으로써 기업에 해롭다(Kavanagh, 1990 : 212-213).

이렇게 국가복지를 부정적으로 본 대처는 민간복지에 대해서는 매우 우호적이었다. 1981년 대처는 왕립여성자원봉사자협회 연설에서 자원봉사부문의 중요성을 다음과 같이 강조했다. "본인은 자원봉사운동이 우리의 모든 사회복지대책의 심장이라고 믿습니다. 법적 서비스는 필요한 것을 보강하고, 격차를 채워주고, 돕는 사람을 도와주는 지원체제일 뿐입니다." 같은 곳에서 복지장관 젠킨(Jenkin)은 관료제의 경직성에 대비시켜 민간부문의 유연성, 적응성, 쇄신역량을 높이 평가하였다(Deakin, 1994 : 99).

---

10) Gamble은 바로 이런 점을 대처리즘의 핵심으로 보았다. 그가 쓴 책의 제목이 『자유경제와 강한 국가』였다(Gamble, 1994).

대처의 반복지주의는 사회복지의 각 부분에서 후퇴와 변화를 가져왔다. 영국 복지국가의 간판인 NHS를 부분적으로 민영화시켰고(민간 경영기구인 NHS Trust를 신설하여 NHS 병원의 경영을 위탁), 시영주택을 대대적으로 매각(민영화)했으며, 국가의 소득비례연금(SERPS)과 사적 연금인 직업연금 중 하나를 선택할 수 있도록 만들었고, 공공부조에서 사회기금(social fund)을 신설하여 무상급여를 대여금으로 전환했으며, 실업급여 수급요건을 강화하였고(workfare의 강화), 시설보호 대신 지역사회보호(community care)를 강화시켜 개인과 가족의 책임을 강조했다(welfare pluralism).

그럼에도 대처는 복지를 양적으로 줄이는 데는 실패했다. 다양한 복지축소정책에도 불구하고 임기 중 복지비 지출이 줄어든 해는 없었다. 1973~1987년까지 복지비는 절대가치로 1/3가량 증가했다. 그러나 복지비의 정부지출 대비 비율(50%를 약간 상회) 및 GDP 대비 비율(약 1/4)에는 큰 변화가 없었다. 다만, 2차 세계대전 후 복지비의 꾸준한 증가추세는 1970년대 중반부터 중단되었다. 복지부문별 구성비를 보면, 퍼스널 사회서비스(PSS)는 거의 변화가 없었으며(3~4%), NHS는 18%에서 21%로 증가했고, 사회보장예산도 1974년 35%에서 1987년 45%로 증가했다. 교육비는 1973년 26%에서 1985년 20%로 감소했다. 주택비의 하락이 가장 두드러져 1974년 17%에서 1987년 8%로 감소했다(Le Grand, 1990 : 359).

대처가 사회복지의 양적 규모를 축소시키는 데 실패한 가장 큰 이유는 1986년까지 예상 밖의 높은 실업률로 인한 복지수혜층의 급증과 NHS에 대한 시민들의 높은 지지로 복지비 규모를 줄이는 것은 사실상 불가능했기 때문이었다. 결국 대처는 복지국가를 축소해야 한다는 상징적 의지(symbolic nature)만큼은 강력히 표출했으나, 실제로는 복지국가를 부분적으로만 변화시켰을 뿐이었다(Kavanagh, 1990 : 240).

신자유주의

- 시장은 좋고, 국가는 나쁘다.
- 강력한 노동조합과 과도한 사회복지가 자본주의의 활력을 소진시켰다.
- 신자유주의 이념은 반사회주의, 반노조주의, 반복지국가주의로 요약된다.
- 신자유주의는 복지국가를 체계적으로 부식시켰다.
- 사회복지정책에서 신자유주의의 대표적 전략은 민영화였다.

4 제3의 길

1994년 영국 노동당 당수로 선출된 토니 블레어(Tony Blair)[11]는 노동당의 실패를 구식의, 유권자와 유리된, 경제에 무능한, 노조가 지배하는, 극단적 좌파에 취약한 정당이라는 데서 찾았다. 그 대안으로 블레어는 당의 현대화론(modernization thesis)을 제시했다. 그에 따르면, 노동당은 자본주의 축적체제의 변화(포스트 포디즘)로 인한 유권자의 의식변화에 대해 전략적으로 대응해야 하며, 노동당의 정책은 당의 지지대상을 넓히고 그간 보수당에 빼앗겼던 노동자계급의 지지를 회복하는 데 초점을 두어야 했다. 또 블레어는 친기업적 성향을 분명히 했다. 그는 대처의 노동정책(노동시장의 유연화 정책)과 기업정책을 그대로 유지할 것을 천명했다. 그리고 블레어는 1995년 임시전당대회에서 당헌 4조, 즉 생산, 분배, 교환수단의 공공소유를 당의 목표로 명시한 사회주의 조항을 공식적으로 폐기함으로써 당을 더욱 우경화시켰다.

블레어의 노동당은 1997년 5월 총선에서 승리함으로써 1979년 대처 보수당에 패배하여 정권을 내준 지 18년 만에 여당이 되었다.[12] 블레어가 집권할 무렵 영국정치는 완전히 우편향되어 있었다. 대처에 의해 이미 케인스주의는 경멸의 대상이 되어버렸고, 65만 명의 종업원을 둔 17개 거대기업이 민영화되었으며, 무려 8개의 반노조입법으로 노조운동은 궤멸되었고, 복지국가가 체계적으로 침식되었으며, 코포라티즘은 사라졌다(고세훈, 1999 : 477-478).

이러한 상황에서 블레어가 내건 슬로건이 '제3의 길'이었다. 영국의 대표적 사회학자 기든스(Anthony Giddens)가 이론적으로 체계화했고, 이를 정치인 블레어가 자신의 기본적인 정치노선으로 채택함으로써 우리에게도 잘 알려진 제3의 길이란, 고복지 - 고부담 - 저효율로 요약되는 사회민주적 복지국가 노선(제1의 길)과 고효율 - 저부담 - 불평등으로 정리되는 신자유주의적 시장경제 노선(제2의 길)을 지양한 새로

11) 현대화와 실용주의를 통한 노동당의 체질개선을 표방하며 41세에 당수에 취임한 블레어는 노동당 최연소 당수였다. 그는 부유한 중산층 출신으로 에딘버러의 최고 사립인 페티스와 옥스퍼드를 거친, 노동당 당수로서는 극히 예외적인 인물이었다.

12) 노동당의 압승이 예상되는 가운데 노동당은 418석을 얻어 165석의 보수당을 크게 앞질렀다. 득표율에서도 노동당은 43%를 얻어 31%에 그친 보수당을 크게 앞섰다. 그리고 노동당은 1980년대부터 진행된 당 권력구조의 개편을 통해 노조운동과의 거리두기, 지구당과 좌파의 무력화, 당 지도부의 권한강화를 도모했고, 결국 사회주의 당 이념마저 폐기했다. 블레어의 제3의 길은 이를 배경으로 등장했다(고세훈, 1999 : 491).

운 정책노선으로서 시민들의 사회경제생활을 보장하는 동시에 시장의 활력을 높이자는 신 노동당 프로젝트, 즉 구식의 사민주의[13]와 신자유주의로부터의 차별화 전략이었다.[14]

제3의 길은 사민주의 복지국가에 대한 비판에서 출발한다. 복지국가에 문제가 많기 때문에 우파가 제기한 비판을 받아들여야만 한다는 것인데, 우파의 비판이란, 민간에 대한 정부의 과도한 간섭을 의미한다. 그리고 복지국가의 관료성과 비효율성을 문제로 꼽았다(단, 신자유주의처럼 복지국가를 청산하자는 것이 아니라 이러한 문제를 복지국가 재건의 이유로 인식한다는 것이다). 그리고 과도한 복지비 지출과 복지가 가져온 도덕적 해이도 문제로 지적한다.

제3의 길에서 내세우는 대안, 즉 적극적 복지(active welfare)는 대략 세 가지로 압축된다. 첫째, 국민들에게 경제적 혜택을 직접 제공하기보다는 인적 자원에 투자하는 복지국가, 즉 사회투자국가(social investment state)로 개편하자는 것이다.[15] 사회투자전략의 대표적 예가 노령인구대책과 실업대책이다. 지금까지의 복지국가는 노인들을 부양대상으로만 간주해왔다. 이에 대해 기든스는 노령화를 부정적으로만 볼 것이 아니라 새로운 기회의 부여로도 볼 수 있다고 주장한다. 노령인구를 문제라기보다는 자원으로 간주하자는 말이다. 다시 말해서, 노인이 되었다고 해서 무조건 노동을 중단해서는 안 되고, 노인들에게 적합한 일자리를 창출하여 일을 하도록 만들자는 것이다. 또 노인들 자신도 노령이 책임은 없고 권리만 있는 시기로 여겨서는 안 된다고 한다. 동시에 법률의 정년퇴직조항을 폐지해야 한다. 그럼으로써 노동과 공

13) 블레어에게 구식의 사민주의란 이미 수세에 몰린 복지국가의 옹호에 총력을 기울이는 보수화된 좌파를 말한다. 이들은 또 케인스주의적인 총수요 관리, 즉 복지와 고용증대를 통한 평등화와 노자의 권력배분에 입각한 계급타협적 협상체제를 선호하는 전통주의자이다.

14) 블레어가 생각하는 제3의 길 정책은 1999년 7월 발표된 영국 우체국 개혁안이 좋은 예가 될 것 같다. 이는 기존의 국영우체국을 공개유한회사 체제로 바꾸자는 것으로, 우체국의 존립근거인 보편적 서비스, 동일요금 부과, 전국 우편망 포괄의 대원칙은 지키되 우편업무의 국가독점을 폐지하여 사설 우편서비스와 경쟁을 할 수 있도록 한 것이 골자다. 우체국 개혁안은 우체국 경영진과 노조가 환영한 것으로 보아 일단 성공적인 출범으로 보인다. 반면에 NHS의 사금융 차입제도는 혹평을 받고 있다. 국영 NHS가 사부문의 자금을 끌어들여 공공병원의 증·개축에 사용하려는 이 정책은 실제로는 NHS 자산과 의료서비스의 축소만 가져왔을 뿐이라고 한다(한겨레신문, 1999. 7. 12).

15) 그러면서 전면적인 규제철폐가 유일한 해결책이 될 수 없다고 한다. 그리고 신자유주의처럼 복지지출을 무조건 삭감하자는 것이 아니다. 다시 말해서, 복지비를 미국수준보다는 유럽수준으로 유지시켜야 한다는 것이다. 그러나 가능한 한 인적 자원에 대한 투자로 전환해야 하고, 가능하면 유인책을 통하여, 필요하다면 법적인 강제를 통하여, 좀 더 능동적으로 위험을 수용하는 태도를 촉진시켜야 한다고 주장한다(기든스, 1998 : 184).

동체에 대한 노인의 참여가 증가할 것이고, 이는 노인들을 젊은 세대와 직접적으로 연결시키는 역할을 할 것으로 희망한다. 실업문제도 마찬가지이다.[16] 정부는 인적 자원에 투자하여 실업률을 줄여야 한다. 정부는 기업의 일자리 창출 노력, 예컨대 중소기업의 창업이나 기술혁신기업을 적극 지원해야 한다. 기업가 정신은 직업창출의 직접적인 원천이다. 정부는 이런 기업가 정신을 지원해야 한다. 벤처기업에 대한 지원이나 기업가의 모험에 대한 안전장치의 마련 등이 그것이다. 그리고 정부는 평생교육을 강조하고, 국민들이 일생 동안 일을 지속할 수 있도록 교육시켜야 한다. 직업변경에 필요한 교육도 지원해야 한다. 복지에 의존하는 대신 교육과 투자기회를 이용하도록 장려해야 한다. 그리고 정부는 가족친화적 직장이 늘어날 수 있도록 지원해야 한다. 아동양육에 대한 지원은 물론 재택근무, 안식년제 등의 제도를 통하여 고용과 가사가 조화될 수 있도록 여건을 만들어 주어야 한다(기든스, 1998 : 186-187).

둘째는 복지다원주의(welfare pluralism)이다. 복지다원주의란 복지의 주체를 다원화하자는 것인데, 기존의 중앙정부중심의 복지공급을 지양하고 비영리부문(제3부문), 기업, 지방정부 등도 그 주체로 삼자는 게 요지다.[17] 기든스는 먼저 사회보험을 세계 최초로 시행한 독일에서 이미 제3부문의 집단과 단체로 이루어진 복잡한 조직

16) 기든스(1998 : 183-184)는 영국의 높은 실업률이 무제한적으로 지속되는 후한 실업급여, 그리고 배제현상으로서 노동시장 하층부에서의 빈약한 학력과 관련이 있다고 보고 있는데, 저학력은 그렇다 치더라도 관대한 실업급여가 고실업의 원인이라고 한 것은 납득하기 어렵다. 실업급여의 고지출은 고실업의 결과이지 원인이 될 수 없기 때문이다. 고복지가 기업의 경쟁력과 효율성을 저하시켜 기업의 활력을 떨어뜨리고 그 결과 실업률이 높아진다는 신자유주의의 주장을 받아들인다 하더라도(여기에도 문제가 있지만) 고복지 유발요인으로 연금이나 의료보장비를 지목한다면 모르지만 실업급여는 아니다. 고실업급여는 고실업의 결과일 뿐 원인이 될 수 없다.

17) 복지다원주의라는 용어는 1978년에 출간된 울펀든 보고서(Wolfenden Report, The Future of Voluntary Organi- zation)에서 처음으로 사용되었다. 당시 캘러헌 노동당 정부는 막대한 정부 재정지출을 줄이기 위해 다각도로 노력하고 있었는데, 그 일환으로 중앙정부의 재정적 책임을 완화하기 위해 이러한 전략을 제시했던 것이다. 복지다원주의가 국가의 핵심 복지이념의 하나로 자리 잡은 것은 대처 보수당 정부 시절이었다. 대처정부는 사회복지서비스 부문의 '개혁' 방향을 비용이 많이 소요되는 시설보호를 지양하고 지역사회보호(community care)를 확대하는 데 두었으며, 그 이념으로 복지다원주의를 표방하였다. 복지다원주의가 사회복지서비스 개혁의 기본 이념으로 확실히 자리 잡은 것은 1989년에 발표된 그리피스 보고서(Griffith Report)였다. 동 보고서는 지역사회보호에 나타난 '사회보장의 부작용', 즉 시설보호 대상자로서 공공부조 급여를 받는 경우 급여규정상 최고액의 수당을 받게 되는 경향을 바로잡기 위해 작성되었는데, 시설보호 대신 거택보호를 권장하고, 기존의 공적 사회복지시설을 민영화하며, 민간시설을 지원하는 것 등의 정책안을 담고 있었다(Johnson, 1990 : 164). 대처정부가 복지다원주의에 주목한 이유는 노인인구가 급증(1971~1981년 75세 이상 노인인구가 20%나 증가)하여 노인복지대책의 중요성이 더욱 커진데다가, 가족·시장·민간 등 세 부문의 공동책임을 지향하는 지역사회보호가 신자유주의 이념과 잘 맞아떨어졌기 때문이다(Lewis, 1994 : 147-149).

을 이용해왔다는 사실을 상기시킨다. 제3부문이란 시민사회 내부의 자발적 단체, 예컨대 시민단체, 종교단체, 직업집단, 지역공동체 등을 말한다. 그러면서 이들 제3부문은 물론 기업과 지방정부의 복지역할을 다음과 같이 촉구하였다.

> "적극적인 복지사회에서의 사회투자국가는 어떤 것인가? 적극적인 복지로서 이해되는 복지에 대한 경비는 전적으로 국가를 통해서가 아니라 기업을 포함한 다른 기관들과의 결합을 통해 작동하는 국가에 의해 생성되고 분배될 것이다. 여기서 복지사회는 단지 국가뿐만 아니라 그것의 위와 아래로까지 확장된다. 예를 들면, 환경오염의 규제는 정부 혼자만의 문제가 될 수 없다", "제3부문 기관들이 … 좀 더 적극적인 역할을 수행해야 한다. 혜택의 하향식 배분은 좀 더 지방적인 차원에서 분배되도록 바뀌어야 한다. 더욱 근본적으로는 복지제공의 개선이 시민사회의 적극적인 발전을 위한 프로그램과 통합되어야 함을 인식하여야 한다"(기든스, 1998 : 178, 189).

셋째는 의식전환이다. 기든스에 의하면, 복지국가는 자원보다는 위험성을 공동부담하는 것이다. 복지를 개혁하려면 위험성에 관하여 분명히 인식해야 한다. 효과적인 위험성 관리는 위험성을 최소화하거나 그것에 대하여 보호하는 것만을 의미하지는 않는다. 그것은 또한 위험성의 긍정적·활력적 측면을 이용하고, 위험의 감수에 대해 자원을 제공하는 것을 의미한다. 적극적인 위험의 수용은 기업가들이 중시해왔다. 벤처기업가 정신이 좋은 예이다. 그런데 기든스는 이런 위험을 두려워하지 않는 정신이 노동자에게도 필요하다는 것을 지적한다. 즉, "혜택을 포기하고 직업을 찾는 것, 혹은 특정한 산업에서 일자리를 얻는 것은 위험성으로 고취된 활동이다. 그러나 이러한 위험수용은 개인에게, 좀 더 넓게는 사회에게 종종 이익을 준다"(기든스, 1998 : 177)는 것이다.

이상과 같은 복지에 대한 블레어식 접근의 이면에는 복지지출이 경제적 경쟁력, 즉 성장에 직접적인 부담일 뿐이라는 신자유주의적 가정이 깔려 있으며, 블레어가 강조하는 복지국가의 재편이란 비용 삭감 이외에도 수혜자의 의존성향을 줄이고 개인의 책임을 더 강조하는 의지가 함축되어 있다. 그리고 그에게 사회정의는 재분배와 불균등 교정을 강조한 평등주의적 성향이 아니라 최소기준과 기회균등을 확보하는 데 초점을 둔다. 자유시장에 대한 무조건적 신뢰는 아닐지라도, 공공부문과 공공지출 또는 혼합경제에 대한 뿌리 깊은 불신이 엿보인다. 만약 개인이 자유로운 선택을 할 수 있다면, 그 결과가 아무리 불평등하더라도 사회정의가 훼손된 것은 아니며, 정부의 역할은 그런 선택의 기회를 모두에게 보장하는 일에 한해야 한다(고세훈, 1999 : 487, 490-491).

결국 제3의 길에서 말하는 적극적 복지는 베버리지의 지양이다. 기든스는 베버리지의 5대 악(궁핍, 질병, 무지, 불결, 나태)에 대한 전쟁이 소극적인 복지를 중시한 것이라고 본다. 적극적인 복지는 베버리지가 제기한 이러한 소극적 요소들을 적극적인 것으로 대체시키는 것이다. 궁핍 대신에 자율성을, 질병 대신에 건강을, 무지 대신에 교육을, 불결 대신에 안녕을, 나태 대신에 진취성을 강조하자는 것이다(기든스, 1998 : 189).

그러나 제3의 길에 대한 반론도 적지 않다. 제3의 길에 대해 비판적인 영국의 좌파들은 1998년 홉스봄(E. Hobsbawm)과 홀(S. Hall)이 중심이 되어 한 권의 책(『The Third Way is Wrong』 우리나라에서 '제3의 길은 없다'라는 제목으로 번역되었다)을 발간하였는데, 여기에 이들의 입장이 집약되어 있다. 이를 정리하면, 다음과 같은 세 가지로 요약될 수 있다.

첫째, 블레어 정부가 평등에 대해 무관심하다는 것이다. 다시 말해서, 사회적 불평등은 가장 격렬하게 시장화가 이루어진 시기 이후에 나타난 상황이고, 전통적으로 노동당은 평등의 확대를 핵심강령으로 삼아왔음에도 블레어의 신노동당은 불평등의 감소를 위해 노력하지 않고 있으며, 블레어는 자신의 복지개혁이 베버리지의 정신을 계승하고 있다고 주장하지만, 실제로는 전혀 그렇지 않다는 것이다(홉스봄 외, 1999 : 67, 69).

좌파에 의하면, 신노동당이 이따금 공정성 함양과 기회의 평등 운운하지만, 평등 그 자체에 대해서는 함구하고 있고, 소득 · 부 · 생활양식 · 기회 · 교육의 불평등이 더욱 심각해지고 사회적으로 위험수위에 이르고 있음에도 이런 핵심적인 가치에 대해서 공공연히 소극적인 태도를 보인다고 비판한다. 그리고 블레어는 기업들이 창출한 부를 직원들과 나누어 가질 것으로 기대하지만(계급협조론) 과연 그럴까 하고 반문한다. 제3의 길은 날로 심각해지는 사회적 불평등을 똑똑히 보면서도 보다 평등한 부의 분배와 평등한 삶의 기회분배를 가로막는 구조적인 이해관계들이 존재할 수 있다는 사실을 인정하기를 거부한다고 비판한다(홉스봄 외, 1999 : 58, 184).

둘째, 블레어 정부가 복지(welfare)보다는 근로(work)를 너무 중시한다는 비판이다. 블레어의 워크페어(workfare)는 조세와 복지지출의 동결을 통한 노동력의 재상품화, 즉 시장에의 재편입이다. 토니 블레어 정책의 저변에는 모든 개인적 · 사회적 문제의 해결책은 일에 있다는 믿음이 깔려 있으며, 강력한 청교도적 직업윤리를 강조하고 있다는 것인데, 다음과 같은 지적이 그것이다.

> "당신에게 돌보아야 할 아기가 있다 해도, 당신이 장애인이라 해도, 당신이 겨우 입에 풀칠이나 할 정도의 최소임금을 받아야 할지라도, 당신은 일을 해야 한다."
>
> "일하는 복지는 거동할 수 있고 사회보장제도의 혜택을 받고자 하는 사람은 누구나 자식들을 떼어놓고 일하러 나가야 하고(자녀들의 비행은 전적으로 그 부모의 책임이라고 하면서), 병상에서 일어나야 하고, 무능력을 극복해야 하고, 퇴직과 실직 상태에서 원상태로 돌아와야 한다고 요구한다. 빈민수용소(workhouse)가 생긴 이래로 노동의 가치가 이렇게 격렬하게 단 하나의 목적에 의해 결정된 적은 결코 없었다"(홉스봄 외, 1999 : 66, 107).

사실 워크페어는 블레어 복지정책의 근간이라 하지 않을 수 없다. 블레어의 신노동당은 보수당에 대한 민심이반 때문에 어느 때보다 집권 가능성이 높았던 상황에서 중간계급이 노동당의 과세정책과 복지정책에 대해 일종의 두려움을 갖고 있다고 판단했고, 이에 입각하여 복지정책의 자유주의적 개혁을 제3의 정치의 핵심강령으로 제시하였다. 물론 워크페어란 세계화시대에 걸맞은 적극적이고 자발적인 주체를 육성한다는 명분을 제시하고 있다. 하지만 실제로는 구조적 모순에 대한 해결의지를 상실하고 있으며, 국가의 보호에서 벗어나 세계적 차원의 경쟁 앞에 홀로 선 '고독한 개인'을 양산하고 있다. 따라서 복지의 시장중심적 재편은 가진 자에게는 기득권의 보호를, 가능한 소수에게는 무한한 기회를 의미하지만, 불가능한 다수에게는 절대빈곤의 악순환을 의미하는 것이다(노대명, 1999 : 272).

셋째, 블레어 프로젝트가 실천력이 없다는 것이다. 제3의 길은 '새로운 종류의 정치'라고 과대 선전되어 왔을 뿐이라는 지적이다. 제3의 길은 모든 문제를, 현존하는 일체의 양 극단들 사이에서 그것의 신비로운 중간경로를 발견함으로써, 해결할 수 있다고 강조한다. 그렇지만 미디어를 매개로 제3의 길을 더욱 세밀하게 관찰하면 할수록 점점 더 그것은 문제를 해결하는 길이 아니라 문제들을 부드럽게 우회하는 방식처럼 보인다는 것이다. 그리고 블레어는 끊임없이 '가치들'에 주목하라고 한다. 약자를 강력하게 지원하는 공동체, 즉 포용성 있는 사회를, 그와 더불어 도전에 과감하게 맞설 수 있는 가치를 감동적으로 표현한다. 그러나 이를 실천의 장으로 옮기지는 않고 있다. 제3의 길의 공식들은 모호하고, 우유부단하며 유동적이다(홉스봄 외, 1999 : 55-59).

결국 블레어 프로젝트는 대처의 신자유주의와 별 차이가 없다는 것이다. 1997년 총선에서 노동당이 승리했을 때 프랑스 피가로 지는 "메이저는 패했지만 대처는 승리했다"고 했고, "토니 블레어가 선택받은 것은 대처의 보수혁명에 손을 대지 않는다는 것을 맹세했기 때문"이라고 설명한 바 있다(조선일보, 1999. 4. 19). 그리고 영국의 좌파는 블레어를 "바지 입은 대처"라 했으며, 블레어 정부가 자본주의에 대한 극복이라는 좌파 고유의 전망을 포기했고, 정치권력의 문제를 상징 조작의 여론정치로 환원시켰으며, 국제적 연대의 틀을 파기했고, 보편적 복지개념을 저버렸으며, 우파 특유의 시장중심 주의적 사고를 수용했다는 점에서 블레어는 영국 좌파가 스스로 우경화함으로써 만들어낸 타협안에 불과하다고 비판한다(노대명, 1999 : 267). 다음과 같은 홀의 지적이 이런 비판을 집약하고 있다.

> "블레어 프로젝트는 여전히 본질적으로 대처리즘을 바탕으로 해서 기본 구조를 세웠으며, 대처리즘에 의해서 규정되는 지형 위에서 작동하고 있다. 대처 여사는 프로젝트를 가지고 있었다. 그것을 우리에게 적응시키려고 하는 것이 바로 블레어의 역사적 프로젝트이다."
>
> "우리 시대의 위기에 대해 진정으로 현대적인 대응을 다시 만들어내야 할 좌파의 임무는 대부분 폐기되어버렸다. 세계적인 차원에서도, 국내 차원에서도 대처리즘이 만들었던 '전환(turn)'의 광범위한 바로미터들은 근본적으로 수정되거나 역전되지 않고 있다. … 블레어는 가사 몇 마디는 외운 것 같다. 그러나 애석하게도 그만 악보를 잊어버리고 말았다"(홉스봄 외, 1999 : 82-83).

같은 맥락에서 블레어가 자신을 영국의 최고 경영자(CEO), 각료를 기업의 경영자, 국민을 자기 회사 고객들로 인식하고 있는 것도 신자유주의적인 사고이다. 블레어가 머릿속으로 그리는 국민과의 관계는, 자신은 경쟁력 있는 서비스를 제공하고 국민은 그 서비스를 사고, 그리고 자신은 권력을 향유하는 것이다. 신노동당은 영국을 '세계적인 기업 영국주식회사'로 간주하고, 정부를 하나의 기업처럼 운영하려 한다. 이렇게 되면 시민들은 기업, 정부의 소비자로 전락한다. 시민권을 가진 국민이 아니다. 시민권은 국가에 대해 소유권과 자격을 주장하는 권리이다(홉스봄 외, 1999 : 248-249). 또한 시민은 국가로부터 '해방되어' 홀로 세계적 기후의 위험요소들에 대항하는 고독한 개인이 된다. 헤아릴 수 없이 많은 위험에 대해 개별적으로 대비하고, 모든 예측불허의 사태 - 출생, 실업, 무능력, 질병, 퇴직, 그리고 죽음 - 에 대비해서 각자 보험에 가입해야 하는 그런 개인이 되는 것이다.

반면에 블레어 지지자들은 이런 비판에 대해 매우 비판적이다. 영국 좌파 중 누구도 제3의 길에 맞설 대안을 제시하지 못하는 상황에서, 우파세력을 완전히 무력화시킨 블레어가 우파에 굴복했다고 비난하는 것은 어처구니없다는 것이다. 현실적으로 중도좌파 세력은 신자유주의하에서 심화된 불평등에 대한 시민들의 불만과 분노를 토대로 집권하였고, 여전히 평등, 복지, 국가의 역할에 대한 신념을 갖고 있다고 주장한다(노대명, 1999 : 268).

블레어 옹호론의 대표자는 멀건(Geoff Mulgan)이다. 그는 홉스봄이나 홀과 같은 대학교수들은 상아탑 속의 학자 입장에서 넋두리를 늘어놓기보다는 실천적인 해결방안을 제시해야 한다고 주장한다. 냉소적 · 고립적 · 대항적인 자세를 지양하고 건설적인 대안을 내놓으라고 다음과 같이 지적하고 있다.

> "오늘날 많은 마르크스주의 그리고 포스트 마르크스주의 좌파들은 대안전략을 제공하는 데 그다지 관심이 없는 듯하다. … 기껏해야 우리는 그들의 대안적 프로그램들이 무엇인가에 관해 희미하게 감지할 수 있을 따름이다. 결국 그 대안이란 조금 더 나은 케인스주의, 조금 더 나은 재분배, 조금 덜한 자본주의를 의미한다. 그러나 어떠한 엄밀성 · 명확성도 없이 혹은 그것들이 왜 중요한가에 대한 어떠한 이해도 없이 그러한 주장들이 제기되고 있다"(홉스봄 외, 1999 : 94).

> **제3의 길**
>
> - 제3의 길이란 고복지-고부담-저효율로 요약되는 사회민주적 복지국가 노선(제1의 길)과 고효율-저부담-불평등으로 정리되는 신자유주의적 시장경제 노선(제2의 길)을 지양한 새로운 정책노선으로서 시민들의 사회경제생활을 보장하는 동시에 시장의 활력을 높이자는 영국 노동당의 새로운 프로젝트를 말한다.
> - 소극적 복지 대신 적극적 복지를 지향한다.
> - 적극적 복지는 사회투자국가, 복지다원주의, 의식의 전환으로 요약된다.

5 마르크스주의

마르크스(Marx, 1818~1883)[18]가 활동할 무렵인 19세기 중・후반에는 근대적인 사회복지정책(1880년대 독일의 비스마르크 사회입법)이 등장하기 전이었다. 따라서 오늘날과 같은 사회복지정책에 대한 마르크스의 정확한 입장은 확인할 길이 없다.

그러나 자본주의 체제와 자본주의 국가에 관한 마르크스의 견해로부터 유추해낼 수는 있다. 주지하듯이 그에게 자본주의는 프롤레타리아트에 의해 지양되어야 할 착취체제였으며, 자본주의 국가는 부르주아지의 계급적 이해를 수호하기 위한 위원회에 불과했다. 따라서 자본주의 국가가 행하는 일체의 활동은 사회주의 혁명에 이로울 리가 없다. 사회복지정책도 예외가 아니다. 이 말은 사회복지정책이 비록 노동자계급이나 빈민을 위한 것이라고 하더라도 부르주아 국가가 시행하는 한 구조적으로 부르주아지의 계급이해에 반하는 것이 될 수 없고, 따라서 노동자계급은 이를 수용해서는 안 된다는 것을 의미한다.

이런 추론은 마르크스와 사상적 동일체라 할 수 있는 엥겔스(Engels, 1820~1895)가 살아 있었을 때 그로부터 직접 지도를 받은 독일 사회민주당 지도부가 비스마르크 사회입법에 대해 취한 입장을 통해 확인된다.

18) 독일 라인란트팔츠 주 트리어에서 태어나 본 대학에 입학, 베를린 대학으로 전학한 후 법률・역사・철학을 공부하고 박사학위를 취득했다. 잘 알려져 있듯이 과학적 사회주의를 창시했다. 1848년 '공산당선언'을 작성했으며, 주저 『자본론』 제1권을 영국 망명시절(1867년) 발간하였다.

1880년대에 도입된 일련의 사회입법에 대해 당시 독일의 사회민주당 지도부는 '실질적으로' 노동자의 생활을 개선할 수 있는 사회보험은 '원칙적으로' 찬성한다고 하면서도 비스마르크의 사회보험은 그 내용이 노동자에 대한 동냥에 불과할 정도로 워낙 조악하기 때문에 반대하지 않을 수 없다고 주장했다(Rimlinger, 1971 : 123). 나아가 그들은 비스마르크 사회보험을 노동자들을 올바른 길에서 이탈시키려는 지배계급의 술수(비스마르크 사회보험을 '미끼'로 간주) 또는 프롤레타리아트의 혁명성을 무력화시키려는 전술적 책략으로 간주했으며, 자신들의 임무는 바로 이런 음모를 폭로하는 데 있다고 확신했던 것이다.

그러나 그렇다고 해서 이들이 무조건적으로 사회복지정책을 거부한 것은 결코 아니었다(당시 무조건적으로 사회보험을 반대했다면 상당수의 노동대중으로부터 사민당은 외면당했을 것이다). 그들은 위로부터 주어지는 개량주의적 사회복지정책은 단호히 반대했지만, 노동자계급이 자주적으로 얻어내고 또 내용적으로 진보적인 사회복지정책은 분명히 요구하였다. 예컨대 1891년의 에어푸르트강령[19]에서 그들은 완전무료의 의료 및 노동자가 참여하여 결정권을 갖는 사회보험과 그에 대한 연방의 관할권과 같은 사회복지정책의 개혁을 요구한 바 있었다.

그리고 사회주의자들은 사회보험에 대한 노동자들의 재정부담을, 특히 반대하면서 국가와 자본가계급만의 부담을 요구했는데, 그 이유는 다음과 같은 데 있었다(Rimlinger, 1971 : 126).

첫째, 노동자의 임금은 겨우 생계를 유지할 정도에 불과하기 때문에 보험료를 부담할 능력이 없다. 둘째, 노동자 생계의 불안정은 자신의 잘못이 아니라 자본가의 이익에 봉사하는 자본주의 체제의 잘못에 기인하기 때문에 노동자는 보험료를 낼 필요가 없다. 셋째, 재정이 노동자의 임금에서 충당되어야 한다면 급여의 수준은 결코 충분할 수가 없다. 넷째, 사용자의 부담이 커지면 커질수록 자본주의는 빨리 붕괴할 것이다.

---

19) 궁핍화론과 자본주의의 붕괴론과 같은 마르크스주의적 명제를 수용한 사민당의 새로운 강령이다.

자본주의 국가의 사회복지정책을 이렇게 냉소적으로 보는 입장은 19세기 말에서 20세기 초까지 유럽과 미국의 공산주의자들에게 공통적이었다. 예컨대 1910년대 미국의 사회보험 도입을 놓고 벌어진 논쟁에서 노동운동 좌파는 사회보험이 노동자계급의 전투성을 약화시킨다고 해서 그 도입을 반대했고, 1911년 영국 자유당 정부의 국민보험에 대하여 사회주의 좌파는 위로부터의 개혁인 권위주의적 복지주의(the authoritarian version of welfarism)일 따름이라고 부정했으며, 1935년 미국의 루스벨트 사회보장법에 대해 사회주의 좌파는 사회주의 혁명을 성취할 수 있었던 황금 같은 기회를 무산시키는 자본가들의 책략이라고 보았던 것이다. 당시까지도 마르크스를 신봉한 사회주의자들은 여전히 사회주의 혁명의 가능성을 믿고 있었기 때문에, 사회복지정책을 노동자계급의 혁명적 의식을 약화시키는 해독제로 여길 수밖에 없었다.[20] 그리고 오늘날로 보면, 사회복지정책의 대상자들에 속할 계급이나 집단에 대한 마르크스의 태도를 통해서도 마르크스의 사회복지정책에 대한 관념을 엿볼 수 있다.

사회보험의 핵심 대상자인 노동자계급에 대한 마르크스의 입장은 너무나 잘 알려져 있듯이 매우 긍정적이다. 마르크스에 있어 프롤레타리아트는 사회적 생산의 체계에서 핵심적 위치를 점하며, 기초적인 사회적 부의 생산자이다. 또한 역사상 가장 진보적인 계급으로서 사적 소유의 폐절과 사회주의 혁명을 이끌어 낼 역사적 사명을 가진 존재였다.

반면에 마르크스는 자본주의 생산과정에 진입하지 못한 과잉인구 또는 산업예비군으로서 부랑자, 범죄자, 매춘부로 구성된 룸펜 프롤레타리아트(lumpen proletariat) 를 프롤레타리아트와 구별해 매우 부정적으로 평가했다.

룸펜 프롤레타리아트란 구체제(봉건체제)의 최하층으로부터 떨어져 나온, 수동적으로 부패하는 대중으로서 자본주의의 비인간적 본질의 증거이다. 자본주의는 인간의 사회적인 노동으로부터 밀려나온 '부랑자들'을 끊임없이 창출한다. 이들은 자신의 아주 낮은 사회적 지위 때문에 착취체제 및 억압계급에 대해 적개심을 느끼

20) 하지만 1차 세계대전 이후 유럽의 사회주의 계열 정당들은 혁명적 마르크스주의 이론이나 자본주의 체제변혁의 의지를 포기하였으며, 자본주의 체제 내에서도 노동자의 처지는 개선될 수 있다는 수정주의가 당내 주류로 자리를 잡았다. 그에 따라 이들 정당들은 사회보험을 노동자계급의 복지를 실질적으로 증대시킬 수 있는 매우 중요한 전략으로 채택하였다.

지만, 사회 전체에 대한 적개심이 더 전형적이다. 이들은 세계문화의 업적들을 존중하지 않으며, 이들의 이상은 원시적인 재분배와 저급한 평균주의적 사이비 공산주의를 넘지 못한다.

그리고 프롤레타리아트는 생산체제 안에서의 위치 때문에 훈련되고 조직되는 계급이지만, 룸펜 프롤레타리아트는 비조직적일 수밖에 없으며, 사회의 반동적 선동(demagogy)에 쉽게 반응하고 영합한다. 따라서 반란과정에서 무모한 행동을 일삼는다. 이들의 폭동은 혁명적 방식으로 전개되지도 않을뿐더러 역사적인 전망도 없다. 이들은 프롤레타리아 혁명에 쉽게 휩쓸리지만 혁명운동을 분쇄하기 위한 지배계급의 반동적인 음모에 매수되어 이용당하기가 훨씬 쉽다(국제노동계급운동연구소, 1989 : 330-331).

실제로 이들 룸펜 프롤레타리아트는 19세기 유럽에서 발발했던 여러 혁명에서 힘있는 자를 위해 너무나도 쉽게 자신들을 팔아버렸다. 지배계급에 매수된 이들은 혁명대열에서 이탈하여 지배층의 저택을 지키거나, 혁명군의 바리케이드를 파괴하거나, 혁명이 실패로 끝난 후 혁명군을 밀고하거나 하는 비열한 행위를 마다하지 않았던 것이다. 한마디로 반혁명의 앞잡이 노릇을 했던 것이다. 엥겔스는 이들을 사회의 찌꺼기(social scum)라 불렀다. 자본주의 사회의 계속되는 실업과 그로 인한 생존압박은 언제든지 노동자계급으로부터 이탈하여 지배계급의 타락한 앞잡이가 되는 룸펜 프롤레타리아트를 만들었다.

마르크스는 또 룸펜 프롤레타리아트와 빈민구제 대상인 극빈층을 구별했다. 이들은 "현역 노동자군의 병원이며 산업예비군의 주검 무더기이다." 마르크스는 이들을 노동자계급의 최하 침전층(the lazarus layers)이라고 부르기도 했으며, 노동자계급 중 생존조건(노동력의 판매)을 상실해 국가의 구호품으로 연명하는 층이라고 규정했다. 전술한 룸펜 프롤레타리아트가 자본주의의 존립을 위해 필요한 하나의 조건이라면, 이들 극빈층은 자본주의의 조건이 아니라 그 결과, 즉 하나의 불량품으로 전락한 층이라는 점에서 서로 다르다(드레이퍼, 1986 : 317-339).

마르크스는 그의 생전에 유럽에서 크게 유행했던 이른바 사회개량주의에 대해서도 매우 부정적이었다. 그는 '박애주의자, 인도주의자, 노동자계급 처지 개선론자, 자선사업가 등 잡다하기 그지없는 좀스러운 개혁가'를 부르주아 사회주의자라 불렀고, 이들은 부르주아 사회의 존립을 보장하기 위해 사회적 폐해를 제거하고자 할 뿐이라고 했다. 즉, "물질적 생활상태의 변화를 오직 혁명적 방식으로만 가능한 부르주아적 생산관계들의 철폐로 이해하지 않고, 생산관계들의 토양 위에서 행해지는, 따라서 자본과 임금노동의 관계는 조금도 변화시키지 않으면서 기껏해야 부르주아지의 지배비용을 감소시키고 그들의 국가운영을 간소화시킬 뿐인 행정적 개선으로만 이해"하는 보수적 사회주의자라는 것이다(공산당선언 참조. 마르크스 · 엥겔스, 1991 : 427-428).

그러나 마르크스가 자본주의 국가의 사회복지정책에 대해서 무조건 부정적으로만 본 것은 아니라는 견해도 있다(Mishra, 1981). 19세기 중반에 있었던 영국 노동자계급의 노동시간 단축투쟁, 즉 공장법 투쟁에 대한 마르크스의 생각을 그 근거로 들고 있다. 마르크스는 그의 대표작 『자본론』에서 공장법에 대해서 상당 부분 할애하여 기술했는데(절대적 잉여가치의 생산부분에서), 공장법을 "생산과정의 자연발생적 모습에 대한 최초의 의식적이며 계획적인 사회적 반작용"으로서 "자본의 착취권에 대한 간섭"이자 "자본에게서 쟁취한 최소의 빈약한 양보"[마르크스, 1989(I 하) : 605, 614-615]라고 했다. 그에 있어 공장법은 노동자계급이 치열한 계급투쟁을 통해 자본의 논리를 굴복시키고 얻어낸 양보였던 것이다.

이런 점에서, 계급운동의 최종목표를 개량에 둔 라살레주의적 사회복지정책은 혁명적 마르크스주의에서 보면 노동자들의 반자본주의적 전투력을 약화시키는 이데올로기적 · 정치적 역할을 수행하지만, 사회의 근본적 변혁을 지향하는 계급투쟁에 의해 양보된 사회복지정책은 개량주의적인 것이 아니다. 노동자계급은 마르크스가 말한 대로 "경제투쟁(개량투쟁 : 필자)을 통하여 이미 만들어낸 개개의 힘을 통일시킴으로써 그것을 착취자의 정치적 권력에 대한 그들의 투쟁에서 지렛대로" 활용할 수 있다(맑스, 1988 : 93). 요는 "개량을 어느 계급이 자신에게 유리하게 활용하는가?"하는 것이다.[21]

---

21) 구 소련과학아카데미 국제노동자계급운동연구소의 의장인 포노마레프(Ponomarev)가 했던 말과 같이, 개량은 최종적 승리에 이르지 못한 혁명투쟁의 부산물일 수 있으며, 노동자계급의 처지 개선과 민주주의적 권리 및 자유를 확대시키며, 일정한 조건들 아래 개량은 혁명을 준비하고 결정적인 전진을 위하여 노동자계급의 세력을 동원하는 데 중요한 요인일 수 있다(국제노동자계급운동연구소, 1989a : 34).

그리고 공장법 투쟁에 대한 마르크스의 입장은, 부르주아 사회복지정책에 한계가 있다 하더라도 노동자계급은 혁명이 도래할 때까지 '팔짱만 끼고' 있을 게 아니라, 부르주아 사회 내에서 사회주의적 가치와 제도를 점진적이지만 꾸준히 확립해 나가야 한다는 것을 말해주고 있다(Mishra, 1981 : 72).

다른 한편 마르크스가 사회주의를 분배의 문제에 국한시킨 라살레주의자들을 비판한 글에서 근대적인 사회복지정책과 전근대적인 구빈정책을 구분했고, 또 그 기능에 대해서도 언급한 바 있는데, 이를 통해 그의 사회복지정책에 대한 이론적 입장을 다소나마 확인할 수 있다.

마르크스에 의하면, 노동소득을 노동의 생산물이라는 의미로 해석할 때, 집단적 노동소득은 사회의 총생산물이 된다. 총생산물 중 개인에게 분배되기 전에 자본의 필요에 의해 1차적으로 다음과 같은 것들이 공제된다.

첫째, 소비된 생산수단을 보충하는 데 필요한 부분, 둘째, 생산을 확장하기 위하여 추가될 부분, 셋째, 불의의 사고나 자연재해 등에 대비한 예비금 또는 보험금이다.

총생산물의 나머지는 소비재로 사용되는데, 그것은 각 개인에게 분배되기 전에 다음과 같은 것들이 다시 공제된다(마르크스 · 엥겔스, 1988 : 170-171).

① **생산과는 직접 관계없는 일반 관리비** : 이 부분은 요즘 사회와 비교하면 곧바로 아주 뚜렷하게 한정될 것이며, 새로운 사회가 발전함에 따라 더욱더 줄어들 것이다.

② **학교나 보건시설 등과 같은 수요를 공동으로 충족시키는 데 쓰이는 부분** : 이 부분은 요즘 사회와 비교하면 곧바로 뚜렷이 증가될 것이며, 새로운 사회가 발전함에 따라 더욱더 늘어날 것이다.

③ **노동능력이 없는 사람 등을 위한 기금** : 요컨대 공공빈민구호에 해당되는 기금

개인에게 분배되기 전에 공동으로 사용되는 소비재란 사회적 소비재를 의미한다. 이러한 사회적 소비재 중 두 번째의 학교나 보건시설과 같이 수요를 공동으로 충족시키는 비용은 사회적 소비(social consumption), 즉 노동력 재생산비용의 감소를 위한

지출에, 세 번째의 노동능력이 없는 사람을 위한 기금은 사회적 지출(social expenditure), 즉 사회적 조화의 유지 및 정당화 기능을 수행하는 데 필요한 지출에 각각 대응된다. 오늘날 사회적 소비의 예로는 국가의 보건의료정책과 교육정책을 들 수 있고, 사회적 지출의 예로는 공공부조를 들 수 있다.

마르크스는 이 모든 것을 공제한 후에야 비로소 개인들을 위한 '분배'에 이르게 됨에도 라살레주의자들은 편협하게도 분배를 생산양식으로부터 독립된 것으로 간주함으로써 이 분배에만, 다시 말해서 집단 내의 생산자 개개인에게 분배되는 '소비재 부분'에만 관심을 두었으며, 따라서 사회주의는 주로 분배문제에 중점을 두는 것처럼 왜곡했다고 격렬히 비난하였다(마르크스 · 엥겔스, 1988 : 171, 174).

마르크스주의

- 사회복지정책이 비록 노동자계급이나 빈민을 위한 것이라고 하더라도 부르주아 국가가 시행하는 한 구조적으로 부르주아지의 계급이해에 반하는 것이 될 수 없고, 따라서 노동자계급은 이를 수용해서는 안 된다.
- 사회개량주의와 같은 보수적 사회주의는 자본주의의 폐절을 포기하고 부르주아 사회의 존립을 보장하기 위해 사회적 폐해를 제거하고자 할 뿐이다.
- 자본주의 국가의 사회복지정책은 노동자계급의 혁명적 의식을 약화시키는 해독제에 불과하지만, 계급투쟁을 통해 얻은 사회복지정책은 의미가 있다.

6 미국의 자유주의와 보수주의

앞에서 페이비언 사회주의, 국가개입주의, 신자유주의, 마르크스주의 사회복지사상에 대해 살펴보았다. 그런데 이런 구분은 매우 유럽적이다. 미국의 사회복지 이념은 이와 다르다. 미국은 전통적으로 자유주의(liberalism)와 보수주의(conservatism)가 대립했다. 자유주의는 민주당, 보수주의는 공화당의 이념이다. 민주당은 프랭클린 루스벨트 대통령이 케인스주의를 수용하고 뉴딜 사회보장을 도입한 이래 사회복지에 긍정적인 입장이었다. 하지만 클린턴 대통령이 제3의 길을 선택한 이후 신자유주의에 가까운 노선을 걷고 있다. 공화당은 시장경제를 신봉하고 공급사이드경제학에 따라 감세정책을 선호한다. 따라서 사회복지에 대해서는 부정적이다. 공화당은 더욱 보수화되어 극우성향마저 보이고 있다.

1) 자유주의

(1) 케인스주의

미국 민주당은 자유주의 정당이다. 자유주의는 개인의 자유를 가장 중시하고, 시민의 사회경제생활에 대한 국가의 개입을 싫어하며, 큰 정부를 원하지 않는다. 그런 민주당이 국가개입을 받아들인 것은 1929년 대공황 때문이었다. 대공황으로 무너진 시장경제와 피폐해진 시민의 삶을 회복시키기 위해서는 국가의 경제사회정책, 즉 뉴딜 외엔 다른 대안이 없었던 것이다.

루스벨트 민주당 정부의 경제정책과 사회복지정책의 이론적 근거는 케인스 경제이론이었다. 케인스는 고전경제학이 말하는 시장의 자기교정 기능, 즉 완전경쟁이 자동적으로 완전고용을 이룬다는 이론을 받아들이지 않았다. 그에 의하면, 경기후퇴는 기업의 투자에 대한 신뢰의 상실(수익보다는 위험에 초점) 때문에 발생한다. 투자에 대한 신뢰의 상실은 화폐 부족을 야기한다. 이의 해결을 위해서는 정부가 화폐를 더 많이 찍어 시장에 내놓아야 한다. 화폐정책(monetary policy)이 필요한 것이다(Krugman, 1994). 하지만 경기회복을 위해서는 화폐정책만으로는 부족하다. 민간부문이 소비를 늘리지 않기 때문인데, 수요부족문제를 해결하기 위해서는 정부가 직접 보조하는 사회보장(공공재와 공공서비스의 이전지출)을 시행해야 한다. 다시 말해, 수요 진작을 위해 정부지출을 늘려야 한다는 것이다.[22] 케인스는 경제문제에 적극적이고, 완전고용을 유지하는 정부가 좋은 정부라고 했다(Keynes, 1936).

민주당은 케인스의 이른바 수요사이드경제학(demand-side economics)을 미국 복지국가의 구조와 기초를 만드는 데 활용했다. 케인스주의를 수용한 민주당은 복지국가를 위해 증세에도 찬성했다. 특히 부자 증세를 강화하여 여기서 조성된 자금을 근로자와 빈민을

---

22) 단, 경기회복 이후에는 화폐 수요와 공급의 균형을 기해야 한다. 경제가 성장하고 완전고용이 실현된 시기에 화폐 공급량이 많으면 인플레를 야기하기 때문이다.

위해 사용해야 한다고 생각했다. 1935년 사회보장법은 민주당 자유주의 노선의 특징(the hallmark)이 되었다. 이런 친 사회보장 노선은 50년간 지속되었다.

(2) 제3의 길

그러나 오일쇼크 이후 경제위기로 케인스주의의 몰락과 함께 자유주의적 복지국가 노선은 동력을 잃었다. 1980년 대선에서 민주당 지미 카터가 공화당의 레이건에 패한 후 민주당은 워크페어를 강조하고, 복지국가를 후퇴시킨 이른바 제3의 길 노선을 채택했다. 신자유주의에 가까운 제3의 길은 1990년대 클린턴 정부부터 민주당의 주류 노선이 되었다.

민주당이 제3의 길을 수용한 것은 1989년 뉴올리언스선언(the New Orleans De-claration)부터이다. 뉴올리언스선언은 1980년대 후반에 조직된 민주당리더십회의(DLC : the Democratic Leadership Council)가 주도했는데, 지도자는 알 고어와 빌 클린턴이었다. 뉴올리언스선언에 담긴 민주당의 새로운 어젠다는 경제적 보호주의 반대, 친 대기업 노선, 대규모 사회복지지출(뉴딜) 반대였다. 이들은 뉴딜이 너무 관대하고, 글로벌 시대에 비용이 너무 많이 든다고 생각했다. 이런 점에서 뉴올리언스선언은 사실상 전통적 자유주의와의 결별선언이었다.

민주당 신 주류는 경쟁 상대인 공화당과 마찬가지로 정부의 사회복지프로그램 대신 개인의 책임, 근면, 자조를 강조하는 한편 근로자의 노동시장 참여(워크페어), 개인의 책임(실업급여 수급기간 제한), 가족의 책임(가족의 자녀부양의무 강조), 정부지출의 감소를 지지했다. 그리고 정부지출을 좋은 것과 나쁜 것으로 구분했다. 좋은 것은 교육, 연구, 교육훈련과 같은 인적자본에의 투자이고, 나쁜 것은 비생산적인 사회복지지출이다. 비생산적인 사회복지지출은 생산적인 인적자본에의 투자로 대체되어야 한다(Reich, 1983).

이들은 대기업에 대한 반대 입장도 수정하고, 자유무역과 규제 완화에 찬성했으며, 사회문제에 대해서도 소극적이거나 방임적인 태도를 취했다. 루스벨트 정부 이래 견지된 노동계와의 연대도 경계했다. 노동계의 반대에도 불구하고 클린턴 민주당 정부는 공화당과 함께 1996년 NAFTA(the North American Free Trade Agreement)와 GATT(General Agreement on Tariffs and Trade)에 찬성했다.

2) 보수주의

(1) 보수주의 경제학

미국 공화당은 전통적으로 자유시장경제학(free market economics)을 신봉했다. 자유시장경제학은 소비자와 판매자가 완전한 정보를 갖고 거래하고, 시장에의 진퇴는 완전 자유롭다고 가정한다(Lewis and Widerquist, 2001).

공화당과 보수주의자들은 1973년 오일쇼크로 촉발된 경기후퇴를 재정 적자, 고율의 세금, 과도한 정부규제 등 정부의 실패(failure of government) 탓으로 돌렸다. 보수적 경제학의 아버지 Milton Friedman(1962)은 경제성장 촉진을 위한 케인스주의 재정정책이 경제에 해롭고 경제적 불안정을 야기한다고 주장했다. 그는 공황이 사람들이 돈을 퇴장(저축 등)해서 발생하는 것이 아니라 돈의 폭포 때문에 생긴다고 했다. 그는 케인스 경제정책을 단순한 화폐적 규칙(simple monetary rules), 즉 통화주의(monetarism)로 대체해야 한다고 주장했다. 정부 역할은 물가안정과 보조를 맞추면서 화폐 공급을 유지하는 데 있다. 정부가 경제 안정을 위해 적극적으로 활동(화폐를 시장에 뿌리기)하기보다는 경기순환에 필요한 만큼의 화폐만 적절히 공급하면 된다(정부 활동의 축소). 복지지출은 경제적 목적을 위해 사용되어서는 안 되고 이타주의 목적(빈민구제)을 위해서 사용되어야 한다.

Friedman의 보수주의 경제학을 공급사이드경제학(supply-side economics)이라 한다. 공급사이드경제학은 감세정책을 지지했다. 감세가 노동 공급과 투자를 증가시키고 나아가 경제성장률을 높인다는 것이다. 감세는 경제를 활성화시킨다. 감세로 인한 정부 재정적자도 문제가 되지 않는다. 저축 증가와 경제적 성과가 그것을 상쇄할 것이기 때문이다. 공급사이드경제학은 1980년대 이후 보수적 경제학의 주류가 되고, 레이건 정부 사회복지 프로그램 삭감의 이론적 근거가 되었다.

그러나 대규모 감세에도 불구하고 부자들과 기업들만 이익을 보았을 뿐 기대한 경제적 성과는 나타나지 않았다. 대신 부자들은 사치품 구입에 열을 올렸고, 기업들은 기업 사냥에 몰두했다. 기업들은 감세로 생긴 자금을 해외 진출에 사용했다. 이는 미국 내 일자리를 줄였다. 정부 재정적자도 크게 증가했다. 그럼에도 공화당은 대규모 감세정책과 복지삭감정책을 포기하지 않았다. 연방정부와 지방정부는 예산 부족으로 곤란에 빠졌다. 경제적 불평등이 심화되고, 임금도 오르지 않았다.

한편 보수주의 경제학자들은 실업급여와 공공서비스 인력 인건비를 포함한 사회복지프로그램이 두 가지 점에서 해롭다고 주장한다. 첫째, 사회복지 프로그램은 근로의욕을 약화시킨다. 노동력이 없는 사람에게 경제적 지원을 하기 때문이다. 둘째, 투자를 줄인다. 사회복지프로그램은 조세로 재정이 충당되는데, 그만큼 민간시장에 투자될 자금이 감소한다는 것이다.

그리고 이들은 경제성장을 지지한다. 경제성장은 일자리, 소득, 상품과 서비스를 창출하기 때문이다. 모든 사람에게 이롭다. 투자는 번영의 열쇠이자 경제적 기계를 드라이브하는 엔진이다. 증세는 투자를 줄이고, 조세감면은 투자를 촉진한다. 또한 이들은 자기이익의 극대화를 지향한다. 자기이익은 시장에 참여하여 기여한 바에 따라 정당한 보상을 얻음으로써 실현된다. 가장 좋은 사회는 각자 자신의 선(이익)을 추구하는 사회이다. 자기이익의 추구가 상호이익과 사회적 선도 구현한다.

(2) 고전적 보수주의와 문화적 보수주의

미국 공화당의 보수주의는 고전적 보수주의(classic conservatism)에서 문화적 보수주의(cultural conservatives)로 구분된다. 고전적 보수주의는 록펠러, 닉슨, 골드워터(고전적 보수주의의 아이콘, 상원의원, 1964년 공화당 대통령 후보) 등 기업계의 전통적 보수주의자와 공화당 지도자가 주도한 노선이고, 문화적 보수주의는 존 매케인(상원의원, 2008년 공화당 대통령 후보)과 같은 공화당 신 주류의 노선이다. 고전적 보수주의자와 문화적 보수주의자 모두 작은 정부를 선호하고, 문화적 보수주의자도 전통적 보수주의의 사회정책과 관련된 주요 가치를 대체로 수용했다. 그러나 문화적 보수주의와 전통적 보수주의 간에는 사회적 이슈에 관한 분파적 이견이 분명히 존재한다.

첫째, 전통적 보수주의자는 철저한 헌법수호자를 자임하고 교회와 국가의 엄정한 분리를 주장한다. 종교는 개인의 선택의 문제이며 국가가 개입할 수 없다. 둘째, 전통적 보수주의자가 국제문제에 관심이 많은 것에 비해 문화적 보수주의자는 국내문제에 관심이 많다. 문화적 보수주의자는 성적 절제(금욕주의), 학교 내 기도, 낙태와 동성애 반대를 주장한다. 낙태와 동성애를 부도덕한 문제로 간주한다. 이런 점에서 이들은 종교적 근본주의에 가깝다. 셋째, 고전적 보수주의자는 문화적 보수주의자보다 더 자유주의적이다. 예컨대 골드워터는 전통적 보수주의자로서 경제적·사회적·정치적 자유, 즉 일반적 자유를 주창했다. 개인은 타인의 삶에 해를 끼치지 않는 한 자신의 삶을 향유할 권리가 있다고 했다. 이런 입장에서 그는 군대 내에서의 동성애를 지지했다.

공화당 내에서 전통적 보수주의와 문화적 보수주의의 분화는 1970년대 후반부터 시작되었다. 원래 공화당 보수주의자는 사회복지보다는 경제, 국방, 외교에 관심이 많았다. 일부가 정부의 사회복지정책에 대해 비판했지만 소극적인 데 그쳤다. 그러나 1970년대 후반부터 일군의 젊은 보수주의자들이 국내문제인 사회복지정책의 중요성에 주목하고, 전통적 보수주의가 사회복지에 근시안적임을 간파했다. 이들은 더 보수적인 입장에서 사회복지프로그램과 복지예산의 확장을 저지하고, 정부의 복지지출을 민간부문으로 돌릴 것을 요구했다(Steinfels, 1979).

문화적 보수주의자는 정부 사회복지프로그램에 매우 비판적이다. 이유는 집단 간 상호의무의 붕괴, 프로그램 작동에 대한 감시의 결여, 사회복지 수혜자의 의존성, 복지 비즈니스(민간영리조직)의 성장과 이익집단화(특히 전문직) 등이다. 그리고 이들은 고실업이 임금을 낮춰 경제에 이롭다고 생각했다. 소득불평등도 긍정적으로 보았다. 평등을 지향하는 사회정책이 개인의 자유를 제한하고 경제에 해를 끼친다는 것이 이유였다.

문화적 보수주의의 사회복지 어젠다는 다음과 같은 네 가지로 요약된다. ① 사회정책에서 자유주의 헤게모니를 끝장낸다. ② 공공부문을 민간부문으로 대체한다. ③ 사회복지프로그램 비용을 삭감한다. 사회복지 비용은 기업의 이윤 감소와 글로벌 경쟁력 잠식 요인이다. ④ 사회복지프로그램의 부활 가능성을 배제한다. 이를 위해 공화당 레이건과 부시 부자 대통령은 감세정책과 연방예산의 삭감을 통해 복지국가의 성장을 가로막았다.

(3) 우파 싱크탱크

사회복지에 관한 미국 보수주의자의 입장은 보수주의 학자의 체계적인 주장을 통해 구체적으로 파악할 수 있다. 예컨대 우파 싱크탱크로 유명한 스탠포드대 후버연구소(the Hoover Institution) 연구위원 Alvin Rabushka(1980)는 사회복지에 대한 미국 보수주의의 입장을 정리해 발표했다. 그는 개인이 필요로 하는 상품과 서비스를 정부에 기대할 이유는 없다고 하면서 복지개혁의 전략을 간단명료하게 네 가지로 요약했다. ① 복지수혜자가 서비스비용을 지불한다. ② 복지서비스를 민간계약에 맡긴다. ③ 법정 민간펀드를 발전시킨다. ④ 공공부문을 민간부문으로 대체한다.

후버연구소 선임연구위원이자 레이건 정부 국내정책자문관을 지낸 Martin Anderson (1980)은 사회복지에 대한 보수주의의 입장을 다음과 같이 정리했다. ① 욕구가 있는 사람만 대상으로 한다는 철학을 재확인한다. 국가정책은 이를 명시해야 한다. ② 복지 사기(fraud)를 제거하기 위해 노력한다. ③ 사회복지프로그램의 공평성과 명확성을 확립 · 강화한다. ④ 부적절한 사회복지수급자 케이스를 없애야 한다. ⑤ 부양의무가 있는 사람의 책임을 강화한다. ⑥ 사회복지행정의 효과성과 효율성을 제고한다. ⑦ 연방정부 책임을 주 정부와 지방정부 및 민간조직에 이양한다.

미국기업연구소(AEI : the American Enterprise Institute) 연구원 사회학자 Peter Berger와 신학자 Richard John Neuhaus는 미국 사회를 이론적으로 분석하였는데, 이들은 미국 문화가 직면한 문제점으로 큰 정부, 큰 비즈니스, 큰 노조, 큰 관료조직과 같은 거대구조(megastructures)와 그로 인한 개인주의 가치관의 약화를 꼽았다. 이들은 사회에 활력을 불어넣기 위해 이웃, 가족, 교회, 민간조직과 같은 중간조직(mediating structures)을 다시 활성화시켜야 한다고 주장했다(Berger and Neuhaus, 1977).

자유의회연구교육재단(the Free Congress Research and Education Foundation)의 William Lind와 William Marshner는 문화적 보수주의 노선에 따라 복지개혁을 주장했다. 이들은 미국의 전통적 가치, 즉 근면과 저축, 가족과 다음 세대에의 헌신, 교육과 훈련, 자기발전, 범죄 · 약물 · 성적 타락의 거부를 다시 강화해야 한다고 주장했다(Lind and Marshner, 1987).

CHAPTER

09 사회복지정책의 이론

1 수렴이론

수렴이론(convergence theory) 또는 산업화론(industrialization theory)은 경제발전이 상당한 수준에 도달하게 되면 사회복지가 유사한 형태로 수렴된다는 이론을 말하는데, 선진 자본주의 국가의 사회복지가 유사해질 뿐만 아니라 선진 자본주의 국가와 선진 사회주의 국가의 사회복지까지도 비슷해진다고 한다.

사회복지제도의 수렴에 있어서 중요한 요인은 기술발전(technological development)이다. 기술발전은 사회복지를 포함한 제반 제도를 유사하게 만든다. 체제를 떠나 기술이 국가발전의 원동력임을 인식한 국가(냉전하에서 우주공간을 놓고 벌인 미소 간의 경쟁이 좋은 예이다)는 기술발전을 조직하고 기획하며, 복잡한 기술개발에 필요한 환경구축을 지원하게 되는데, 기술개발에 필요한 환경구축의 하나로 사회복지가 활용되고, 그러다 보면 자본주의 국가는 물론 양 체제의 사회복지가 비슷한 형태를 갖추게 된다는 것이다.[1)]

자본주의 국가의 경우 기술발전이 주도하는 산업화는 새로운 사회적 욕구(social needs)를 유발시킨다. 산업화로 인한 도시화, 이혼의 증가, 지리적 이동, 핵가족화는 가족기능을 약화시키고, 이는 가족에 대한 지원을 필요로 한다. 동시에 산업화는 젊고 잘 교육된 노동력을 원하기 때문에 병자, 실업자, 편부모 가족, 노인 등은 고

---

1) Bell과 Kerr 등은 산업사회가 고도화되는 후기 산업사회에서는 사회발전이 이데올로기가 아니라 기술(technology)에 의해 결정된다는 이데올로기의 종언을 주장했다. 이들에 의하면, 자본가 대신 기술을 보유한 기술관료(technocrats)가 사회의 지배층이 된다. 기업의 예를 들면, 소유의 분산, 소유와 경영의 분리(경영자혁명)에 따라 전문경영자들이 회사경영의 실권을 장악한다는 것이다.

용문제에 직면한다. 이런 취약계층은 산업화로 인하여 전통적인 가족의 지원을 받을 수 없다. 결국 국가의 지원이 불가피해진다. 이는 곧 국가의 자비심이 동기가 되건 국가의 다소 자동적인 대응이건 산업화는 사회복지의 확대를 야기한다는 것을 의미한다.

그리고 산업화는 잘 교육받고 건강하며, 생활이 안정된 노동력, 나아가 자신이 속한 조직에 충성심이 강하고 사기가 높은 노동력을 필요로 하는데, 이는 복지 프로그램을 통해서 충족된다. 말하자면, 산업사회의 사회복지정책은 전문적이고 기술수준이 높은 고급 노동력의 양성에 기여할 뿐만 아니라 생산성 향상을 위한 유인정책이 됨으로써 산업화에 기여하는 것이 된다는 것이다(생산성과 복지의 함수관계).

선진 자본주의 국가에서의 사회복지 수렴현상에 대한 실증적 연구는 Wilensky(1975)와 Gordon(1963)에 의해 이루어진 바 있는데, 이들은 연금제도에서 수렴현상을 확인하였다. 연금의 경우 정액제 연금에서 출발한 나라도 있고(영국), 소득비례연금부터 시작한 나라(스위스)도 있지만, 현재는 대부분의 국가가 두 제도 모두를 시행하고 있다. 반면에 Alber(1981)는 서유럽 13개국의 실업보험을 분석하였는데, 자격요건, 관대함, 재정 등에서 수렴현상을 발견하지 못했다. 그 대신 그는 실업보험에서 급여지급기간의 수렴현상을 확인했다(Wilensky et al., 1985 : 9-12).

한편 수렴이론은 그 기반을 경제발전론(economic level theory)에 두고 있다. 경제발전론은 사회복지정책을 경제발전의 종속변수로 간주하는 입장으로서 논리는 아주 간단명료하다. 경제성장(국가의 풍요)이 복지비 지출에 필요한 자원을 확보(사회복지의 확충)해 준다는 것, 쉽게 말해서 돈이 있어야 복지를 할 수 있다는 것이다.

경제발전과 복지의 관계에 대한 실증적 연구는 Wilensky(1975)와 Hanneman (1977)이 대표적이다. 이들은 선진 12개국의 경제발전수준(에너지 소비율, 도시화율, 문자해독률 등으로 측정)과 사회복지수준(GDP 중의 복지예산 규모, 복지제도의 연륜 등으로 측정)을 분석하여 양자 간에는 상당한 관계가 있음을 증명하였다. Aaron(1967)도 21개국의 1957년도 자료를 분석하여 1인당 국민소득과 1인당 사회보장예산이 상관관계가 가장 높다는 사실을, Peter(1972)도 프랑스, 영국, 스웨덴 3개국의 1850~1965년의 시계열분석을 한 결과 1인당 GNP와 복지비 지출 간에는 상관성이 있는 것을 확인하였다. 그리고 Hage와 Hanneman(1977)은 영국, 프랑스, 이탈리아 3개국의 1870~1965년의 시계열 자료를 분석하여 사회보장 지출과 자원규모(1인당 GDP, GDP 중 정부지출비율, 노동력 규모) 간에는 높은 상관성이 있음을 밝혀냈다. Cutright (1965), Pryor(1968), Peters(1972), Hage와 Hanneman(1977) 등의 연이은 연구에서도 경제성장과 복지비 지출 간에는 상관성이 있는 것이 확인되었다.[2)]

이상의 논리를 정리하여 도식화하면 | 그림 9-1 |과 같다. 산업화(기술)는 경제성장을 가져오는 동시에 새로운 사회적 욕구를 유발시키며, 경제 성장은 복지확충에 필요한 자원을 제공하고, 새로운 욕구는 새로운 복지 프로그램을 등장(복지국가)시키게 만든다.

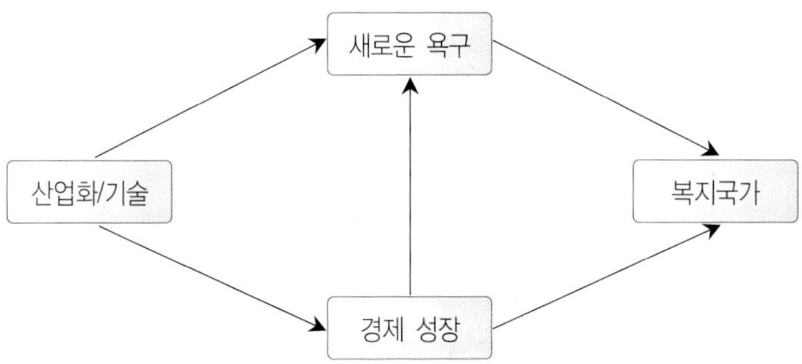

| 그림 9-1 | 수렴이론의 기본 명제

출처 : 마일즈, 1992 : 146의 그림 4. 1.

다음은 자본주의·사회주의 양 체제에서의 사회복지 수렴현상을 살펴보자. Mishra는 이를 다원주의적 산업주의(pluralistic industrialism)로 설명했다. 다원주의적 산업주의란 극단적인 국가통제주의(monism)와 자유방임주의(atomism)의 중간지점에 존재하는 체제로서, 자유방임적 자본주의 체제는 시민의 기본적 욕구를 충족시키기 위한 국가개입, 즉 사회복지정책을 도입하고,[3)] 공산주의 체제는 자원배분의 효율성

2) 반면에 Taira와 Kilby(1969)는 선진 19개국의 자료를 분석하여 경제발전수준과 사회보장예산은 마이너스의 상관관계가 있다고 주장했다(1953년 r=−.51, 1958년 r=−.44, 1963년 r=−.46)(Wilensky et al., 1985 : 5-9).

3) 자본주의 체제의 경우 기업도 복지활동에 나서게 된다. 그 이유는 기업규모가 커져 과거와 같은 온정주의적 노동자 관리가 불가능해지고, 산업발전에 따라 노동력은 점점 더 희소해지는 가운데 기업에 헌신적이고 능률적인 더 많은 노동력을 확보해야만 하는데, 이를 위해 기업복지 프로그램을 도입하게 된다는 것이다.

을 기하기 위해 시장을 도입하게 되어 양 체제가 유사해지는 것을 말한다. 다시 말해서, 사회통합을 위해 자본주의 체제는 국가의 통제를, 효율성과 창의성의 증대(생산과 소비에서의 분권화, 이는 자본주의 체제의 기업복지와 유사)를 위해 공산주의 체제는 통제의 분산화를 기하다 보면 양자가 수렴한다는 것이다(Mishra, 1981 : 42).

요약하면 문화적・정치적 전통이 아닌 산업화(경제성장)가 양 체제의 사회복지정책수준을 비슷하게 만든다는 것인데, 이를 지지하는 학자들에 의하면, 자본주의와 사회주의 두 체제 국가의 경제발전수준이 비슷하면, 사회복지정책수준도 비슷하며, 기본적인 사회복지정책 프로그램, 대상자의 확대과정, 복지비 증가추세 등에서 비슷한 양상을 나타냈다. Pryor(1968)는 7개 공산국가와 7개 민주국가를 분석하여 경제발전수준을 통제하면(체제와 관계없이 같은 경제발전수준 내에서), 체제별(자본주의와 사회주의 체제)로 복지비 지출규모에 차이가 나지 않는다는 사실을 발견했다(Wilensky et al., 1985 : 9-12).

그러나 수렴이론은 많은 한계를 갖고 있다. 무엇보다도 구소련을 포함한 공산주의 체제가 붕괴한 지금 양 체제의 수렴이라는 의미 자체가 사라져버렸다. 흘러간 옛 이야기가 되었다는 것이다.

선진 자본주의 국가에서의 수렴현상에 대해서도 비판이 적지 않다. 즉, 기본적인 제도, 대상자 확대과정, 복지비 증대추세 등에서의 수렴현상만을 다루고 있고, 각 복지 프로그램의 세부적인 내용에서의 수렴은 제대로 규명하지 못했다는 것이다(Wilensky et al., 1985 : 9-12). 다시 말하자면, 산업화 → 사회복지 확대를 자동적인 것으로 간주함으로써 그 메커니즘을 규명하는 데 실패했다는 것이다. 이렇게 비계급적 시각을 갖게 되면, 집단과 계급 간의 갈등, 가치와 이데올로기, 기득권, 민주화와 같은 정치적 요인 등 중요한 변수들을 배제하게 된다(Mishra, 1981 : 47-48). 또한 이 이론으로는 복지국가의 재정문제와 복지국가에 대한 정치적 지지의 약화현상을 예측할 수가 없었다. 사회복지가 산업화에 대한 대응책이라면 복지국가에 대한 정치적 반대가 나오기 힘들다. 균형을 강조하는 기능주의 관점과 복지국가의 책임을 인정하는 것만으로는 1970년대 후반의 복지국가의 위기를 설명할 수 없는 것이다(Pamel and Williamson, 1992 : 28).

수렴이론

- 산업화는 새로운 욕구를 만들어내고, 이의 해결을 위해 사회복지의 확대가 불가피하다.
- 기술개발에 필요한 환경구축의 하나로 사회복지가 활용되고 그러다 보면 각국의 사회복지가 비슷하게 된다.
- 자본주의 체제는 사회통합을 위해 국가의 통제를, 공산주의 체제는 효율성과 창의성의 증대를 위해 분산화를 기하다 보면 양자의 사회복지는 수렴한다.

2 확산이론

확산이론(diffusion theory)은 한 나라의 사회복지정책이 다른 나라에 영향을 미친다는 데 초점을 둔 이론이다. 한 나라에서 사회복지정책을 시작하게 되는 주된 이유는 선진 복지국가의 경험에 있다. 이런 점에서 사회복지정책의 확대 과정은 국제적 모방 과정(processes of imitation)이다. 이는 한 국가의 제도적 혁신이 인근 국가로 확산되는 것인 동시에 선진국으로부터 후진국으로의 관념과 기술의 이전 과정이기도 하다.

확산이론은 Taira와 Kilby(1969) 및 Collier와 Messick(1975)이 주장했다. Taira와 Kilby는 사회보장 발전과 국가의 지리적 위치가 밀접한 상관관계에 있다는 사실을 발견했다. 유럽대륙 국가들은 다른 선진국이나 비유럽 국가보다 먼저 사회보장 프로그램을 구축했을 뿐만 아니라 더 많은 복지비를 지출하고 있었는데, 이는 유럽대륙 국가들의 지리적 근접에 기인한다고 이들은 보았다. 전 세계 59개국을 분석한 Collier와 Messick도 경제발전 수준이 상대적으로 낮은 동유럽 및 남유럽 국가들이 유럽 선진 복지국가들의 영향을 받아 사회보장을 확대했고, 영국 식민지 국가 중 영국인들이 정착한 국가들에서 유럽식 사회보장이 도입된 것에서 확산과정을 확인할 수 있다고 주장했다. 그렇게 보면, 1911년 영국의 국민보험이 독일 비스마르크 사회보험을, 한국의 각종 복지제도, 특히 건강보험은 일본의 건강보험을 거의 그대로 모방한 것이다.

그러나 이들이 지적했듯이 서유럽에서의 사회보장 확산 순서는 경제성장과 자유주의 이데올로기의 확산 순서와 일치한다. 따라서 과연 모방의 영향이 독립된 변수인지가 의문스럽다. 그리고 이들은 선진국가로부터 비선진국가의 순서로 사회보장이 확산되어간다고 주장했다. 농업 노동력 인구비(근대화 지수)와 사회보장 도입시기(확산순서)를 비교 · 분석한 결과 일정한 상관관계(r=.61)가 있는 것으로 나타났던 것이다. 그러나 그렇지 않은 경우도 적지 않다. 예컨대, 근대화가 영국에 비해 뒤진 독일에서 영국보다 한 세대 먼저 사회보험을 시작했다. 이들도 후진국가에서 선진국가로의 역확산(up a hierarchy)을 인정했다. 또한 각국의 제도들은 세부사항에 들어가면 많은 차이가 있고, 제도가 도입되기 이전의 상황(예컨대, 사회보험 도입 이전의 공제조합 조직 수준 등)도 나라마다 다르다. 이는 제도의 최초 도입시기만으로 확산과정을 설명하기 어렵다는 것을 의미한다.

Flora와 Alber(1981), Heclo(1974), Kuhnle(1981) 등에 의하면, 확산 효과는 미미하다. 유럽 각국의 정책입안자들은 공통적으로 세계 최초로 시행된 독일의 사회보험에 지대한 관심을 보인 게 사실이었다. 그렇지만 Flora와 Alber는 제도도입에 있어 중요한 것은 확산 효과보다는 국가 내부의 사회경제적 · 정치적 상황이다. Heclo는 독일의 사회보험 경험이 스위스에서의 사회보험 도입에 영향을 준 것은 분명하지만, 영국에는 별다른 영향을 끼치지 않았다고 했다.

스칸디나비아 국가의 사회보험을 분석한 Kuhnle은 확산이론이 독일 사회보험 도입 이전의 제도들, 사회보험 대상의 차이(강제가입 여부 등), 국가 간의 사회경제적 · 정치적 조건의 차이를 무시하고 있다고 비판했다. 그는 프로그램별로 쪼개 보면, 독일의 사회보험이 핀란드의 산재보험, 스웨덴의 노령연금, 노르웨이의 산재보험과 건강보험에 미친 영향만 확인되고, 덴마크에는 아무런 영향을 미치지 않았다고 주장했다. 확산이론은 사회복지정책 관념의 국가 간 이전도 중시하는데, 사회복지정책의 도입에 있어 관념이 중요하기는 하지만 제도의 현실화와 입법화에는 보다 많은 변수들이 영향을 미치는 게 현실이다(Wilensky et al., 1985 : 12-15).

한편 제삼세계(the Third World) 사회복지연구자 Midgley(1984)는 사회복지 확산현상이 서구보다 제삼세계에서 더 분명히 나타났다고 주장했다. 그는 확산의 개념을 다른 나라의 복지정책을 한수 배우고자 하는 국가와 배움을 주는 국가의 복지정책 입안자들이 정보와 관점을 교환하거나 한 국가가 다른 국가의 복지정책을 차용

(adoption)하는 것으로 정의했다. 또 차용을 통해 국가의 사회복지제도가 발전한다고 보았다. 그는 차용과정에서 다른 나라의 정책을 무비판적으로 복제할 위험성도 부언했다.

Midgley는 제삼세계가 선진국 사회복지시스템의 영향을 받을 수밖에 없었던 근본 원인을 식민지 경험에서 찾았다. 식민지시대 복지제도는 대부분 식민모국에서 이식되었다. 식민모국에서 식민지로 제도는 물론 문화까지 전파된 것은 설명이 필요 없는 역사적 사실이다. 영국이나 프랑스 식민지의 경우 사회복지시설의 이식과 확산에 선교를 목적으로 한 종교조직의 역할이 지대했다는 것도 잘 알려져 있다. 더 중요한 것은 독립 이후에도 확산이 지속되었다는 사실이다. 민족주의적 국민국가의 건설에 나선 신생독립국들은 선진국의 사회복지시스템을 모델로 삼았다. 교육과 보건의료 부문은 물론 사회보장, 사회사업,[4] 지역사회개발, 주택 등 다방면에서 유럽과 미국의 시스템을 모방했다. 라틴아메리카가 대표적이다. 라틴아메리카 국가들은 과거 식민모국이 속한 유럽 복지국가의 사회보험을 그대로 복사했다. 자국의 실정에 맞게 창조적으로 수정하는 것을 등한시하여 불평등 심화와 같은 부작용이 발생하기도 했다. 포스트 식민지시대에도 과거 식민모국의 사회복지시스템이 제삼세계 국가로 확산된 것은 사회복지전문가 · 행정가 양성(교육훈련)과 지역사회복지시설에 기술적 전문가를 파견하는 데 드는 비용을 선진국들이 지원한 것과 UN이나 ILO 같은 국제기구가 사회복지제도의 신설과 운영에 자문 역할을 한 것에서도 원인을 찾을 수 있다(Midgley, 1984 : 178-182).

Midgley가 말한 대로 제삼세계가 선진국의 영향을 받은 것은 분명한 사실이다. 하지만 자신도 인정했듯이 제삼세계의 사회복지발전을 서구 복지제도의 모방이라는 한 가지 변수로 설명할 수는 없다. 무엇보다 제삼세계 국가는 가용자원의 결여가 넘기 힘든 벽이다. 선진국 시스템을 아무리 잘 모방한다 해도 자원이 부족하면 추진 자체가 불가능하다.

---

4) Midgley(1984 : 179)는 확산의 구체적인 사례로 2차 세계대전 후 제삼세계 국가들이 사회사업을 도입하고자 했을 때 현대적이고 과학적인 접근방법으로 간주된 미국 사회사업의 영향을 절대적으로 받았다는 사실을 들었다.

끝으로 사회복지제도의 국가 간 확산이 사실인지 아닌지 여부를 떠나 확산이론이 논리적인 취약점을 갖고 있다는 점에 유념해야 한다. 한 국가의 사회복지제도가 다른 국가의 것을 모방한 것이라면, 복지의 원인이 복지가 된다. 이는 범죄의 학습이론에서 보듯이 동어반복이다. 범죄가 범죄를 낳는다는 것과 복지가 복지를 낳는다는 것은 동일한 논리이다. 그리고 한 국가가 새로운 복지제도를 도입하려 할 때 다른 나라의 같은 제도(이미 그러한 제도를 시행하고 있는 나라가 있을 경우)를 참고하는 것은 분명하다. 단지 참고만 하는 것을 원인이 된다고 해서는 안 된다.

확산이론

- 한 나라에서 사회복지정책을 시작하게 되는 주된 이유는 선진 복지국가의 경험에 있다. 이런 점에서 사회복지정책의 확대는 국제적 모방과정이다.
- 유럽대륙 국가들은 다른 선진국이나 비유럽 국가보다 먼저 사회보장 프로그램을 구축했을 뿐만 아니라 더 많은 복지비를 지출하고 있었는데, 이는 유럽대륙 국가들의 지리적 근접에 기인한다.
- 제삼세계에서도 사회복지의 확산현상이 나타났다. 식민지 경험이 주된 이유였다.

3 이익집단론

이익집단이란 “공통의 목적을 가지고 공공정책에 영향을 미치기 위해 노력하는 개인들의 조직체”를 말한다. 이익집단론(interest group theory)은 사회복지정책을 이러한 이익집단들 간의 갈등과 타협의 산물로 간주한다.

경제발전과 민주주의의 진전과 함께 이익집단들의 요구가 커지고 다양화되는 것은 세계 어느 나라에서나 나타나는 공통된 현상이다. 보통 이익집단이라고 하면 노동조합이나 경영자단체, 그리고 의사나 변호사와 같은 직능단체가 먼저 연상된다. 하지만 이제 이익집단은 계급이나 직능을 넘어 연령, 인종, 언어, 종교를 중심으로 결성되기도 한다. 퇴직한 노령층의 이익집단화가 좋은 예이다. 이들은 숫자도 많고, 투표율도 높으며, 정치적으로 활동적이다.

그리고 이익집단은 경제적 다양화와 정치적 민주화의 결과로만 결성되는 것이 아니라 역동적인 집단행동으로도 조직되고 또 조직력이 강화된다. 공통의 이익을 중심으로 집단이 형성되고, 이들 집단의 행동을 통해 이익을 관철시키게 되면, 집단 역동성은 더욱 강해진다.

이익집단의 성장은 정부지출의 증대를 가져오는 경향이 있다. 다시 말해서, 이익집단이 구성원들의 집단이익을 실현하기 위해 국가에 대해 가하는 압력은 결국 복지비의 증대를 가져온다는 것이다. 자유민주주의는 선거를 통한 경쟁을 통해 제도적 질서를 만들어가는 체제라 할 수 있다. 정당은 정책을 형성하는 집단이라기보다는 선거에서의 승리를 위해 모인 느슨한 연합체에 가깝다. 이때 잠재적인 이익집단이 정치지도자를 중심으로 조직화되고, 그 대표자를 통해 자신들의 이익을 실현시키고자 선거에 조직적으로 참여한다면 상당한 힘을 발휘하게 되는 것이다. 이런 점에서 정부지출은 이익집단들이 자신의 이익을 실현하기 위해 벌이는 정치적 단체활동의 정치적 과정이다(Pamel and Williamson, 1992 : 38-40).

한편 이익집단론에서 중시하는 것이 정부의 역할이다. 이익집단론은 기본적으로 사회는 안정되어 있고, 권력은 분산되어 있어 한 집단(또는 계급)이 지배적인 권력을 행사할 수 없다고 전제(이를 다원주의라 한다)하기 때문에 다양한 이익집단들의 이익상충을 조정하는 데 있어 정부의 역할이 중요하다. 예컨대 보건의료 분야에서 의료소비자인 국민과 그 생산자인 의료전문직 간의 갈등을 중재하여 타협에 이르게 하는 게 국가의 임무인 것이다. 이때 국가는 중립적이어야 함은 물론이다. 그러므로 국가가 비중립적이고, 국가가 중재하는 경우라도 대중의 이익보다는 국가 자체의 이익을 더 중시한다는 비판과 권력이 분산되어 있지 않다는 반론이 제기될 수 있다(Lowe, 1993 : 27-28).

이익집단론은 제도를 놓고 서로 다른 이해를 가진 집단들이 행사하는 영향력을 분석하고, 각 집단들의 이해관계를 적절히 폭로함으로써 정책과 이익집단들의 관계를 근본적으로 파악할 수 있으며, 나아가 이익집단들의 영향력 행사양상을 생동감 있게 포착할 수 있게 해주는 장점이 있다. 그러나 계급과 대비해 보면 취약점이 드러난다. 즉, 이익집단론에 의하면, 권력은 적대적인 계급으로 구분되는 것이 아니라 국가와 정권을 포함한 권력을 둘러싸고 경쟁하는 여러 집단으로 구성된다. 이 말은 권력의 한 범주로서의 계급을 경영자, 노동조합, 정당, 정부기구 등으로 대치한다는 것을 의미한다. 이것은 계급 간의 갈등이나 투쟁이 압력집단 간의 소전투로 환원되는 결과를 낳는다. 다시 말해서, 복지국가와 복지국가 내의 다양한 사회복지정책들은 자본과 노동 간의 대립이 아니라 관련된 다양한 이익단체 간의 대립과 타협의 산물로 해석되는 것이다. 예컨대 보건의료 분야에서의 위기는 의사나 약사 등 몇몇 집단이 행사하고 있는 지배력과 전문적 지식 및 제도적 통제를 통해 자기 권력을 제도화하여 자기이익에 가장 적합한 환경을 조성하려는 데서 오는 것으로 간주된다. 계급을 이익집단으로, 계급갈등을 이익집단 간의 갈등으로 대치하는 것은 대중의 관심을 특정 쟁점(예컨대 보건의료 부문)에만 집중하게 만들어 위기에 처한 것은 그 부분만이 아니라는 사실을 망각하게 만든다. 결국 상황을 이렇게 인식하면, 자본주의의 계급권력관계를 초월하여 자본주의를 강화하는 데 자신도 모르게 봉사하게 된다(Navaro, 1989 : 9-12).

다른 한편 Janowitz(1976 : 75)는 "1945년 이후 복지국가의 성장에서 계급의 영향은 줄어든 반면 특정한 직업집단의 이익을 대변하는 압력집단(pressure-group)의 영향은 점점 더 커졌다"고 말한 바 있다. 복지국가 성립 이후 국가정책에 대한 영향력에 있어서 계급보다는 이익집단의 힘이 더 강해졌다는 말이다. 그러나 사회복지정책에 있어서 이익집단의 비중과 위상이 매우 크다는 점을 강조하는 말이라면 몰라도 이익집단의 힘이 계급보다 더 강하다는 것은 수용하기 어렵다.

코포라티즘(corporatism) 때문에 그렇다. 전술한 대로 코포라티즘은 거대한 노조(계급)가 출현하여 사용자와 대등한 수준에서 임금·근로조건 등 노사 간의 주요 현안을 협상하고 정부가 이를 중재하며, 나아가 정부와 노사 간의 현안인 물가와 복지 등의 문제를 상의·결정하는 삼자협동주의(tripartism)가 정착된 2차 세계대전 이후 서구사회의 특징을 지칭한다. 삼자협동주의의 양 당사자인 노조와 자본가단체는 이익집단에서 말하는 평범한 이익집단에서 국가정책을 좌지우지할 정도로 거대한 힘을 가진 '통치기구(governing institutions)'로 변화되었다. 이들 기구는 강력한 권력을 보유하면서 그들 자신의 회원들을 자체적으로 통제하게 되고 따라서 대중의 소요사태를 최소화할 수 있었다(Lowe, 1993 : 29). 국가적 현안이 이렇게 의회 밖에서 삼자에 의해 결정되자 의회의 정책결정권한이 상당히 약화되었으며, 이런 정책결정구조는 사회복지정책의 확대·발전에도 큰 영향을 주었던 것이다. 여하튼 전후 코포라티즘 체제의 구축은 국가정책에 대한 영향력에서 이익집단보다는 계급의 힘이 훨씬 강해졌다는 것을 의미한다.[5)]

이익집단론

- 이익집단론은 사회복지정책을 이러한 이익집단(공통의 목적을 가지고 공공정책에 영향을 미치기 위해 노력하는 개인들의 조직체)들 간의 갈등과 타협의 산물로 간주한다.
- 이익집단론은 제도를 놓고 서로 다른 이해를 가진 집단들이 행사하는 영향력을 분석하고, 각 집단들의 이해관계를 적절히 폭로함으로써 정책과 이익집단들의 관계를 근본적으로 파악할 수 있으며, 나아가 이익집단들의 영향력 행사 양상을 생동감 있게 포착할 수 있게 해주는 장점이 있다.

4 페미니즘론

페미니즘(feminism)은 여성의 정치적·경제적·사회적 평등을 달성하기 위한 정치적·사회적 운동이자 이데올로기를 말한다. 성평등을 위한 노력은 성적 고정관념(gender stereotypes)의 철폐, 남성과 동등한 교육과 직업기회의 확립을 포함한다. 페미니스트 운동은 투표권, 공직 담임권, 노동권, 교육권, 결혼 관련 권리, 출산휴가 등 다양한 권리에서 남녀평등을 구현하는 것을 지향한다. 또한 성폭력, 성희롱, 가정폭력 등 범죄 피해여성을 보호하기 위한 노력도 포함한다.[6)] 요컨대 페미니스트 운동은 여성이 겪는 각종 부정의(injustices against women), 여성에 가해지는 억압과 불리함을 바로잡기 위한 것이다.

---

5) 그러나 1970년대 후반부터 대처리즘으로 대표되는 신자유주의가 맹위를 떨치면서 코포라티즘 체제는 해체되고 말았다(Kavanagh, 1990 : 12-13).

6) https://en.wikipedia.org/wiki/Feminism (검색일 2020/7/12)

페미니스트 운동은 규범적인 주장(normative claim)과 기술적인 주장(descriptive claim)으로 구분할 수 있다. 규범적 주장은 남성과 여성의 평등한 권리를 부여하라는 당위적인 것이고, 기술적 주장은 여성은 남성에 비해 권리 측면에서 불리한 위치에 있다는 사실을 널리 알리는 것이다.[7)]

페미니스트 운동의 영향을 받아 페미니즘에 관한 이론도 나왔다. 페미니즘론은 여성의 사회적 역할과 생활경험을 토대로 성 불평등(gender inequality)의 본질을 밝히는 것을 목적으로 한다. 페미니스트 운동은 사회복지학에도 영향을 미쳤다. 페미니스트 시각을 가진 일군의 사회복지학자들이 복지국가와 주류 사회복지학자 비판에 나선 것이다. 이들의 기본적 입장은 복지국가의 주요 목표와 역할이 남성의 여성에 대한 지배를 강화하기 위한 데 있다고 보는 것이다. 이를 복지국가의 페미니즘론이라 한다(Lowe, 1993 : 34-35).

페미니스트 관점을 가진 사회복지학자들이 가장 비판적으로 보는 것은 베버리지 보고서이다. 페미니스트들에 있어 베버리지 보고서는 개혁의 청사진이 아니라 남성 중심의 이데올로기를 함축한 보수적인 문서일 뿐이다. 다시 말해서 베버리지가 제안한 여러 사회정책들은 결혼한 여성을 남성 가장의 파트너로서 가정을 지키고, 경제적으로 가장에 예속되어 국가의 이익을 위해 자녀를 양육해야만 하는 존재로 가정했다는 것이다(Wilson, 1983 : 38).

베버리지 보고서에서 여성차별이 가장 잘 드러난 부분은 사회보험 가입자가 내는 보험료로 재정을 충당한다는 기여원칙(contributory principle)이다(Colwill, 1994 : 54-57). 베버리지는 사회보험 가입자를 남성 정규직 근로자로 가정했다. 정규직 근로자는 근무하는 동안 장기간 꾸준하게 보험료 납부기록을 유지한다. 여성은 다르다. 지금은 여권이 어느 정도 신장되어 여성이 결혼을 해도 직장생활을 계속할 수 있고, 유급휴가를 받아 출산하고 출산 후 직장에 복귀할 수 있다(그렇다고 완전하게 보장되고 있다는 것은 아니다). 하지만 베버리지 당대만 해도 여성 근로자가 결혼하면 아이 양육을 위해 직장을 그만두는 게 일반적이었다. 보수도 남자보다 적고, 일자리도 파

---

7) https://plato.stanford.edu/entries/feminist-philosophy/ (검색일 2020/7/12)

트타임이나 임시직이 많았다(현재도 그렇다). 결혼 후 전업주부가 되면 보험대상에서 제외되었다. 이러한 사실들이 의미하는 바는 분명하다. 여성은 남성보다 가입기간이 짧고 납부하는 보험료 액수가 적다는 것과 이로 인해 남자 근로자에 비해 적은 보험급여를 받을 수밖에 없다는 것이다. 베버리지에게는 결혼한 여성을 하나의 사회보험 기여자 그룹으로 독립시켜 배려하려는 의지가 전혀 없었다. 그는 결혼한 여성을 노동시장에서 떠난 존재, 따라서 사회보험 기여자로서 정상적인 수급자격이 없는 사람으로 간주했다. 여성은 남편에 전적으로 의존하는 존재로서 남편의 사회보험 급여를 나눠 가질 권리만 있을 뿐이다. 모든 시민에게 동등한 사회적 혜택을 부여하는 보편주의, 젠더중립적인 시민권 개념(gender-neutral concept of citizenship)에 확연히 대비된다.[8)]

페미니스트들은 취업기회의 증대로 기혼여성들이 해방되고 있다는 데 대해서도 의문을 제기한다. 취업 기혼여성들 상당수가 직장생활과 가정주부의 역할을 동시에 수행할 것을 강요당하고 있고, 직장 내에서 성차별을 받고 있음을 지적한다. 소득비례연금과 같은 사회보장제도에서의 차별도 비판한다. 전술한 대로 소득비례연금은 소득이 많을수록 더 많은 보험료를 내고 그에 따라 더 많은 연금을 수령하는데, 여성들은 남성에 비해 저임금 노동자가 많아 더 적은 연금을 받는다. 전업주부의 경우 남편의 피부양자로서 남편의 사회보험 수급자격에 의지할 수 있는 데 비해, 이혼한 여성과 미혼모는 상대적으로 불리하다. 가족수당이나 커뮤니티 케어 역시 가정을 지키는 전통적인 아내를 모델로 하고 있어 독립적인 개별여성에 대한 배려가 없다.

마르크스주의 관점에서 성평등을 주장하는 페미니스트들은 여성 노동에 대한 제도적 착취에 주목한다. 이들은 복지국가가 여성의 전통적 역할, 즉 자녀를 양육하고 남편에 봉사하는 일을 무보수로 해줌으로써 사회가 필요로 하는 노동력 재생산에 희생당하고 있다고 본다. 또 이들은 여성 노동력은 노동력 부족 시 값싸게 동원할 수 있는 산업예비군으로, 그리고 경기 후퇴 시에는 가장 먼저 해고당하는 존재

8) 베버리지의 기여원칙에 대해 영국 노동계는 대체로 찬성하는 입장이었고, 여성계는 별다른 관심을 보이지 않았다(Colwill, 1994 : 59-75).

로 취급되고 있다고 비판한다.

페미니스트들은 베버리지 보고서와 같은 주류적 접근(mainstream approaches)은 물론이고 마르크스주의적 관점을 가진 사회과학자들에 대해서도 비판적이다. 페미니스트들은 마르크스주의자들이 자본주의 경제시스템을 신랄하게 비판하지만, 정당한 노동대가(특히 가사노동의 대가)조차 받지 못하고 있는 여성의 처지와 여성에 대한 여러 가지 사회경제적 차별에 대해서는 외면한다고 본다. 성차별에 눈을 감는다(sex blindness)는 것이다. 마르크스가 공산주의 사회가 도래하면, "오전에 사냥하고, 오후에 낚시하고, 저녁에 사회비판을 한다"고 말한 것을 놓고 사회정책학자 Rose(1981 : 496)가 "그럼 저녁은 누가 하나?"고 비꼰 것에서 마르크스주의 여성관에 대한 페미니스트의 생각을 읽을 수 있다. 페미니스트들은 복지국가를 비판하는 좌파 사회정책학자들에 대해서도 비판적이다. 좌파들이 복지국가의 문제점을 분석하고 지적하는 데는 능하지만, 정작 복지국가가 여성들을 가족을 양육하고 부양하는 사람으로 간주한다는 사실, 복지국가가 노동력의 성차별을 심화시키고 있다는 사실은 무시하고 있다는 것이다(Wilson, 1983 : 43).

페미니즘론

- 페미니즘은 여성의 정치적·경제적·사회적 평등을 달성하기 위한 정치적·사회적 운동이자 이데올로기를 말한다.
- 페미니스트들은 복지국가의 주요 목표와 역할이 남성의 여성에 대한 지배를 강화하기 위한 데 있다고 본다.
- 페미니스트들은 베버리지 보고서와 같은 주류적 접근은 물론 좌파적 시각에 대해서도 비판적이다. 좌파 역시 복지국가가 노동력의 성차별을 심화시키고 있다는 사실을 무시하고 있다고 보기 때문이다.

5 국가론

전술한 이익집단론에서는 국가와 관료조직을 사회복지정책 도입의 중개자(transferring media)로 간주하고, 후술할 계급투쟁론(네오 마르크스주의 이론)에서는 국가를 지배계급의 도구로 보는 데 반해, 국가론(the statist approach) 또는 국가중심론(state-centered theories)에서는 사회복지정책을, 독립된 주체인 국가가 스스로 문제를 인식하고 해결하려고 하는 노력의 산물(특정 집단의 요구를 반영한 게 아니라)로 파악한다.

국가론이 가장 중시하는 것은 문제를 발견하고 해결책을 찾아내며 그것을 수행하는 정부관료조직의 역할이다. 국가론에서는 사회적 쟁점과 그 해결책은 점차 복잡해지는 경향이 있으며, 정치인과 이익집단의 역할은 약화되는 반면에 관료와 전문가의 역할은 더욱 중요해진다고 본다(Baldwin, 1990 : 45-46).

국가론의 대표자는 Theda Skocpol이다. 그녀에 의하면, 네오 마르크스주의 국가론은 정치적 결과들을 추상적인 자본주의 체제의 요구 또는 자본가계급의 의지 및 계급투쟁의 정치적인 효과에 돌림으로써 정치분석을 지나치게 단순화시켰다는 데 한계가 있다. 그리고 국가구조와 정당조직은 민족적으로나 역사적으로 독자적이고도 다양한 구조를 갖고 있으며, 단지 사회 · 경제적 변화, 지배계급의 이해 또는 계급투쟁에 조응하여 형성되는 것이 아니다. 이러한 구조가 경제에의 국가개입을 만들기도 하고 제한하기도 하며, 주어진 시간과 공간 안에서 계급이해와 계급갈등이 정치로 조직화되어가는 방식을 결정한다.

Skocpol은 국가와 관료조직 그 자체가 국가정책에 있어 결정적인 변수가 된다는 사실에 대한 증거로 1930년대 미국 루스벨트 행정부가 뉴딜정책의 일환으로 추진한 농업조정법(the Agricultural Adjustment Act, 농산물 가격안정을 위한 법)과 산업부흥법(the National Industrial Recovery Act, 실업과 경기후퇴에 대응하기 위한 법)을 꼽았다. 전자가 성공한 반면 후자는 실패했는데, 전자는 정책을 수행할 수 있는 행정수단이 기존의 연방행정조직 내에 존재했기 때문에 성공한 반면, 후자는 기업의 자율규제의 필요성과 목적을 잘 인식하고 또 거기에 우호적인 잘 조직화된 국가행정조직이 존재하지 않았기 때문에 실패했다는 것이다. 마찬가지로 노령연금, 노령부조 및 실업보험으로 구성된 사회보장법의 경우도 이미 경쟁관계에 있었던 기존의 주정부 프로그램이 존재해 있었기 때문에 그 도입에 성공할 수 있었다고 한다(Quadagno, 1984 : 633).

Heclo(1974)도 유사한 입장이다. 그는 경제성장은 사회복지정책 발전의 전제조건일 뿐이고, 이익집단들도 정부가 주도하는 정책에 대해 찬성하기도 하고 반대하기도 하지만 일시적이고 산발적인 뿐이며, 정당 간의 경쟁과 이데올로기 역시 사회복지정책의 발전과 확실한 관계가 없다고 하면서, 사회복지정책의 출현(appearance)과 성장에는 정부와 관료제의 영향이 가장 크다고 주장했다.

한편 Pamel과 Williamson(1992 : 45-46)은 국가의 역량(state capacity)이 국민의 요구에 대한 국가의 대처능력을 좌우한다는 점에서 국가의 성격이 사회복지수준을 결정한다고 하면서 그 구체적인 이유를 다음과 같은 다섯 가지로 정리했는데, 이는 국가론을 뒷받침하고 있다.

① 국가의 중앙집권화와 코포라티스트 조직은 집권자들이 원하는 정책의 시행을 위해 복지비 확대를 가져온다. 정부, 기업, 노조의 엘리트들이 고도로 집중화되어 있으면(코포라티즘), 복지확대를 반대하는 분파들의 저항을 효과적으로 제압할 수 있다. 그리고 복지확대에 대한 국민적 합의를 이끌어내기도 용이하다.

② 행정기관 관료제의 확대는 복지비 지출을 증대시킨다. 행정조직의 확대는 인건비 지출과 자체 예산의 확대를 가져온다.

③ 국가 조세구조도 복지비 지출과 관계가 있다. 직접세와 사회보장세의 비중이 높을 경우 복지비 지출이 상대적으로 어렵다. 간접세에의 의존도가 높을 경우 복지비 지출의 증대에 필요한 조세의 증액에 대한 반대가 상대적으로 적다.

④ 선거의 시점도 복지비 지출의 시점에 영향을 줄 수 있다.

⑤ 국방비와 같이 경쟁관계에 있는 지출항목이 복지비 지출을 억제할 수 있다. 전쟁 중이거나 국가 간 군사적 긴장도가 높을 경우 군사비는 복지비에 우선한다.

> **국가론**
>
> - 사회복지정책을 특정 집단의 요구를 반영한 게 아니라 독립된 주체인 국가가 스스로 문제를 인식하고 해결하려고 하는 노력의 산물로 파악한다.
> - 문제를 발견하고 해결책을 찾아내며 그것을 수행하는 정부관료조직의 역할을 가장 중시한다.
> - 사회적 쟁점과 그 해결책은 점차 복잡해지는 경향이 있으며, 정치인과 이익집단의 역할은 약화되는 반면에 관료와 전문가의 역할은 더욱 중요해진다고 본다.

6 사회양심론

사회양심론이란 사회 구성원들의 집단양심을 사회복지의 변수로, 즉 사회적 양심의 증대가 사회복지의 발전을 가져오는 원동력이 되었다고 보는 이론이다. 이 이론은 한 사람 또는 몇몇 학자들이 독창적으로 만든 것이 아니라 Barker라는 영국의 사회복지학자가 기존의 영향력 있는 사회복지학 교재를 분석하여 그로부터 공통적인 관념을 추출한 결과였다. 그는 이를 사회양심테제(social conscience thesis)라 명명했다. 이런 점에서 사회양심론은 사회복지정책을 이해하기 위한 하나의 이념형적(ideal type) 해석방법인 것이다.

사회양심론은 다섯 가지로 요약된다(Barker, 1979 : 177-178).

첫째, 사회복지정책은 인간이 지니고 있는 서로를 위한 사랑을 국가를 통해 표현하는 것이다. 사회복지 혜택은 시혜적(benevolent)이며, 수혜자 및 공동체 전체를 위해 제공된다.

둘째, 사회복지정책은 두 가지 요인에 의해 변화된다. 하나는 사회적 의무감의 확대·심화이고, 다른 하나는 사회적 욕구에 대한 과학적 지식의 증대이다.

셋째, 변화는 누적적이며, 정책은 비록 항상 그렇지는 않지만 대체로 보다 관대하고 보다 넓은 범위로 발전한다.

넷째, 개선은 역전될 수 없으며(전향적이며), 현재의 사회서비스 수준은 가장 높은 역사적 형태이다.

다섯째, 비록 현재의 사회서비스가 불완전하고 결점을 가지고 있지만, 사회복지의 주요 문제들은 앞으로 해결될 것이며, 현재 사회는 매우 튼튼하게 구성되어 있어 개선에 대한 전망은 낙관적이다.

사회양심론은 정부의 사회복지정책을 국가의 자선활동으로 간주한다. 국가의 복지활동을 동정주의적 관점(sympathetic view)으로 보는 것이다. 그리고 사회복지제도에 대한 연구를 다른 사회제도에 대한 연구와 구별하고 있으며, 사회복지정책 발전에 대한 정치적 요인을 무시하고 사회복지정책을 이상주의(idealism)와 인간사회에 관한 지식과 정보의 발전의 결과로 본다(Barker, 1979 : 181). 또한 사회복지정책의 발전을 아동의 성장과정에 유추하고 있는 진화론적 관점을 취하고 있으며, 진화적 관점은 당연히 사회복지정책 발전의 역전 불가능성(사회복지정책 발전의 필연성)과 발전에 대한 낙관주의를 내포한다. 그러나 공공정책들의 잇따른 실패와 사회문제의 재발로 인해 사회양심론의 설득력은 매우 약화되었다.

한편 사회적 양심과 사회적 욕구에 대한 과학적 지식에 의해 사회복지가 발전한다는 사회양심론 테제에 가장 잘 부합되는 것이 찰스 부스(Charles Booth)의 빈곤조사이다. 1889년 부스는 런던 시 빈민의 생활실태를 실증적으로 조사하여 그 결과를 《런던 시민의 생활과 노동》(Life and Labour of the People of London)이라는 제목의 책으로 발표했다. 런던 시민 10명 중 3명이 빈민이고, 빈곤의 원인이 빈민의 무절제가 아니라 사회경제적 조건에 있다는 놀라운 사실을 사회조사를 통해 객관적 · 과학적으로 밝힌 것이다(사회적 욕구에 대한 과학적 지식의 증대). 그의 빈곤조사는 영국 사회에 엄청난 반향을 일으켰다. 그의 저서는 초판이 삽시간에 매진되었고, 양심적인 사람들은 집단 죄의식(group sin)에 빠졌다(사회적 양심의 증대).[9]

9) 그 후에도 부스는 여러 형태의 사회조사를 실시했다. 그 결과를 정리해 모두 17권의 책을 펴냈는데, 그중 4권이 빈곤에 관한 것이었으며, 나머지는 상공업, 종교적 영향력, 사회적 영향력에 관한 것이었다.

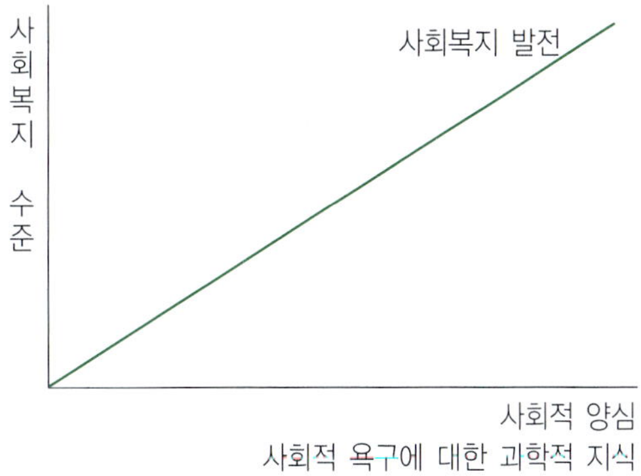

| 그림 9-2 | 사회양심론

> **사회양심론**
>
> - 사회적 양심의 증대가 사회복지의 발전을 가져오는 원동력이 되었다.
> - 정부의 사회복지정책을 국가의 자선활동으로 간주한다.
> - 사회복지정책은 이상주의와 인간사회에 관한 지식·정보의 발전의 결과이다.
> - 현재의 사회복지 수준은 최고 단계이다.
> - 사회복지에 대한 전망은 항상 낙관적이다.

7 시민권론

시민권(citizenship)이란 공동체의 완전한 성원(full membership of a community)에게 부여된 여러 가지의 권리와 권력을 향유할 수 있는 지위(status)를 말한다. 시민권은 공민권(civil rights), 정치권(political rights), 복지권(welfare rights)으로 구성된다.

공민권이란 개인의 자유, 표현·사상·신념의 자유, 사유재산권, 정당한 계약의 권리, 재판받을 권리 등 개인의 자유에 필요한 권리이다. 이 중 재판권은 다른 공민권과는 차이가 난다. 왜냐하면 재판권은 타인과의 평등성과 적법절차에 따라 만인의 권리를 보호하고 주장하는 권리(법 앞의 평등)이기 때문이다. 공민권과 직접적으로 연관된 제도는 법원이다. 공민권의 실질적 보장의 장애요인(법적 보장과 실질적 비보장 간의 괴리)은 계급편견(편파성)과 부의 불평등이다.

정치권은 정치적 권위가 부여된 기구의 성원 또는 그같은 기구의 성원을 뽑는 유권자(선거인)로서 정치권력의 행사에 참여할 수 있는 권리를 말한다. 유관제도는 국회와 지방의회이다.

복지권은 최소한의 경제적 복지와 보장에 대한 권리로부터 사회적 유산을 공유하고, 사회의 통상적 기준에 따라 문명화된 삶을 향유할 수 있는 권리에 이른다. 교육제도와 사회복지제도가 여기에 속한다(Marshall, 1977 : 71-134).

초창기에는 이 같은 세 권리가 미분화・혼합되어 있었다. 그러나 점차 세 권리는 지리적 융합(fusion)과 기능적 분리(separation)라는 양면의 진화과정을 거치면서 발전하였다. 대체로 공민권은 18세기, 정치권은 19세기, 복지권은 20세기에 확립되었다.

시민권론을 개념화했을 뿐만 아니라 시민권 개념으로 사회복지정책의 출현을 설명한 학자가 T. H. Marshall이다. 그의 궁극적 관심은 시민권과 사회적 불평등의 관계, 구체적으로 양자의 공존관계에 있었다.

Marshall에 의하면, 계급은 첫째, 지위의 위계(a hierarchy of status)이다. 계급격차는 법적 권리와 확립된 관습에 의해 표현되며, 이때 계급은 제도로 존재한다. 둘째, 그 자체가 하나의 제도라기보다는 다른 제도의 결과물로서의 계급이다. 재산과 교육제도 그리고 국민경제의 구조적 산물로서의 계급을 말한다. 한마디로 계급은 사회적 불평등의 체계이다. 사회적 불평등은 필요하거니와 의미있는 것으로 간주한다. 그것은 노력에의 인센티브를 제공하여 권력배분을 디자인한다(계급의 기능). 그러나 불평등은 지나칠 수도 있다. 불평등이 심할 경우 사회적 소요나 폭동이 일어날 수 있다. 따라서 사회적 효율성의 유지와 양립할 수 있는 한 불평등을 경감시키기 위한 노력이 필요하다.

계급이 불평등체계라는 점에서 계급과 시민권은 갈등관계에 있다. 특히 20세기는 시민권과 자본주의적 계급체계가 전쟁관계에 있었다는 것은 명백하다. 그러나 시민권이 정당한 사회적 불평등의 설계자가 되면, 즉 사회적 효율을 해치지 않으면서 사회적 불평등을 완화할 수만 있다면 사회적 불평등과 시민권은 양립할 수 있다. 사회적 불평등의 완화제가 바로 사회복지정책인 것이다(Marshall, 1977 : 77-93).

Marshall의 시민권론이 사회복지학에 기여한 점은 다음과 같은 두 가지이다. 첫째, 그의 시민권론은 근대 자본주의 국가의 불평등한 계급구조와 평등주의적인 시민권 이념이 양립할 수 있음을 보여주었다. 더욱이 그는 불평등한 현실과 평등지향적 이념 간의 긴장이 사회발전의 동력이 된다고 보았다. 둘째, 그는 사회복지를 거시적으로 연대성(solidarity)과 결부시켰다. 그의 시민권 개념은 스펜서의 계약에 기초한 연대성과 뒤르껭의 이타적 연대성 간의 다리가 되었다.

한편 시민권이 발달한 서구 선진국에서는 사회복지수급을 하나의 기본권으로 인정하고 있다. 이를 생존권적 기본권이라 하는데, 바이마르 헌법이 세계 최초였다. 즉, 바이마르 헌법(1911년에 공포된 독일연방공화국 헌법) 제151조에 "경제생활의 질서는 각인으로 하여금 인간다운 생활을 보장하는 것을 목적으로 하는 정의의 원칙에 합치해야 한다"고 규정했던 것이다.

생존권적 기본권은 국제조약으로까지 발전했다. 1966년 유엔총회에서 채택되고, 1976년 1월 3일 발효된 국제적 권리선언인 「경제적 · 사회적 · 문화적 권리에 관한 조약」(약칭 사회권 조약)이 그것이다. 이는 모든 사람들이 적절한 소득, 휴식, 문화생활을 누릴 수 있어야 한다고 천명한 것이며, 실질적 평등과 분배정의를 위해 국가가 적극적으로 행동해야만 한다는 것을 규정한 것이었다. 동 권리선언은 프랑스 대혁명에서 천명된 '인간과 시민의 권리선언'이 남성과 부르주아 시민의 권리선언이었다는 데 대한 문제의식에서 출발하였다. 사회권 조약은 같은 해에 채택된 「시민적 · 정치적 권리에 관한 국제조약」(약칭 자유권 조약, 자유권 조약은 국가의 불법적이고 부당한 행위에 대항하는 개인의 생명 · 재산 · 자유에 관한 권리를 말한다)과 함께 기본권에 관한 대표적인 국제조약이다. 1999년 1월 현재 사회권 조약은 140개국이 비준했는데, 한국은 1990년에 비준했고,[10] 미국은 미가입 상태다(한겨레신문, 1999. 11. 24).

10) 우리나라는 헌법에서 생존권적 기본권을 다음과 같이 분명히 보장하고 있다. 제34조 제1항 "모든 국민은 인간다운 생활을 할 권리를 가진다." 동 제2항 "국가는 사회보장 · 사회복지의 증진에 노력할 의무를 진다." 동 제3항 "국가는 여자의 복지와 권익의 향상을 위하여 노력하여야 한다." 동 제4항 "국가는 노인과 청소년의 복지향상을 위한 정책을 실시할 의무를 진다." 동 제5항 "신체장애자 및 질병 · 노령 기타의 사유로 생활능력이 없는 국민은 법률이 정하는 바에 의하여 국가의 보호를 받는다."

그런데 일본과 한국의 경우 공공부조 수급권을 하나의 '완전한' 권리로 인정하지 않고 있다. 일본에서는 공공부조 수급을 놓고 1954년에서 1964년까지 치열한 법적·사회적 논쟁이 벌어진 바 있다. 이를 아사히(朝日) 소송이라 한다. 아사히 소송이란 일본인 아사히 시게루(朝日茂)의 복지권 권리투쟁으로서 구체적으로는 일본 헌법 제25조(생존권적 기본권)의 법적 해석에 관한 소송을 말한다. 당시 아사히 시게루는 생활보호 및 의료부조 대상자로서 결핵환자였다. 그는 자신의 친형으로부터 월 1,500엔의 생활비를 보조받고 있었다. 그런데 복지사무소에서 이 중 600엔만을 생계보조비로 본인에게 지급하고, 나머지 900엔을 의료부조비 명목으로 환수조치하자 아사히 시게루는 이에 불복하여 900엔 반환청구소송을 제기했던 것이다. 그의 청구가 재판에서 기각되자 그는 위헌확인소송을 제기(행정소송)했다.

당시 일본에서는 공공부조(생활보호)의 수급에 대해 두 가지 설이 존재했다. 하나는 프로그램 규정설[11]로서 생활보호수급을 권리로 인정하지 않는 것이었다. 즉, 생활보호 대상자에게는 생활보호급여 청구권이 없으며, 생활보호급여는 국가예산의 범위 안에서 해도 좋고 안 해도 좋은 프로그램이라는 것, 말하자면 생활보호급여는 수급자의 반사적 이익일 뿐이고 급여의 제공 여부는 후생대신의 자유재량이라는 것이다. 다른 하나는 생활보호급여를 헌법에 의해 귀속된 재량, 즉 하나의 권리로 인정하는 권리설[12]이었다.

---

11) 프로그램 규정설이란 입법방침규정설(立法方針規程說)이라고도 하는데, 공공부조 수급권은 국가가 부여하는 구체적이고 현실적인 권리가 아니라 입법에 의해서만 효력을 발생하는 강령규정으로서 입법부에 대해 입법방침을 규정하는 것이다. 이렇게 입법권만 규정하고 행정권 및 사법권을 구속하지 않음으로써 국가는 입법을 할 정치적·도의적 책임만을 지게 될 뿐 그 실시는 정부의 자유재량에 맡겨진다. 따라서 국민은 인간다운 생활을 영위하는 데 필요한 급여를 국가에 청구할 수 없으며, 국가의 재정적·행정적 능력에 따라 실시하게 되는 복지제도의 반사적 수익권만 있다. 결국 공공부조 수급권은 정부의 재정적 실행 가능성(fiscal feasibility)과 행정적 실행 가능성(administration feasibility)에 좌우된다(김기원, 2000 : 43).

12) 공공부조 수급권은 법적 권리로서 개개 국민은 공공부조의 혜택을 누릴 권리가 법으로 보장되어 있으며, 국가는 이를 이행할 의무가 있다는 것이다. 법적 권리설에 의하면, 공공부조 수급권은 입법권뿐만 아니라 행정권, 사법권 모두를 구속한다. 법적 권리설은 다시 추상적 권리설과 구체적 권리설로 나뉜다.

① 추상적 권리설 : 국민의 공공부조 수급권과 정부의 법 제정의무 모두가 추상적인 권리요, 의무라고 본다. 구체적인 입법이 없을 경우 헌법상의 규정을 근거로 소(訴)에 의해 구체적 권리를 청구할 수 없으므로 헌법상의 공공부조 수급권이 보장되어 있다고 볼 수 없다. 그렇다고 해서 공공부조 수급권이 권리가 아니라는 뜻은 아니며, 관련법이 제정되어 있지 않을 경우 국민은 입법과 기타의 조치를 요구할 수 있는 권리를 갖는다.

② 구체적 권리설 : 공공부조 수급권은 헌법에 보장된 권리이자 국가의 책무이므로 국민은 국가에 대해 적극적으로 입법을 요청할 수 있고, 국가는 이에 대해 적극 응해야 할 의무가 있다고 본다. 만일 입법이 존재하지 않을 경우 이는 헌법상의 공공부조 수급권을 침해하는 것이 된다. 이때 국민은 국가에 대해 헌법소송을 제기할 수 있다(김기원, 2000 : 44-45).

1심에서는 아사히 시게루가 승리했다. 법원이 권리설을 인정한 것이었다. 그러자 후생대신은 이에 불복하여 상고하였다. 후생대신으로서는 생활보호급여를 법적 권리로 인정하게 되면, 최저임금제(전국적 · 일률적 임금수준 미확정), 최저연금선, 의료보호급여 수준의 결정에 곧바로 영향을 주게 되어 그 재정적 부담을 감당할 수 없었던 것이다. 2심, 3심에서는 국가가 승소하였다. 재판부가 국가 프로그램설의 손을 들어준 것이다. 그러자 법적 투쟁은 대중투쟁으로 확산되었다. 노동자, 시민들이 가담(사회당, 총평, 노조, 시민단체 등 54개 단체가 참여)하여 중앙 및 지역대책위가 결성되고, 연극 · 영화가 만들어졌다. 서명운동도 전개되어 1심에서는 30만 명이, 2심에서는 65만 명이 서명하였다. 대행진도 이루어졌다. 1차 1963년 2심 확정 전인 1963년에 10일간, 아사히 씨 사망 후인 1965년에 2주간, 1966년에는 국가종단 대행진이 벌어졌다.

아사히 소송은 일본에서 국가를 상대로 한 최초의 민중들의 생존권 투쟁이었다. 전쟁 전의 시혜적 정책에서 전후 신 헌법의 성립과 생활보호법의 개정 이후 생존권 개념이 대두되고, 빈곤에 대한 사회적 책임의식이 형성된 결과였다. 그리고 소송이 진행되면서, 생활보호 대상자만의 문제가 아니라 사회적 약자 모두의 문제라는 인식이 확산되었다(저임노동자가 합세하여 분노를 표출).

한편 우리나라에서도 유사한 일이 발생했다. 1994년 2월, 한 노인부부(당시 심창섭 88세, 이금순 82세)가 한 변호사(이남진)의 도움을 받아 "월 6만 5천 원의 생계 보조비로는 헌법이 보장하는 인간다운 생활을 할 권리는 물론 기본적인 생존권조차 위협받는다"며 보건복지부 장관이 고시한 생활보호사업지침상의 「'94년 생계보호기준」이 헌법상의 행복추구권과 인간다운 생활을 할 권리를 침해했다고 '1994년 생계보호기준 위헌확인 헌법소원심판'을 청구하였던 것이다. 청구내용은 다음과 같다.

> 헌법은, 모든 국민은 인간다운 생활을 할 권리를 가지며 그 실현을 보장하는 의미에서 국가는 사회보장 · 사회복지의 증진에 노력할 의무를 지고 신체장애자 및 질병 · 노령 기타의 사유로 생활능력이 없는 국민은 법률이 정하는 바에 의하여 국가의 보호를 받는다고 규정하고 있으므로(헌법 제34조 제1 · 2 · 5항), 생활보호법상의 생활보호는 단순한 반사적 이익이 아니라 문화권리주장을 할 수 있는 법적 권리이다.

생활보호법은 보호의 수준에 관하여 건강하고 문화적인 최저생활을 유지할 수 있는 것이어야 한다고 규정하고 있으나, 청구인들과 같은 생활보호법상의 거택보호대상자에게 지급되는 생계보호기준은 1994년 현재 매월 금 65,000원 정도의 수준으로서, 이는 1993년도의 월 최저생계비(전국 : 118,600원, 대도시 : 141,400원, 중소도시 : 126,400원, 농촌 : 106,000원)는 물론 육체적인 생존을 위하여 필요한 최저생계비 105,000원에도 훨씬 미치지 못하고 있다.

따라서 1994년도 생계보호기준은 헌법이 보장한 청구인들의 행복을 추구할 권리와 인간다운 생활을 할 권리를 침해하는 것으로서 헌법에 위반된다.

이 헌법소원은 "우리의 생활보호체계, 성장 이데올로기를 재검토하자"는 여론을 불러일으켰으나 곧 잊혀졌으며, 헌법재판소도 판결을 계속 미루기만 했다. 그 사이 청구인 중 한 사람인 이 할머니가 1995년 1월 세상을 떴다(조선일보, 1996. 3. 9). 그 후 1997년 5월 헌법소원 기각 판정이 났고, 1998년 1월에는 심창섭 옹이 사망하고 말았다(조선일보, 1998. 1. 5).

1997년 헌법재판소 전원재판부(전원일치 판결)는 공공부조 수급권이 구체적인 법적 권리로서 행사될 수 없으며, 프로그램 규정적인 권리로서 또는 추상적 권리로서 인정된다고 판시했다(김기원, 2000 : 43-49).

그런데 국민기초생활보장법[13)]의 시행으로 우리나라도 사실상 공공부조 수급권의 법적 권리가 인정받게 되었다. 즉, 급여를 받는 사람들의 권리를 인정하여 수급자와 수급권자(구 생활보호법에서는 보호대상자로 규정)라는 용어를 사용하고, 기존의 보호(생계보호, 의료보호, 자활보호 등)를 급여(생계급여, 주거급여, 의료급여 등)로 용어를 변경하였으며, 기존의 보호신청을 급여신청으로 바꾸고 급여의 신청절차를 보다 명확히 한 점, 즉 수급권자와 그 친족, 기타 관계인은 관할 시장・군수・구청장에게 수급권자에 대한 급여를 신청할 수 있도록 했고, 사회복지 담당공무원은 이 법에 의한 급여를 필요로 하는 자가 누락되지 않도록 관할지역 내에 거주하는 수급권자

13) 국민기초생활보장법은 1998년 10월 9일 여당인 새정치국민회의가 당 안으로 입안하고 제198회 정기국회에 상정하려 했으나 공청회 등 민의 수렴과정이 필요하다는 의견에 따라 제199회 임시국회에서 논의하였다. 예산당국은 시기를 늦춰줄 것을 요청했으나 사회적 안전망의 구축이 시급하다는 의견이 적지 않았다. 야당인 한나라당도 1999년 7월 6일 국민기본생활보장법안을 국회에 제출하였다. 그 후 국회 동의절차를 거쳐 2000년 10월 1일부터 시행되었다(김기원, 2000 : 183).

에 대한 급여를 직권으로 신청할 수 있다고 규정한 것에서 보듯이 복지권에 대한 수혜자의 법적 권리를 분명히 했다(김기원, 2000 : 188).

> **시민권론**
>
> - 시민권이란 공동체의 완전한 성원에게 부여된 여러 가지의 권리와 권력을 향유할 수 있는 지위를 말하며, 공민권, 정치권, 복지권으로 구성된다.
> - 복지권은 최소한의 경제적 복지와 보장에 대한 권리로부터 사회적 유산을 공유하고, 사회의 통상적 기준에 따라 문명화된 삶을 향유할 수 있는 권리에 이른다.
> - 대체로 공민권은 18세기, 정치권은 19세기, 복지권은 20세기에 확립되었다.
> - 자본주의 사회에서 복지권은 평등을 지향하는 시민권 이념과 현실의 사회적 불평등을 양립할 수 있게 만든다.

8 음모이론

1960년대와 1970년대 미국에서 신 좌파(New Left)의 확산과 함께 미국 사회복지에 대한 전통적 견해, 즉 인도주의에 입각하여 사회복지의 확대·발전을 설명하는 입장(이상주의적·도덕주의적 관점)에 대해 전면적으로 도전하는 새로운 견해가 등장했다. Piven과 Cloward의 빈민규제론(Regulating the Poor)이 대표적이다. 이들은 미국 태생의 중상층계급이 자비심에서가 아니라 빈민을 규제하기 위해 공적 사회복지제도를 사용한다고 주장했다. 그 근거로 대량실업과 같은 심각한 사회문제가 사회적 무질서를 야기할 때 정부는 공적 복지제도를 확대하고, 반대로 고용이 확대되고 사회가 안정되면 복지가 위축된다는 사실을 제시했다. 이런 견해는 사회복지가 인도주의나 경제적·정치적 엘리트들의 선한 의지의 결과라는 기존의 통념을 완전히 부정하고, 사회복지의 확대는 서민들이 생활처지의 추락과 궁핍화에 대해 저항하고 투쟁하는 것에 대한 지배계급의 대응책이라는 것을 말한다. 다른 말로 하면, 사회복지의 진정한 수혜층은 지배계급이라는 것이다.

Piven과 Cloward(1971 : ch. 1)는 구빈제도의 성립원인과 그 지속원인에 관한 연구를 통해, 구빈제도는 노동을 규제하는 데 1차적 목표가 있으며, 그 방법은 대량실업의 발생 시 질서회복을 위해 실업자를 흡수·통제하거나, 노동 무능력자 집단을 구빈대상으로 삼아 그 처우를 열등하게 하여 대다수 노동자들의 두려움을 유발시킴으로써 노동이탈을 억제한다는 사실을 밝혔다. 이 같은 노동규제는 자본주의 경제에 내재해 있는 불안정과 긴장으로 인해 반드시 필요한 것으로 인식된다.

그러나 과거에는 지주나 공장주와 같은 지배층은 자신들의 이익을 위협하는 소요와 폭동을 규제하고자 하였지만 현대 자본주의 사회의 정부와 정치는 그에 대한 대응방식을 달리하고 있다. 즉, 경제적 혼란에 대처하기 위해 지방정부의 구빈책임과 부담이 증대될 수밖에 없고 이에 따라 지역주민의 조세부담이 증가하여 불만이 제기되면 중앙정부가 개입하고, 단 혼란이 전국적이지 않으면 중앙정부는 지방정부의 구빈책임을 강요한다는 것이다. 그리고 과거 빈민은 불만을 구걸, 절도, 시위, 방화, 소요로 표출했으나, 선거제도하에서는 통치자에 대한 직접적인 요구가 가능해졌다. 인플레, 주택 부족, 지방세 증대, 실업 등의 사회문제는 정치지도자를 위협한다. 정치지도자는 이의 해결을 위해 막강한 정부권한과 자원을 동원한 사회복지 프로그램을 제시한다. 이것이 실패하면, 정치지도자는 실각할 수밖에 없으므로, 미국의 대공황기 공공복지제도의 도입에서 보듯이, 경제적 불황에 의해 야기된 정치적 혼란기에 정치지도자는 구빈제도의 확대를 통해 불만을 가진 집단을 정치적으로 재통합시키려고 노력한다.

Piven과 Cloward(1971 : xiii)의 주장을 요약하면, 사회복지정책은 복지에 대한 인도주의적 관심으로부터 발생한 것이 아니라 "시민의 무질서를 해결하고, 노동규범을 강제하기 위한 억압책(repressive system)"의 하나로 등장한 것이다. 이런 점에서 이들의 이론은 복지의 음모이론(a conspiracy theory of welfare)이다. 음모이론에 의하면, 사회복지정책에 관한 의사결정은 지배층의 장기적인 계획으로 이루어진다. 그리고 지배층은 자신들의 이익에 기초하여 정책을 실행하고 그 결과는 피지배층에게는 불리하게 작용한다고 가정한다. 그리고 정치인이나 정책결정자는 사회복지정책을 통해 빈민이나 부랑자에 대한 두려움을 완화시키고, 사회문제에 대해 무엇인가 행동을 취하는 것으로 보이게 하며, 자본주의 생산양식의 결과인 불평등을 유지시키기 위해 노력한다는 점에서 음모적이다(Higgins, 1978 : 190-191).

이들의 빈민규제론에 대한 미국 학계의 반향은 상당히 컸다. Trattner를 중심으로 한 미국의 역사학자들은 1980년 4월 미국 역사학대회 "사회복지냐 사회통제냐?" 분과를 통해 Piven과 Cloward의 사회통제론을 집중적으로 다루어 그 결과를 책(Trattner ed., 1983)으로 엮어 발표한 바 있다. 이들은 18세기 후반 필라델피아의 사회복지시설, 1870~1900년대의 거택보호, 1900~1930년의 과부연금운동, 1935년의 사회보장법 등의 사례분석을 통해 사회통제론의 기본 명제, 즉 공적 구호제도가 박애나 자선보다는 사회통제를 위해 기능한다는 주장에 대한 증거를 찾을 수 없었고, Piven과 Cloward가 부정한 인도주의가 가장 분명한 동기였음이 확인되었다고 주장했다.

이에 대해 같은 책에서 Piven과 Cloward는 전통적인 인도주의 관점을 수용할 수 없다는 점을 분명히 했으며, 나아가 1980년 미 대선에서 레이건이 당선되면서 등장한 레이거노믹스에 대한 저서(Piven and Cloward, 1982)를 통해 자신들의 명제의 역, 즉 사회적 프로테스트의 위협이 사라지고, 사회가 보수화되면, 공적 사회복지가 후퇴한다는 사실을 증명하고자 노력했다.

사실 음모론의 이론적 · 현실적 타당성은 대단히 크다. 특히 갈등기 또는 정권교체기에 등장하는 사회복지정책에서 음모론의 타당성을 더욱 확인할 수 있다. 말하자면, 정당성의 확보 또는 정치권력의 재생산을 '위하여' 사회복지정책을 도입 및 확대한다는 논리를 통해 우리는 사회복지정책의 본질을 보다 명확히 폭로해낼 수 있다는 것이다.

그러나 음모론은 본질적으로 동기론(a theory of motivation)으로서 정책결정자의 의도(intentions)보다는 사회복지정책의 결과에 의존하고 있다. 말하자면, 사회복지정책의 실패(기회의 평등화, 복지의 확대, 소득분배, 기타 사회복지정책의 명시적 기능의 실패)를 지적함으로써 음모론의 타당성을 증명하려 하고 있다는 것이다. 하지만 정책의 기원에 대한 대답을 정책의 결과에서 구하는 것은 비논리적이다. 이러한 접근은 의도하지 않은 결과 앞에서는 근본적으로 취약해지는 문제점을 지닌다. 다시 말해서, 증거를 대기가 거의 불가능해진다는 것이다(Higgins, 1978 : 191).

이는 우파적 입장에서 마르크스주의 사회복지정책론을 비판한 Pemberton의 주장에서도 지적되고 있다. 즉, 복지의 사회통제기능이 지배계급의 의도한 결과인지 의도하지 않은 결과인지가 명확치 않을 뿐더러 의도한 결과라고 할 때 그 의도성을 증명할 수가 없다는 것이다. 나아가 Pemberton(1983 : 300-303)은 복지제도가 복지의 주된 대상인 노동자, 빈민, 노인, 장애인 등의 혁명의식을 약화 또는 무력화시킨다고 보는데 이에 대한 설득력 있는 증거 역시 대지 못하고 있다고 비판하였으며, 실업자뿐만 아니라 노령자 · 장애인 · 과부 · 상이군인 등도 복지대상인데 과연 이들도 '위험한 계급(dangerous class)'인가 하고 반문하였다.

음모이론적 입장은 미국의 보건의료체계를 정치경제학적으로 연구한 Navaro (1989 : 233-234)도 매우 비판적으로 보고 있다. 그는 미국 보건의료제도에 대한 좌파적 입장은 크게 급진론인 '문화비평적 전통'과 '정치경제학적 전통'으로 나뉜다고 하면서, 급진론자(=음모론자)들은 사회적 관계를 기본적으로 상이한 권력을 가진 사람 간의 직접적인 대인관계로 간주해 버린다고 한다.

이렇게 되면 사회적 관계, 특히 계급관계는 개인들 사이의 지배와 복종 같은 대인관계와 동의어가 되어버린다. 이는 정치적인 것을 개인적인 것으로 환원하는 것이다. 그리고 의료인의 권력도 의료지식과 행위의 전문적 독점에 의해 나오는 것이 된다. 즉, 의료권력은 상층계급의 인종주의자와 성차별주의자, 백인, 남성의사, 지식과 권력의 소유자들에 의해 오염된 과학, 그리고 그러한 과학에 대한 통제로부터 나오는 것이 된다. 따라서 해결책은 의료인력의 계급, 성, 인종적 배경을 바꾸어버리고 의료전문직에게 봉사의 윤리와 소명이라는 새로운 가치관을 주입하여 의료의 지식과 행위를 탈오염시키는 데 있다. 이는 지식과 행위를 제도와 분리된 것으로 인식하는 것이다.

한편 이들은 자신들의 입장을 음모론으로 규정하는 데 대해 동의하지 않고, 자신들이 사회안정을 위협하는 빈민에 대한 엘리트의 반응이라는 측면보다는 노동자계급이나 빈민의 투쟁이 미국의 공공부조의 발전에 더 결정적인 동인이 되었다고 주장했음에도 불구하고 무시되었다고 반비판하고 있다(김연명, 1988 : 189-209).

그러나 이들의 빈민규제론이 투쟁의 측면을 강조하더라도 보다 근본적인 한계는 자본의 논리 또는 자본의 운동법칙을 자본가나 지배층의 음모로 간주한다는 점이다. 지배계급인 자본가의 가혹한 탄압행위나 적대행위는 개개 자본가의 사악성이나 품성상의 문제가 아니라 궁극적으로 그들을 그렇게 행동하도록 만드는 적대적인 사회적 생산관계로 설명된다. 개인의 능력과 천성은 사회적 관계의 규정력에 비해 부차적인 것일 뿐이다. 다시 말해서, 자본은 개별 자본가의 음흉한 책략이나 탐욕성과 관계없이 끊임없는 타인의 노동을 흡입하고자 하는 본질을 지니고 있으며, 이는 곧 계급투쟁을 야기하는 근본적인 요인이다.

음모이론

- 중상층계급이 자비심에서가 아니라 빈민을 규제하기 위해 공적 사회복지제도를 사용한다고 본다.
- 사회복지정책은 복지에 대한 인도주의적 관심으로부터 발생한 것이 아니라 사회적 무질서를 해결하고, 노동규범을 강제하기 위한 억압책이다.
- 갈등기 또는 정권교체기에 등장하는 사회복지정책이 정당성의 확보 또는 정치권력의 재생산을 위하여 도입·확대된다는 사실을 명확히 폭로해낼 수 있는 장점이 있다.

9 정치경제학적 이론

1970년대 들어 베트남전, 제국주의, 국가 간의 빈부격차, 성차별 등에 대한 좌파적 시각이 힘을 갖기 시작하면서 서구에 마르크스주의가 리바이벌되었다. 진보적인 사회과학자들은 마르크스적 통찰력으로 '복지'자본주의의 발전을 설명하고자 하였으며, 정치경제학적 입장에서 복지국가를 자본주의의 논리적 발전을 보장하고 사회통제의 억압적 메커니즘으로 작용하는 것으로 간주했다(Lee and Raban, 1988 : 96).

이와 함께 사회복지학계 내에서도 기존의 전통적인 페이비언 사회복지학에 대한 도전이 시작되었다. 주로 마르크스주의적 전망을 가진 비판적 사회복지학자들에 의해 주도된 새로운 사회복지학에 대한 관심이 그것이다. 이들은 사회와 정책형성에 대한 합리주의 모델과 독립된 조정자로서의 국가관이 갖는 보수성의 문제에 대해 이의를 제기하였다. 그리하여 마르크스주의적 입장에서 생산관계와 생산양식인 토대와 이에 조응하는 상부구조로서의 국가 간의 관계를 바탕으로, 복지국가의 사회복지정책의 출현과 변화를 보다 본질적으로 설명하고자 하는 복지국가의 정치경제학이 대두되었다.

1) 자본논리론

자본주의 국가의 사회복지정책에 대한 정치경제학적 접근 중 가장 대표적인 것 중의 하나가 자본논리론(thesis of the laws of motion of capital)이다.

Ginsberg(1979)에 의하면, 사회복지의 첫 번째 기능은 노동예비군, 가부장제 가족 및 숙련노동력을 재생산(reproduction)하는 것이며, 두 번째 기능(부수적인)은 빈곤의 해결과 안정되고도 충분한 자본축적(accumulation)을 위한 수단이다. 사회복지정책이 자본주의의 발전에 반드시 필요한 노동력을 재생산함으로써 자본축적에 기여한다는 것이다. 가장 대표적인 것이 보건의료정책과 교육정책이다.

Gough(1979 : 64)도 같은 입장이다. 정치경제학적 입장[14]에서 그는 복지국가를 자본의 운동법칙과 계급투쟁의 결과(후술할 계급투쟁론 참조), 즉 자본주의 발전의 필요성에 대한 기능과 조직화된 노동자계급의 정치적 갈등의 결과로 설명하였다. 계급투쟁이란 계급갈등의 정도, 즉 노동자계급의 투쟁의 힘과 형태를 말하고, 자본주의 발전의 필요성이란 자본주의적 사회관계의 장기적인 재생산을 보장하기 위한 정책들을 입안하고 수행하는 자본주의 국가의 능력을 말한다.

말하자면, 자본주의 국가의 복지개혁은 계급투쟁의 산물인 동시에 자본가계급과 국가가 장차 노동자계급에 의해 제기될 자본에 대한 잠재적 위협을 선제제압하고 규제하기 위해, 즉 자본축적의 원활화와 방해요소의 제거를 위한 '장기적인 포석'으로 그 도입에 동의하고 경우에 따라서는 주도적으로 그것을 추진한 결과라는 것이다.

자본논리론을 자유주의적 코포라티즘론(the corporate liberal thesis)이라고도 한다. 자유주의적 코포라티즘론은 정책을 좌지우지하기 위한 계급의식적인 자본가들의 전략과

---

14) 그는 "마르크스 이후의 경제학은 노동이론과 경제학의 사회적 성격을 외면하였고… 반면에 새로 탄생한 사회학은 경제학이 취급할 수 없는 계급 간의 정치적 관계와 노동조합의 이데올로기적 문화적 측면들을 다루면서 그것의 진정한 기초인 자본주의 생산양식과의 관계를 무시하였다"고 하면서 정치경제학의 재생을 주장하였다(Gough, 1979 : 7).

자본주의에 유리한 정책을 추구하는 부르주아 국가의 입장을 강조하는 이론이다. 예를 들면, J. O'Conner는 1930년대 미국의 뉴딜이 바로 자유주의적 코포라티즘의 전형적인 예라고 하면서, 당시 정치와 경제계의 지도자들은 "어떤 형태로든지 경제의 합리화가 필요하다"는 데 합의하였다. 그리고 20세기가 경과하면서, 코포라티즘적 자본가들은 하나의 계급으로서 자신들을 자율적으로 규제하는 데 필요한 재정능력, 조직기술, 관념을 갖추게 되었다"고 말했다(Quadagno, 1984 : 632 재인용). O'Connor 외에 Domhoff, Kolko, Useem 등도 이런 입장을 취한다.

이러한 논리는 사회복지정책을 노동자뿐만 아니라 자본가도 수용하였음을 의미한다. 그러나 그 이유는 서로 달랐다. 노동자계급은 사회복지정책이 생활곤란을 완화하고 불완전한 시장관계를 수정해 줄 것으로 생각하였기 때문에 환영하였으며, 자본가계급은 사회복지정책으로 노동자계급의 불만을 감소시키고 노동자계급을 체제 내로 통합하여 통제할 수 있을 것으로 보아 경제적·이데올로기적으로 이득이 있다고 판단하여 받아들였다.[15)]

2) 계급투쟁론

자본주의 국가의 사회복지정책을 노동자계급의 정치적 투쟁의 성과물로 간주하는 계급투쟁론자들은 선진 자본주의 국가의 경우 계급갈등은 바리케이드가 아니라 의회와 같은 정치적 장을 통해 표출되고, 노동자계급은 노동조합과 노동자의 정당을 통해 점진적으로 선진 자본주의에 통합되었다고 간주한다. 따라서 이들에게 복지국가는 노동자계급의 이익을 대변해 주는 노동당 정부와 사회민주적 정부가 주도하여 만든 노동자를 위한 사회복지정책인 것이다(Gough, 1979 : 60-61, 67).

계급투쟁론의 대표자인 Gough의 다음과 같은 말에 계급투쟁론의 핵심이 잘 드러나 있다.

---

15) 이는 자본주의 사회의 복지를 자본가들이 노동자를 무력화시키기 위한 전략이라고 보는 마르크스주의자 또는 급진주의자들이 복지비 삭감에 대해 비판하고 나선 일견 모순된 행동을 설명해 준다. 즉, 자본주의 사회의 복지는 이렇게 근본적으로 모순적인 측면, 한편으로는 계급투쟁에 의해 강요된 양보이고 다른 한편으로는 자본축적에 유리하다고 판단되어 자본가가 자발적으로 인정한 것이라는 양면을 지니고 있다는 것이다(Gough, 1979 : 66).

"과세의 최종부담은 계급갈등이라는 역관계에 의해 결정되며, 동시에 사회서비스를 포함한 국가지출의 규모와 방향 역시 계급 간의 세력에 좌우된다"(Gough, 1979 : 126).

Esping-Andersen도 계급투쟁론을 강력히 지지하였는데, 그는 사회주의적 노동운동은 '제도적' 복지국가를 만들려 노력하는 반면에, 부르주아지는 사회복지정책의 '주변적' 형태를 갈구한다고 단정했다.[16] Esping-Andersen의 입장을 사회적 해석론 또는 노동주의적 해석론(the social or laborist interpretation)이라고도 하는데, 이런 논리는 역사적으로 상당한 근거가 있다. 독일이 좋은 예가 된다. 원래 독일의 사회주의자들은 비스마르크 사회입법을 노동자계급의 혁명적 의지를 약화시키는 해독제(antidote)로 간주하여 배척하였다. 그러나 20세기 초부터 그런 의심을 풀고 사회보험을 지지하였으며, 두 세계대전 사이에 강력하고도 잘 조직된 노동자계급과 관대한 사회복지정책 간의 협력관계가 구축되었다. 영국의 노동자계급도 20세기 초 국민보험에 대해 의구심이 없지 않았지만, 세계대전을 거치면서 부르주아 국가와 사회복지정책의 진보 가능성을 깨달아 적극적으로 수용하였다.

여하튼 계급투쟁론에서는 사회복지정책을 민주적 정부에 의해 만들어진 위로부터 아래로의 진정한 양보로 간주한다. 이때 노동자계급의 역할이 매우 중요하다. 노동자들은 욕구가 가장 큰 집단에 속하고 재분배의 수혜층이며 따라서 관대한 사회복지정책을 원한다. 노동운동 진영과 좌파가 사회복지의 재정부담을 꺼리는 부르주아지에 대항하여 모든 박탈계층의 이익을 대변하면서[17] 압력을 행사할 수 있는 힘이 있을 때, 복지국가는 가장 번창한다. 즉, 복지국가는 노동자계급과 취약계층의 편에 서서 보편적·평등주의적 사회복지정책을 도입시킨 좌파의 능력의 증거로 간주된다는 것이다. 한마디로 복지국가는 사회주의자들의 압력에 의해 만들어졌다는 것이다(Baldwin, 1990 : 41-43).

---

16) 제도적 복지국가란 사회복지정책의 모형에서 살펴본 제도적 모형을 말하고, 주변적 형태란 잔여적 모형을 뜻한다(Baldwin, 1990 : 11 재인용).

17) 빈민과 프롤레타리아트는 복지국가의 초기에는 중복되는 집단이었기 때문에 사회복지정책은 노동자계급의 요구에 직결되어 있었다. 궁핍화의 가능성에 직면하여 노동자들은 연대성의 감정을 발전시켰고 요구를 가진 모든 자들의 챔피언이 되었다(Baldwin, 1990 : 55-56).

그리고 계급투쟁론에 의하면, 20세기의 복지국가는 부르주아 혁명만큼이나 중요하다. 자본주의 체제를 유지하거나 노동자들을 달래는(appeasing) 수준을 넘어설 정도로 성공적인 사회복지정책은 프롤레타리아트 혁명에 대응된다. 다만, 그것은 혁명이 아닌 개혁이었고, 프롤레타리아트 독재가 아닌 연금을 받는 프롤레타리아트였으며, 노동자들의 국가가 아닌 복지국가였다(Baldwin, 1990 : 57).

Shalev(1983 : 319)도 계급투쟁론(working-class strength, social democratic theory)을 지지하였다. 그는 "복지국가는 민주적 계급투쟁(democratic class struggle)의 결과이고, 복지비 지출규모는 계급 역관계(balance of class forces)의 반영물이다"라고 주장했다.

Block도 같은 입장이다. 그에 의하면, 자본주의 사회에서 국가의 역할을 논하는 데에는 계급투쟁이 가장 중요하다. 계급투쟁은 시장경제의 파괴로부터 자신을 지키기 위한 노동자의 열망으로부터 발생한다. 노동자는 개혁에 대한 압력을 통해 자신의 이해를 관철시킨다. 그러면 국가관료는 세 가지 요인, 즉 ① 기업신뢰의 손상에 대한 두려움, ② 지배를 위태롭게 할 수도 있는 계급 적대감의 상승, ③ 국가역할이 증대되면 자신들의 권력과 자원이 증대된다는 사실 등에 따라 양보 여부를 결정한다(Quadagno, 1984 : 633 재인용).

한편 계급투쟁론은 계급정당의 세력으로 그 타당성 여부가 검증될 수 있다. 선진국일수록 정당은 상위계층과 하위계층이 지지하는 당으로 나뉘고, 하위계층은 좌파정당에, 상위계층은 우파정당에 투표한다. 좌파정당의 가장 큰 지지기반은 노동자계급이다. 선진국의 계급갈등은 민주적인 방법으로 이루어진다. 사회민주 정당은 노동자계급의 지지를 기반으로 집권하면 사회복지 확대의 견인차가 되어 복지비 지출을 증대시킨다. 반대로 우파정당이 집권하면 복지비는 축소된다. 개혁주의 성향의 노동조합의 크기와 단합에 의해 정해지는 노동자계급의 세력은 좌파정당의 득표율과 사회복지 지출확대를 결정한다. 노동자계급은 경제영역에서는 자본가계급에 예속되어 있지만, 정치영역에서는 그 수를 바탕으로 상당한 세력을 구축한다. 노동자계급은 이 힘을 시장에 행사하여 보다 평등한 방향으로 나아가도록 만든다. 반대로 노동자계급이 분열되고 자본가계급이 득세하면 정부는 이들이 장악하게 되고 따라서 복지는 후퇴한다. 노동자계급의 힘이 강하고, 좌파정당이 장기간 집권하고 있는 스웨덴, 오스트리아, 노르웨이와 노동자계급의 힘이 강하되 좌파정당이 때때로 집권했던 덴마크, 뉴질랜드, 영국, 벨기에의 경우 복지비 지출규모가 컸다. 반면에 노동자계급의 힘이 약하고 좌파의 영향력이 미미한 캐나다, 미국, 아일랜드는 그 반대였다(Pamel and Williamson, 1992 : 34-36).

그러나 계급투쟁론에도 문제가 있다. 계급투쟁론자들이 복지국가를 노동자계급의 중대한 승리, 부르주아지 영토에 대한 프롤레타리아트의 전략적 상륙거점으로 간주하지만, 항상 그런 것만은 아니다. 2차 세계대전 후 유럽의 사민당과 노동운동이 적극적으로 사회복지정책의 확대를 요구하고 또 이의 관철을 주도하기 전까지만 해도 사회복지정책의 도입에 있어 노동자계급의 역할은 매우 제한적이었던 게 사실이다. 미국의 경우는 말할 것도 없다. 미국에서는 항상 계급보다는 시민의 요구가 변수였으며, 미국의 조직노동은 언제나 사회복지정책에 대해 모호한 태도를 취했던 것이다(Quadagno, 1984 : 645-646).

3) 복지국가 모순론

O'Conner는 교환과 분배의 영역을 중시하는 네오 리카도주의적[18] 국가개념에서 출발하여 국가의 재정정책의 계급적 성격을 Offe가 말한 자본축적(accumulation)과 정당화(legitimation) 기능 사이의 모순에서 기인하는 위기개념에 연결시켜 분석하였는데, 이를 복지국가 모순론이라 한다(박상섭, 1985 : 25).

그는 자본주의 사회가 생존에 필요한 재정을 조세를 통해 증액시킬 수가 없게 되었다고 전제한다. 그 이유는 자본주의 사회 본질 그 자체에 있다. 자본주의 사회란

18) 사회를 파악하는 데 있어서 생산영역의 중요성만을 강조하고 생산－교환－분배의 상호 의존성을 무시하는 경향을 가진 마르크스주의자들을 근본주의자 또는 교조적 정통파나 자본논리파라고 한다. 반면에 교환과 분배의 영역을 생산영역보다 중시하는 입장을 네오 리카도주의라고 부른다. 마르크스는 생산－교환－분배가 상호 의존하여 경제의 총체를 구성하며, 그중에서 특히 생산을 중시하였다(파인・해리스, 1985 : 192).
한편 Offe의 국가론은 베버(Max Weber)의 관료주의 이론에 주로 근거하고 있다. Offe는 자본주의 국가가 직접적이건 구조적이건 어떠한 체계적인 자본가계급의 통제로부터도 '독립하여' 있으나, 국가의 관료주의는 국가로서 계속적인 유지를 위하여 자본축적에 의존해야 하기 때문에 어떠한 형태로든 자본가계급의 이익을 옹호해야 한다. 그러나 동시에 국가는 합법적(legitimate)이어야 한다. 국가는 자본축적을 재생산한다는 맥락에서 노동자의 요구를 중재한다. 정치와 자본주의 발전의 모순은 근본적으로 국가 내부의 문제이다. 국가가 자본축적을 행하고 주요한 선진 자본주의의 위기가 발생하는 무대라는 점에서 국가는 정치적 주체(subject)가 된다. 정치는 근본적으로 국가 내부에 있다(카노이, 1985 : 13, 157).

호황과 불황이 반복되는 근본적으로 불안정한 사회이며, 그로 인해 노동자계급으로부터 자본주의 사회의 폐지에 대한 압력이 상존하기 때문이다. 이의 극복을 위해 국가는 자본축적과 정당화라는 두 가지 기능을 수행한다(George and Wilding, 1984 : 236).

자본축적 기능이란 성공적인 자본축적을 위한 조건을 안정화시키는 기능을 의미하고, 정당화 기능이란 잔인한 자본주의의 최악의 결과를 부드럽게 하여 체제의 정당성을 보존하려는 기능을 말한다. 정당화 기능의 가장 좋은 예가 복지제도이며, 그것은 실업자들과 같은 위험한 계급을 통제함으로써 사회적 평화를 기하기 위해 계획되었다(O'Conner, 1973 : 6-7, 163, 241).

자본주의 국가는 노동자계급의 희생 위에서 자본가계급의 자본축적을 돕는다. 이를 위해 국가는 강제력을 사용함으로써 정당성과 지지기반을 상실하게 된다. 그러나 국가가 정당성 확보를 위해 자본축적에 조력해야 할 필요성을 무시하면, 그 자신의 권력의 근원인 경제적 잉여생산능력과 잉여로부터의 조세수입이 고갈되어 재정위기에 처하게 된다(O'Conner, 1973 : 61).

이는 이윤의 극대화를 지향하는 자본축적과 사회적 조화를 추구하는 정당화의 기능은 상호 모순관계에 있음을 의미한다. 쉽게 말해서, 사적 자본을 지원하면 대중의 국가에 대한 충성, 즉 정당화가 약화되고, 반대로 정당성의 확대를 위해 복지비를 증대시키면, 자본축적의 원활화에 필요한 재원이 줄어들어 자본축적이 약화된다는 것이다.

그런데 문제는 자본주의의 재생산에 필요한 여러 정책을 수행하기 위해서는 많은 비용을 지출해야 하지만, 사적 자본의 이익을 보장하자면 사적 자본의 증대된 이익을 조세로 징수할 수 없다는 데 있다. 이는 결국 사회복지정책비용을 국가가 감당할 수가 없음을 의미하며, "국가지출과 세입의 구조적 갭 또는 지출의 세입초과"로 표현된다. 이것이 자본주의 국가의 재정위기의 본질이다. 더욱이 국가지출의 사적 충당, 즉 자본가 이익으로의 흡수는 재정위기를 심화시킨다. 결국 자본주의 국가는 경제체제의 생존을 유지할 수가 없게 된다(George and Wilding, 1984 : 236-237).

1970년대 이후 영국의 재정위기 역시 이러한 모순에 기인한다. 낮은 생산성 향상과 분배를 둘러싼 계급갈등, 이 양자는 영국의 경제적 취약성을 더욱 악화시켰고 결과적으로 국가개입을 증대시켰다. 1960년대는 국가의 경제지출과 사회지출이 동시에 급격히 팽창한 시기였다. 국가는 산업을 개편하고 경쟁력을 높이기 위해 투자보조금제도를 도입하였고, 산업합리화협회를 설립하였으며, 사회간접자본을 확대하였다. 동시에 노동자들은 노동운동을 통해 사회보장급여 수준의 인상과 사회서비스 제도의 개선을 얻어냈다. 그러나 그 결과는 재정위기였다(Gough, 1979 : 125).

정치경제학적 이론

- **자본논리론** : 사회복지정책은 자본축적의 원활화와 방해요소의 제거를 위한 장기적인 포석이다.
- **계급투쟁론** : 사회복지정책은 노동자계급의 정치적 투쟁의 성과물이다.
- **복지국가 모순론** : 이윤의 극대화를 지향하는 자본축적 기능과 사회적 조화를 추구하는 정당화의 기능(사회복지기능)은 상호 모순관계에 있다.

PART 02

사회보장의 이해

1935년 8월 민주당 상원의원들에 둘러싸여 사회보장법에 서명을 하고 있는 루스벨트 대통령

CHAPTER

10 사회보장

1 사회보장의 정의

1) 한국의 사회보장기본법

우리나라 사회보장기본법(1995년 12월 제정)은 사회보장에 관한 국민의 권리와 국가 및 지방자치단체의 책임을 정하고 사회보장제도에 관한 기본적인 사항을 규정한 법률이다. 사회보장기본법은 사회보장의 목적(이념)과 사회보장의 정의를 담고 있다.

"사회보장은 모든 국민이 다양한 사회적 위험으로부터 벗어나 행복하고 인간다운 생활을 향유할 수 있도록 자립을 지원하며, 사회참여·자아실현에 필요한 제도와 여건을 조성하여 사회통합과 행복한 복지사회를 실현하는 것을 기본 이념으로 한다."

"사회보장이란 출산, 양육, 실업, 노령, 장애, 질병, 빈곤 및 사망 등의 사회적 위험으로부터 모든 국민을 보호하고 국민 삶의 질을 향상시키는 데 필요한 소득·서비스를 보장하는 사회보험, 공공부조, 사회서비스를 말한다."

여기서 우리는 우리나라 사회보장이 사회통합과 복지사회 실현을 목적으로 하고, 사회보험, 공공부조, 사회서비스로 구성된 제도라는 것을 알 수 있다. 사회보장기본법은 사회보장을 구성하는 세 가지 제도, 즉 사회보험, 공공부조, 사회서비스에 관해서도 정의하고 있다.

"사회보험이란 국민에게 발생하는 사회적 위험을 보험의 방식으로 대처함으로써 국민의 건강과 소득을 보장하는 제도를 말한다."

"공공부조란 국가와 지방자치단체의 책임 하에 생활 유지 능력이 없거나 생활이 어려운 국민의 최저생활을 보장하고 자립을 지원하는 제도를 말한다."

"사회서비스란 국가·지방자치단체 및 민간부문의 도움이 필요한 모든 국민에게 복지, 보건의료, 교육, 고용, 주거, 문화, 환경 등의 분야에서 인간다운 생활을 보장하고 상담, 재활, 돌봄, 정보의 제공, 관련 시설의 이용, 역량 개발, 사회참여 지원 등을 통하여 국민의 삶의 질이 향상되도록 지원하는 제도를 말한다."

요컨대 사회보험은 사회적 위험에 대처하기 위한 보험이고, 공공부조는 빈민을 대상으로 하는 정부의 최저생계보장제도이며, 사회서비스는 정부와 민간부문이 국민에서 다양한 복지서비스를 제공하는 제도라는 것이다.

여기서 우리는 우리나라 사회보장의 두 가지 특징을 알 수 있다. 하나는 사회보장은 사회보험, 공공부조, 사회복지서비스(사회서비스는 사회복지서비스와 같은 말이다)로 구성된다는 것이고, 다른 하나는 정부뿐만 아니라 민간부문도 사회보장의 주체가 된다는 것이다.

2) 미국의 사회보장법

미국은 1935년 사회보장법(the Social Security Act)을 제정했다. 사회보장법은 1929년 대공황으로 피폐해진 미국인의 삶을 회복하기 위한 종합적이고도 포괄적인 사회복지시스템을 규정한 법률로서 사회보장이라는 용어를 세계 최초로 사용했다.[1] 이 법의 전문은 다음과 같이 매우 긴데, 사회보장의 목적뿐만 아니라 사회보장을 구성하는 하위시스템까지 규정하고 있다.

---

1) 그렇지만 미국의 사회보장이 세계 최초의 사회보장제도는 아니다. 독일은 이미 1880년대 사회입법을 통해 사회보험(건강보험, 연금, 산재보험)을 시행했고, 영국도 1911년에 국민보험(건강보험과 실업보험)을 실시했다.

"일반복지의 증진을 위해 연방정부가 관장하는 노령급여제도를 실시하고, 주정부가 관장하는 노인, 맹인, 요보호아동, 장애아동을 위한 복지, 모자복지, 공중보건 및 실업보상법의 관리운영을 지원하며, 사회보장청의 신설과 재정조달 및 기타 목적을 추진하기 위한 법."

사회보장법의 전문은 사회보장의 목적이 일반복지(general welfare)의 증진에 있다고 한다. 일반복지는 미국헌법 전문에 나온다. 헌법 전문에는 "우리 미국인은 정의를 세우고, 국내의 평온을 유지하고, 나라를 지키고, 일반복지를 증진"한다고 되어 있다. 이것은 사회보장이 헌법적 가치인 일반복지를 증진시키기 위한 법률임을 의미한다. 일반복지는 모든 사람의 복지, 즉 사회복지를 말한다. 따라서 사회보장의 목적은 사회복지의 증진에 있다.

그리고 사회보장은 연방정부 관장 사회보장연금, 주정부 관장 실업보험, 공공부조, 사회복지서비스(노인복지, 아동복지, 장애인복지, 모자복지 등) 및 공중보건 등으로 구성된다. 후에 사회보장에서 분리되는 공중보건을 제외하고, 사회보장연금과 실업보험이 사회보험이라는 점을 고려하면, 미국의 사회보장은 사회보험, 공공부조, 사회복지서비스를 하위시스템으로 하고 있음을 알 수 있는데, 우리나라 사회보장의 구성과 완전히 일치한다.

미국 사회보장시스템 주무부처인 사회보장청(the Social Security Administration, SSA)[2)]도 자체적으로 사회보장을 정의하고 있다.[3)]

---

2) 사회보장청은 1935년 사회보장법 제정과 함께 사회보장 관리운영기구로 신설된 사회보장국(the Social Security Board, SSB)이 모태이다. SSB는 1939년 연방사회보장기관(the Federal Security Agency)으로 명칭 변경되었다가 1946년 현재의 이름을 갖게 되었다. 사회보장청은 원래 보건휴먼서비스부(the Department of Health and Human Services, HHS)의 산하기관이었는데, 1994년 사회보장독립개선법(the Social Security Independence and Program Improvements Act)에 따라 독립 정부기관이 되었다. 사회보장청 본부는 메릴랜드주 볼티모어에 있고, 전국에 10개의 지방사무소와 1,300여 개의 지역사무소를 두고 있다.

3) 이 정의는 미국 사회보장청이 세계 각국의 사회보장 현황을 매년 소개하는 『세계의 사회보장프로그램(Social Security Programs throughout the World)』에 있는 것이다. SSA. 2016. "Social Security Programs Throughout the World : The Americas. 2015." https://www.ssa.gov/policy/docs/progdesc/ssptw/2014-2015/americas/index.html (SSA 검색일 2018/2/21)

> "사회보장은 생계능력의 중단 또는 상실에 처한 사람과 결혼, 출생, 사망과 같은 특별한 지출이 필요한 사람의 소득을 보장하는 법정 프로그램이다. 사회보장은 이 외에도 가족수당과 보건의료를 포함한다."

여기서 말하는 생계능력의 중단 또는 감소란 노령, 장애, 사망, 질병, 출산, 산업재해, 실업 등과 같은 사회적 위험으로 인한 소득의 중단 또는 감소를 말한다. 소득의 중단은 소득이 일시적 또는 영구적으로 없어지는 상태를, 소득의 감소는 질병치료나 출산 및 기타의 이유로 추가적인 지출이 늘어 실질적으로 소득이 줄어드는 것을 뜻한다.

3) ILO와 ISSA

근로자를 위한 사회보장에 각별한 관심을 가진 국제기구가 국제노동기구(ILO)이다.[4] ILO는 사회보장을 다음과 같이 정의했다(ILO, 2001b).

> "사회보장은 사회가 고령, 실업, 질병, 장애, 재해, 출산, 생계수단의 상실을 당한 개인과 가구에게 보건의료를 제공하고 소득을 보장해주는 것이다. 사회보장은 인간의 기본적인 권리이다. 사회보장은 건강보험, 연금, 실업급여, 조세로 재정을 조달하는 사회급여를 포함한다."

ILO의 사회보장 정의는 사회보장의 대상이 고령, 실업, 질병, 장애, 재해, 출산, 생계수단의 상실을 당한 개인과 가구라는 것과 사회보장이 인간의 기본권이라는 사실을 강조한다. 그리고 사회보장을 건강보험, 연금, 실업급여(이상 사회보험), 조세로 재정을 조달하는 사회급여(공공부조)라고 한 것은 사회보장을 사회보험과 공공부조로 한정시킨 협의의 개념이다.

---

4) 1919년 베르사유조약에 따라 국제연맹과 함께 창립된 국제기구로서 1944년 필라델피아선언을 통해 완전고용과 생활수준의 향상, 고용의 확보, 직업훈련과 노동력 이동의 편의 제공, 최저임금과 노동시간 등 노동조건의 개선, 단체교섭권과 노사 간의 협력, 사회보장, 생명과 건강의 보호, 출산보호, 근로자의 영양·주택·레크리에이션의 향상, 교육과 직업의 기회균등 등 10개항의 활동목표를 설정했다. 국제노동법의 제정, 저개발국가에 대한 기술원조, 노동문제에 대한 조사연구 등의 활동도 하고 있다. 우리나라는 1991년 12월 152번째로 가입하였다. 각 회원국은 정부 2명, 노사 각 1명 등 대표 4명을 총회에 파견하며, 이사회는 정부 28명, 노사 각 14명 등 이사 56명으로 구성된다.

국제적인 수준에서 세계 각국의 사회보장을 연구하고 각국 정부에 사회보장에 관해 조언하는 국제사회보장협회(the International Social Security Association, ISSA)[5]도 사회보장을 정의하였다.[6]

> "사회보장은 법률 또는 법정 협약에 의해 설립된 사회적 보호 프로그램으로서 고령, 유족, 장애, 실업, 자녀양육과 같은 우발적 사건에 직면한 사람의 소득을 보장하는 데 목적이 있다. 치료적 또는 예방적 보건의료도 포함한다."

여기서 말하는 우발적 사건(contingencies)은 누구나 다 겪을 수 있는 위험, 즉 개인적 위험에 대비되는 사회적 위험(social risks)을 의미한다. ISSA의 정의는 사회보장이 사회적 보호를 위한 법적 프로그램이라는 것과 소득보장이 주지만 보건의료도 포함한다는 점을 강조하고 있다.

4) 베버리지와 사회보장학자

사회보장의 정의를 검토함에 있어 무시해서는 안 되는 것이 사회보장을 이론적으로 체계화한 베버리지의 견해이다. 복지국가의 청사진 베버리지보고서(1942년 발간)에 의하면, 사회보장은 5대 악(five giants), 즉 결핍(want), 질병(disease), 무지(ignorance), 불결(squalor), 나태(idleness) 중 '결핍으로부터의 자유'(freedom from want)를 지향하며, 빈민과 같은 특정한 집단을 넘어 전 국민을 대상으로 삼고(보편주의), 전 국민에게 최저한의 소득(national minimum)을 보장해 주기 위한 제도이다. 베버리지는 사회보장이 결핍으로부터의 자유를 지향한다는 사실을 전제하고, 사회보장을 이렇게 정의했다(Beveridge, 1942 : 9).

---

5) 1927년 브뤼셀에서 상호부조·질병금고국제회의라는 명칭으로 조직된 ISSA는 1937년 국제사회보험회의로 바꿨다가 1947년 제8차 총회에서 현재의 이름으로 개정했다. 회원은 각국의 사회보장기관들이며, 사회보장 각 분야의 기술적 검토, 지역 활동, 조사연구와 자료제공 등을 주요 활동으로 삼고 있다. ISSA 회원조직은 150개 국가 320개 기관이다. ISSA는 ILO의 전폭적인 후원을 받고 있다.

6) https://www.issa.int/en_GB/topics/understanding/introduction (ISSA 검색일 2018/2/21)

> "실업, 질병, 재해로 인해 소득이 줄어들었을 때, 정년퇴직으로 소득이 중단되었을 때, 주된 소득자가 사망하여 생계를 책임질 사람이 없어졌을 때, 출생, 사망, 결혼 때문에 추가적인 비용이 지출될 때를 대비한 소득보장책이다."

베버리지의 정의를 압축하면, 사회보장은 소득의 감소와 중단 및 추가적인 지출에 대비한 최저수준의 소득보장책이다. 소득보장뿐만 아니라 여러 가지 사회복지서비스까지 포함하고 있는 미국 사회보장에 비추어 보면, 소득보장에 한정시킨 베버리지의 정의는 협의의 관점임을 알 수 있다.

다음은 사회보장학계의 정의이다. 미국의 저명한 사회보장학자인 Rejda(1999 : 10)는 사회보장을 다음과 같이 간단하게 정의했다.

> "정부의 법령에 의해 만들어지고, 노령, 장애, 사망, 질병, 출산, 실업, 산업재해 등으로 인해 소득이 감소했을 때 이를 보전하기 위해 현금을 지급하는 제도이다."

Rejda의 정의는 사회보장이 법정 제도이고, 감소한 소득을 보전하는 현금급여시스템이라는 점을 말하고 있다. 사회보장에 건강보험 진료서비스 같은 현물급여와 바우처 같은 서비스 교환권이 포함되어 있음을 볼 때 사회보장을 현금급여라고 단정하는 것은 문제가 있다.

사회보장학자 Whiteman(2001 : 4)은 사회보장을 이렇게 정의했다.

> "산업사회에서 발생하는 노령, 실업, 장애 등의 문제에 직면한 사람에게 경제적 보장을 제공하는 것이다. 일하는 사람에게는 사회보험을, 고용이 부적합한 사람에게는 공공부조를 제공함으로써 시민의 경제적 보장을 기하는 데 목적이 있다."

이 정의는 사회보장이 노령, 실업, 장애 등의 문제에 직면한 사람을 위한 경제보장(economic security)이라는 점과 사회보장이 사회보험과 공공부조로 구성된다는 점을 강조한다. 사회보험과 공공부조만 사회보장에 포함시킨 것은 사회보장의 범위를 너무 좁게 본 것이다. 사회보험과 공공부조가 사회보장의 주요 부분인 것은 사실이지만 그것이 다는 아니다.

이상과 같은 여러 정의를 보면, 표현과 강조점 및 보장범위가 조금씩 다름을 알 수 있다. 가장 큰 차이점은 사회보장의 범위 또는 사회보장시스템을 구성하는 하위 시스템이다. 우리나라와 미국은 사회보장이 사회보험, 공공부조, 사회복지서비스로 구성된다고 한다. 이에 비해 ILO, 미국의 사회보장학자, 베버리지는 사회보장을 소득보장, 즉 사회보험과 공공부조와 동일시한다.[7] 사회보장의 대상, 즉 사회적 위험 또는 소득의 감소와 중단에 대한 생각도 다르다. 대상의 범위를 노령, 실업, 장애 등으로 한정한 정의도 있고, 실업, 질병, 재해, 퇴직, 사망, 출생, 결혼 등 상당히 넓게 본 정의도 있다. 이런 점을 종합적으로 감안하여 사회보장을 정의하면 다음과 같다.

- 사회보장은 법정 프로그램이다.
- 사회보장은 소득보장시스템이다. 현물 서비스도 있지만 주는 소득보장이다.
- 사회보장의 대상은 고령, 장애, 사망, 질병, 출산, 실업, 재해 등과 같은 사회적 위험과 그로 인한 소득의 감소나 중단이다.
- 사회보장은 사회보험, 공공부조, 사회복지서비스, 보건의료 등과 같은 공적 조치를 포함한다.

7) 사실 사회복지서비스가 사회보장인가 하는 데는 논란의 여지가 있다. 우선 사회복지서비스가 소득보장제도가 아니라는 점에서 그렇다. 사회복지서비스는 요보호대상자를 위한 시설보호 위주의 제도이다. 현금급여도 있지만 시설보호가 중심이다. 사회복지서비스를 사회보장에 포함시키면, 개념상의 문제도 생긴다. 사회복지서비스는 사회복지의 주요 부분이기 때문에 사회보장과 사회복지의 구분이 애매해지는 것이다. 본질적인 차이도 있다. 사회보험이 산업화 이후 발생한 근로자의 사회적 위험에 대응하기 위한 것이라면, 사회복지서비스는 빈민법시대의 구빈시설에 기원을 두고 있다.

사회보장의 정의

구 분	정 의
한국 사회보장기본법	사회통합과 복지사회 실현을 목적으로 하고, 사회보험, 공공부조, 사회서비스로 구성되어 있으며, 사회보험은 사회적 위험에 대처하기 위한 보험이고, 공공부조는 빈민을 대상으로 하는 정부의 최저생계보장제도이며, 사회서비스는 정부와 민간부문이 국민에서 다양한 복지서비스를 제공하는 제도이다.
미국 사회보장법	일반복지의 증진을 궁극적 목적으로 하는, 연방정부 관장 사회보장연금, 주정부 관장 실업보험, 공공부조, 사회복지서비스 및 공중보건 등으로 구성된 사회복지제도이다.
미국 사회보장청	생계능력의 중단 또는 감소 및 결혼, 출생, 사망 등으로 인한 특별한 지출로부터 개인을 보호하는 법정 프로그램이다. 가족수당과 보건의료를 포함한다.
ILO	사회가 고령, 실업, 질병, 장애, 재해, 출산, 생계수단의 상실을 당한 개인과 가구에게 보건의료를 제공하고 소득을 보장해주는 것이다. 사회보장은 인간의 기본적인 권리이다. 사회보장은 건강보험, 연금, 실업급여, 조세로 재정을 조달하는 사회급여를 포함한다.
ISSA	법률 또는 법정 협약에 의해 설립된 사회적 보호 프로그램으로서 고령, 유족, 장애, 실업, 자녀양육과 같은 우발적 사건에 직면한 사람의 소득을 보장하는 데 목적이 있다. 치료적 또는 예방적 보건의료도 포함한다.
베버리지	실업, 질병, 재해로 인해 소득이 줄어들었을 때, 정년퇴직으로 소득이 중단되었을 때, 주된 소득자가 사망하여 생계를 책임질 사람이 없어졌을 때, 출생, 사망, 결혼 때문에 추가적인 비용이 지출될 때를 대비한 소득보장책이다.
Rejda	정부의 법령에 의해 만들어지고, 노령, 장애, 사망, 질병, 출산, 실업, 산업재해 등으로 인해 소득이 감소했을 때 이를 보전해 주기 위해 현금을 지급하는 제도이다.
Whiteman	산업사회에서 발생하는 노령, 실업, 장애 등의 문제에 직면한 사람에게 경제적 보장을 제공하는 것이다. 일하는 사람에게는 사회보험을, 고용이 부적합한 사람에게는 공공부조를 제공함으로써 시민의 경제적 보장을 기하는 데 목적이 있다.
종 합	• 사회보장은 법정 프로그램이다. • 사회보장은 소득보장시스템이다. 현물 서비스도 있지만 주는 소득보장이다. • 사회보장의 대상은 고령, 장애, 사망, 질병, 출산, 실업, 재해 등과 같은 사회적 위험과 그로 인한 소득의 감소나 중단이다. • 사회보장은 사회보험, 공공부조, 사회복지서비스, 보건의료 등과 같은 공적 조치를 포함한다.

2 사회보장의 유사 개념

1) 사회정책

사회보장과 가장 유사한 것이 사회정책(social policy)이다. 사회보장과 사회정책의 주요 차이점은 제도의 범위에 있다. 사회정책이 사회보장보다 범위가 넓다. 베버리지보고서를 보면, 사회보장은 사회보험, 공공부조, 민간보험으로 구성되어 있고, 사회징책은 사회보장 이외에도 아농수당, 보편주의 보건서비스, 재활서비스 및 완전고용을 포함한다(Beveridge, 1942). 독일 사회법도 사회정책을 사회보장뿐만 아니라 교육, 주택, 환경정책 등을 포괄한다고 규정하고 있다(전광석, 1994).

그러나 사회정책이 사회보장 외에 보건과 고용 및 보편적 수당을 포함한다는 점에서 범위가 넓지만, 사회보장 없는 사회정책은 생각할 수 없을 정도로 사회보장이 사회정책에서 차지하는 비중이 크고, 또 두 개념은 사실상 같다고 말해도 될 정도로 매우 유사하다.

무엇보다도 사회정책과 사회보장은 지향하는 목표가 빈곤의 예방, 사회통합, 사회적 불평등의 완화, 소득재분배 등으로 일치한다. 사회보험을 핵심으로 한다는 점에서도 동일하다. 사회정책은 1880년대 독일제국의 사회입법에 기원을, 사회보장은 1935년에 제정된 미국 사회보장법에 기원을 두고 있다. 그런데 독일제국의 사회입법(건강보험, 산재보험, 연금)과 미국의 사회보장법(연금과 실업보험)은 모두 사회보험에 관한 법률이라는 점에서 완전히 일치한다. 그러니까 사회보험을 독일에서는 사회정책(또는 사회입법)이라고 칭했고, 미국에서는 사회보장이라고 칭했을 뿐 본질적으로 같다는 것이다.

그럼에도 오늘날 양자가 다소 다른 의미로 사용되는데, 이유는 역사적 배경에서 찾을 수 있다. 사회정책이 독일제라면, 사회보장은 미국제이다. 사회정책이 독일문화권 아래에 있는 서유럽 국가들과 독일 사회정책의 영향을 받은 영국을 중심으로 사용되었다면, 사회보장은 1 · 2차 세계대전을 거치면서 세계 최강국이 된 미국의 영향 아래 UN을 중심으로 국제적인 용어로 자리 잡았다.[8] 우리나라는 일본을 통해 독일식 사회정책(계급정책)을, 미국을 통해 미국식 사회보장(시민복지)을 받아들였고, 양자를 다소 다른 의미로 사용하고 있다.

2) 사회안전망

사회안전망(social safety net)은 IMF(the International Monetary Fund)[9]와 World Bank[10]가 만들어 국제적으로 유포시킨 용어이다. IMF와 World Bank는 원활한 시장경제의 작동과 개발도상국 및 후진국에 대한 경제적 원조를 목적으로 하는 대표적인 국제금융기구인데, 1970년대 후반부터 재정지원을 받은 개발도상국가와 구 사회주의 국가의 구조조정 프로그램(재정지원의 조건으로 제시), 즉 국가 재정지출의 축소, 자본시장의 개방, 노동시장의 유연화, 국영기업의 민영화 등으로 실업자의 양산과 빈곤의 심화 등 부정적인 결과(이른바 '빈곤의 세계화')가 나타나자 그에 대한 해결책을 모색하면서 사회보장제도에 대해 관심을 갖게 되었다.

양대 국제금융기구에 포진한 신자유주의 경제학자들은 사회안전망을 구조조정을 위한 경제개혁조치(신자유주의적 재편)가 사회적 취약계층에게 미치는 역효과를 최소화하기 위한 조치(주로 단기적 사회복지정책)라고 정의한다(Chu and Gupta, 1998). 그리고 이들은 사회안전망의 가장 큰 목적이 빈곤의 예방과 제거에 있다고 본다. 즉, 소득이 중단되거나 예외적인 지출의 발생으로 빈곤에 빠질 위험에 노출되었을 때 빈곤에 빠지지 않도록 방지하고, 이미 빈곤한 상태에 있는 사람에게는 최저한의 생계보장을 해줌으로써 빈곤에서 탈피하도록 만드는 사회적 장치라는 것이다(방하남 외, 1998).

8) 예컨대 1941년 대서양 헌장에 사회보장이라는 용어가 들어갔고, 1948년 UN 인권선언에도 포함되었다. 이후 사회보장은 국제적으로 통용되는 용어로 확고하게 자리 잡았다(Lowe, 1993 : 10-11).

9) 브레턴우즈협정(1945년 12월 발효. 2차 세계대전 후 국제금융의 안정과 원활화를 위한 협정)에 따라 1947년 3월에 창설된 국제금융협력기구이다. 자매기관인 Word Bank가 장기국제금융기관이라면 IMF는 단기국제금융기관이다. 본부는 워싱턴에 있다. 가맹국은 단기적으로 국제수지불균형에 빠졌을 경우 IMF로부터 금융지원(융자)을 받는다. 자금은 가맹국들의 출자(각국의 경제력에 비례)에 의해 조성되며, 융자의 최고한도는 출자액의 2배이다. 1990년대 이후 러시아, 멕시코, 태국, 인도네시아 등이 융자를 받았다. 우리나라도 1997년 11월 외환위기를 맞아 융자를 받았으나 2001년 모두 상환했다.

10) 브레턴우즈협정에 의해 1946년 6월에 설립된 Word Bank는 전쟁으로 파괴된 경제의 부흥과 저개발지역의 개발 원조를 위한 국제장기투자기관으로서 민간자본의 원활한 국가 간 이동과 국제투자의 합리적 촉진을 지향한다. 우리나라는 1955년에 가입했다.

이와 같이 사회안전망을 구조조정에 따른 부작용을 보완하는 단기적인 사회복지 정책으로 간주하기 때문에 사회안전망에는 특정 취약집단에 대한 생계보조수당, 민영화로 실업자가 된 공공부문 근로자를 위한 해고수당, 근로 창출을 위한 공공근로사업, 극빈층을 보호하기 위한 최저한의 사회보장(이는 기존의 관대한 사회보장을 선별주의로 재정비하는 것을 의미한다)이 포함된다.

사실 이러한 대책들은 대부분 사회보장제도에 포함된다. 그런데도 굳이 이들이 사회보장 대신 사회안전망이라는 용어를 사용하는 이유는 서구 복지국가의 사회보장이 고비용-비효율-관료주의적이며, 정부의 과도한 재정지출이 시장경제를 해치고, 삶에 대한 개인의 책임을 약화시키는 주범이라고 생각하기 때문이다.

한편 사회안전망이 구조조정의 보완장치라는 사실은 우리나라가 1998년 외환위기 극복을 위해 IMF 금융구제를 받았을 때 잘 확인되었다. 당시 World Bank는 우리 정부에 구조조정차관 20억 달러를 지원하면서 금융개혁, 기업구조조정, 사회안전망 등 세 분야의 구조 개혁과제들을 적시한 정책 프로그램을 제시했는데,[11] 이 중 사회안전망 부분은 기업의 구조조정으로 인해 노동시장에서 방출되는 실업계층과 노동능력 빈민을 주된 대상으로 삼아 자활보호(workfare)의 강화, 보건의료 부문과 사회보장연금에서의 효율성과 투명성의 제고, 사회보장연금의 부분적인 민영화(연기금의 투자를 민간투자회사에 위탁)에 중점을 두었다(김창엽 외, 1998). 이는 이들 신자유주의 성향의 국제금융기구가 지향하는 구조조정을 뒷받침하는 한시적인 사회안전망의 확충, 기존 사회보장제도의 개인적 형평성과 효율성의 강화 및 민영화를 충실히 반영한 것이었다.

11) IMF와 World Bank가 구제금융에 대한 조건으로 요구하는 구조조정은 통화의 평가절하, 가격 자유화, 긴축재정과 같은 1단계 단기적 거시경제 안정화 프로그램과 무역자유화, 민영화, 은행의 탈규제화, 조세개혁 등 2단계 장기적 구조조정을 포함한다(김창엽 외, 1998).

3 사회보장의 목적

1) 사회보장의 전통적 목적

사회보장의 목적에 대한 전문가의 견해는 다양하다. 예를 들어, Rys(1974 : 5-6)는 사회보장의 목적이 사회적 사고를 예방하고, 소득감소를 보상하며, 사회부조로 사회보장 수혜자를 사회에 통합시키는 것에 있다고 했다.

Murphy(1979 : 3-4)는 사회보장의 목적이 질병, 장애, 노령, 실업과 같은 사회적 위험에 대처하고, 강제저축으로 각 개인의 위험에 대비하며, 소득재분배로 사회의 평등을 지향하고, 개인의 손실을 보상하는 데 있다고 했다.

Robinson(1976 : 17)은 공동체 기준에 의거해서 모든 사람과 가족의 소득을 보장하고, 위험의 폭넓은 분산을 통해 소득유지를 보장함으로써 소득의 급작스러운 변화로부터 야기되는 곤란을 최소화하고, 시민의 사회경제적 지위를 향상시키는 데 사회보장의 목적이 있다고 했다.

Rejda(1999 : 36-37)는 사회보장의 목적을 다음과 같이 네 가지로 제시했다.

첫째, 사망, 노령, 질병, 장애, 실업 등 여러 사회적 위험에 처한 국민에게 최저한의 경제적 보장을 제공한다.

둘째, 빈곤을 예방한다.

셋째, 시민의 소비, 저축, 투자 등에 긍정적 영향을 미쳐 경제안정화에 기여한다. 예컨대 사회보장연금과 실업보험급여는 경기후퇴기에 유효수요를 창출한다.

넷째, 근로인센티브, 솔선수범, 근검절약 등 사회적으로 바람직한 가치를 진작시킨다. 예를 들어, 사회보장은 수급자에게 근로할 것을 요구함으로써 일의 중요성을 일깨우고, 사회보장 혜택의 안정적 유지를 원하는 사회보장 수급자로 하여금 경제사회적 안정을 원하게 만든다.

2) 사회보장의 신자유주의적 목적

신자유주의는 사회보장 전반에 큰 영향을 미쳤다. 심지어 사회보장의 목적마저 바꿔 놓았다. 전통적인 사회보장의 목적인 소득보장보다 생산적 측면과 근로인센티브의 강화를 지향하도록 만든 것이다.

영국 요크대학 사회정책연구소 연구위원 Roy Sainsbury(1999 : 41-45)는 신자유주의의 강력한 영향으로 사회보장의 전통적인 목적과는 이념적으로 다른 새로운 사회보장프로젝트(the new project for social security)가 강조되고 있다고 하면서 사회보장의 전통적 목적이 신자유주의적 목적으로 대체되고 있다고 주장했다. 그는 먼저 사회보장의 전통적 목적(old and familiar aims)을 다음과 같이 요약했다.

- **빈민구제**(the relief of poverty) : 베버리지보고서가 5대 악 중의 하나로 지목한 결핍(want)에 대한 대책으로서의 사회보장이 바로 이런 목적을 추구한다. 공공부조(또는 그 뿌리인 빈민법)가 가장 대표적이다.
- **욕구충족**(meeting needs) : 노인, 아동, 장애인 등 사회적 욕구가 큰 집단을 위한 사회적 대책(주로 공공부조와 사회복지서비스)으로서의 사회보장을 말한다. 2차 세계대전 후 사회보장 수급자들의 사회적 권리가 신장되면서 많이 사용되었다.
- **소득유지와 소득보전**(income maintenance and replacement) : 연금과 건강보험이 여기에 해당되는데, 일을 하여 소득이 있을 때 사회보험에 가입, 보험료를 내고, 노후나 질병으로 소득이 중단 또는 감소되었을 때 사회보험 급여를 받음으로써 소득을 유지한다.
- **보상**(compensation) : 공장주를 위해 일하다가 산업재해를 당했을 때 노동력 상실에 비례하여 보상을 받는 근로자보상법이나 산재보험이 여기에 해당된다.
- **재분배**(redistribution) : 공공부조는 소득계층 간 재분배(수직적 재분배)를, 가족수당은 수평적 재분배(소가족에서 대가족으로)를, 연금은 세대 간 재분배(청년세대에서 노인세대로)를 목적으로 하고 있다.

그런 다음 사회보장의 신자유주의적 목적을 다음과 같이 정리했다.

- **적극적 목표**(active aims) : 베버리지보고서는 결핍 상태에 빠진 사람을 무조건 보호하는 데 주안점을 두었다는 점에서 수동적(passive)이었다. 그러나 대처리즘이 등장한 이후 사회보장의 수동적 성격은 부정되고, 적극적 복지, 즉 사회보장의 생산적 측면이 강조되고 있다.
- **근로인센티브의 강화**(getting people into work) : 1970년대 오일쇼크 이후 스태그플레이션과 함께 고실업이 장기화되고 사회보장의 생계 보장적 기능보다는 일을 하도록 만드는 기능이 강조되었는데, 이는 기존의 사회보장에 근로인센티브를 약화시키는 측면, 즉 빈곤함정(poverty trap)이 존재했다는 사실에 근거를 두고 있다. 근로인센티브를 강화하기 위해 워크페어(workfare, welfare to work)를 강조한다.
- **행동의 변화**(changing behaviour) : 사회보장이 사회적으로 바람직하지 않은 시민의 행동은 억제하고, 반대로 바람직한 행동은 고무하는 기능을 수행한다. 예컨대 홀로 사는 노인이나 젊은 독신자보다는 가족들과 함께 사는 노인과 기혼 부부의 사회보장 급여를 유리하게 만듦으로써 가족과의 동거와 결혼을 장려한다. 또 실업보험 급여에서 일자리를 얻기 위해 노력하는 사람을 그렇지 않은 사람보다 더 유리하게 만든다.

신자유주의자들이 사회보장의 목적을 이처럼 다르게 보는 이유는 빈곤을 경제적 역기능(시장의 실패)의 결과로 보는 대신 개인적 노력 부족의 결과로 간주하고, 풍요 속에 상대적 빈곤이 존재한다는 사실도 부정하며, 베버리지가 말한 사회보장을 통한 빈곤의 예방에 대해서도 부정적이기 때문이다(Sainsbury, 1999 : 68).

사회보장의 전통적 목적과 신자유주의 목적

구 분	내 용
전통적 목적	• 빈민구제 • 욕구충족 • 소득유지와 소득보전 • 보상 • 재분배
신자유주의적 목적	• 수동적 복지에서 적극적 복지로의 목표 전환 • 근로인센티브의 강화 • 행동의 변화

4 사회보장의 권리

1) 사회보험 수급권

자본주의 국가에서 근로자와 시민이 사회보험의 보험료를 부담하는 것은 사회복지수급권과 관련해 중대한 의미를 갖는다. 이에 대해서는 베버리지가 잘 규정한 바 있다. 베버리지는 사회보험 가입자가 보험료를 내는 것은 급여에 소요되는 비용을 실제로 지불한 것이고, 이 때문에 사회보험 가입자는 자산조사 없이 급여자격(수급권)을 획득한다고 말했다. 말하자면 사회보험급여는 국가가 주는 무상의 수당이 아니라 보험료 납부에 대한 반대급부라는 것이다(Beveridge, 1942 : 11-12).

이런 논리는 사회보험의 도입을 주도한 각국 지도자의 말에서 잘 확인되는데, 1911년 영국 국민보험의 도입을 주도한 윈스턴 처칠 당시 상무장관은 근로자가 보험료를 부담함으로써 급여권리를 자신의 힘으로 획득하게 된다는 점을 강조하면서 "보험자격은 보험수리적으로 정해져야 한다. 자격을 얻으려면 보험료를 내야 한다. 자격이 없으면 급여혜택도 없다. 이렇게 하는 것이 가장 안전하고도 간단한 기금운용방식이다"라고 주장했다. 그는 피보험자가 기여를 통해 급여자격을 갖게 되면, 그의 빈궁이 그 자신의 책임이건 아니건 상관없다고 생각했다(Fraser, 1984 : 162).

1935년 미국이 사회보장법을 도입할 때 근로자에게 보험료를 부담지우는 것에 반대한 사람에게 한 루스벨트의 말도 이와 같았다. 즉, "경제학적 측면에서는 당신이 옳을 수 있다. 그러나 그러한 세금은 경제학의 문제가 결코 될 수 없다. 그것은 정치학이다. 우리가 보험료를 주장한 이유는 연금과 실업수당을 수급할 피보험자에게 법적 · 도덕적 · 정치적 권리를 부여하기 위한 것이다. 보험료가 있는 한 어떤 정치인도 사회보장 프로그램을 반대하지 못할 것이다"(Leuchtenburg, 1963 : 133).

요컨대 보험료를 납부함으로써 사회보험의 수급권리를 얻는다는 것은 사회보험 수급권이 개인의 노력으로 획득한 권리(earned right) 또는 보험료 납부에 대한 반대급부, 즉 돈을 주고 구입한 권리(purchased right)라는 것을 의미하는데, 이는 국가와 시민사회의 인정에 의해 얻는 공공부조 수급권, 즉 자신의 노력과 무관하게 시민이 공인한 시민권(citizenship)과 구별된다. 그리고 특정한 목적을 위해 지불한 사회보험 보험료가 그에 따른 수급권을 보장한다는 사실은 사회보험 보험료와 아주 유사한 세금과의 차이를 말해준다. 세금과 보험료가 소득의 일정 부분에 부과되는 공적 비용이라는 점에서는 같지만 세금은 보험료와 달리 국가의 반대급부가 특정화되어 있지 않다(Beattie and McGillivray, 1995 : 19).

2) 사회보장의 권리와 국제기구

ILO와 UN은 모든 인간은 사회보장의 권리(the right to social security)가 있음을 선언했다. ILO는 1944년 필라델피아선언(the Declaration of Philadelphia)에서 사회적 보호와 보건의료를 필요로 하는 모든 사람에게 사회보장을 적용할 것을 선언했다. 또 같은 해 ILO는 소득보장권고(the Income Security Recommendation)를 통해 사회적 위험에 노출된 모든 근로자, 자영업자 및 가족에게 사회보험을 제공할 것을 권고했다.

1952년 ILO의 사회보장(최저기준) 협약[the Social Security(Minimum Standards) Convention]은 사회보장 급여의 최저기준을 규정했다. 아울러 질병과 고령 급여의 수급대상자에 모든 근로자의 50% 이상, 경제활동인구의 20% 이상 또는 일정 기준 이하의 모든 주민을 포함시켜야 한다고 했다. 거의 모든 OECD 국가가 이에 동의했다. 개별 사회보장제도에 관한 협약도 이루어졌다. 1964년 재해급여 협약, 1967년 유족급여 협약, 1969년 의료급여 협약, 1988년 실업급여 협약이 그것이다.

1952년 사회보장(최저기준) 협약과 이후의 개별 사회보장제도에 관한 협약에서 정한 ILO 사회보장 최저기준은 다음과 같다.[12)]

- **의료급여**(medical care) : 예방 의료, 일차 보건의료, 전문의 진료, 처방 약품비용, 출산전후 의료비용, 치과 진료비용, 재활의학비용을 포함한다.
- **질병급여**(sickness benefit) : 임금의 최소 60%를 보장한다. 장례비를 포함한다.
- **실업급여**(unemployment benefit) : 임금의 최소 50%를 보장한다.
- **연금**(old-age benefit) : 임금의 최소 45%를 보장한다. 급여는 임금과 생계비 증가에 연동한다.
- **재해급여**(employment injury benefit) : 의료비용과 현금급여를 포함한다. 현금급여는 임금의 최소 60%로 한다. 수급자 사망 시 유족급여는 임금의 최소 50%로 한다. 필요하면 일시금 지급도 가능하다. 현금급여는 생계비에 연동해서 매년 증액된다. 장애인 수급자를 케어하는 제삼자에 대한 보충급여 지급도 가능하다.
- **가족급여**(family benefit) : 현금급여 또는 음식, 의복, 주거, 휴일, 가사 지원과 같은 급여를 제공한다.
- **출산급여**(maternity benefit) : 출산 전후 병원비 및 케어비용을 포함한 의료급여를 제공한다. 현금급여는 출산여성과 아기의 적절한 생활비용을 충당할 수 있는 수준으로서 임금의 최소 2/3로 한다.
- **장애급여**(invalidity benefit) : 임금의 최소 40%로 한다. 임금과 생계비 증가에 실질적으로 연동되어야 한다.
- **유족급여**(survivors' benefit) : 임금의 최소 45%로 한다. 임금과 생계비 증가에 실질적으로 연동되어야 한다.

---

12) http://www.ilo.org/global/standards/subjects-covered-by-international-labour-standards/social-security/lang--en/index.htm (ILO 검색일 2018/2/20)

ILO는 이상과 같은 9가지 사회보장 급여, 즉 의료, 질병, 실업, 고령, 재해, 가족, 모성, 장애, 유족 급여 중 최소한 3가지를 수용할 것을 각국에 권고했다. 또한 최저 급여 수준은 각국의 여건에 맞게 정해도 좋다고 했고, 급여의 지급기간과 조건에 대해서는 언급하지 않음으로써 각국의 재량에 맡겼다.

ILO는 1982년 사회보장 권리유지 협약(the Maintenance of Social Security Rights Convention)을 발표했다. 이주 근로자의 사회보장 수급권 보장, 즉 취업을 위해 자신의 나라를 떠난 근로자가 사회보장 수급권을 향유할 수 있도록 배려할 것을 권고하는 협약이다.

1990년대에는 비정규직 근로자에로의 적용확대를 촉구했다. 1996년 가사노동협약(the Home Work Convention)에서는 가사근로자 사회보장 적용확대를 권고했고, 1998년 중소기업일자리창출권고(the Job Creation in Small and Medium-Sized Enterprises Recommendation)에서는 중소기업 근로자의 사회보장 적용확대와 일반적인 기준의 적용을 권고했다(일반 근로자와 동일한 대우). 1994년 파트타임근로협약(the Part-Time Work Convention)에서는 파트타임 근로자도 정규직 근로자와 동일한 사회보장 적용을 받도록 권고했다(ILO, 2001).

한편 UN도 사회보장 권리를 적극적으로 지지했다. UN은 1948년 인권선언(the Universal Declaration of Human Rights)에서 모든 사람은 사회보장의 권리가 있다고 했다. 특히 보건의료와 사회복지서비스, 환자, 장애인, 미망인, 노인, 실업자를 위한 사회보장, 모성과 아동을 위한 특별한 케어와 부조를 강조했다. 1966년 경제적 · 사회적 · 문화적 권리 국제규약(the International Covenant on Economic, Social and Cultural Rights)에서도 모든 사람은 사회보험을 포함한 사회보장의 권리가 있다고 했다.

UN은 또 1995년 코펜하겐 사회개발세계정상회의(the World Summit for Social Development in Copenhagen)에서 사회보장이 사회개발과 빈곤퇴치의 핵심 요소임을 환기시키면서 각국은 사회보장의 수립과 확대를 위해 노력할 것을 촉구했다. 정상들은 모든 사람들이 실업, 질병, 모성, 자녀양육, 미망인, 장애, 고령에서 충분한 경제적 · 사회적 보호를 향유할 수 있는 정책을 개발하고 수행해야 한다는 데 동의했다.

사회보장의 권리

<table>
<tr><th>구 분</th><th colspan="2">정 의</th></tr>
<tr><td>사회보장 수급권</td><td colspan="2">• 개인이 노력해서 획득한 권리 또는 개인이 돈을 주고 구입한 권리
• 윈스턴 처칠 : "보험자격은 보험수리적으로 정해져야 한다. 자격을 얻으려면 보험료를 내야 한다. 자격이 없으면 급여혜택도 없다."
• 루스벨트 대통령 : "우리가 사회보장세를 주장한 이유는 연금과 실업수당을 수급할 피보험자에게 법적 · 도덕적 · 정치적 권리를 부여하기 위한 데 있다."</td></tr>
<tr><td rowspan="2">국제기구의 사회보장 권리선언</td><td>ILO</td><td>• 1944년 필라델피아선언 : 사회적 보호와 보건의료가 필요한 모든 사람에게 사회보장 적용 선언
• 1952년 사회보장(최저기준)협약 : 사회보장 급여의 최저기준 규정. 질병급여와 연금의 수급대상자에 근로자의 50% 이상, 경제활동인구의 20% 이상 또는 일정 기준 이하의 모든 주민을 포함시킬 것을 권고
• 1990년대 : 비정규직 근로자, 가사근로자, 중소기업 근로자, 파트타임 근로자의 사회보장 적용 권고</td></tr>
<tr><td>UN</td><td>• 1948년 인권선언 : 모든 사람의 사회보장 권리 인정. 보건의료와 사회복지서비스, 환자, 장애인, 미망인, 노인, 실업자를 위한 사회보장, 모성과 아동을 위한 특별한 케어와 부조 강조
• 1966년 경제적 · 사회적 · 문화적 권리 국제규약 : 모든 사람의 사회보험을 포함한 사회보장의 권리 인정
• 1995년 코펜하겐 사회개발세계정상회의 : 사회보장이 사회개발과 빈곤퇴치의 핵심 요소임을 환기시키고, 사회보장의 수립과 확대를 위해 노력할 것을 촉구</td></tr>
</table>

CHAPTER 11

사회보험

1 사회보험의 특징

사회보장은 사회보험, 공공부조, 사회복지서비스 등으로 구성되어 있지만, 가장 중요한 것은 사회보험이다. 사회보험은 사회보장연금, 건강보험, 산재보험, 실업보험을 포함하는데, 이를 흔히 4대 사회보험이라고 한다. 사회보장연금은 노후로 인한, 건강보험은 질병과 출산으로 인한, 산재보험은 산업재해로 인한, 실업보험은 실업으로 인한 소득의 중단이나 감소를 보전한다.

20세기 후반 세계 최고령국가인 독일과 일본이 이른바 '제5의 사회보험'이라 하여 장기요양보험을 신설했다. 장기요양보험은 장기요양(long-term care)을 요하는 노인 환자의 케어 비용을 사회보험으로 조달하기 위한 제도이다. 노인 진료비 증가로 인한 건강보험의 재정적 부담을 해결하는 데 목적이 있다.

사회보험은 보험이기 때문에 민간보험과 유사한 점이 많고, 또 소득보장책이라는 점에서 공공부조와 목적이 같다. 그러나 사회보험은 민간보험은 물론 공공부조와 본질적으로 다른 특징을 갖고 있다. Rejda(1999 : 18-25)는 사회보험의 특징을 다음과 같이 정리했다.

- 강제적 프로그램이다. 사회적 위험(사망, 노령, 장애, 질병 등)으로부터 사람들을 보호하기 위한 의무적인 제도이다.
- 사회적 위험에 대비하기 위한 최저소득보장제도이다.

- 개인적 형평성(equity)보다는 사회적 충분성(adequacy)을 중시한다. 사회적 충분성은 모든 가입자가 최저생계수준 이상을 유지할 수 있도록 급여를 제공하는 것이고, 개인적 형평성은 자신이 낸 보험료에 비례하여 급여를 받는 것이다. 사회보험은 사회적 충분성을 보장하기 위해 저소득층, 대가족, 노령층이 더 유리하게 배려한다.
- 급여수준과 소득수준은 직접적인 연관이 없다. 개인적인 생활수준이나 자신이 낸 보험료 액수보다는 현재의 욕구에 따라 급여가 결정된다. 그러나 소득비례 연금에서 보듯이 급여와 소득이 비례하는 경우도 있다.
- 급여는 권리이며, 자산조사가 없다. 사회보험 수급권은 수급자와 보험자(정부 또는 공적기구) 간의 계약에 의해 규정된 권리(contractual right)이고, 수급자가 수급에 필요한 제반 요건을 다 충족시켰기 때문에 지급하는 것이며(earned right), 사회보장 관련법에 의해 보장된 법정권리(statutory right)이다. 사회보험 수급권은 수혜자의 존엄성을 보장해 주는 동시에 사회보험에 대한 시민들의 지지도 이끌어 낸다.
- 사전에 규정된 욕구(presumed need)에 따라 급여가 제공된다. 예컨대 연금은 모든 노인에게 자동적으로 지급되는 게 아니라 관련 규정에 의거 65세 이상 퇴직자에게만 지급된다.
- 사회보험 재정은 그 수혜자인 근로자와 자영업자, 그리고 근로자를 고용하는 사용자가 책임진다. 이를 수익자재정책임원칙(self-supporting contributory principle)이라 한다.
- 급여는 법으로 규정된다.
- 사회보험은 정부가 주도하지만 정부의 근로자인 공무원만을 위해서가 아니라 정부개입이 필요한 사회문제의 해결을 위해 운용된다.
- 재정의 완전적립이 불필요하다. 민간보험은 반드시 완전적립이 필요하지만, 사회보험은 그렇지 않다. 민간보험과 같은 적립 프로그램에서는 축적된 자산(기금)의 가치가 가입자의 제반 권리(수급권)를 충족시킬 정도로 충분해야 한다. 민간보험이 완전적립을 강조하는 가장 큰 이유는 민간보험이 언제든지 종료될

수 있기 때문이다. 하지만 사회보험은 그럴 필요가 없다. 사회보험 기금은 경우에 따라서 수지불균형이 발생할 수도 있다. 사회보험이 적립방식을 택할 필요가 없는 데는 몇 가지 이유가 있다. ① 사회보험은 일정 기간만 운용되는 것이 아니라 영속적인 프로그램이다. 따라서 완전 적립이 불필요하다. ② 사회보험은 강제적용이기 때문에 신규 가입자가 계속해서 발생한다. ③ 사회보험은 중앙정부가 궁극적인 책임을 지므로 재정적자가 발생하면 보험료를 인상하는 등의 방법을 통해 해결할 수 있다. ④ 경제적인 측면에서도 완전적립은 바람직하지 않다(재정적자, 수요 억제 등).

사회보험은 현재 거의 모든 나라들이 시행하고 있다. 사회보험 형태별로는 공적연금을 시행하고 있는 나라가 가장 많고, 실업보험을 시행하는 나라가 가장 적고, 산재보험을 가장 먼저 시행한 나라가 많다.

2 사회보험과 민간보험

1) 공통점

사회보험과 민간보험은 19세기 중 · 후반 유럽에서 유행했던 공제조합에 기원을 두고 있으며, '보험'이라는 데 공통점이 있다. Rejda(1999 : 30-32)는 사회보험의 보험요소를 다음과 같이 지적했다.

- **위험분산**(risk pooling or combination) : 위험 발생 가능성을 가진 많은 사람을 하나로 묶어 장래의 손해를 정확하게 예측하는 기술이다. 다시 말해서 개개인의 손해를 합한 다음 평균치를 계산해 내고, 그 평균 손해로 실제 손해(개인별 손해)를 대체시키는 것이다. 이는 민간보험이 오랫동안 발전시킨 기술이다.

- **손해의 우연성**(fortuitous loss) : 우연한 손해란 예상할 수 없는 우발적인 사고(accidental)로서 보험가입자의 통제를 벗어나는 손해를 말한다. 민간보험은 이런 우연한 손해만을 대상으로 하는데, 사회보험도 이를 받아들였다(사망, 질병, 장애 등).
- **위험의 이전**(risk transfer) : 민간보험에서는 개인의 손해를 보험회사가 떠안는다. 이를 위험의 이전이라 한다. 사회보험에서도 개인의 위험(사망, 노령, 장애, 질병 등의 발생)이 보험자인 사회보장 관리운영기구로 이전된다. 사회보장관리기구는 보험급여의 재정적 책임을 진다.
- **배상**(indemnification) : 민간보험은 가입자의 손해를 배상한다. 배상이란 손해에 대해 전부 또는 일부를 현금 지불, 보수, 대체 등의 방법으로 보상(com- pensation)해 주는 것을 말한다. 사회보험도 마찬가지이다.[1)]

Rejda(1999 : 32-33)는 또한 사회보험과 민간보험의 공통점을 보다 구체적으로 다음과 같이 지적했다.

- 위험의 이전과 분산을 기한다.
- 가입대상, 급여, 재정 등과 관련된 모든 조건들을 특정화하고 규정한다.
- 급여 자격과 총액에 대한 정확한 수학적 계산을 필요로 한다.
- 프로그램의 운영에 필요한 비용을 충당하기에 충분한 보험료와 보험금 지급을 전제로 한다.
- 사전에 결정된 급여(predetermined benefits)를 제공한다. 반면에 공공부조 급여는 빈민이라는 사실을 증명(demonstrated need)해야 받을 수 있다.
- 가입자의 경제적 보장을 목적으로 한다.

1) Rejda는 사회보험의 보험 요소 외에 복지 요소를 말했다. 사회보험의 복지 요소란 노력하지 않고 얻은, 무상의 급여혜택(unearned benefits)을 말한다. 사회보험에서는 노인과 같은 특정 집단은 자신이 낸 보험료 크기에 관계없이 또는 그 이상의 급여 혜택을 받는다. 이는 전술한 사회적 충분성의 원칙(개인의 수급액은 그 개인이 부담한 기여액을 초과할 수 있다는 원칙)에 근거를 두고 있다. 이는 또 사회보험에서 저소득층을 배려한 것이기도 하다.

2) 차이점

사회보험과 민간보험은 공통점이 있기는 하지만 본질적으로 다른 제도이다. 무엇보다도 사회보험은 영리를 목적으로 하지 않는 반면에 민간보험은 영리를 목적으로 한다. 민간보험은 이익이 남는 위험(profitable risks)만을 상품화하는 반면에 사회보험은 다수의 사람을 고통에 빠트리고 또 누구나 다 겪을 수 있는 사회적 위험(social risks)을 대상으로 하는 동시에 시장의 실패(market failure)의 보정(예컨대 노령자나 환자 등 민간보험이 외면하는 사람들을 보호하는 데 중점을 둔다)과 소득재분배를 지향한다. 그리고 민간보험이 특정 개인의 욕구(individual need)를 충족시키는 반면에 사회보험은 일반복지(general welfare), 개인의 존엄성(dignity), 가족과 사회의 안정(stability)과 같은 사회의 욕구(society's needs)를 충족시킨다(Kingson and Berkowitz, 1993 : 19-20).

사회보험과 민간보험은 등가성 유무에서도 차이가 난다. 민간보험은 보험료와 기대 급여 간의 등가성이 있다. 낸 만큼 되돌려 받는다는 것이다(according to his contribution), 민간보험의 보험금(사회보험의 급여)은 보험회사가 가입자에게 베푸는 은전이나 혜택이 아니라 가입자와 보험회사 간의 계약에 따라 지급받는 반대급부이다. 반면에 사회보험은 개별적 등가성이 없다. 부담은 능력원칙에, 급여는 필요원칙에 근거하기 때문에, 즉 능력에 따라 내고 필요에 따라 수급하기 때문에 그렇다(according to his needs). 사회보험 보험료는 사용자의 이윤과 근로자의 소득에 부과되는 세금과 아주 유사하고, 사회보험 급여는 개인이나 집단에게 정부가 지급하는 급여, 즉 단순한 소득의 이전(simply transfer)이다. 개별적 등가성을 중시하는 민간보험에서는 소득재분배가 발생하기 어렵고, 개별적 등가성을 중시하지 않는 사회보험에서는 소득재분배가 발생한다.

베버리지는 사회보험과 민간보험의 차이점으로 사회적 위험에 대한 인식의 차이를 강조했다(Beveridge, 1942 : 12-13).

- 민간보험은 보험료를 위험에 비례하게 만드는 것(adjustment of premiums to risks)이 핵심이다. 왜냐하면 이것 없이는 보험에 가입할 이유가 없기 때문이다. 그러나 국가의 강제력에 입각해 있는 사회보험은 그럴 필요가 없다.

- 민간보험은 보험금 지불에 대비하기 위해 개인별 생애주기의 초기에 소요자금을 적립해 놓아야 한다. 그러나 세대를 이어 보험가입을 강제할 수 있고, 또 징세 권한을 지닌 국가로서는 보험금 지불 대비 적립금을 비축해 놓을 필요가 없다.

그러면서 베버리지는 영국에서 사회보험을 처음 도입할 무렵(1910년대 초)에는 시민이 사회보험도 민간보험과 같이 보험료를 위험에 비례하도록 하는 게 당연하다고 생각했으나 그로부터 30년이 지난 1940년대 초에는 여론이 바뀌었다는 사실을 지적했다. 즉, 시민이 위험 비례 보험료보다는 위험의 분산(pooling risks)을 더 선호하게 되었다는 것이다. 이런 변화는 실업에서 두드러졌다. 실업의 규모가 커져 개별 기업의 통제 범위에서 벗어났고, 또 모든 기업들이 상호 의존적인 관계에 있다는 사실을 고려할 때, 실업의 위험에 빠지지 않은 운 좋은 사람이나 기업(fortunate in being regular)이 실업의 비용을 분담하는 것이 바람직하다는 것이다. 사회적 위험의 분산을 선호하는 경향은 건강보험과 산재보험에서도 분명히 나타났다(Beveridge, 1942 : 13).

또한 베버리지는 위험의 분산을 강조하는 것에 대한 반발이 있을 수 있음을 인정했다. 정규직 일자리를 가진 건강한 사람은 왜 자신이 더 부담해야 하는가 하고 반대할 수 있다는 것이다. 이에 대해 베버리지는 사회보험이 새로운 형태의 인간제도(human institution)로서 고통의 예방과 완화에 목적을 둔 과거의 제도와 민간보험과 다르다는 점을 강조했다. 사회보험은 강제적인 제도인 동시에 동료와 공생하는 사람(men stand together with their fellows)을 전제로 하는 제도이다. 이는 위험을 개인별로 분리(separation of risks)하는 것이 아니라 사회적 목적을 위해 위험을 공동부담(분산)한다는 것을 의미한다.[2)] 이같이 사회보험의 보험료를 위험에 비례시키기보다는 위험의 분산을 위한 보험료를 중시하는 이유는 사회보험의 목적이 생계에 필요한 최저소득을 보장(guaranteeing the minimum income needed for subsistence)하는 데에 있기 때문이다(Beveridge, 1942 : 14). 한편 사회보험과 민간보험은 관리비용에서도 차이를 보인다. 민

2) 그럼에도 불구하고 베버리지는 산재보험과 건강보험의 경우 보험료를 위험에 연계시킴으로써 가입자 스스로 위험을 제거하려는 노력을 경주하도록 만들 필요가 있다는 점도 지적했다(Beveridge, 1942 : 15).

간보험이 사회보험에 비해 더 많은 관리비용을 필요로 하는데, 이유는 다음과 같다 (이기영 외, 1998 : 45).

- 사회보험은 계약에 수반되는 비용이 저렴하다. 보험상품 판매를 위한 마케팅, 광고 등의 비용이 지극히 적게 소요되고, 아울러 보험계약조건이 법적으로 결정되기 때문이다.
- 사회보험은 고정비용(전산장비 비용, 지방사무소 운영비용 등)을 전체 시장에 부담지울 수 있는 일종의 규모의 경제가 존재한다.
- 위험을 보유하는 대가로 배당 등의 자본비용을 지불할 필요가 없다. 그러나 신자유주의자는 사회보험의 공적 운영에 따른 비효율성(불필요한 관리 인력의 증대와 관료화로 인한 잠재적인 관리비용의 증대) 때문에 사회보험의 관리운영비용이 민간보험에 비해 적다고 단정할 수는 없다고 주장한다.

그 밖에 사회보험과 민간보험은 세부적으로도 많은 차이점이 있다. 이를 정리하면 <표 11-1>과 같다.

〈표 11-1〉 사회보험과 민간보험의 차이점

사회보험	민간보험
1. 강제적	1. 자발적
2. 최저소득의 보장	2. 개인의 의사와 지불능력에 따라 고액 보장 가능
3. 사회적 충분성 강조(복지 요소)	3. 개인적 형평성 강조(보험 요소)
4. 급여는 법에 의해 규정(법적 권리)	4. 법적 계약에 의거(계약적 권리)
5. 정부 독점	5. 자유 경쟁
6. 비용 예측 곤란	6. 비용 예측 전제
7. 완전 적립 불필요	7. 완전 적립
8. 보험계약 불필요	8. 개인적 또는 집단적 보험계약
9. 목적과 결과를 감안, 다양한 옵션 부여*	9. 목적과 결과를 감안, 단일 옵션 부여
10. 중앙정부의 통제하에 투자	10. 사적 경로를 통한 투자
11. 인플레 대응을 위해 조세제도 이용 가능	11. 인플레에 취약

* 사회보험에서는 재정 충당 방법, 급여 수준, 자격 요건, 가입기간, 정부 역할 등 여러 측면에서 이견이 존재할 수 있다. 반면에 민간보험의 옵션과 목적은 비교적 단순하다.

출처 : Rejda, 1999 : 33.

3) 사회보험과 민간보험의 관계

사회보험과 민간보험은 보완적 관계인 동시에 경쟁관계에 있다. 보완적 관계에 있다는 것은 사회보장은 최저한의 경제적 보장 기능만 수행하고 그 이상은 민간보험에 맡기는 것, 즉 민간보험이 사회보험을 보충하는 관계를 말한다(베버리지가 이런 입장이다). 또한 의무 가입의 사회보험이 전 국민으로 확대되면 보험에 대한 시민의 이해가 깊어져 민간보험의 가입도 확대되는 효과를 기대할 수 있다. 예컨대 미국의 경우 1935년 사회보장법 제정 이후 생명보험 시장이 위협받을 것으로 예상했으나 노후보장의 중요성과 필요성에 대한 사회적 인식이 높아져 생명보험의 가입률이 오히려 증가했다. 사회보장연금이 일반시민의 노후보장 요구를 충족시킬 수 있을 정도로 충분하지 않았기 때문이다.

반면에 양자가 경쟁관계에 있다는 증거도 있다. 1911년 영국이 국민보험(건강보험과 실업보험)을 도입하고자 했을 때 민간보험의 초기 형태였던 공제조합이 강하게 반대했고, 1935년 미국이 사회보장제도를 만들 때 민간보험회사가 강력하게 반발하여 건강보험의 도입을 좌절시켰던 것이다. 민간보험회사가 사회보험의 도입에 반대한 가장 큰 이유는 사회보험이 자신의 영업을 대체한다고 여겼기 때문인데(민간보험회사에게 건강보험과 연금은 주요한 상품이다), 여기서 사회보험과 민간보험은 서로 경쟁관계에 있음을 확인할 수 있다.

또한 장기요양보험을 실시하는 독일과 일본에서는 민간요양보험에 가입하는 사람이 거의 없는 반면에 장기요양보험이 없는 미국에서는 민간보험회사가 판매하는 장기요양상품이 많고, 사회보험방식의 건강보험이 없는 미국에서는 민간건강보험이 공적건강보험을 대신하는데, 이런 사실도 양자 간의 경합관계를 증명한다.

3 역선택과 도덕적 해이

사회적 위험에 대해 민간보험으로 대응하는 데 구조적으로 한계가 있어 사회보험이 불가피하다는 주장의 근거로 가장 많이 제시되는 것이 역선택(adverse selection)과 도덕적 해이(moral hazard)이다. 역선택과 도덕적 해이는 사회보험의 민영화, 즉 사회보험을 민간보험으로 전환하자는 주장을 반박하는 유력한 근거이다(Rejda, 1999 : 27-28).

1) 역선택

역선택은 비대칭적 정보(asymmetric information) 또는 불완전한 정보로 인해 보험시장에 바람직하지 않은 결과가 초래되는 현상이다. 정보의 비대칭성이란 보험가입자는 자신의 위험도에 대해 높은 수준의 정보를 보유하고 있는 데 반해 보험회사는 보험가입자에 관해 낮은 수준의 정보를 보유하는 것을 말한다.

역선택은 건강보험에서 발생할 수 있다. 예를 들어, 암 환자가 그런 사실을 감춘 채 건강보험에 가입한 다음 병원에서 암 수술을 받고 보험회사에 진료비를 전가시킬 수 있다. 이 비용은 보험회사와 다른 가입자가 부담한다. 보험회사는 이를 보충하기 위해 보험료를 인상한다. 보험료 인상이 싫은 일반 가입자는 보험을 해약하거나 다른 보험회사로 옮겨간다. 이러면 질병 발생 확률이 높은 사람만 보험가입자로 남게 되는데, 보험회사는 적자를 피하기 위해 재차 보험료를 인상한다. 결국 보험회사의 경영이 어려워지고 나아가 보험시장 전체가 쇠퇴한다. 이것은 명백한 시장의 실패(market failure)이다.

보험회사가 역선택을 피하는 방법이 있다. 위험발생률에 비례하여 보험료를 부과하거나 저위험집단만 선택적으로 보험에 가입시키는 위험군 선택(risk selection)을 하는 것이다. 이러면 건강이 나쁜 사람이 더 많은 보험료를 부담해야만 한다. 하지만 대다수 질병의 발생 원인이 개인보다는 사회에 있다는 점을 고려할 때 이는 형평에 맞지 않다. 또 고위험집단, 예컨대 노인이나 장애인 등 사회적 약자들은 보험에서 근본적으로 배제될 수밖에 없다. 나아가 고위험집단과 저위험집단을 구분하는 데도 상당한 비용이 든다.

역선택은 건강보험뿐만 아니라 가입자가 사망할 때까지 정기적으로 연금을 지급하는 개인연금에서도 발생할 수 있다. 개인연금에 가입하는 사람은 노후대비를 원하는 중상층 시민이다. 반면에 서민은 개인연금을 일종의 사치품으로 생각하여 가입을 꺼린다. 중상층은 대체로 건강하고 평균수명이 길다. 따라서 이들은 장기간 연금을 수급한다. 보험회사 입장에서 이들은 회사에 피해를 주는 악성고객(bad risks)이다. 보험회사는 재정손실을 피하기 위해 수명이 짧은 고객, 예컨대 흡연자, 스카이다이버, 광부, 건강하지 않은 사람 등 이른바 우량고객(the best risks)만을 가입시키려 할 것이다(World Bank, 1994 : 330). 이를 '크림 떠내기(cream skim)'라고 한다. 크림 떠내기란 보험회사들이 위험이 적은 가입자만 선택하고(알짜선택), 위험이 높거나 위험을 예측하기 힘든 가입자는 다른 곳으로 떠넘기는 현상을 말한다. 우유에서 기름기(찌꺼기)를 걷어내는 것에 비유한 용어이다.

대안은 사회보험이다. 정부가 사회보험을 만들어 모든 보험대상자의 가입을 의무화(강제화)하고, 보험료를 가입자의 부담능력에 따라 부과하는 것이다. 민간보험 보험료는 사고 확률이나 손해 크기에 비례해서 책정된다. 반면에 사회보험은 가입자의 개별적 위험의 차이를 고려하는 대신 가입자의 경제적 부담능력을 고려해서 보험료를 부과한다. 또한 사회보험은 보험료 부담 능력이 없어 민간보험에서 배제되는 저소득층도 보험료를 적정부담 지워 가입시킬 수 있다. 사회보험에서는 상대적으로 보다 많은 보험료를 부담하는 집단(젊고 건강한 사람)과 적게 부담하는 집단이 공존한다. 이는 강제가입의 원칙 때문에 가능하다.

2) 도덕적 해이

도덕적 해이는 사회보험 계약이 가입자들의 동기와 행동에 영향을 끼치는 현상이다. 건강보험에 가입한 사람이 보험을 믿고 자신의 건강을 보살피는 것을 게을리하는 경우가 좋은 예이다. 하지만 그런 행동이 불법은 아니다. 그래서 도덕적 해이라고 한다.

일반 상품의 경우 소비자가 가격의 전액을 지불하기 때문에 그로부터 최대한의 편익을 구하려는 경제적 동기가 있다. 그러나 급여를 받을 수 있는 조건을 갖추면(질병 발생이나 실업 상태와 같은) 자동적으로 제3자(보험자)가 그 비용을 부담하는 사회보험의 경우 자원의 경제적 사용에 대한 동기가 약하다.

사회보험 중에서 도덕적 해이의 발생 가능성이 높은 것으로 꼽히는 것이 건강보험과 실업보험이다. 건강보험의 경우 피보험자가 불필요한 진료서비스를 받으려 하거나, 치료 효과와 관계없이 고액의 진료를 선호하거나, 건강 유지 노력보다는 진료에 의지하려 하거나 하는 경향이 있고, 의료진은 자의적으로 필요 이상의 검사, 수술, 투약 등의 의료서비스를 제공하려는 유인이 존재한다.

실업보험의 도덕적 해이는 건강보험보다 좀 더 심각한 것으로 간주되고 있다. 실업의 경우 그것이 자발적 실업인지 아니면 비자발적 실업인지 제삼자가 구별하기는 쉽지 않다. 실업 여부는 일자리에서의 자신의 행위에 상당 부분 좌우되기 때문이다(예 성실성, 책임의식 등). 그리고 위험이 발생해도 그로 인한 심리적 손해가 적다면 도덕적 해이의 발생 가능성이 더 높은 것으로 알려져 있는데, 실업은 질병보다 심리적 손해가 적다는 점에서 그렇다. 실업보험에 가입하면, 다른 보험에 비해 비교적 쉽게 실업급여를 받을 수 있고, 따라서 실업으로부터 벗어나려는 노력을 덜할 가능성이 있는 것은 분명하다. 또한 실업보험의 소득대체율(replacement rate. 실업급여액 ÷ 임금)은 높은데 보험료는 적을 경우 새 일자리를 찾으려는 인센티브가 감소되어 실업에서 벗어나려는 노력을 의도적으로 덜 하거나 일부러 실업자가 되는 경우가 발생할 가능성도 있다. 이를 '실업의 덫'(unemployment trap)이라고 한다(Barr, 1987 : 200). 영국 경제문제연구소(친 보수당 성향)의 Parker(1982)와 Minford 등(1985)은 영국에서 소득비례 실업급여가 도입되어 소득대체율이 크게 개선된 1966년에 실업률이 크게 증가한 사실을 들어 실업의 덫이 존재함을 주장하였다.[3)]

3) 사실은 그렇게 단순하지 않다. 사람은 대가만을 바라고 일을 하지는 않는다. 소득대체율을 정확히 계산하기도 힘들다. 소득비례 실업급여의 수급요건을 충족시키는 사람은 실업자의 1/6에 불과했다. 영국의 소득대체율은 국제기준에 비해 결코 높은 게 아니다. 말하자면 실업함정에 대한 소득대체율의 영향을 단정하기는 어렵다는 것이다(Barr, 1987 : 200).

실업보험에 도덕적 해이가 존재한다면 민간 실업보험은 불가능하다. 게다가 실업률은 보험수리적으로 예측하기도 힘들어 민간보험회사가 실업보험을 상품으로 개발하기가 대단히 어렵다. 반면에 건강보험의 경우 일부러 병에 걸리는 경우는 생각하기 어렵고, 의사와 같은 전문직의 통제가 가능하므로 도덕적 해이가 발생할 확률은 낮다. 질병 발생률에 대한 보험수리적 예측도 가능하다. 따라서 민간 건강보험은 성립될 수 있다(Barr, 1987 : 193-194).

한편 도덕적 해이는 건강보험 진료비 본인부담을 정당화하는 논리로 사용되고 있다. 진료비 본인부담이 없을 경우 피보험자가 건강보험 수급권을 남용한다는 것인데, 논리적으로는 납득이 가지만, 본인부담제의 도입 전후와 본인부담 액수의 증감 전후에 대한 실증적인 연구결과들을 보면 이에 대한 명확한 증거를 발견할 수 없다. 다만, 본인부담제가 저소득층의 의료이용 감소에 영향을 미치는 것은 확인되는데, 이를 곧바로 저소득층의 도덕적 해이로 연결시키는 데는 무리가 있다. 다시 말해서 본인부담 때문에 저소득층이 병의원을 덜 이용한다 해서 저소득층 사이에 도덕적 해이가 있다고 해석할 게 아니라 저소득층이기 때문에 본인부담의 경제적 부담을 더 느껴 꼭 필요한 진료마저도 포기한다고 이해하는 게 합리적이라는 것이다. 본인부담은 장기적으로 보면 환자의 의료 이용을 감소시키는 경향이 있다. 특히 사회적 취약계층(social disadvantaged), 빈민, 노인이 그렇다. 하지만 이들이 본인부담 때문에 '불필요한' 의료서비스 사용을 실제로 줄였다는 증거는 없다.

건강보험에서 도덕적 해이를 강조하는 것은 도덕적 해이라는 용어 자체가 피보험자의 부정적 행태를 전제한다는 점에서 보험자(가급적 재정지출을 줄이려는 강한 동기를 가진)의 입장을 편파적으로 반영한다는 지적도 있는데, 본인부담제와 관련하여 상당한 시사점을 준다.

이상의 논의를 고찰할 때, 사회보험에서 도덕적 해이가 과연 존재하는지를 확정하기 위해서는 객관적 · 과학적 자료가 좀 더 축적되어야 할 것 같다. 그리고 도덕적 해이가 실제로 존재한다 하더라도 복지대상자의 행위에 대한 충분한 정보를 갖추고 이를 바탕으로 그들의 행위를 통제하면, 도덕적 해이를 방지할 수 있다. 이런 정보를 갖추려면 많은 비용과 대규모 조직이 필요하다. 이런 점에서 민간보험보다는 사회보험이 더 효율적이다(Barr, 1987 : 192-195).

역선택과 도덕적 해이

구 분	내 용
역선택	• 보험가입자와 보험회사 간의 정보의 비대칭성으로 인해 보험시장에서 고위험집단의 가입률은 높아지고, 저위험집단의 가입률은 낮아지는 현상 • 정보의 비대칭성 : 보험가입자는 자신의 위험에 대해 높은 수준의 정보를 보유하고 있는 데 반해 보험회사는 보험가입자에 관해 낮은 수준의 정보를 보유하는 것 • 건강보험과 개인연금에서 발생 가능
도덕적 해이	• 사회보험 계약이 가입자들의 동기와 행동에 영향을 끼치는 현상 • 보험에 가입했다 하여 보험에 가입하기 전에 비해 위험 발생을 예방하려는 노력을 덜 하게 되는 현상 • 건강보험과 실업보험에서 발생 가능

CHAPTER 12 공적연금

1 공식적 노후소득보장시스템

1) 노후소득보장시스템의 형태

공적연금(public pension)이 도입되기 전 노후문제는 전적으로 개인과 가족의 책임이었다. 젊고 건강할 때 일을 해서 돈을 벌고 또 근검절약해서 번 돈의 일부를 저축함으로써 노후를 대비했다. 그럴 능력이 안 되면 가족에 의지했다. 노부모부양은 자식의 의무였다. 부모부양의무를 방기하면, 인륜을 어긴 자라는 사회적 비난(사회적 제재)이 뒤따랐다. 동아시아 유교권 사회에서는 법적 처벌도 받았다. 자식과 가족이 노인의 노후를 책임지는 것이 비공식적(informal) 노후대책이다. 아시아와 아프리카 일부 후진국에서는 여전히 이런 비공식적 노후대책이 일반적이다.

노후대비는 개인과 가족의 사적인 문제이다. 그럼에도 오늘날 대부분의 국가가 개인의 노후대비에 개입한다. 거기에는 다음과 같은 이유가 있다(World Bank, 1994 : 5-6).

- **노후대비 노력 부족** : 일부 사람들은 자신의 노후에 대비해 저축하는 것을 게을리하여 나중에 사회에 부담을 준다.
- **불충분한 저축수단** : 자본시장이 발달하지 않고 거시경제 조건이 불안정하여 마땅한 저축수단을 찾기 어렵다.
- **보험시장의 실패** : 역선택과 도덕적 해이 등 보험회사의 한계가 있다.

- **정보 격차** : 개인저축, 보험회사 또는 기타 투자수단의 장기적 상환능력에 대한 정보의 부족으로 노후에 실패를 볼 수 있다.
- **장기 빈곤** : 일하는 동안 노후대비에 필요한 돈을 저축하지 못한 사람, 즉 빈민이 존재한다. 여기에 대처하기 위해서는 정부의 재분배장치가 필요하다.

국가가 국민의 노후문제에 개입하는 것이 공식적(formal) 노후소득보장시스템이다. 대표적인 공식적 노후소득보장시스템이 공적연금이다. 공적연금은 정부가 법령에 입각해 시행하는 법정공적연금(mandatory public scheme)을 말한다. 공적연금은 사회보장연금과 공공부조연금을 포함한다. 사회보장연금은 근로자와 자영업자 등 일하는 사람을 대상으로 하고, 사용자와 근로자가 분담하는 보험료가 재원이다. 사회보장연금은 강제가입을 원칙으로 한다. 공공부조연금은 세금으로 재정을 조달하고, 빈곤 노인을 대상으로 하는 공공부조 프로그램이다. 대상자 선별을 위해 자산조사를 한다. 재정규모 면에서 사회보장연금은 공공부조 연금을 압도한다. 선진국의 경우 보통 10배가 넘는다.

- **사회보장연금** : 가장 대표적인 공적 노후소득보장제도로서 고령으로 인한 급격한 소득의 감소와 그에 따른 소비의 위축을 완화시키고 나아가 노인을 빈곤으로부터 방어하는 기능을 한다. 사회보장연금은 근로자와 자영업자를 주된 대상으로 하며, 정부가 재정, 관리운영, 가입 등 거의 모든 일을 책임진다. 재정은 사용자와 근로자가 공동부담 하는 보험료(contribution) 또는 사회보장세(social security tax)로 충당된다. 정부가 재정의 일부를 지원하기도 한다. 대부분의 선진국은 사회보장연금을 급여와 기여를 연계시키지 않는 부과방식(확정급여형)으로 운영하고 있다. 현재 일하는 계층이 현재 지출되는 연금의 재정을 부담하기 때문에 청장년층으로부터 노년층으로의 세대 간 소득재분배가 일어난다.
- **공공부조연금** : 사회보장연금은 근로자와 자영업자 등 일하는 사람을 대상으로 하기 때문에 근로능력이 없는 사람 등 사회보장연금에 가입할 수 없는 사람이 필연적으로 발생한다. 또한 적은 소득으로 인해 사회보장연금이 최저생활을

영위하는 데 부족한 사람도 있다. 공공부조연금은 사회보장연금에서 배제되거나 사회보장연금이 너무 적어 노후생계를 유지할 수 없는 빈곤 노인을 위한 공공부조 프로그램이다. 공공부조연금의 재정은 정부의 일반세입에서 충당된다. 빈곤 노인을 선정하기 위해 자산조사를 한다. 공공부조연금 산정방식은 정액제 또는 보충방식이 있다. 정액제는 수급자 모두에게 정액의 연금을 지급하는 것이고, 보충방식은 공공부조처럼 일정기준액(빈곤선)에서 개인의 소득을 공제한 만큼 연금을 지급하는 것이다.

공적연금에 대비되는 것이 민간연금(private pension)이다. 민간연금은 원하는 사람만 가입하는 직업연금(occupational pension schemes)이다. 민간연금도 사회보장연금처럼 가입자가 내는 보험료로 운영된다. 민간연금은 기업연금과 개인연금 두 가지가 있다. 기업연금은 회사가 직업복지 차원에서 근로자에게 제공하는 부가급여(fringe benefit)이다. 사용자가 근로자의 보험료를 지원한다(대개 반분). 개인연금은 더 많은 노후자금을 원하는 사람이 가입하는 저축이다. 당연히 보험료는 가입자만 부담한다.

- **기업연금** : 기업이 노무관리 차원에서 근로자에게 제공하는 부가급여로서 근로자 자산형성을 목적으로 한다. 기업의 부가급여이기 때문에 기업이 보험료의 일정 부분(대개 절반)을 부담하고, 가입도 단체로 한다. 기업과 가입자의 보험료는 조세감면 혜택이 있다. 보험료 액수만큼 과세대상에서 공제된다. 가입자와 기업이 정기적으로 내는 보험료는 가입자의 통장(개인계정)에 적립된다. 적립금 관리는 펀드매니저(은행, 보험회사, 투자금융회사 등)가 한다. 가입자는 관리 대가로 수수료를 지불한다. 가입자는 펀드매니저를 선택할 수 있어 펀드매니저들은 서로 경쟁한다. 연금급여는 반환일시금, 월정연금, 종신연금이 있다. 반환일시금은 적립금을 일시에 전액 지급받는 것이고, 월정연금은 수급기간을 정해 놓고 매월 일정한 연금을 받는 것이며, 종신연금은 가입자가 사망할 때까지 받는 것이다. 보험료 납입기간이 종료되는 시점에 가입자는 이 중 하나를 선택할 수 있다. 연금수급권은 유족에게 이양된다. 기업연금은 임의가입 민간연금이

다. 기업연금은 민간연금임에도 공공성이 커서 정부가 일정 부분 법률로 규제하고 있고, 조세감면 혜택을 주어 가입을 권장하고 있다. 기업연금은 원래 확정급여형이 주였으나 확정기여형(급여가 기여적립금과 그 이자수익으로 이루어지는 방식)으로 전환한 나라가 증가하고 있다. 선진국의 경우 근로자의 절반 정도가 기업연금에 가입해 있다. 개발도상국은 선진국에 비해 가입률이 낮지만 정부 지원에 힘입어 점차 높아지고 있다. 법정 기업연금을 시행하는 나라(호주, 스위스, 한국 등)가 있지만 많지는 않다.

- **개인연금** : 완전적립 확정기여형 연금으로서 근로자 자력으로 노후에 대비하는 저축성 민간연금이다. 개인연금의 재정운용방식은 기업연금과 거의 같다. 차이점은 기업연금이 기업의 부가급여로서 보험료의 일정 부분을 기업이 부담하지만, 개인연금은 보험료 전액을 가입자가 내는 데 있다. 가입은 완전 자유이다. 개인연금 가입의 최대 인센티브는 조세감면이다. 근로소득자의 과세표준액에서 개인연금 보험료는 한도액 안에서 전액 공제된다. 적립금 투자는 가입자가 정하기 때문에 투자위험을 감수해야 한다.

민간연금은 사회보장연금을 보완하는 시스템이다. 사회보장연금으로 만족하지 못하는 사람이 은행 적금처럼 임의로 가입하는 노후대비 저축수단이다. 하지만 민간연금의 공익성이 갈수록 커지고 있다. 우선 시민의 노후소득보장에서 차지하는 비중이 재정규모 면이나 가입자 수에서 사회보장연금에 필적할 정도로 커지고, 근로자에게 없어서는 안 되는 자산형성수단으로 발전하였다. 기업과 가입자가 내는 보험료의 과세 혜택의 액수도 엄청난 규모가 되었다. 정부가 국민의 노후소득보장 부담을 덜기 위해 민간연금에의 가입을 적극적으로 권유한 결과이다. 이에 따라 민간연금임에도 정부가 일정한 법적 규제에 나서고 있다(예 한국의 근로자퇴직급여보장법과 미국의 근로자퇴직소득보장법). 게다가 임의가입을 기본으로 하는 민간연금을 법정화한 나라도 있다(호주, 스위스, 한국 등). 더욱이 공적연금 재정의 지속가능성 문제로 인해 공적연금개혁이 세계적으로 확산되면서 민간연금은 공적연금개혁의 모델이 되고 있다. 공적연금과 민간연금의 경계가 무너지고 있는 것이다.

공식적 노후소득보장제도에는 공적공제기금(public provident funds)도 있다. 공적공제기금은 개인연금을 법정화한 강제저축제도로서 싱가포르, 말레이시아, 남미국가 등 개발도상국들이 사회보장연금 대신 시행하는 것이다. 재정운용방식은 기업연금과 거의 같다. 사용자와 근로자가 공동 부담하는 보험료로 재정을 충당한다. 보험료는 개인계정에 적립되고, 지불 사유가 발생하면 정해진 절차에 따라 반환(연금이나 반환일시금)된다. 유족연금이 있는 경우도 있다.

한편 공적연금도 민간연금도 아닌 제삼의 연금이 있다. 공무원연금이다. 공무원연금은 중앙정부와 지방정부 공무원, 공무원 신분을 가진 공공기관 직원(공립학교 교직원, 공공병원 의사, 간호사), 공무원에 준하는 사립학교 교직원을 대상으로 하는 특별시스템(special system)이다. 공무원과 정부가 내는 보험료가 재원이다. 정부는 공무원의 사용자 입장에서 보험료를 납부한다.

미국에서는 공무원연금을 공적연금이라 한다. 시민을 대상으로 하는 공적연금은 사회보장연금이다. 미국의 공적연금, 즉 공무원연금은 연방정부, 주정부, 시군정부에서 일하는 공무원, 교사, 경찰, 소방관 등을 대상으로 하고, 공무원의 사용자인 정부와 근로자인 공무원이 보험료를 분담하는 사회보험이다. 미국 최초의 공무원연금은 1896년 뉴저지 주의 교사연금이다. 1900년대 초 일부 시군정부는 경찰과 소방관을 위한 연금을 시작했다. 뉴욕 주정부와 시정부는 1920년에 공무원연금을 시행했다. 같은 해 연방공무원을 위한 연금제도도 신설되었다(SSA, 1997 : 9-10). 공무원연금펀드는 대부분 전통적인 확정급여형이다(90% 이상). 미국 공무원들이 확정급여형을 선호하는 이유는 자신이 수급할 연금의 액수가 정해져 있어 안정적이라고 생각하기 때문이다.[1]

이상과 같은 공적연금, 민간연금, 공적공제기금, 공무원연금 등 공식적 노후보장시스템의 수급자, 재원, 재정운용방식, 성격을 비교하면, <표 13-1>과 같다.

1) 미국 인구센서스국 발표에 의하면, 미국에는 약 300개의 주정부 공무원 연금펀드와 약 6천 개의 지방정부 공무원 연금펀드가 있다. 가입자 총수는 2천만 명이 넘고, 연금수급자는 약 천만 명이다(US Census Bureau, 2017).

〈표 12-1〉 공식적 노후소득보장시스템의 비교

구 분		수급자	재 원	재정운용방식	성 격
공적연금	사회보장연금	근로자와 자영업자	사용자와 근로자의 보험료	부과방식	사회보험
	공공부조연금	빈민	정부예산	부과방식	공공부조
민간연금	기업연금	근로자와 자영업자	사용자와 근로자의 보험료	적립방식	직업연금
	개인연금	근로자와 자영업자	가입자의 보험료	적립방식	직업연금
공적공제기금		근로자	사용자와 근로자의 보험료	적립방식	법정 개인연금
공무원연금		공무원	정부와 공무원의 보험료	부과방식	특별시스템

2) 3층 구조

1994년 World Bank는 각국에 공적연금의 개혁을 촉구하기 위해 연금개혁보고서를 발표했다. 거기서 제시된 것이 유명한 3층 구조(3 pillar system) 모델이다. 3층이란 1층 선별주의 법정 공적연금, 2층 법정 민간연금(기업연금), 3층 개인저축계정(개인연금)을 말한다.

- 1층 기초연금 : 선별주의 공공부조연금이다. 법정 기업연금을 받을 수 없거나 연금이 최저생계비 수준 이하인 사람을 대상으로 한다.
- 2층 법정 민간연금 : 법정 강제저축제도로서 관리운영방식은 기업연금과 동일하다.
- 3층 개인연금 : 보다 많은 연금을 원하는 사람이 임의로 가입하는 저축제도이다.

3층 구조 공적연금시스템의 핵심은 2층이다. 근로자와 자영업자의 노후대비에 있어 2층 연금의 비중이 가장 크다. 1층과 3층은 2층을 보완하는 것이다. 1층 연금은 2층 연금을 받을 수 없는 사람을 대상으로 하고, 3층은 2층 연금수급자 중 더 많은 연금을 원하는 사람을 위한 것이라는 점에서 그렇다. World Bank의 3층 시스템은 많은 나라의 연금개혁에 모델이 되었다.

World Bank가 제시한 3층 모델에 가장 근접한 연금시스템을 가진 나라가 스웨덴이다. 스웨덴은 1998년 연금개혁을 통해 기존의 부과방식 소득비례연금을 명목확정기여방식연금(the nominal defined contribution, NDC)과 프리미엄연금(the Premium Pension)으로 분리 · 재편했다. NDC는 소득비례연금의 골격은 유지하되 확정급여 부과방식을 확정기여 적립방식으로 개편한 사회보장연금이다. 프리미엄연금은 완전적립 확정기여방식연금이다. 프리미엄연금은 개인연금과 같지만 법정인 것이 특징이다. 스웨덴은 이로써 최저연금인 기초보장연금과 함께 3층 구조를 완성했다.

미국도 3층 구조를 갖추고 있다. 거의 모든 근로자와 자영업자가 가입하고 있는 사회보장연금이 2층에 해당한다. 1층은 65세 이상 노인, 맹인, 장애인을 대상으로 하는 연방정부 공공부조 프로그램인 보충보장소득(the Supplemental Security Income, SSI)이다. 3층은 민간연금인 기업연금이다.

러시아는 공산주의 계획경제에서 시장경제로 이행하면서 국영기업의 연금시스템을 사회보험방식의 공적연금으로 개편했다. 러시아는 2002년 푸틴정부가 연금개혁을 단행할 때 World Bank의 3층 구조를 모델로 삼았다. 1층은 기초연금이다. 거의 모든 러시아인이 수급하는 보편주의 법정연금이다. 2층은 사회보장연금(국가연금)으로서 NDC이다. 3층은 완전적립방식의 개인계정 연금저축(법정 개인연금)이다. 러시아 연금의 특징은 3층 모두 법정이고, 보험료는 전액 기업이 부담하는 것이다. 소비에트 유산이라 할 수 있다.

우리나라의 연금도 3층 구조에 대입시킬 수 있다. 1층은 자산조사가 있는 기초연금이다. 2층은 거의 모든 근로자와 자영업자를 대상으로 하는 사회보장연금인 국민연금이다. 3층은 법정 퇴직연금이다.

〈표 12-2〉 **주요국의 3층 구조 연금**

구 조	World Bank	스웨덴	미 국	러시아	한 국
1층	기초연금	기초연금	공공부조연금	기초연금	기초연금
2층	법정 기업연금	사회보장연금	사회보장연금	사회보장연금	국민연금
3층	개인연금	법정 개인연금	기업연금	법정 개인연금	퇴직연금

2 사회보장연금

1) 적용대상

사회보장연금의 적용대상은 전 국민인 경우도 있고 근로자에 한정하는 경우도 있다. 전 국민을 대상으로 하는 것(실제로는 외국인 제외 시민권자로 한정)을 보편주의(universalism)라 하고, 근로자에 한정하는 것, 즉 고용 관련 프로그램으로 운용되는 것을 직업주의(occupationalism)라 한다.

고용관련 프로그램으로서의 사회보장연금은 초기에는 공무원과 군인에게만 적용되었다가 산업 노동자에게로 확대되었고, 나중에는 모든 봉급생활자(화이트칼라 포함)로 확대되었다. 연금제도의 역사가 오래된 서구의 일부 국가들은 공무원, 군인, 교사, 공공부문 근로자를 위해 별도의 특별제도를 운용하고 있다. 그리고 광부, 철도, 선원 등 특정 직종을 위한 특별제도를 운용하고 있는 나라도 있다. 특별제도의 급여수준은 다른 제도에 비해 높은 편이다. 가족종사자, 가사종사자, 일일 노동자, 농업 노동자, 자영업자 등의 직업집단은 관리운영의 곤란 때문에 제도의 초기에는 적용대상에서 제외되었다. 제도가 확대되면서 결국 이들도 적용대상에 포함되었는데, 기존의 제도와 분리하여 운영하는 경우도 있고 통합 운영하는 경우도 있다.

2) 연금급여

사회보장연금의 연금급여는 노령연금(old-age benefits), 장애연금(disability benefits), 유족연금(survivor benefits) 등 세 가지가 있다.

- **노령연금** : 보험료를 납부하는 가입자 본인이 연금수급 연령에 도달하면 지급되는 급여로서 정액연금도 있지만 대부분 소득비례연금이다. 소득비례연금의 경우 연금액은 관리운영의 편의를 위해서 표준보수등급(wage classes)에 비례한다. 연금의 가치보전을 위해 연금급여가 인플레 또는 근로자 평균임금의 증가에 비례하여 조정되는 게 보통이다. 평균임금을 연금산식에 포함시킴으로써 소득계층

간 소득재분배를 기하는 경우가 많다(평균임금에 비례하면 저임금계층이 유리).

- **장애연금** : 가입자의 직업과 관계없이 가입자가 영구장애인이 되면, 지급되는 연금이다. 직업으로 인한 장해는 산재보험의 적용을 받는다.
- **유족연금** : 수급권자가 사망할 경우 그 유족들에게 지급되는 연금이다. 미망인이 수급권자일 경우 남편이 수급할 연금의 50~75%를 수급한다(100%인 경우도 있음). 부양자녀가 있는 젊은 미망인의 경우 자녀가 성인이 되면 미망인연금이 종료되는 게 보통이다(미망인이 장애인이거나 특정 연령 이상 노인인 경우는 수급 계속). 재혼하는 경우도 수급권은 종료된다. 자녀가 고아인 경우 수급권은 고아에게 부여되는데, 보통 가족수당 수급 연령까지 지급된다.

연금의 급여자격요건은 보통 연령과 보험료 납부기간 두 가지이다. 수급 연령은 60~65세이지만 65세가 대종을 이룬다(미국과 스웨덴은 67세). 보험료 납부기간 요건은 대체로 30~40년이다. 남자와 여자의 연금수급연령에 차이를 두는 나라도 있는데(대개 남자가 여자보다 5년 많다), 이런 성별 차별은 없어지는 추세에 있다. 조기퇴직자를 위한 조기연금을 시행하는 나라도 있다. 조기퇴직자는 대체로 5년 일찍 연금을 수급하는데, 당연히 삭감된 연금을 받는다.

3) 재 원

사회보장연금의 재원은 근로자 부담 보험료, 사용자 부담 보험료, 정부지원 세 가지이다. 근로자, 사용자, 정부가 재정을 공동 부담하는 것을 삼자부담의 원칙이라 한다. 정부지원의 재원은 정부의 일반세입이나 목적세(담배세, 석유세, 주세 등) 등이다. 정부가 관리운영비만 지원하는 경우도 있고, 일정 소득 이하의 저소득층의 보험료를 정부가 대신 부담하는 방식으로 지원하는 경우도 있다. 그러나 대부분의 나라가 정부지원 없이 사용자와 근로자가 공동부담 하는 보험료로 재정을 충당하고 있다.

3 사회보장연금의 재정운용방식

1) 재정운용방식의 유형

사회보장연금은 적립방식(funding system) 또는 부과방식(pay-as-you-go system, PAYG)으로 운영된다. 적립방식과 부과방식의 특징은 다음과 같다.

- **적립방식연금** : 장래에 지급될 연금을 가입기간 동안 보험료, 국고출연금, 누적기금의 이식 등으로 적립하는 방식이다. 말하자면 적립방식연금은 근로기간 중 규칙적으로 저축한 것을 퇴직 후 되돌려 받는 일종의 강제저축이다. 재정관리는 원칙적으로 개인이 낸 보험료총액과 개인이 받는 급여총액은 같아야 한다는 수지상등의 원칙(principle of equivalence)에 입각한다. 개인이 낸 만큼 되돌려 받는다는 말이다. 따라서 소득계층 간, 세대 간 소득재분배가 발생할 여지가 없다. 민간보험인 개인연금이나 기업연금이 대표적인 적립방식이다.
- **부과방식연금** : 일정 기간에 지출될 급여총액을 동일 기간의 보험료 수입으로 충당하는 재정방식이다. 말하자면 매년 전체 가입자가 낸 보험료로 연금 지불총액을 조달하는 것이다. 수입총액을 지출총액에 맞추는 것을 수지균형의 원칙(principle of balance)이라 한다. 수지차액이 없기 때문에 지불준비금 이외에는 적립금이 불필요하다. 현재 일하는 근로자가 낸 보험료로 퇴직자의 연금을 지급하므로 세대 간 소득재분배 효과가 매우 크다. 하지만 대부분 소득비례방식(소득에 비례해 보험료 납부, 보험료에 비례해 연금수급)이어서 소득계층 간 수직적 소득재분배는 일어나지 않는다. 서유럽과 미국, 일본 등 선진국 대부분이 부과방식을 채택하고 있다.

한편 부과방식연금에서 적립방식연금으로 전환하거나 적립방식연금을 신설하는 나라가 많아지면서 민간연금 용어인 확정기여형(defined contribution, DC)과 확정급여형(defined benefit, DB)도 사회보장에서 많이 사용되고 있다.

- **확정기여형** : 사전에 확정된 보험료를 부담하되 그에 상응하는 연금급여는 확정하지 않고 가입자 개인계좌에 적립된 돈(누적 보험료와 투자수익을 합한 것)을 연금(annuity)이나 일시금(withdrawal)으로 되돌려 주는 방식이다.
- **확정급여형** : 개인이 부담한 보험료의 크기에 관계없이 사전에 확정된 연금급여를 지급하는 방식이다.

확정기여형과 적립방식, 그리고 확정급여형과 부과방식은 매우 유사하다. 대부분의 부과방식 사회보장연금들은 확정급여형으로 운영한다. 소득보장제도로 기능하기 위해서는 급여를 보장해야 하기 때문이다. 반면에 직업연금 등 적립방식연금들은 모두 확정기여형이다. 수지상등의 원칙에 따라 낸 만큼 돌려줘야 하기 때문이다. 단, 강조하는 점이 다르다. 부과방식이 세대 간의 소득재분배를, 적립방식이 개인별 저축을 강조한다면, 확정기여형과 확정급여형은 기여와 급여의 확정여부를 강조한다.

부과방식과 적립방식, 확정급여형과 확정기여형을 교차시키면, 전통적 부과방식, 완전적립방식, 부분적립방식, 명목확정기여형 등 네 가지 사회보장연금 재정운용방식이 명확히 드러난다.

	확정급여형	확정기여형
부과방식	전통적 부과방식 (서유럽, 미국)	명목확정기여형 (스웨덴, 이탈리아)
적립방식	부분적립방식 (개발도상국가)	완전적립방식 (남미국가)

| 그림 12-1 | 사회보장연금 재정운용방식의 유형

전통적 부과방식은 서유럽 복지국가들과 미국이 채택하고 있으며, 확정급여형으로 운용되고 있다. 완전적립방식은 칠레 등 남미국가들이 채택하고 있는데, 확정기여형으로 운용되고 있다.

부분적립방식(partial funding system)은 일부 개발도상국가(한국, 이집트, 과나, 온두라스, 요르단, 멕시코, 필리핀, 튀니스)가 채택하고 있는 것으로 보험료율을 부과방식보다는 높게 책정하여 연금수급자와 지출이 적은 제도 시행 초기에 적립금이 누적되게 한다.[2] 이 자금을 경제개발에 사용한다. 적립금 규모가 그렇게 크지 않기 때문에 자본시장에 충분히 흡수된다(Beattie and McGillivray, 1995 : 14).

명목확정기여형(notional defined contribution, NDC)은 선진국에서는 스웨덴과 이탈리아, 개발도상국에서는 라트비아, 폴란드, 몽고가 채택하고 있다(Williamson and Deitelbaum, 2005 : 269). 이 중 스웨덴의 NDC가 비교적 성공적인 것으로 평가받고 있다.

스웨덴은 연금재정적자에 선제적으로 대응하기 위해 1994년 연금개혁을 단행하여 기존의 법정 부과방식 소득비례연금을 법정 근로자연금(the mandatory employee's pension)과 확정기여 완전적립방식의 프리미엄연금(the premium pension)으로 분리했다. 이 중 법정근로자연금의 재정방식이 세계 최초의 NDC이다.

법정 근로자연금은 확정급여형에서 확정기여형으로 단계적으로 전환해야 한다. 스웨덴 정부는 이행기간을 40년으로 잡았다(2001년부터 2040년까지). NDC는 이행기간 동안의 재정운용방식이다. NDC에는 적립방식처럼 개인계정(통장)이 있다. 개인계정은 가입자 개인별로 개설되며, 여기에 가입자가 내는 보험료가 적립되고 또 정부가 고시한 이자율(평균임금상승률)이 가산된다. 그러나 개인계정에 실제로 돈이 적립되는 것은 아니다. 가상적으로 적립될 뿐이다. 개인계정에서의 실질적인 현금지출은 가입자가 퇴직한 후 사전에 규정된 연금산식에 의거 정해진 연금액만큼 이루어진다. 이에 필요한 돈은 신규 가입자의 개인계정에서 충당한다. 이와 같이 개인계정에 보험료가 적립된다는 점에서는 적립방식이지만, 개인계정에 실제로 적립된 돈이 아니라 타인의 적립금에서 연금이 지급된다는 점에서는 부과방식인 것이다. 그래서 '명목' 확정기여형이라고 한다.

2) 부과방식연금을 시행하고 있는 나라도 지불준비금 형태로 약간의 적립금을 보유하고 있다.

NDC는 부과방식연금의 재정적자로 곤란을 겪고 있는 나라가 추가적인 재정부담 없이 적립방식으로 전환할 수 있는 유력한 대안이다. NDC의 장점은 다음과 같다(Oksanen, 2010 : 16).

첫째, NDC는 재정부담을 현 세대와 미래 세대가 분담하는 효과가 있다. 완전적립 개인계정으로 전환할 경우 근로자의 보험료 부담은 배 이상이 되고, 부과방식을 유지할 경우 재정부담은 다음 세대로 이전된다. 이에 비해 NDC는 보험료 부담을 세대 간 분산시켜 현 퇴직자와 장래 퇴직자 모두에게 일정 수준의 연금을 보장해 주고, 현 근로자의 이중부담(현 퇴직자 연금과 미래 자신의 연금까지 부담)도 없다.

둘째, NDC는 금융위기의 영향을 받지 않으며, 일정한 수익률이 보장된다. 확정기여형은 적립금 투자수익에 의해 수익률이 정해지지만, NDC 적립금 이자율은 사전에 설계된 비율(평균임금상승율과 동일하게 설계하는 것이 가장 적합)에 따라 결정된다. 그리고 소득대체율과 연금지급개시연령이 법에 정해져 있는 확정급여형연금은 고령화가 심화되면 조정(대개 정치적으로 조정)되고, 그 과정에서 세대 간 갈등 같은 진통이 뒤따르지만, NDC는 이런 조정이 거의 자동적으로 이루어지기 때문에 그런 문제가 없다.

셋째, 대규모 적립금이 불필요하다. 연금급여는 퇴직연령과 평균수명에 따라 조정되며, 따라서 재정적 지속가능성은 반자동적으로 보장된다. NDC는 잠재적인 부채, 즉 구세대로부터 상속된 부채(legacy debt)를 명시적인 부채로 드러낼 필요도 없다.

사회보장연금 재정운용방식의 유형

유 형	내 용
부과방식	• 매년 전체 가입자가 낸 보험료로 연금 지불액 충당 • 수지차액이 없기 때문에 적립금 불필요 • 연도별 수지균형의 원칙(매년 수입과 지출이 균형을 이룸)에 따름 • 세대 간 소득재분배 기능
완전적립방식	• 근로기간 중 규칙적으로 저축한 것을 퇴직 후 되돌려 받는 일종의 강제저축 • 수지상등의 원칙에 입각해 소득재분배 기능은 없음

부분적립방식	• 일부 개발도상국가 채택 • 보험료율을 부과방식보다 높게 책정하여 제도의 시행 초기에 적립금을 누적시키고, 이를 경제개발에 사용
명목적립방식	• 가입자 개인계정에 보험료를 가상적으로 적립하고 실제 지불되는 연금은 신규 가입자의 적립금으로 충당 • 개인계정에 개인별 보험료가 적립된다는 점에서는 적립방식이지만, 급여가 개인계정에 실제로 적립된 돈이 아니라 타인의 적립금에서 지급된다는 점에서는 부과방식

2) 적립방식과 부과방식의 장단점

사회보장연금 재정운용방식에 관한 전통적인 견해는 사회보험에서는 적립방식이 필요하지 않다는 것이다. 민간보험에서는 완전적립이 반드시 필요하지만, 사회보험은 그렇지 않다는 Rejda(1984 : 27-28)의 견해가 대표적이다. 그에 의하면, 민간보험과 같은 적립 프로그램에서는 축적된 자산(기금)의 가치가 가입자의 제반 권리(수급 권리)를 충족시킬 정도로 충분해야 한다. 민간보험이 완전적립을 강조하는 가장 큰 이유는 민간보험이 언제든지 종료될 수 있기 때문이다. 보험회사의 파산을 생각하면 된다.

하지만 국가 책임하에 운영되는 사회보험은 그럴 필요가 없다. 사회보험 기금은 경우에 따라서 수지불균형이 일어날 수도 있다. 사회보험이 적립방식을 택할 필요가 없는 것에는 몇 가지 이유가 있다.

- 사회보험은 일정 기간만 운용되는 것이 아니라 영속적인 프로그램이다. 따라서 완전적립이 불필요하다.
- 사회보험은 강제적용이기 때문에 신규 가입자가 계속해서 생긴다.
- 사회보험은 중앙정부가 궁극적인 책임을 지므로 재정문제가 발생하면 보험료를 인상하는 등의 방법을 통해 해결할 수 있다.
- 경제적인 측면에서도 완전적립은 바람직하지 않다(예 과도한 적립금 누적이 가져오는 문제).

Barr(1987 : 211-212)는 부과방식과 적립방식의 장단점을 비교했다. 그는 부과방식의 장점으로 다음과 같은 세 가지 점을 들었다.

- 인플레로부터 연금의 가치를 보호할 수 있다.
- 경제성장에 비례하여 연금의 실질가치를 높일 수 있다.
- 완전연금을 즉각적으로 지불할 수 있다(과거 연금보험료 납부 요건과 무관하므로).[3]

그리고 적립방식의 단점을 다음과 같이 지적했다.

- 인플레에 취약하다. 정확한 인플레 예측에 입각하여 연금급여액을 결정하면 문제가 없겠으나, 인플레가 예상치를 상회할 경우 문제가 생긴다.[4]
- 경제성장의 과실을 연금수급자에게 배분할 수 없다.
- 완전연금을 받기 위해서는 장기간의 보험료 적립이 필요하다.

부과방식과 적립방식의 장단점은 정확히 정반대이다. 부과방식의 장점이 적립방식의 단점이고, 부과방식의 단점이 적립방식의 장점이다. 두 방식 장단점의 가장 큰 쟁점은 인구구조의 변화(장래 노동력의 변화)이다. 부과방식은 인구구조의 변화에 취약하다는 큰 단점을 지니고 있는 반면에 적립방식은 인구구조의 변화에 강하다는 것이 가장 큰 장점이다.

하지만 Barr는 적립방식의 장점으로 알려진 연금과 인구구조의 변화에 관한 통상적인 관념, 즉 인구구조의 변화 = 노동인구의 감소 = 부양률의 증가 때문에 적립방식이 부과방식에 비해 인구구조의 변화에 강점을 지닌다는 것은 잘못된 가정이라고 주장하였다. 그에 의하면, 적립방식이건 부과방식이건 현재 연금수급자가

---

3) 영국이 대표적이다. 원래 베버리지는 국민연금의 재정을 부과방식으로 할 것을 권고하였는데, 제도의 시행 첫 해에 소요되는 금액만을 부과하면 되므로 보험료는 그리 많지 않을 것으로 예상했다. 그는 또 연금수급에 필요한 가입기간 요건을 두는 것을 전제했는데, 이렇게 되면 연금 시행 초기에는 연금수급자의 수가 많지 않을 것이 확실했다. 그러나 2차 세계대전 후 집권한 노동당 애틀리 정부는 이를 무시하고 곧바로 모든 연금수급 연령층에게 연금을 지급하였다. 이로써 부과방식은 연금급여를 신규 연금수급자들에게 즉각적으로 지급하는 수단이 되었다.

4) 적립방식이 인플레에 취약하다는 사실은 1929년 미국의 대공황이 극적으로 보여주었다. 대공황이 나기 전인 1920년대 미국에는 이른바 복지자본주의라는 관념 아래 기업들, 특히 대량생산업체들이 자체적인 복지 프로그램을 운용하였다. 정부가 확인한 기업연금 프로그램만 4백여 개에 달했다. 그러나 대공황으로 수많은 기업이 도산함에 따라 기업연금도 휴지조각이 되고 말았다.

받는 연금은 인구구조의 변화와 관계없이 과거 또는 현재의 일하는 사람이 소비하지 않은 부분(생산한 것에서 소비한 부분을 뺀 것)이다. 과거의 근로자가 소비하지 않은 부분이 현재의 연금수급자에게 이전되는 것이 적립방식이고, 현재의 근로자가 소비하지 않은 부분이 현재의 연금수급자에게 이전되는 것이 부과방식이다.

이 문제는 소득재분배에 연관된다. 부과방식은 현재 일하는 젊은 근로자들의 부담으로 퇴직한 노인인구의 연금재정을 충당하도록 설계되어 있고, 노인의 연금총액이 그들의 청년기에 부담한 보험료총액을 상회하므로 세대 간 소득재분배가 발생한다. 반면에 적립방식은 개인별로 청년기에 적립한 것을 퇴직 후 되찾는 것이므로 원칙적으로 세대 간 소득재분배는 일어나지 않는다.

4 사회보장연금의 개혁방향

많은 나라들이 고령화로 인한 연금재정의 악화에 대처하기 위해 노력하고 있다. 연금성숙기에 있는 선진국은 기존 부과방식연금의 재정을 강화하거나(보험료 인상, 급여 인하, 수급개시 연령 인상 등), 확정급여형을 확정기여형으로 개편하거나, 부과방식에 적립방식을 접목하는 등의 개혁을 실시했다. 일부 선진국은 대중의 강한 반대에도 불구하고 정년연장을 도모하고 있다. 남미의 거의 모든 나라는 기존의 부과방식을 적립방식으로 대체했고, 러시아와 중국 등 계획경제에서 시장경제로 이행한 나라들은 적립방식을 신설해 기존의 부과방식과 병행 운영하고 있다.

세계의 연금개혁에 대해 각별한 관심을 보이는 World Bank(2012)는 기존 부과방식연금의 부분적 개혁으로는 공적연금의 지속가능성 문제를 해결할 수 없다고 하면서 부과방식연금의 적립방식연금으로의 전면개편과 연기금 관리운영의 민영화를 주장하고, 각국의 연금개혁에 적극적으로 간여하고 있다.

적립방식연금이 성공하기 위해서는 투명성과 예측가능성이 보장된 자본시장이 있어야 하고, 자본시장으로부터 안정적인 투자수익을 거둘 수 있어야 한다. 관건은 수익성이다. 적립방식연금펀드의 자금은 주로 채권이나 주식 등의 형태로 자본시장에 투자되는데, 여기서 발생하는 수익은 지급되는 연금의 중요한 재원이 된다. 투자수익의 가장 중요한 변수는 노동생산성과 실질 GDP의 증가이다. 생산성이 향상되고 경제성장이 이루어져야 자본 투자수익률도 좋아지기 때문이다. 수익성은 적립방식연금의 성패를 결정한다.

1) 유럽의회의 권고

2011년 유럽의회(European Parliament)[5]는 EU 회원국의 공적연금과 민간연금을 분석한 보고서를 발표했는데, 선진국 연금시스템의 개혁 실태를 종합적으로 정리·소개하고 있을 뿐만 아니라 지속가능한 연금을 위한 현실적인 정책대안을 제시하고 있어 범세계적인 연금개혁에 많은 것을 시사한다(European Parliament, 2011).

유럽의 공적연금은 대부분 3층 구조로 되어 있다. 1층은 법정 노령연금(public mandatory old-age pension)으로 부과방식연금이다. 2층은 법정 기업연금(occupational pensions)으로 임의도 있고 법정도 있으며, 임의와 법정을 병행하는 나라도 있다. 기업연금만 시행하는 나라는 하나도 없다. 3층 개인연금(private savings plans)은 임의 가입이다. 정부가 가입자에게 조세감면 혜택을 부여해 권장하고 있다.

이를 전제로 EU 국가들의 공적연금개혁 추세를 요약하면 다음과 같다. 부과방식의 법정연금을 적립방식으로 전환한 나라가 있고(EU 회원 27개국 중 9개국), 부과방식과 적립방식을 혼합한 나라가 있으며, 2층 기업연금을 준법정연금(a semimandatory occupational pension system)으로 만든 나라도 있다. 가입기간을 연장한 나라도 있고, 퇴직연령을 높인 나라도 있다. 명목확정기여형(NDC)을 도입한 나라도 있다.

최근 추세는 부과방식과 적립방식, 공적연금과 민간연금, 임의연금과 법정연금 간의 전통적 구분이 점차 모호해진다는 것이다.[6] 공적연금의 전통적 역할이 아직은 중요하지만 적립방식연금과 확정기여형연금의 역할이 점차 커지고 있는 것도 주요한 변화이다.

---

5) 1962년 설립된 유럽연합(EU) 입법기구이다. 유럽연합 회원국 국민들의 직접·보통선거를 통해 의원(임기 5년)을 선출한다. 국가별 의원 수는 인구비례로 할당된다.

6) 스위스가 그렇다. 스위스는 민간연금인 기업연금이 법정 연금이다. 민간연금의 재정규모도 매우 커서 법정 부과방식연금과 비슷할 정도이다. 호주도 법정 기업연금을 시행하고 있다.

보고서는 확정급여형연금에서 확정기여형연금으로의 전환이 연금의 충분성과 지속가능성 문제를 극복하기 위한 1990년대 이후 연금개혁의 핵심이라고 주장한다(이것이 이 보고서의 핵심이다). 확정기여형하에서는 기여와 급여 간의 균형, 즉 수지균형이 이루어져 만성적인 재정적자에서 근본적으로 벗어날 수 있고 따라서 정부도 재정적 부담에서 자유로워질 수 있다. 보고서는 민간연금은 물론 공적연금도 확정기여형이 가능하다고 본다.

다음은 정책 권고이다. 보고서는 EU 국가들이 고령화로 연금의 충분성(ad- equacy)을 유지하는 데 곤란을 겪고 있고, 연금시스템의 지속가능성(sustainability)도 심각한 위협을 받고 있어 어떤 형태로던 개혁이 불가피한 실정이라고 하면서 다음과 같은 정책대안을 제시했다.

첫째, 근로기간의 연장과 노동시장 참가율의 제고이다. 연금의 재정적 건전성을 제고하고 충분한 연금을 유지하기 위해서는 더 많은 근로자가 더 오래 일하는 것이 가장 효과적이다. 근로기간 연장의 가장 확실한 방법은 퇴직연령의 상향조정이다. 더 많이 일하는 만큼 보험료 납부기간이 늘어나고, 늦게 퇴직하는 만큼 연금수급 기간이 줄어들기 때문이다. 퇴직연령 연장은 정치적으로 예민한 문제이다. 사용자는 물론 근로자도 반대할 수 있다. 따라서 근로자와 사용자에게 인센티브를 줘야 한다. 퇴직연령 연장에 상응해 연금급여액을 인상시키거나 고령 근로자의 임금을 삭감하는 임금피크제를 예로 들 수 있다.[7] 근로자의 노동시장 참가율 제고도 근로기간 연장과 유사한 효과가 있다. 취업자 수가 많아지면 보험료 수입이 증가하고 연금수급자 수는 감소하여 연금지출이 줄어든다. 고령 근로자를 활용하는 것이 좋은 방법이다. 정부가 고령 근로자를 대상으로 직업훈련 프로그램을 실시해 이들이 새로운 기술을 익히도록 지원하고, 이들이 새로운 직장을 찾을 수 있도록 직업소개를 하면 효과적일 것이다.

둘째, 3층 구조의 합리적 안배이다. 3층 구조 연금시스템을 적절히 배합하여 재정위기를 정부, 개인, 연금펀드 삼자가 떠맡으면, 연금의 충분성을 훼손하지 않으

7) 호주는 평균 퇴직연령을 1년 연장했다. 그 결과 연금지출 총액이 2.4~3.0% 감소했고, GDP는 0.5% 증가했다. 근로자 수가 증가했기 때문이다. 이것은 정년연장의 고용 효과가 상당하다는 것을 의미한다.

면서 연금 재정적자문제에 대응할 수 있다. 인구구조의 변화와 경기변동에 완벽하게 대응하는 연금시스템은 없다. 하지만 위기를 공유해서 위험을 분산시킬 수는 있다. 위기의 공유는 불확실한 환경변화에 대응할 수 있는 합리적인 대안이다. 방법은 세 가지가 있다. 정부와 개인, 개인과 연금시스템, 세대 간 위기의 공유가 그것이다.

정부와 개인이 위기를 나눈다는 것은 정부는 정부의 역할을, 개인은 개인의 역할을 하는 것이다. 정부는 1층 연금을 충실히 유지해야 한다. 정부라고 해서 재정적자를 피하면서 모든 시민에게 충분한 연금을 변함없이 지급할 수는 없고, 연금펀드의 수익률이 항상 좋을 수는 없다. 따라서 일정한 소득대체율을 보장하고, 기본적인 연금을 지속적으로 지급함으로써 노인의 빈곤을 방지하는 1층 연금이 반드시 필요하다. 이것은 정부가 할 일이다. 개인은 기업연금과 개인연금에 가입함으로써 위기를 공유할 수 있다. 정부가 1층 연금을 유지하고, 개인은 민간연금에 가입하면 개인의 연금은 일정 수준 이상으로 보장된다.

개인과 연금시스템 간의 위기 공유도 필요하다. 사실 이것은 이미 이루어지고 있다. 사회보장연금은 모든 사람에게 동일한 보험료율을 적용함으로써 이를 이미 실현하고 있다. 기업연금과 개인연금은 하나의 펀드에 보험료를 적립하고 손실과 이익을 공유함으로써 이를 실현하고 있다. 최저(기초)연금에서도 위기 공유가 있다. 노동시장에는 성별과 종사상의 지위(정규직/비정규직, 풀타임/파트타임)에 차별이 존재한다. 하지만 기초연금은 모든 사람에게 평등한 권리를 부여한다.

세대 간 위기 공유도 중요하다. 세대 간 위기 공유는 부과방식연금에서 잘 실현되고 있다. 적립방식연금에서는 세대 내 위기 공유가 이루어지고 있다. 장기간 보험료가 적립되는 과정에서 손실구간과 수익구간이 믹스되어 위기가 세대 내에서 분산되고 있는 것이다. 하지만 고령화와 같은 인구구조의 변화로 대규모 연금지출이 발생하면 손해를 보는 세대와 이익을 보는 세대가 반드시 생긴다.[8] 연금의 지속가능성을 위해서는 세대 간 위기 공유가 필수적이다. 세대 간 보험료 부담은 공평(fair)해야만 한다.

---

8) 고령화로 인한 연금재정적자에 대해 가장 불안한 게 청년 근로자들이다. 이들은 현재 약속된 연금이 앞으로도 계속해서 유지될 것인지에 대해 의구심을 갖고 있으며, 자신이 낸 보험료 총액보다 적은 연금급여를 받게 되지나 않을지 우려하고 있다.

평균수명의 증가로 향후 연금지급이 증가할 경우 세대 간 비용 분담은 더욱 공평해야 한다. 개혁 비용을 미래 세대에 전가해서는 안 된다.[9)]

2) 정년연장

20세기 후반 유럽에서는 조기퇴직이 노동력 문제해결의 윈윈전략이었다. 조기퇴직은 청년에게는 보다 많은 일자리를, 노인에게는 보다 많은 여가를, 정부에게는 낮은 실업률을 제공했다. 사용자는 조기퇴직을 고령근로자를 퇴출시키는 수단으로 활용했고, 근로자는 별 손해 없이 노동시장에서 조기에 나가는 기회로 간주했다. 조기퇴직제도에 내재된 이데올로기, 즉 노동시장에서 나이 든 사람은 쓸모가 별로 없고 젊은 사람들의 일자리를 막는다는 관념은 상당 기간 위력을 발휘했다.

하지만 조기퇴직제도는 평균수명 증대, 출산율 저하와 함께 사회보장, 특히 연금시스템을 위기에 빠트렸다. 조기퇴직이 연금지출은 증가시키고 보험료 수입은 감소시킨 것이다. 연금은 대부분의 나라에서 사회보장의 가장 많은 부분을 차지하기 때문에 연금지출의 증가와 보험료 수입의 감소는 복지국가의 재정적 기초까지 위협했다. 세대 간 계약(generation contract), 즉 근로인구가 퇴직인구를 부양하는 계약도 위기에 빠졌다. 보험 관점에서도 연금 자산을 아직 일해도 되는 건강한 조기퇴직자에게 주는 것이 정당한가 하는 의문이 제기되었다.

사회보장시스템을 장기적으로 지속가능하게 만들고 경제성장을 촉진시키기 위해서는 자원을 효율적으로 사용해야 하는데, 근로자를 노동시장에서 조기에 퇴출시키는 것은 이에 배치되었다. 고령화가 심화되자 더 오래 일하길 원하는 근로자가 증가했고, 고령근로자를 회사의 가치 있는 자산이라고 생각하는 사용자도 늘어났다. 회사와 근로자 모두 더 오래 일하는 데 의견일치를 보인 것이다.

원래 정년연장에 가장 반대한 세력은 근로자들이었다. 2010년 프랑스에서 발생한 근로자들의 대규모 정년연장 반대시위가 좋은 예이다. 당시 백만 명 이상의 근로자들이 거리로 나와 글로벌 경제위기가 아니라 사르코지 대통령의 정년연장(60세

9) 보고서는 이 두 가지 외에 연금시스템의 투명성(transparency) 강화를 제시했지만, 중요성이 현저히 떨어져 생략했다.

에서 62세로) 정책에 반대하는 시위를 벌였다. 2011년에는 인도(58세에서 60세로 연장), 그리스, 아프리카 나이지리아 등지에서도 정년연장에 반대하는 시위가 발생했다. 공식적으로 정년을 연장하는 데 강한 저항이 있었던 것이다(Ehnes, 2011 : 19).

하지만 최근 들어 근로자들의 정년연장에 대한 태도가 바뀌고 있다. 선진국 근로자들 중 정년연장을 원하고 사람이 늘어나고 있고, 중진국과 후진국 근로자도 유사한 입장을 보이고 있다. 이는 각종 여론조사를 통해 확인되고 있다. 근로자들이 정년연장(근로연장)에 찬성하는 이유는 개인에 따라 다르지만(사실 복잡하고 개인차가 심하다), 주된 이유는 노후불안이다. 경기후퇴기에는 기업의 빈번한 정리해고 때문에 근로자들은 자신의 퇴직 전망(안전한 퇴직)에 대해 불안해한다. 언제 해고될지 모르기 때문이다. 고령근로자일수록 불안감이 더 크다. 정년연장은 이런 불안감을 해소한다. 노후자금을 충분히 저축하지 못한 근로자가 증가한 것도 원인이다. 공적연금이 가장 확실한 노후대비책이었지만 연금재정적자의 누적으로 그 지속가능성에 심각한 문제가 발생하자 많은 정부들이 연금지출을 줄이는 개혁을 단행하고 있다. 이로 인해 퇴직자가 받는 연금액이 정지하거나 감소하고 있다. 이를 보충하기 위해서는 더 일해야 한다. 노후 의료비 불안도 있다. 고령화로 더 오래 살아야 하는데 그만큼 의료비도 늘어난다. 따라서 퇴직 전에 더 많은 의료비를 마련해야 한다. 더 오래 일하는 것이 가장 확실한 대안이다(Ehnes, 2011 : 20).

자본가들도 정년연장에 반대했다. 고령근로자는 높은 임금에 비해 생산성이 떨어지고, 고령근로자 한 명의 인건비면 젊은 근로자 두 명을 고용할 수 있다고 생각한 것이다. 하지만 고령화와 출산율 감소로 청년근로자가 갈수록 감소하자 상황이 바뀌었다. 근로자 부족은 임금 상승으로 이어질 게 명백했다. 이런 상황에서 정년연장을 마냥 반대하는 것은 현명한 자세가 아니었다.

하지만 자본가들이 정년연장에 적극적으로 찬성하고 나선 것은 아니다. 정년연장의 긍정적 효과에 대한 확신이 부족하기 때문이다. 자본가들의 정연연장 찬성을 유도하기 위해서는 인센티브가 필요하다. 임금피크제가 좋은 방법이다. 연금수급개시연령의 연장도 좋은 인센티브가 된다. 일본은 정년연장 유도를 위해 연금 수급개시 연령을 60세에서 65세로 인상했다(한국도 단계적 인상으로 국민연금개혁). 동시에 정년을 65세로 연장했다. 그 효과는 즉각적이었다. 60~64세 고령근로자의 경제활동참가율이 2006년 71%에서 2009년 77%로 증가한 것이다(Bloom et al., 2011 : 37).

사실 정년제도는 시대변화에 맞지 않다. 건강한 노인 때문이다. 고령화로 노인만 늘어나는 게 아니라 건강한 노인도 늘어나고 있다. 고령인구가 대규모 의료비와 케어비용을 발생시키는 병자집단이라는 것은 사실이 아니다. 현대 노인들은 이전 세대보다 건강하고 활동적이며 생산적이다. 의료기술이 발전하고 의료진에의 접근성이 개선되어 노인의 건강수준도 크게 향상되었다. 건강한 노인들은 이전 세대보다 더 오래 일할 수 있다. 통상적인 정년 이상 일을 할 수 있는 신체적 · 정신적 능력을 보유하고 있다. 교육수준도 이전 세대보다 높다(Healy, 2004). 하지만 정년제도 때문에 일정한 연령이 되면 무조건 퇴직해야 한다. 건강한 노인이 증가하고 있음에도 정년은 연장되지 않았다. 그 결과 정년 이후 삶이 늘어났다. 서유럽 국가의 경우 정년 후의 삶의 기간이 평균 20년 정도이다. 건강한 노인들을 정년제도를 이유로 노동시장에서 강제 퇴역시키는 것은 사회적 자원낭비라 하지 않을 수 없다. 현재 OECD 국가의 정년은 대부분 60~65세 사이에 있다.[10] 개발도상국들은 이보다 더 이르다. 정년연장의 여지가 충분하다는 것이다.

노인의 직무성과 저하도 과학적이고 객관적인 사실이 아니다. 노인은 인지기능의 저하로 청년에 비해 직무처리 속도와 정보처리 능력이 떨어지고, 그로 인해 직무성과가 낮다고 생각한다. 하지만 연령과 생산성 간의 관계에 관한 확실한 증거는 없다. 노인의 오랜 숙련과 경험에 기반을 둔 지식과 직무기술은 청년보다 나을 수도 있다. 노인의 직무능력 저하는 노인에 대한 스테레오타입일 가능성이 크다.

정년연장의 가장 큰 이해당사자는 정부다. 정부 입장에서 정연연장은 공적연금의 재정적자문제를 근본적으로 해결해 준다. 정년이 연장되면 연금 기여금 납부기간이 그만큼 길어져 수입이 증가하고, 연금지급 개시연령이 지연되어 그만큼 지출이 감소하기 때문이다. 수입은 늘고 지출은 줄어드는 일석이조의 대안인 셈이다. 하지만 그렇다고 해서 무조건 반길 일만은 아니다. 국가 차원에서 정년연장은 일자

10) 1965~2005년 사이 선진국 43개 국가 기대수명은 평균 9년이 증가한 반면에 법정 정년은 단지 6개월만 연장되었다. 법정 퇴직연령 연장은 대부분 최근에 이루어졌다.

리를 둘러싼 세대갈등을 야기한다. 정년이 늘어나면 고령근로자에게는 유리하지만 청년 일자리는 감소하기 때문에 청년들에게는 불리하다. 따라서 정부는 정년연장에 신중한 입장을 취한다.

한편, 유럽은 고령근로자의 경제적 유용성, 특히 숙련성에 주목(재조명)해 2000년부터 고령근로자 일자리 확대와 정연연장에 대해 논의했다(Kitashiro and Ollila, 2006 : 11). 2000년 유럽회의(the Council of Europe)[11]는 리스본전략(Lisbon strategy)을 채택하고 55~64세 고령근로자 고용률 제고를 통한 전체 고용률 70% 달성을 목표로 제시했다. 2000년 유럽연합 집행위원회(European Commission, EC)[12]는 고용평등에 관한 일반적 기준을 마련했는데, 기회평등의 원칙에 따라 고령근로자 고용차별을 야기하는 고용장벽을 제거할 것을 권고했다. 2001년 유럽연합 집행위원회는 스톡홀름 정상회의(Stockholm summit)에서 고령근로자 고용률 50% 달성을 목표로 제시했다. 2002년 유럽연합 집행위원회 바르셀로나 정상회의(Barcelona summit)에서는 정년을 60세에서 65세로 5년 연장하는 것을 목표로 제시했다. 2004년에는 고령근로자 고용률 제고와 정년연장을 재확인한 동시에 고령근로자 고용 유지 및 고용률 제고를 위해 고령근로자 고용을 유지하거나 고령근로자에게 새로운 고용 기회를 주는 기업에게 인센티브를 주고, 근로자 평생학습을 포함한 기술개발 프로그램을 실시하며, 공공부문에서의 고령근로자 고용을 확대할 것을 권고했다. 이런 노력에 힘입어 유럽연합국가의 고령근로자 고용률은 개선되었다.

11) 1949년 인권과 민주주의, 법치주의, 중동부 유럽지역에 대한 지원을 목적으로 설립되었다. 현재 회원국은 46개국이며 본부는 프랑스 스트라스부르에 있다. 조직은 각료위원회(각국 외무장관), 의원회의(각국 국회의원), 지방자치단체협의회, 사무처 등으로 이루어져 있고, 유럽인권재판소(European Court of Human Rights)와 유럽인권위원회(European Commission of Human Rights) 등의 독립기구를 두고 있다. 1950년 "인권 및 기본적 자유에 대한 유럽협정"과 1989년 "고문과 비인간적 처벌 등의 금지에 관한 협정"이 중요한 성과이다.

12) 유럽연합(EU, European Union)의 행정부 역할을 담당하는 유럽연합 집행위원회는 유럽통합 관련 조약의 수호, 유럽연합의 각종 정책 입안, 유럽연합의 이익 수호를 위해 활동한다. 유럽통합의 중심기구이다.

CHAPTER 13

건강보험

1 건강보험의 개념

예상하지 못한 심각한 질병이나 상해를 당해 병원에서 치료를 받으려면 고액의 진료비를 지불해야 한다. 게다가 날로 발전하는 의학적 진단기술과 치료기술의 발전 때문에 병원 진료비는 거의 매년 인상된다.

병원 진료비는 가족에게 상당한 경제적 부담을 준다. 특히 가족 중 중증질환이나 만성질환 환자가 발생하면 그러한데, 병원에 지불해야 할 진료비가 만만치 않기 때문이다. 만약 저축한 돈이나 가입해 놓은 보험이 없을 경우 가족은 재정적 위험(financial risks)에 빠질 수 있다.

건강보험(health insurance)은 가족의 치료비 지출로 인해 재정적 위험에 직면한 사람에게 치료비의 전액 또는 일부를 지급하는 사회보험이다. 이는 건강보험이 국민의 질병 치료를 공적으로 보장하는 의료보장제도가 아니라 질병 치료에 드는 진료비를 보장하는 소득보장제도라는 것을 의미한다.[1)]

건강보험 급여는 현물급여와 현금급여 두 가지가 있다. 현물급여는 외래진료, 입원진료, 약제, 전문의진료, 출산, 치과진료, 환자후송, 가정보호 등과 같은 의료서비스의 비용을 제3자인 보험자가 지불하는 것이다. 현금급여는 질병이나 출산으로 인해 일을 못해 봉급을 받지 못하는 경우 이를 보전(대체로 사유발생 당시 소득의 50~75%, 부양가족의 수에 따라 증감)해 주는 것이다.

1) 건강보험 가입자 입장에서 건강보험은 질병 치료비를 조달하는 방법 중 하나이다. 질병 치료비 조달방법은 건강보험만 있는 것은 아니다. 건강보험 외에도 민간보험회사나 비영리법인이 운영하는 민간건강보험도 있고, 우리나라 손해보험처럼 진료비 본인부담금을 상품으로 만든 민간보험도 있다.

현물급여와 현금급여 중 현금급여는 우리에게 익숙하지 않다. 하지만 건강보험은 원래 현금급여를 위해 생긴 것이다. 다시 말해 질병치료기간 동안 중단되는 소득(보수)을 건강보험관리기관이 직장을 대신해서 지급하는 데 일차적인 목적이 있었다는 것이다. 진료서비스(현물급여) 보장은 부차적이었다. 1911년 영국 국민보험의 하나로 시작된 건강보험이 좋은 예이다. 영국의 이런 전통은 지금도 이어지고 있는데, 국민들에게 무상의 포괄적인 의료서비스를 보장해주는 국민보건서비스(the National Health Service, NHS)와는 별도로 현금급여 프로그램(건강보험)을 운용하고 있다.

건강보험 적용대상은 근로자, 자영업자, 공직자(공무원, 교직원, 군인 등) 등 일정한 소득원을 가진 경제활동인구와 그 부양가족이다. 보험료를 부담하는 사람을 피보험자라 하고, 피보험자의 부양가족을 피부양자라 하며, 피보험자와 피부양자를 합해서 피보험대상자라고 한다. 건강보험의 초창기에는 피부양자를 급여대상에서 제외하였으나 건강보험의 급여범위가 확대되면서 피부양자도 혜택을 받게 되었다.

건강보험 보험료 징수와 급여 지급 등 관리운영은 건강보험관리운영기관이 한다. 정부가 건강보험을 직접 관장하는 나라가 있으나 소수이고(영국, 스웨덴, 일본 등), 대부분의 나라에서는 공법상의 기구 또는 준 자치적인 비정부기관이 관리운영을 담당하고 있다.

한편, 연금이나 실업보험은 피보험자로부터 보험료를 징수하고 급여를 제공하는 관리운영기관이 동일하다. 예컨대 우리나라 국민연금 가입자는 국민연금공단에 보험료를 내고 수급자는 국민연금공단으로부터 연금을 받는다. 하지만 건강보험은 보험료를 징수하는 기관(건강보험관리운영기관)과 급여(의료서비스)를 제공하는 기관(의료기관)이 다르다. 우리나라 건강보험에서 보듯이 건강보험 가입자는 보험료를 국민건강보험공단에 내고, 의료서비스는 병원과 의원 등 의료기관에서 받는다. 건강보험 가입자가 받은 의료서비스의 대가인 진료비는 건강보험 가입자(환자) 대신 건강보험관리운영기관이 의료기관에게 지급한다. 이와 같이 의료서비스를 받는 환자가 진료비를 의료기관에 직접 지불하지 않고, 제3자인 관리운영기구가 대신 지불하기 때문에 의료기관이 청구하는 진료비의 적정성을 통제하기 위해 진료비심사기구를 둔다.

건강보험은 사회보험 중 가장 오랜 역사를 갖고 있다. 1883년 비스마르크 건강보험이 그것이다. 원래는 산재보험이 먼저 입안되었으나 정부와 사회 제 세력들 간의 이견으로 입법화가 지연되어 비교적 쉽게 합의에 도달한 건강보험이 먼저 의회를 통과하여 세계 최초의 사회보험이라는 영예를 안게 되었다.

2 진료비 본인부담제

건강보험은 다른 사회보험과 달리 서비스 비용의 일부를 가입자가 부담하도록 하고 있다. 진료비의 일부를 환자가 부담하는 것이다. 이를 진료비 본인부담제(cost-sharing)라 한다.

건강보험이 수익자 부담을 두는 이유는 서비스의 남용을 억제하고(도덕적 해이의 방지), 수익자와 비수익자 간의 형평성을 도모하며, 수익의 정도와 수익자의 부담능력에 따라 부담을 달리함으로써 수익자의 책임을 촉구하고, 수익자 부담 부분을 사회보장 재원으로 재충당할 수 있다는 데 있다.

사실 진료비 본인부담제는 피보험 대상자가 질병이라는 사회적 위험에 빠진 그 시점에 진료비(일부라도)를 부담시킨다는 점에서 사회보장의 기본 정신에는 부합되지 않는다. 사회보장이 질병, 재해, 노령, 실업 등 사회적 위험에 대비하기 위해 고안된 제도라는 점에서 그렇다. 그러나 전 세계적으로 국민의료비가 급증하자 각국은 재정안정을 위해 본인부담제를 도입 또는 확대했고, ILO도 저소득층에게는 적용하지 않고 특별히 많은 비용이 드는 질병을 제외한다는 조건을 달아 이를 인정하였다.

진료비 본인부담제는 세 가지 형태가 있다.

- **정률제**(coinsurance) : 의료 이용자가 의료서비스 비용의 일정 비율을 부담하는 방식이다. 진료비의 일부를 피보험자에게 부담시킴으로써 불필요한 의료 이용을 억제하는 데 목적이 있다. 하지만 진료비 부담 때문에 꼭 필요한 의료서비스까

지 억제시키는 부작용이 나타날 수 있다. 본인부담률이 매우 높을 경우 본인부담금에 대한 추가적인 보험 수요(영리를 목적으로 하는 민간건강보험)가 생길 수도 있다.

- **정액제**(copayment) : 의료서비스를 이용할 때마다 일정액(flat fee)을 부담시키는 방법이다. 건강보험은 일정액 이상만 부담한다. 가벼운 질환으로 의료기관을 빈번하게 이용하는 것을 억제한다.
- **공제제**(deductible) : 진료비의 일정액까지는 본인에게 전액 부담시키고, 일정액을 초과하는 부분만 건강보험이 부담한다. 건강보험 이용의 대부분을 차지하는 소액 진료비를 전부 자부담시킴으로써 심사 및 지불을 위한 막대한 행정비용을 절감하고, 건강보험의 남용을 막는다.

우리나라 건강보험도 본인부담제가 있다. 입원과 외래별, 또 외래의 경우 의료기관 유형별, 금액별로 본인부담의 형태가 다르다. 우리나라 건강보험의 본인부담률은 입원과 외래를 합해 진료비의 40~50%에 달하는데, 세계 최고 수준이다. 입원의 경우 제도적으로는 진료비의 20%만 본인이 부담하도록 되어 있으나 특진비, 특실료, 고가 의료검사장비 이용료 등 보험 외 급여의 비중이 높아 실질적으로 진료비의 거의 절반에 달하고 있다(비보험급여의 비중이 커진 이유는 병원이 낮은 건강보험수가를 보전하기 위한 데 있음은 주지의 사실이다). 그리하여 사회보험으로서의 실효성에 의문이 제기되어 "우리나라 건강보험은 사회보험이 아니라 진료비 할인제도"라는 자조적인 말이 나오는 것이다. 고액의 본인부담은 중산층보다는 서민에게 큰 부담이 된다는 점에서 결코 바람직한 게 아니다.

3 진료비 지불방법

건강보험의 관리운영기구가 의료기관이 건강보험의 가입자인 환자에게 제공한 의료서비스의 대가로 지불하는 진료비 지불방법에는 행위별수가제(fee-for-services), 총액계약제(global budgeting), DRG(diagnosis related groups) 지불제가 있다.

1) 행위별수가제

행위별수가제는 의료기관이 환자에게 제공한 모든 의료서비스를 항목별로 계산한 다음 그 총액으로 진료비를 책정하는 방법이다. 그래서 점수제 또는 성과불제로 부르기도 한다. 우리나라와 일본, 미국이 행위별수가제를 채택하고 있다. 행위별수가제는 의료 인력이 환자에게 제공한 서비스를 일일이 화폐로 환산·집계하여 수가를 계산하기 때문에 의료기관의 입장에서는 가장 합리적이다.

그러나 행위별수가제는 의료 인력의 진료행위 하나하나가 의료기관의 수익에 직결되기 때문에 과잉진료를 유도하고, 의료기관의 청구에 따라 진료비가 지불되는 데다가 환자에게는 의료기관을 상대로 의료서비스 가격의 적정성을 따져야 할 인센티브가 별로 없기 때문에 진료비 부당청구의 가능성이 있다.

행위별수가제 하에서 과잉진료와 부당청구가 구조적으로 발생한다는 사실은 우리나라 건강보험에서 잘 확인되고 있다. 이런 현상은 우리나라뿐만이 아니다. 행위별수가제를 채택하고 있는 미국의 경우도 Medicare 프로그램(사회보장연금 수급자를 대상으로 하는 건강보험)에서 매년 대략 10% 정도의 부당청구로 인한 손실이 발생하는 것으로 추정되고 있다(전창배, 2001 : 18).

게다가 행위별수가제는 의료기관의 과잉투자를 야기한다. 우리나라 일부 의원들은 거액을 들여 호텔 같은 시설과 전문 대학병원을 능가하는 전문 인력과 장비를 갖추고, 마케팅 전담 직원까지 두어 고객 확보에 나서고 있는 실정이다. 이는 의료서비스의 질을 높이고 환자의 편의성을 높였다는 점에서 긍정적인 면이 있지만, 막대한 투자비용의 회수를 위해 과잉진료를 하게 만드는 요인이 되고 있다.

2) 총액계약제

총액계약제는 보험자와 의료기관이 일정 기준에 따라 진료비 총액을 협상하여 의료기관에 일괄 지급하는 방식이다. 대부분의 병원이 공공병원(중앙정부 또는 지방정부 소유)이거나 민간병원이라도 거의가 비영리인 유럽의 경우, 병원 진료비는 총액계약제로 정산되고 있다(독일, 미국, 영국 등은 의원급에 총액계약제 적용). 진료비 총액은 인건비, 약품비, 재료비, 음식 · 청소 등의 유지비 등을 포함하여 계산되는데(실제 지출되는 각 예산 항목을 합산하기 때문에 원가계산방식이라고도 한다), 통상 전년도 진료 실적과 인건비 상승분 등을 감안하여 결정한다.[2)]

의사들의 보수는 의료기관별로 다르다. 병원은 경영자가 자체 기준에 따라 고용의사들에게 보수를 지급하며, 의원의 경우 등록 환자와 진료건수를 고려해 보수를 받는다. 사용자가 없는 의원 의사는 의사협회(유럽)나 자신이 속한 의사집단(미국)으로부터 보수를 받는다.

총액계약제의 가장 큰 장점은 과잉진료가 없다는 것이다. 의사는 사전에 지급받은 진료비 한도 내에서 자기 환자들의 진료 문제를 해결해야 하므로 불필요한 입원이나 고액의 진료를 피하고자 하는 경제적 유인이 생긴다. 말하자면 의사가 아무것도 하지 않을수록 의사의 수입이 늘어나는 구조라는 것이다. 이렇게 되면, 과잉 진료를 원천적으로 방지할 수 있다. 미국에서는 이를 관리의료(managed care)라고 한다.[3)]

하지만 총액계약제는 보건의료의 효과성은 높일지 모르나 환자에 대한 보건의료서비스의 질을 낮출 가능성이 있다(비용 절감을 위한 과소 진료의 가능성 상존). 그리고 '크림 떠내기'(cream skim) 현상이 발생할 가능성도 있다. 크림 떠내기란 보험회사들이 위험이 적은 환자들만 선택하고, 위험이 높거나 위험을 예측하기 힘든 환자들은 다른 데로 떠넘기는 현상을 말하는데, 진료예산을 선불로 받는 의사들에게는 이런 인센티브가 분명 존재한다(West, 1997).

---

2) 독일의 경우 입원요양비는 1일당 정액으로 정해지고, 병원의 진료보수에는 의료장비 등 설비투자비용은 제외되고 인건비 등 경상비용만 고려된다. 병원의 설비투자비는 정부가 부담한다. 그리고 보험의사가 처방하는 약제비는 정부가 정하는 게 아니라 매년 연방약품공업협회에서 발표하는 약품가격 리스트에 준한다. 이 약제처방 역시 보험의사협회에서 심사한다.

3) 1990년대 초반 민간보험 시장에서 시작된 관리의료의 진료비 지출 억제 효과를 인정한 미국 정부는 Medicare와 Medicaid에도 적극 권장하였다. 즉, 연방정부가 Medicare 1인당 평균 지출 액수의 95%에 해당하는 금액으로 관리의료를 채택한 보험회사와 계약을 맺어 Medicare 대상 피보험자들을 보험회사로 보냄으로써 5%의 비용을 절약하고자 했던 것이다.

총액계약제의 정착은 의료전달체계의 확립이 반드시 선행되어야 가능하다. 선진국의 예에서 보듯이 의원에 총액계약제를 적용하기 위해서는 주치의 제도가 필수적이고, 입원(응급환자를 제외한)은 이들 주치의의 판단에 의해 결정되어야만 하는데, 이는 1, 2차 의료전달체계의 확립이 전제되어야 가능한 일이다. 그리고 건강보험의 급여범위가 매우 포괄적이어야만 한다. 우리나라와 같이 비보험급여의 비중이 높을 경우 총액계약제가 도입되면 의료기관이 비용절감의 압박을 피하기 위해 보험급여 대상에서 제외되는 의료서비스의 비중을 확대하고자 할 것이기 때문이다.

3) DRG 지불제

DRG 지불제(diagnosis related groups. 포괄수가제)는 행위별수가제 안에서 지불단위를 포괄화한 진료비지불방식이다.[4] 예컨대, 제왕절개술, 충수절개술, 항문과 항문 주위 수술 등 수술행위별로 진료비를 정액화한 것이다. DRG 지불제는 미국 정부가 진료비 억제를 위해 1983년부터 Medicare에 도입한 것이 최초이다.[5]

우리나라 보건복지부도 DRG 지불제의 필요성을 인정해 1997～1999년까지 시범사업을 거쳐 2002년 7개 질병군(비교적 간단하고 문제가 발생하지 않을 만한 질병. 예 안과 수정체 수술, 이비인후과 편도·아데노이드 수술, 일반외과 충수절제술, 항문과 항문 주위 수술, 산부인과 제왕절개술 등)에 한해 DRG 지불제를 시행하였다. 의료기관의 참여는 자발적이었다.

하지만 시범사업은 사실상 실패했다. 대형병원들은 여전히 행위별수가제로 비용을 청구했고, 시범사업에 참여한 소규모 의원들은 DRG 지불제로 행위별수가제보다 오히려 더 많은 수익을 얻었다. 이런 문제를 해결하기 위해 정부는 2012년 7개 질병군 DRG 지불제를 모든 의료기관으로 확대하였다. 그러나 아직 성공적이라는

---

4) 민간의료의 비중이 압도적으로 큰 우리나라의 경우 행위별수가제의 가장 현실적인 대안이 바로 이 DRG 지불제이다. 고려대학교 의과대학 안형식(2000 : 13) 교수가 잘 지적한 바와 같이, "현재와 같은 행위별수가제하에서는 과잉진료에 대한 시비는 끊임없이 제기될 것이며, 진료비 지불제도는 의료기관의 진료행태를 바꿀 수 있는 중요한 기전이며, 포괄수가제 등 진료비 지불에 대한 대안이 마련되어야 한다."

5) 1965년 이후 급격히 증가한 의료비 문제에 대처하기 위해 1983년 레이건 정부가 병원을 대상으로 DRG 지불제를 도입했다. 1989년 의원으로 확대했다(Whiteman, 2001 : 12-13).

평가는 없다. 한국에서 DRG 지불제의 성공 여부는 원가계산방식에 달려있다. 당연한 말이지만 의료 소비자인 시민과 공급자인 의사가 모두 납득할 수 있는 수준이어야 한다.

DRG 지불제의 가장 큰 약점은 진료의 질 저하이다. 진료 양에 관계없이 동일한 진료비를 받는 의료기관의 입장에서는 가급적 최소한의 진료서비스로 진료효과를 거두려는 유인이 존재하기 때문이다. 그러나 DRG 지불제를 도입한 미국에서도 결정적인 의료의 질 저하는 없었던 것으로 나타났는데, 그 이유는 다른 의료기관과 경쟁해야 하는 처지에서 의료의 질을 무한정 낮출 수는 없었고, 또 의사로 구성된 진료비심사기구(peer review organization)가 엄격하게 모니터링 했기 때문이다. 우리나라도 의료기관 간의 경쟁이 심하고, 심사평가원이라는 강력한 진료비 심사기구가 존재하다는 점을 고려할 때, DRG 지불제를 도입해도 의료의 질 저하는 크게 우려하지 않아도 될 것 같다.

건강보험

구 분	내 용
개 념	• 가족의 치료비 지출로 인해 재정적 위험에 직면한 사람에게 치료비의 전액 또는 일부를 지급하는 사회보험 • 급여의 종류 : 현물급여, 현금급여 • 적용대상 : 근로자, 자영업자, 공직자(공무원, 교직원, 군인 등) 등 일정한 소득원을 가진 경제활동인구와 부양가족 • 삼자지불방식 : 의료서비스를 받는 환자가 진료비를 의료기관에 직접 지불하지 않고 제3자인 관리운영기구가 대신 지불
진료비 본인부담제	• 정률제 : 의료 이용자가 의료서비스 비용의 일정 비율을 부담하는 방식 • 정액제 : 의료서비스를 이용할 때마다 일정액을 부담시키는 방식 • 공제제 : 진료비의 일정액까지는 본인에게 전액 부담시키고 일정액을 초과하는 부분만 건강보험이 부담하는 방식
진료비 지불방법	• 행위별 수가제 : 의료기관이 환자에게 제공한 모든 의료서비스를 항목별로 계산한 다음 그 총액으로 진료비를 책정하는 방법 • 총액계약제 : 보험자와 의료기관이 일정 기준에 따라 진료비 총액을 협상하여 의료기관에 일괄 지급하는 방식 • DRG 지불제 : 행위별수가제 안에서 지불단위를 포괄화한 진료비지불방식

4 민간건강보험

민간건강보험(private health insurance)은 진료비를 보험 상품으로 만든 것이다. 상품 판매자는 민간보험회사이고, 구매자는 시민이며, 구매자에서 진료서비스를 제공하는 자는 병의원이다. 병의원이 환자(보험 구매자)에게 제공한 진료서비스 비용은 보험회사가 지불한다.

민간건강보험은 시민의 의료 욕구를 충족시키고 진료비를 보험으로 커버한다는 점에서 사회보험인 공적건강보험(public health insurance)과 같다. 하지만 양자는 근본적인 차이점이 있다. 무엇보다 민간건강보험은 영리를 추구한다는 것이다. 건강보험은 건강보험회사의 상품일 뿐이다. 시민의 복지를 추구하는 공적건강보험에 대비된다.

가입에서도 차이가 난다. 공적건강보험의 가입은 의무적인 데 반해 민간건강보험은 임의적이다. 공적건강보험은 법정 프로그램으로서 가입자 본인의 의사와는 무관하게 무조건 가입해야 한다(직장에 취업하면 자동 가입). 이에 반해 민간건강보험은 원하는 사람만 가입한다.

보험료에서도 차이가 난다. 공적건강보험은 보험료 산정 시 가입자 개인의 위험률은 따지지 않는다. 국민 전체의 질병발생률만 본다. 보험료는 가입자 소득에 비례(income based)해서 부과한다. 소득이 많은 사람이 더 부담하는 것이다. 따라서 건강한 사람에서 아픈 사람으로의 소득이전과 함께 고소득층에서 저소득층으로의 소득재분배가 발생한다. 이와 달리 민간건강보험은 가입자 개인의 위험에 따른 보험료(risk rated)를 부과한다. 위험률이 높은 사람이 더 많은 보험료를 내는 것이다. 물론 아픈 사람만 혜택을 받기 때문에 건강한 사람으로부터 아픈 사람으로의 소득이전은 발생한다.

〈표 13-1〉 공적건강보험과 민간건강보험의 차이점

구 분	공적건강보험	민간건강보험
영리/비영리	비영리	영 리
가 입	법정 의무	임 의
보험료	소득비례	위험비례

그런데 이런 구분은 이념형적인 것이며, 양자 간 경계가 모호한 부분이 있다. 건강보험의 공익성이 워낙 커 민간부문임에도 정부가 일정한 규제를 가하기 때문에 이런 현상이 나타났다.

이론적으로 양자의 가장 확실한 차이는 공적건강보험이 법정보험이고, 민간건강보험이 임의보험이라는 데 있다. 하지만 반드시 그런 것만은 아니다. 예컨대, 우루과이와 스위스는 민간건강보험이 법정 프로그램이다. 미국의 일부 주는 일정 수 이상의 근로자를 고용하고 있는 기업은 건강보험에 의무적으로 가입하도록 법정화하고 있다.

민간건강보험은 영리를 목적으로 하는 보험회사가 운영한다. 하지만 예외도 있다. 호주와 아일랜드는 가장 큰 민간건강보험회사가 공공소유이다. 공적으로 조성된 사회보험펀드(건강보험 포함)를 민간보험회사가 관리하게 만든 나라도 있다(싱가포르, 말레이시아).

민간건강보험이 공적건강보험을 보완하는 경우도 있다. 한국과 프랑스에는 공적건강보험의 진료비 본인부담금을 보험화한 민간건강보험이 있다. 공적건강보험 급여에서 제외되는 부분, 예컨대 외래 약제비, 치과 진료비 등을 민간건강보험이 커버하는 나라도 있다(슬로베니아). 호주와 영국에는 전문의 진료와 선택적인 병원 진료를 대상으로 하는 민간건강보험 상품이 있다.

CHAPTER 14

노인장기요양보험

1 장기요양의 개념

고령노인 중에는 치매, 뇌졸중, 중증정신질환 등 만성질환자가 많다. 이들 중에는 식사, 배설, 청결, 이동 등 이른바 기본적인 일상생활능력이 현저히 떨어져 타인의 도움 없이는 생활할 수 없는 노인이 있다. 이런 노인을 수발하는 일은 가족의 책임이다. 하지만 여성의 사회진출이 활발해지고 맞벌이 부부가 늘어나면서 케어가 필요한 노인을 가정에서 케어할 수 없는 가족이 늘어났다. 이들은 어쩔 수 없이 비용이 많이 드는 노인요양시설에 노인을 맡긴다.

가정에서 노인을 케어하는 것을 가정케어(home care)라고 하고 시설에서 노인을 케어하는 것을 시설케어(facility care)라고 한다. 또 가정케어가 사적 공간인 가정에서 이루어진다 하여 비공식적 케어(informal care)라고 하고, 시설케어가 공개적인 시설에서 제도적으로 이루어진다 하여 공식적 케어(formal care)라고 한다. 이러한 가정케어와 시설케어를 합한 것이 장기요양(long-term care)이다. 장기라는 말이 들어간 것은 노인케어가 장기간을 요하기 때문이다.

WHO(2000)는 장기요양을 보건과 사회시스템의 주요 부분으로서 가족, 친구, 이웃 등 비공식적 케어 제공자와 건강 · 사회 · 기타 전문가와 보조원 등 공식적 케어 제공자의 케어를 받아야 하는 사람을 위한 활동으로 정의하였다. 매우 간략하지만, 이 정의는 장기요양의 두 가지 중요한 사항, 즉 보건시스템과 사회시스템이 혼합되어 있고, 공식적 케어와 비공식적 케어를 포함한다는 것을 말하고 있다.

미국에서는 2010년대 들어 장기서비스와 지지(long-term services and supports, LTSS)라는 용어가 장기요양을 대신하고 있다. 2010년에 제정된 환자보호부담적정보험법(the Patient Protection and Affordable Care Act) 때문이다.[1] 이 법은 장기서비스와 지지를 시설과 비시설의 장기요양서비스와 지원이라고 간단하게 정의했다(US DHHS, 2013).

장기서비스와 지지는 신체적 · 인지적 · 발달적 · 만성적인 건강상태로 인해 일상생활동작능력(ADL)과 수단적 일상생활동작능력(IADL)에서 타인의 도움이 필요한 사람을 지원하는 것이다.[2] 장기서비스와 지지는 가정에 있는 사람과 지역사회생활시설 또는 장기요양시설에 있는 사람을 대상으로 한 개인적 케어 서비스와 건강 관련 서비스이다. 장기서비스와 지지의 건강 관련 서비스는 치료서비스와는 다르다. 중증질환이나 장애로 인해 진료서비스를 받고 있는 사람을 위한 지원과 서비스가 핵심이다. 장기서비스와 지지는 유료 서비스와 무료의 비공식적 서비스를 포함한다(US Senate Commission on Long-Term Care, 2013).

미국이 장기요양(LTC)을 장기서비스와 지지(LTSS)로 바꿨다 하더라도 장기요양이 장기간의 케어가 필요한 만성병(치매, 뇌 손상, 만성정신질환)이나 장애를 가진 사람을 위한 건강 케어 및 퍼스널 케어라는 사실은 변함이 없다.

1) 이 법을 오바마케어법이라고 한다. 오바마케어는 공공의료보장제도와 민간건강보험의 사각지대에 놓인 사람(주로 공공부조에서 배제된 흑인 차상위계층)을 위한 건강보험 부담금 지원제도이다.

2) Barthel 척도에 의하면, ADL은 컵으로 물마시기, 식사, 옷 갈아입기, 용모단정, 머리빗기, 침구정돈, 세탁물 정리, 양치질하기, 세수하기, 목욕하기, 소변보기, 대변보기, 체위변경, 앉고 일어서기, 보행능력(평지 50m 걷기) 등이고, IADL(수단적 일상생활동작능력. Instrumental ADL)은 대중교통 이용, 돈 계산능력, 은행 이용, 외출 능력, 공공기관 이용, 신문 읽기, 전화 걸기 등이다.

장기요양의 개념

구 분	내 용
가정케어와 시설케어	• 가정케어와 시설케어를 합한 것 • 가정케어 : 사적 공간인 가정에서 이루어지는 비공식적 케어 • 시설케어 : 공개적인 시설에서 제도적으로 이루어지는 공식적 케어
WHO	보건과 사회시스템의 주요 부분으로서 가족, 친구, 이웃 등 비공식적 케어 제공자와 건강·사회·기타 전문가와 보조원 등 공식적 케어 제공자의 케어를 받아야 하는 사람을 위한 활동
미국 환자보호부담적정보험법	• 장기요양 대신 장기서비스와 지지라는 용어 사용 • 장기서비스와 지지 : 신체적·인지적·발달적·만성적인 건강상태로 인해 일상생활동작능력(ADL)과 수단적 일상생활동작능력(IADL)에서 타인의 도움이 필요한 사람을 지원하는 것

2 장기요양의 유형

장기요양은 장기요양시설케어(institutional care), 지역사회케어(community care), 비공식적 케어(informal care)로 분류되는 것이 일반적이다. 장기요양시설케어는 장기요양시설이 제공하는 생활시설케어(residential care)이다. 지역사회케어는 생활시설케어와 가정케어의 중간에 있는 준 생활시설케어(semi-residential care)이다. 비공식적 케어는 가족, 친구, 이웃 등이 제공하는 가정케어(home care)이다.

1) 장기요양시설

장기요양시설은 환자를 케어하여 이전의 기능을 회복하는 데 목적을 둔 치료가 아니라 노년기 신체적 기능의 악화를 방지하고 사회적응을 촉진하는 것을 목적으로 하는 생활시설(residential facilities)이다. 장기요양시설이 제공하는 서비스는 의료적 서비스뿐만 아니라 사회적 서비스를 포함한다. 장기요양시설의 케어는 대부분 낮은 기술이지만 정맥 약물치료, 주사, 환기시스템, 상처치료 등 하이테크 의료적 개입도 포함한다. 장기요양시설은 케어서비스, 개인적 케어서비스, 룸과 식사 등을 제공한다. 장기요양시설은 요양원과 다양한 형태의 그룹 생활시설(group supportive housing)이 있다.

(1) 요양원

장기요양시설의 중심은 요양원(nursing homes)이다. 요양원은 대표적인 장기요양시설이고, 장기요양시설 중 가장 많은 비중을 차지하고 있다. 일반인은 장기요양이라 하면 요양원을 연상한다. 요양원은 회복기에 있는 중증질환자 또는 전문적인 케어가 장기적으로 필요한 사람(일상생활의 도움이 필요한 사람)을 대상으로 시설케어(institutional care)를 제공한다.

미국의 경우 요양원은 고가의 병원 진료를 대신하기 위해 발전했으며, 다수가 영리를 목적으로 한다(요양원 체인회사도 있다). 비영리기관이 운영하는 요양원도 있지만 수가 많지 않다. 정부(중앙정부 및 지방정부)가 운영하는 시설은 1할도 안 된다. 메디케어(Medicare. 사회보장연금 수급자를 대상으로 하는 의료보장제도)와 메디케이드(Medicaid. 공공부조 수급자를 대상으로 하는 의료부조제도) 수급자가 요양원 입소자 중 가장 많다. 입소 노인은 여성이 많고, 85세 이상 초고령자가 절반을 차지한다. 대략 절반이 치매 환자이고, 심장병, 고혈압, 관절염, 뇌혈관질환, 우울 환자도 있다. 요양원과 요양원 병상 수는 꾸준히 증가하고 있다.

(2) 그룹 생활시설

그룹 생활시설은 장기요양이 필요한 사람을 케어하고 슈퍼비전하는 공동생활시설이다. 요양원 이외의 소규모 그룹 홈, 유료양로원, 노인공동주택을 포함한다. 모두 유료시설이다. 숙식 케어시설(board and care homes), 가정생활시설(assisted living facilities), 평생케어보장 은퇴자공동체(continuing care retirement communities), 노인공동주택(congregate housing) 등이 있다.

- **숙식 케어시설** : 의료적 슈퍼비전, ADL 케어, 식사, 가사 등을 제공하는 소규모 생활시설(그룹 홈)이다. 가정 같은 환경을 조성하는 것을 중시한다. 신체 허약, 발달장애, 만성적인 정신질환을 가진 노인을 대상으로 한다. 4~10명의 노인이 가정처럼 꾸민 주거공간에서 공동생활을 한다. 치매 노인만 전문으로 하는 시설도 있다.
- **가정생활시설** : 가정같이 꾸며진 시설에서 개인 룸, 식사, 가사서비스, ADL 케어, 사회활동, 24시간 케어를 제공한다. 철학은 개인의 자율성과 프라이버시를 존중하는 것이다. 타인의 케어가 어느 정도 필요하지만 전적으로 타인의 케어에 의존할 필요가 없는 신체 허약 노인이 주된 대상이다. 입소비가 숙식 케어시설보다 비싸다. 경제적으로 여유가 있는 80세 이상 고령 여성노인이 주 고객이다.
- **평생케어보장 은퇴자공동체** : 케어의 지속을 보장하는 고급 유료양로원이다. 주거만 보장하는 곳도 있고 요양시설 수준의 케어를 보장하는 곳도 있다. 공동체 안에 살면서 사망할 때까지 케어를 받는다. 시설은 입소자의 건강한 생활스타일과 예방적 케어를 위해 노력해야 하는 인센티브가 있다. 시설은 입소자가 오래 있을수록 이익이다. 입소자는 대부분 부유한 노인이다. 입소자는 매월 비용을 내고 입소 시 입원비를 낸다. 입원비가 수만 달러, 매월 입소비가 수천 달러에 이른다.
- **노인공동주택** : 분리된 아파트와 레크리에이션 시설, 식당, 장애 노인용 목욕시설, 비상 연락망, 지역사회와 연결되는 교통수단을 제공하는 다세대 주거시설이다. 서비스가 많지는 않다. 개인적 케어와 슈퍼비전은 없다.

(3) 장기요양시설의 케어와 직원

장기요양시설이 제공하는 의료적 서비스와 사회적 서비스는 매우 다양하다. 개인적 관리 케어, 중간단계 케어, 준 중점치료, 단체지역유람, 레크리에이션활동, 간호, 기억력 개선 활동, 호흡기치료, 언어치료, 작업치료, 운동, 정맥치료, 오락(파티, 댄스, 합창 등), 사회복지서비스 등이 그것이다.

이 중에서 중요한 것이 개인적 관리 케어, 중간단계 케어, 준 중점치료이다. 관리 케어(custodial care)는 식사, 목욕, 옷 입기, 화장실 사용하기 등 ADL을 돕는 것이다. 중간단계 케어(intermediate care)는 관리 케어와 의료적 케어 및 의료적 슈퍼비전을 포함한 케어이다. 준 중점치료(sub-acute care)는 24시간 모니터링과 재활치료를 포함한 의료서비스이다. 고수준의 진료가 필요한 사람과 수술 후 퇴원 환자를 대상으로 한다.

장기요양시설의 직원도 다양하다. 간호사, 물리치료사, 사회복지사, 언어치료사, 호흡기치료사, 간호보조원, 영양사, 작업치료사 등이 같이 일한다. 장기요양시설의 핵심 인력은 간호사이다. 간호사는 입소자를 24시간 케어하고 슈퍼비전 한다. 의사는 의학적 관점에서 진료를 감독한다.

2) 지역사회케어

지역사회케어는 가정이나 지역사회에 기반을 둔 비시설 케어이다. 지역사회케어는 탈시설화(de-institutionalization) 이념을 배경으로 하고 있다. 탈시설화는 보호가 필요한 사람을 시설 외부, 즉 지역사회에서 보호하자는 이념이다.[3)]

지역사회케어는 시설케어와 가정케어 중간에 있다. 가정에서 가족과 생활을 같이 하면서 지역사회에 있는 케어시설을 필요할 때 이용한다. 그래서 시설과 비시설의 경계가 다소 모호한 측면이 있다. 예컨대 장기요양시설처럼 방과 식사를 제공하는 지역사회케어시설이 그렇다. 하지만 자립생활이 불가능함에도 요양원에 가길 원하지 않는 노인을 위한 옵션이기 때문에 지역사회케어에 포함시킨다.

지역사회케어는 두 가지 유형이 있다. 하나는 가정기반서비스(home-based services)이고, 다른 하나는 지역사회기반서비스(community-based services)이다. 가정기반서비스는 노인의 가정에서 서비스를 제공하는 것이고, 지역사회기반서비스는 가정 밖 지역사회에서 서비스를 제공하는 것이다.

---

3) 지역사회케어는 1957년 영국 왕립정신질환장애법률위원회(the Royal Commission on the Law Relating to Metal Illness and Metal Deficiency)가 정신병자를 병원(시설)에서 장기간 보호하기보다는 지역사회의 보호에 맡기는 게 더 효율적이라는 정책적 권고를 한 것이 효시였다. 이런 탈시설 이념이 나오게 된 까닭은 당시 정신병 치료제가 크게 발전하여 정신병원이 아닌 가정에서도 환자의 치료가 가능하게 되었기 때문이다. 이후 지역사회케어는 시설케어에 대한 대안으로 발전했다.

(1) 가정기반서비스

가정기반서비스는 간단히 말해서 가정케어이다. 가정기반서비스는 넓게는 비공식적 지원 네트워크(informal support network), 즉 친구, 이웃, 교인이 제공하는 정서적·사회적·경제적 지원을 포함하지만, 좁게는 공식적 지원 네트워크(formal support network), 즉 공공기관과 민간기관의 직원들이 제공하는 노인을 위한 보건의료, 사회복지서비스, 가사서비스를 말한다. 공식적 가정기반서비스는 전문적 교육과 훈련을 받은 사회복지사, 간호사 또는 가정봉사원이 노인의 가정을 방문하여 제공한다. 가정봉사원파견사업, 가정간호, 안부간호, 임종간호, 도시락 배달 등을 예로 들 수 있다.

미국의 경우 가장 대표적인 가정기반서비스는 가정 건강케어(home health care)이다. 가정 건강케어는 가정방문서비스이다. 만성병이나 장애로 인해 장기적인 케어가 필요한 사람과 집중적인 병원치료 후 장기간의 케어가 필요한 사람을 대상으로 한다. 환자 상태에 따라 의료적 서비스와 사회적 서비스가 제공된다. 숙련 간호사, 물리치료사, 언어치료사, 작업치료사, 사회복지사, 영양사, 케이스매니저, 가정봉사원 등이 참여한다. 미국에는 많은 가정 건강케어시설(home health agencies)이 있다. 가정 건강케어시설은 가정방문서비스가 주된 수입원이며, 비용은 메디케어 프로그램이 지불한다(단, 메디케어 인증시설). 주정부, 지역사회, 종교단체가 운영하는 가정 건강케어 프로그램도 있다. 이들은 메디케어 인증대상이 아니다. 심장병, 고혈압, 당뇨병 환자들이 주된 대상이다.

(2) 지역사회기반서비스

지역사회기반서비스는 공식적 지원서비스로서 가정 밖 지역사회에서 노인을 케어하는 것이다. 노인을 시설에 입소시키지 않고 지역사회에서 케어하기 때문에 노인을 지역사회에 통합시키는 효과가 크다. 노인복지관, 주간보호소, 단기보호소, 경로당, 경로식당, 보건소, 정신건강센터에서 재가노인에게 제공되는 서비스를 포괄한다. 지역사회기반서비스의 주요 프로그램은 다음과 같다(Kirst-Ashman, 2003 : 284).

- **노인데이케어** : 노인데이케어는 노화로 쇠약해진 노인을 주간에 케어하는 프로그램이다. 케어서비스와 함께 의료서비스와 재활서비스가 제공되며, 식사와 레크리에이션도 있다. 노인데이케어센터는 일반 직장인이 근무하는 시간에 노인을 케어한다. 소수지만 저녁시간과 주말에 서비스하는 곳도 있다. 지역사회복지관 등 비영리 사회복지기관이 부설로 운영하는 경우도 있다.
- **호스피스** : 호스피스는 시한부 환자와 가족에게 의료적 · 정서적 · 영적 서비스와 지지를 제공하는 시설이다. 의사, 간호사, 사회복지사, 성직자, 자원봉사자 등이 팀을 이루어 케어한다. 호스피스 전문시설, 병원 부설 시설, 가정 호스피스가 있다.
- **시니어센터** : 연극, 강의, 예술, 공예, 체력 운동, 요리, 건강 체크 등 노인들의 다양한 사회적 활동과 교육 및 레크리에이션 활동을 지원한다.
- **단체급식 프로그램** : 노인에게 단체로 따뜻한 음식을 제공한다. 노인이 서로 사귈 수 있는 기회도 된다.

3) 비공식적 케어

비공식적 케어는 가족, 친구, 이웃의 케어에 의존하는 것이다. 아주 오래된 전통적인 케어방식이다. 노인 케어를 위한 공공 프로그램이 많음에도 여전히 노인 케어의 가장 큰 비중을 차지하고 있다. 경제적 가치가 얼마인지 정확히 계산하긴 어렵지만 상당한 규모일 것으로 추산된다.

가족 케어 제공자 대부분이 전문적인 케어 훈련을 받지 않아 케어 수준은 장기요양시설에 비해 낮다. 가족 케어 제공자 대부분이 여성인 것도 문제이다. 여성 가족 케어 제공자의 노동력 가치는 제대로 평가받지 못하고 있다. 가족 케어를 지나치게 여성에게 의존하는 것은 성차별 이슈 중 하나이다.

장기요양의 유형

유 형	내 용
장기요양시설	• 노년기 신체적 기능의 악화를 방지하고 사회적응을 촉진하는 것을 목적으로 하는 생활시설 • 의료적 서비스와 사회적 서비스 제공 • 장기요양시설의 케어는 대부분 낮은 기술이지만 하이테크 의료적 개입도 포함함 • 케어서비스, 개인적 케어서비스, 룸과 식사 등 제공 • 대표적인 장기요양시설은 요양원
지역사회케어	• 가정이나 지역사회에 기반을 둔 비시설 케어 • 시설케어와 가정케어 중간에 위치 • 요양원에 가길 원하지 않는, 자립생활이 불가능한 노인을 위한 옵션 • 종류 : 가정 건강케어, 노인데이케어, 호스피스
비공식적 케어	• 가족, 친구, 이웃의 케어 • 아주 오래된 전통적인 케어방식 • 경제적 가치가 얼마인지 정확히 계산하긴 어렵지만 상당한 규모일 것으로 추산

3 장기요양비용의 조달방법

장기요양의 비용을 조달하는 방법은 조세, 사회보험, 민간보험 등 세 가지가 있다. 대부분의 국가는 조세방식으로 대처하고 있고, 고령화가 심화된 소수의 국가만 사회보험으로 해결하고 있다. 민간보험의 역할은 미미하다.

1) 조 세

대부분의 국가들은 장기요양비용을 정부의 일반세입에서 충당하고 있다. 지방정부가 노인복지 차원에서 재정조달과 시설의 설치 및 관리운영을 책임지고, 중앙정부가 재정의 일부를 지원하는 게 일반적이다.

조세방식은 안전망방식(safety-net type)으로 불리기도 한다. 장기요양 수급자가 빈민이나 무의무탁 노인 등 장기요양비용을 부담할 능력이 안 되는 소수의 사람이기 때문이다. 장기요양 급여는 공공부조 프로그램의 하나로 제공되고, 수급자격을 얻기 위해서는 자산조사를 거쳐야 한다. 수급자로 결정되면 요양원 등 장기요양시설을 무상으로 이용할 수 있다. 비용은 정부가 시설에 지급(삼자지불방식)한다(Comas-Herrera et al., 2010).

2) 장기요양보험

장기요양보험(long-term care insurance)은 고령이나 기타 질병에 의해 거동이 불편하여 타인의 도움과 보호가 필요한 사람을 장기간 케어하는 데 소요되는 비용을 조달하기 위한 사회보험이다.

장기요양보험을 실시하는 나라는 많지 않다. 독일, 네덜란드, 일본, 한국 정도이다. 이들 나라의 공통점은 고령화이다. 잘 알려진 대로 독일, 네덜란드와 일본은 초고령 국가이고, 한국은 고령화 속도에서 세계 최고이다.

장기요양보험은 정부와 건강보험의 재정 부담과 깊은 관련이 있다. 다시 말해서 장기요양이 필요한 노령인구가 크게 늘어나면서 여기에 소요되는 의료 및 시설보호비용이 급증하자 정부로서는 합리적 비용조달방안이 필요했고, 노인 환자의 증가로 재정에 상당한 압박을 받은 건강보험(노인 의료비 급증과 노인의 장기적인 병상 차지)도 실효성 있는 대책이 필요했는데, 이때 대안으로 제시된 게 장기요양보험이었던 것이다. 이런 점에서 고령화율이 높은 독일과 일본이 장기요양보험을 가장 먼저 도입한 것은 당연했다.

독일과 일본이 노인장기요양보험의 도입을 놓고 논의할 때 노인의료비용과 요양시설보호비용을 국가가 부담하지 않고 사회보험방식으로 시민에게 부담시키는 게 합당한지를 놓고 논란이 적지 않았다. 독일은 무려 20년 이상의 토론과 검토를 거쳐 노인장기요양보험의 실시를 결정했다.

독일이 장기요양보험(수발보험)을 도입한 것은 1995년이다(법 제정은 1994년). 독일도 장기요양보험을 실시하기 전에는 영국 등 다른 유럽 국가와 마찬가지로 가족의 케어는 기본적으로 가족의 책임이었고, 장기요양 욕구를 해결할 능력이 안 되는 소수의 요보호대상자만 정부 공공부조 프로그램의 혜택을 받았다.

독일이 오랜 논의 끝에 장기요양보험을 실시한 가장 큰 이유는 건강보험 재정적자와 지방정부 장기요양비용의 급증 때문이었다. 고령화로 의료적 서비스가 필요한 노인이 증가하자 건강보험의 노인진료비가 크게 증가했고, 같은 이유로 지방정부의 공공부조 지출이 증가하여 지방정부의 재정에도 적신호가 들어왔다.

장기요양보험은 이런 재정적 압박의 대안이었다. 이는 독일 장기요양보험의 목적, 즉 국가와 지방정부의 장기요양 재정부담 경감, 공공부조의 비중과 부담 경감, 가정기반서비스와 지역사회기반서비스의 확충, 비공식적 가족 케어 제공자의 역할 증대에 잘 나타나 있다(American Academy of Actuaries, 2015).

독일의 장기요양보험은 공적연금이나 건강보험처럼 보편적 사회보장시스템의 하나로 운영된다. 건강보험과 연계되어 건강보험 수급자는 자동으로 장기요양보험 수급자가 된다. 진료와 장기요양이 분리되어 진료는 건강보험, 장기요양은 장기요양보험이 책임진다. 장기요양보험은 요양시설 케어 비용과 가정케어 비용을 지급한다.

장기요양보험법은 장기요양이 필요한 사람을 신체적 · 정신적 질병 또는 장애를 가진 사람으로서 최소 두 가지 이상의 ADL과 한 가지 이상의 IADL의 도움이 장기간(최소 6개월) 필요한 사람으로 규정하고 있다. 수급자로 인정되면(ADL 기준은 건강보험 소속 의사와 간호사가 판단), 가정케어와 시설케어를 선택할 수 있다. 가정케어 수급자는 현물급여와 현금급여의 선택권이 있다. 가정케어 제공자가 휴가 갈 경우 사회보험이 전문 케어 제공자를 파견(비용은 사회보험이 지급)하고, 가정케어 제공자의 연금보험료도 장기요양보험이 부담한다(Schulz, 2010). 모든 케어 비용을 커버하지만 식비와 숙박비는 예외로 자부담이다.[4)]

독일에서 민간요양보험의 비중은 미미하다. 장기요양보험의 적용범위가 보편적이고 케어 범위도 넓어 구태여 고가의 민간보험을 통해 요양비용을 해결할 이유는 없기 때문이다.

4) 시설케어비용에서 식비와 숙박비를 본인에게 부담시킨 것은 시설케어 수급자와 가정케어 수급자 간의 형평성을 고려했기 때문이다. 가정케어 수급자가 식비와 숙박비를 제외한 케어서비스를 받고 있는데, 시설케어 수급자에게 식비와 숙박비를 지급하는 것은 형평에 맞지 않았다.

한편 일본이 장기요양보험(개호보험)을 도입한 이유도 독일과 별반 다르지 않다. 고령화로 늘어난 노인 환자가 건강보험 피보험자로서 병원 입원 무료 혜택을 받아 병원 병상의 거의 절반을 차지했다. 급증하는 노인의료비는 건강보험 재정을 위협했다. 노인 의료비 증가와 건강보험 재정악화에 대처하기 위해 일본 정부는 요양원 병상, 노인데이케어센터, 가정 건강케어를 확충하는 이른바 사회적 입원정책(social hospitalization policy)을 실시했다. 아울러 2000년 법정 개호보험을 실시했다.

일본 개호보험은 중앙정부가 요양서비스 가격과 급여기준을 결정하고, 지방정부가 수급자격과 급여 여부를 결정하는 시스템이다. 수급자는 65세 이상 노인과 40~64세 장애가 있는 사람으로서 지방정부가 임명한 전문가가 수급자격이 있다고 판정한 사람이다. 수급자는 가정케어와 시설케어 모두 받을 수 있다. 독일과 달리 현금급여는 없다. 독일과 같은 이유로 일본의 민간장기요양보험은 입지가 좁다. 정부의 개호보험을 보충하는 정도이다(American Academy of Actuaries, 2015).

3) 민간장기요양보험

장기요양 부문에서 민간보험이 발달하지 못한 데는 이유가 있다. 장기요양이 보험사고의 하나가 되는지 의심스럽고, 도덕적 해이와 역선택의 발생 가능성이 상당히 높으며, 전통적으로 장기요양은 정부의 책임이라는 인식이 강하기 때문이다.

민간보험으로 장기요양 수요에 대처하는 대표적인 나라가 미국이다.[5] 미국에는 장기요양이 필요한 사람을 대상으로 한 장기요양보험 상품이 많다. 미국인이 다른 나라 사람에 비해 민간장기요양보험에 많이 가입하는 이유는 공적인 장기요양보험(사회보험) 시스템이 없고, 장기요양이 건강보험 적용범위에서 제외되어 있으며, 장기요양서비스 비용이 매우 비싸기 때문이다.[6]

미국의 민간장기요양보험은 주로 생명보험회사에서 취급한다. 민간장기요양보험이 커버하는 장기요양서비스는 요양원, 재가서비스, 노인데이케어, 호스피스 등 매

---

5) 미국 이외에 프랑스나 독일에서도 민간요양보험이 판매되고 있지만, 가격이 비싸 일부 경제적으로 여유 있는 계층만 구입하고 있다.

6) 미국 요양원 입소비는 연평균 7만 달러이다. 뉴욕 소재 요양원의 입소비는 연평균 10만 달러를 넘는다.

우 다양한데, 요양원서비스와 재가서비스를 모두 커버하는 상품도 있고, 요양원서비스만 커버하는 상품과 재가서비스만 커버하는 상품도 있다. 민간장기요양보험은 임의보험이기 때문에 원하는 사람 누구나 가입할 수 있지만, 정신질환자(치매 환자는 예외), 알코올중독자, 약물중독자는 가입할 수 없다.

민간장기요양보험 가입은 회사를 통해 단체로 하거나 개인이 임의로 한다. 회사를 통한 단체가입의 경우 회사가 보험료의 일부를 지원한다(회사가 기업복지 차원에서 근로자에게 제공하는 부가급여). 장기요양보험 보험료는 세금감면 혜택이 있다. 수급자가 되기 위해서는 ADL 기준을 충족하거나 인지장애가 있어야 한다. 보험회사가 가입자에게 지급하는 보험금은 일반적으로 정액제(서비스 내용과 무관하게 매일 일정액을 지급하는 방식) 또는 정률제(서비스 비용 총액의 일정 비율을 지급하는 방식)로 계산된다(NAIC, 2013).

미국의 민간장기요양보험은 워낙 고가라 가입자가 많지는 않다(700~900만 명 정도로 추산). 미국인 다수는 선진국 국민답지 않게 가족, 친구, 이웃 등 비공식적 케어에 의존하고 있다(천만 명 이상). 공공부문이 장기요양 수요를 충족시키지 못하고 있기 때문이다.

미국의 공공 장기요양 프로그램은 메디케어와 메디케이드가 있다. 연방 프로그램인 메디케어는 사회보장연금 수급자(65세 이상)를 대상으로 요양원 서비스와 가정건강케어 서비스만 지원한다(개인적 관리 케어는 제외).[7] 수급기간도 제한적이다. 장기요양이 필요한 노인환자가 아니라 중증질환자의 회복에 필요한 케어에 초점을 두기 때문에 요양시설 이용은 100일만 가능하다(21~100일 사이에는 상당한 자부담이 있다). 메디케어 수급자의 장기요양 비용은 메디케어가 요양시설에 직접 지불한다. 메디케이드는 연방정부와 주정부가 재정을 공동 부담하고, 운영은 지방정부가 하는 공공부조 프로그램이며, 수급자가 되기 위해서는 자산조사를 받아야 한다(American Academy of Actuaries, 2015).

7) 메디케어는 원래 중증환자의 퇴원 후 케어를 위한 단기요양서비스만 지원했다. 장기요양을 지원하기 시작한 것은 1989년부터다. 이때부터 가정케어가 필요한 사람을 위한 가정방문 케어와 중증환자의 퇴원 후 케어를 위한 단기 가정케어가 증가했다. 이는 병원 입원비를 줄이는 효과가 있었다.

미국에서 장기요양서비스를 받는 사람(요양원, 기타 요양시설, 가정 건강케어 이용자)의 수는 2000년 천5백만 명에서 2050년 2천7백만 명으로 증가하고, 65세 이상 노인의 2/3가 장기요양서비스 수요자가 될 것으로 예상되고 있다. 미국 인구센서스국 추계에 의하면, 가장 큰 수요자인 85세 이상 초고령자(oldest old)의 수는 2015~2050년 사이에 거의 3배(6백3십만 명에서 천7백6십만 명으로 증가. 인구의 4.5%)로 증가할 전망이다(US DHHS, 2013).

이상에서 보듯이 미국은 공공-민간 병행 시스템으로 장기요양 수요에 대응하고 있다. 하지만 민간 프로그램은 중산층에게도 부담이 될 정도로 비싸고, 공공 프로그램은 매우 제한적이다. 많은 미국인들은 가족, 친구, 지역사회의 도움에 의존하고 있다. 개개인이 사전에 대비하지 않으면 노후에 선택지가 매우 좁은 것이 현실이다.

장기요양비용의 조달방법

방 법	내 용
조 세	• 안전망 방식 • 빈민이나 무의무탁 노인 등 장기요양 비용을 부담할 능력이 안 되는 소수의 사람 대상 • 장기요양 급여는 공공부조 프로그램의 하나로 제공되고, 수급자격을 얻기 위해서는 자산조사를 거쳐야 함
장기요양보험	• 노령이나 기타 질병에 의해 거동이 불편하여 타인의 도움과 보호가 필요한 사람을 장기간 케어 하는 데 소요되는 비용을 조달하기 위한 사회보험 • 실시 국가 : 독일, 네덜란드, 일본, 한국 • 고령화로 인한 정부와 건강보험의 재정 부담을 경감하기 위한 조처
민간장기요양보험	• 생명보험회사의 보험상품 • 적용대상 : 요양원, 재가서비스, 노인데이케어, 호스피스 • 가입 : 단체가입(회사) 또는 개인 임의가입 • 단체가입의 경우 회사가 보험료의 일부 지원 • 보험료 세금감면 혜택

CHAPTER

15 공공부조

1 공공부조의 개념

공공부조(public assistance)는 실업, 질병, 장애, 자녀부양 등으로 인해 기본적인 욕구, 음식, 의복, 주거 등의 능력이 없는 빈민에게 정부가 재정적 부조를 제공하는 프로그램이다. 공공부조는 현금급여, 의료부조, 사회서비스(가족문제 상담, 직업 알선, 주거비 지원, 지역사회케어, 가정봉사 등)를 포함한다. 공공부조 급여는 최저생계비에 상당한다. 그래야 빈민의 기본적인 욕구가 충족되기 때문이다.

공공부조는 빈민만을 대상으로 하기 때문에 수급자로 선정되기 위해서는 정부가 정한 소득과 재산기준에 맞아야 한다. 정부가 하는 소득과 재산조사를 자산조사(means test)라고 한다. 자산조사는 공공부조의 가장 큰 특징이다. 그래서 공공부조를 자산조사급여(means-tested benefits)라고 한다. 자산조사는 빈민의 소득과 재산을 조사하는 과정에서 불가피하게 낙인(stigma)이 발생한다. 수급자에 대한 낙인은 공공부조의 최대 약점이다(Rejda, 1999 : 344-345).

자산조사를 통해 빈민과 비빈민을 구분하는 기준은 빈곤선(poverty line)이다. 빈곤선은 대개 최저생계비, 즉 문명인으로서 최저한의 생활을 영위하는 데 필요한 생활비로 산정된다. 빈곤선은 정부가 매년 고시한다. 빈민에게 지급되는 공공부조급여는 빈곤선에서 빈민의 소득을 공제한 것으로 정해진다. 빈민의 소득은 실제 소득과 재산의 소득환산액을 합한 것이다.

2 사회보험과 공공부조

사회보험과 공공부조는 시민의 최저생계보장을 위한 사회보장제도이고 법정 이전소득이라는 점에서 같다. 하지만 양자는 다른 제도이다. 무엇보다도 그 뿌리부터 다르다. 공공부조는 절대왕정시대에 부랑자를 다스리기 위해 제정한 빈민법(복지제도라기보다는 공안제도에 가까웠던)에 기원을 두고 있는 반면에 사회보험은 상호부조조직인 공제조합에 기원을 두고 있다. 또한 목적에서도 차이가 난다. 공공부조가 빈곤을 완화하는 데 목적이 있다면, 사회보험은 빈곤을 예방하고, 모든 계층의 경제적 비보장(insecurity)을 경감시키는 데 목적이 있다(Kingson and Berkowitz, 1993 : 14-15).

Rejda(1999 : 35-36)는 사회보험과 공공부조의 차이점을 다음과 같이 정리했다.

- **재정 예측성** : 사회보험의 수입과 지출 총액은 비교적 예측이 용이하다. 반면에 빈민의 수와 생계비 수준에 따라 지출 규모가 결정되는 공공부조는 그 재정을 예측하기가 쉽지 않다.
- **자산조사** : 공공부조는 그 수급자가 빈민임을 증명해야 급여를 받을 수 있으므로 자산조사가 불가피하다. 사회보험은 그렇지 않다. 공공부조가 수급자의 현재 드러난 욕구(demonstrated need)에 기초해 있다면, 사회보험은 앞으로 예상되는 욕구(presumed need)에 기초해 있기 때문이다.
- **재정충당방식** : 사회보험은 임금에 부과되는 보험료(earmarked taxes)로 재정을 충당하나 공공부조는 정부의 일반세입(general revenues)에서 충당한다. 다시 말해서 사회보험의 수급자는 보험료를 부담함으로써 재정을 스스로 조달하지만 공공부조 수급자는 재정에의 직접적 기여가 없다.
- **대상자 수** : 사회보험 대상자는 수가 매우 많지만, 공공부조 대상자는 그 수가 적다.
- **낙인** : 공공부조 대상자는 수급자격을 획득하는 과정에서 자신이 빈민임을 사회적으로 증명해야 하기 때문에 낙인을 피할 수 없다.

공공부조는 사회보험에 대한 보완장치, 즉 사회보험의 그물망을 통과해 떨어진 사람을 위한 최후의 보장제도이다. 공공부조와 사회보험의 이런 관계는 베버리지의 다음과 같은 견해에 잘 나타나 있다(Beveridge, 1942 : 12).

> "국가는 자산조사를 거쳐 욕구가 있는 사람을 직접 부조해야 하는 책임이 있다. 국민의 일부는 신체적 장애 때문에 보험료를 부담할 능력이 전혀 없고, 일부는 사회보험 그물망을 통과해 떨어지기도 한다. 사회보험은 자산조사도 없고, 급여기간을 제한하지 않기 때문에 수급자에게 수급자격의 획득에 필요한 어떤 조건을 정해 놓아야 한다는 것을 의미한다. 예컨대 노령퇴직연금의 경우 충분한 기간 동안 보험료를 납부한 실적이 있어야 한다. 따라서 이런 자격 요건을 갖추지 못한 사람이 생기는데, 이 경우 공공부조가 반드시 필요하다. 공공부조는 전체 사회보장 계획의 필수 보완장치(an essential subsidiary method)이다."

3 빈민법과 공공부조

공공부조는 빈민법에 기원을 두고 있다. 빈민에 대한 가혹한 처우 때문에 바스티유감옥에 비유될 정도로 악명 높았던 빈민법을 현대화한 것이 공공부조이다. 이것은 영국과 미국의 빈민법이 공공부조로 발전한 과정에서 확인할 수 있다.

빈민법을 가장 체계적으로 시행한 영국은 공공부조라는 용어도 최초로 만들었다. 공공부조가 정부 공식문서에 처음 등장한 것은 1909년 영국 왕립빈민법위원회(the Royal Commission on the Poor Law and Relief of Distress)의 빈민법개혁보고서였다. 이 보고서는 빈민법의 명칭을 공공부조(the Public Assistance)로 변경하고, 구빈행정의 책임부서로 공공부조청의 신설을 권고하였다(Jones, 1991 : 91-93).

공공부조는 1948년 영국이 국민부조법(the National Assistance Act)을 제정하면서 명칭이 국민부조로 바뀐다. 이 법은 부제가 기존의 빈민법을 종료시키는 법(An Act to terminate the existing Poor Law)이었을뿐더러 법 제1장 첫머리에 "기존의 빈민법을 폐지하는 효과를 갖는다"고 명기함으로써 빈민법에 대한 대체입법임을 분명히 하였다. 공공부조 주무부서 부조청(the Assistance Board)도 국민부조청(the National Assistance Board)이

되었다. 노동당은 이미 1930년대부터 불쾌한 어감을 지닌 공공부조라는 용어를 쓰지 않았다. 일부 노동당 의원은 과거 공공부조 대상자로서 쓰라린 경험을 갖고 있었다. 여하튼 빈민법은 물론 공공부조도 상당히 부정적인 의미로 사용되었음을 알 수 있다(Jones, 1991 : 138-139).

국민부조는 1966년 노동당 정부(1964~1970년) 때 보충급여(the Supplementary Benefit, SB)로 명칭이 바뀐다. 국민부조를 소득보장제(income guarantee)로 전환한다는 방침을 세운 노동당 정부는 공공부조 행정을 간소화하고, 수급권 결정에서 관료적 재량권을 축소함으로써 낙인을 줄이려고 했다. 공공부조 관리운영은 사회보장시스템에 흡수되었다. 하지만 낙인문제는 해결되지 않았다. SB는 대처 정부(1979~1990년) 때인 1986년 명칭이 소득지원제(the Income Support, IS)로 변경된다. SB의 주거비 지원금이 주택급여에 흡수 통합되고, 공공부조 자격요건과 급여에 관한 규정도 더 단순화(재량권의 축소)되었다(Hill, 1993 : 69, 132).

미국의 빈민법이 공공부조로 발전하는 과정은 영국보다 복잡하다. 식민지시대 빈민법은 기초자치단체인 시군정부가 담당했다. 시군정부가 하던 빈민법은 남북전쟁(1861~1865년)을 거치면서 주정부 빈민구제사업으로 대체되었다. 남북전쟁 이후 부랑자시설, 고아원, 작업장, 구빈원, 원외구호의 필요성이 커지면서 주정부가 사회복지사업에 직접 개입하기 시작했고, 행정의 중앙집권화가 가속화되었다. 1880년대 들어 사람들은 주정부의 빈민구제사업을 공공복지(public welfare)로 불렀다.[1)]

주정부들은 민간기관에 대한 보조금 규모를 축소하고, 공공복지를 부단하게 확대했다. 공공복지행정을 위해 주정부에 자선교정청(the state boards of charities and corrections)을 신설했고, 자선교정청은 공공복지부(the state departments of public welfare)로 발전하였다.[2)] 1910년대 진보의 시대(the Progressive Era)가 되면, 주정부들은 구제가치가 있는 빈

1) 하지만 연방정부가 사회복지에 개입하기는 아직 일렀다. 1854년 피어스 대통령(Franklin Pierce 1804~1869. 미국 제14대 대통령)이 연방정부의 사회복지 책임을 인정할 수 없다 하여 거부권을 행사한 것이다. 발단은 국유지 활용문제였다. 1848년 정신이상자를 위한 복지대책 수립의 선구자 도로시 딕스(Dorothea Dix) 여사가 500만 에이커의 국유지를 정신이상자를 위한 정신병원시설 건립에 사용하자고 제안하자 의회는 1천만 에이커의 국유지를 할당하는 법안을 통과시켰다. 피어스 대통령은 이를 거부한 것이다. 하지만 그의 거부권 행사는 사회복지의 국가책임 자체를 부정한 것은 아니었고, 사회복지의 책임이 연방정부가 아니라 주정부에 있다는 사실을 천명한 것이었다(Axinn and Stern, 2001 : 51).

2) 미국 최초의 자선교정청은 1863년 매사추세츠 주가 만들었다. 매사추세츠 주 자선교정청의 가장 중요한 임무는 보호의 법적 기준을 충족시키기 위해 민간기관과 공공기관을 조정하고 감독하는 것이었다. 1897년 자선교정청을 운영하는 주정부가 16개로 늘어났다.

민에 대한 원조를 강화했다. 1926년 40개 주정부가 부양자녀를 둔 어머니를 돕기 위한 공공구제 프로그램을 시행했다. 빈곤 노인에게 현금의 노령연금을 지급하는 주정부도 나타나기 시작했다.

하지만 주정부의 공공복지사업은 곧 한계를 드러냈다. 1929년 대공황 때문이었다. 주정부 공공복지 프로그램은 대량실업이나 도시빈곤 문제에 대처하기는 역부족이었다. 대공황은 주정부 공공구제 프로그램의 재정을 파탄시켰다. 연방정부의 재정적 지원이 절실했다.

드디어 연방정부가 공공복지의 전면에 나서게 되었다. 1933년 루스벨트 대통령은 연방긴급구호법(the Federal Emergency Relief Act)을 제정하여 주정부 공공구제에 필요한 재정을 지원했다. 이 법에 의거 연방긴급구호청(the Federal Emergency Relief Administration, FERA)이 설립되었다. FERA는 지방정부(주정부와 시군정부)에 새로운 일자리를 만들어 실업자에게 제공하는 것을 주 목적으로 했다. 1935년 사회보장법의 공공부조는 FERA를 계승한 것이다. 연방긴급구호청의 명칭에서 보듯이 1930년대 중반까지 공공부조를 지칭하는 용어는 구호(relief)였다.

사회보장법은 65세 이상 고령 빈민, 맹인, 신체장애아동, 고아, 신생아와 산모 등 다양한 취약계층을 지원하는 프로그램들을 담고 있었다. 핵심은 연방정부의 지방정부에 대한 보조금 지급 규정이었다. 각 주정부가 사회적 약자를 위한 정책을 수립하면 그 재정의 1/3에서 1/2을 연방정부가 보조금을 교부하도록 하였다. 이로써 3세기를 이어온 구빈에 대한 지방책임이라는 빈민법적인 원칙은 폐기되고, 주정부에 대한 연방정부의 지원정책이 항구화되었다. 말하자면, 미 역사상 처음으로 구호(relief)가 연방예산의 주요 항목이 된 것이다(Trattner, 1999 : 237).

하지만 미국의 공공부조가 빈민법을 현대화했다는 것은 절반만 사실이다. 왜냐하면 사회보장법에서 연방정부는 재정만 지원하고, 공공부조의 관리운영을 주정부에 일임함으로써 자산조사, 가족의 부양의무, 주거 요건 등 주요한 사항에서 전통적인 빈민법 기준을 그대로 적용한 주정부가 많았기 때문이다.

사회보장법 제정 이후 미국에서는 빈민법, 공공복지, 구호라는 용어는 거의 사라졌다. 그것을 대신한 것은 AFDC 또는 복지(welfare)였다. AFDC는 1935년 사회보장법의 일부, 즉 타이틀 Ⅳ 주정부가 운영하는 빈곤가정 부양자녀 지원 공공부조 프로그램(ADC)에서 나왔는데, 자녀부양으로 생활이 곤란한 여성가장을 돕기 위해 만들어진 공공부조프로그램으로서 사회보장법 제정 시 반대가 거의 없었다. 그런데 1960년대 들어 주된 수급자가 백인여성가장에서 흑인여성가장으로 바뀌고, 흑인여성가장의 윤리적 문제(미혼모, 혼외자녀, 동거파트너 등)가 부각됨에 따라 백인 주류사회는 AFDC 수급자를 복지수급모(welfare mother)라 부르며 무임승차자 또는 사기꾼으로 낙인찍었다. 복지라는 단어가 유독 미국에서 부정적인 의미를 갖고 있고, 복지수급자가 정부에 의존하는 사람, 자립 능력이 없는 사람, 납세 부담을 주는 사람으로 인식되는 것도 다 이 때문이다. 결국 AFDC는 클린턴 정부 때인 1996년 일과 직업훈련을 조건으로 한 복지와 복지수급기간의 제한(일몰제, 생애 5년)을 핵심으로 한 일시부조프로그램(the Temporary Assistance for Needy Families program, TANF)으로 대체됨으로써 역사 속으로 사라졌다.

이상에서 보듯이 미국의 공공부조는 빈민법에서 시작하여 빈민의 욕구를 중시하는 현대적인 사회복지제도로 발전하였으나 백인 납세자의 흑인 복지수습자에 대한 부정적 인식으로 인해 복지(welfare)보다는 일을 중시하는 워크페어(workfare)로 변하고 말았다.

4 빈곤의 유형과 측정

1) 빈곤의 유형

(1) 절대빈곤

빈곤을 이해하는 데 있어 가장 많이 언급되는 것이 절대빈곤(absolute poverty)과 상대빈곤(relative poverty)의 개념이다. 전통적인 빈곤개념인 절대빈곤은 최저생활을 유지할 수 없는 수준(survival criteria), 즉 최소한의 신체적 효율성(physical efficiency)을 유지하는 데 필요한 식 · 열 · 주 · 의를 가지지 못한 수준을 말한다. 보통 최소한의 일일 칼로리 섭취량, 식품비가 가계지출에서 차지하는 비율(엥겔계수),[3] 최소한의 생필품을 구입하는 데 필요한 소득 등으로 정해진다(Dixon and Macarov eds., 1998 : 4).

절대빈곤의 개념은 빈곤에 대하여 세계 최초로 대규모의 과학적인 사회조사를 한 Charles Booth(1889년)로부터 시작되었다. 그는 가난한 사람을 빈민(poor)과 극빈층(pauper)으로 구분했는데, 빈민이란 규칙적인 수입은 있지만 그 수준이 겨우 먹고 살 만한 정도(조사 당시 주당 18~21실링)에 그치는 경우이다. Booth가 말한 겨우 먹고 살 만한 수준이 세계 최초의 빈곤선(poverty line)이었다.[4] 극빈층은 불규칙한 노동, 질병, 많은 부양자녀 등으로 인해 빈민보다 더 가난한 경우를 말한다.

Booth에 뒤이어 빈곤조사를 실시한 Seebhom Rowntree(1901년)는 Booth의 빈곤선 개념을 발전시켜 빈곤을 1차 빈곤(primary poverty)과 2차 빈곤(secondary poverty)으로 구분하였다. 1차 빈곤이란 가족의 소득이 생물학적 효율성을 유지하기에도 부족한 수준, 즉 네 가지 기초생필품(음식, 연료, 거처, 피복 등)을 구입할 능력도 안 되는 수준을 뜻하며, 2차 빈곤이란 네 가지 기초생필품을 구입할 능력은 있지만, 소득의 일부를 다른 용도로 사용하는 경우를 말한다. 다른 용도로 사용한다는 것은 도덕적으로 나쁘게 쓴다는 뜻이 아니라 소득을 잘못 사용한다는 것을 의미한다. 물론 그 용도에는 도박이나 음주도 있었지만, 주거 이전, 노조 조합비, 통근비, 경조비 등 불가피한 경우도 포함된다.

Rowntree는 최저생계비를 측정하기 위해 지방정부청의 식품목록에 입각하여 식품 소매가격을 조사했다. 또 임대료, 가재도구(피복과 연료 등)의 가격도 조사했으며, 가족의 크기와 자녀의 연령도 조사했다.

---

3) 독일 통계학자 엥겔(C. L. E. Engel)이 19세기 중엽 벨기에 노동자의 가계조사를 분석한 결과 소득수준이 높은 가계일수록 소비지출 중 식품비 비중이 낮아지는 경향이 있다는 것을 발견했다. 이를 엥겔계수라 한다. 그 후 엥겔계수는 생활수준을 나타내는 유력한 지표로 사용되었다. 다만, 이런 경향은 생활양식이나 물가체계가 다른 경우에는 적용되지 않을 수도 있다.

4) 빈곤선의 원조는 1795년 영국의 스핀엄랜드법(the Speenhamland Act)이다. 이 법은 가난한 농업노동자에게 지방정부 보조금(스핀엄랜드수당) 신청자격을 주었다. 적격자를 선정하기 위해 지방정부는 일종의 빈곤선을 정했다. 빈곤선은 빵 가격과 부양자녀 수에 기초했고, 물가상승 시 또는 임금하락 시 지방정부가 조정했다.

- 식품은 다음 네 가지를 고려했다.

① **식품의 기능** : 단백질, 지방, 탄수화물의 신체적 기능.

② **식품의 필요량** : 보통의 근육활동을 하는 사람에게 필요한 양. 한 사람당 1일 3,500kcal, 단백질 125g. 여자는 남자의 8/10.

③ **식품의 종류** : 표준식사. 빵, 치즈, 마가린, 채소, 우유, 감자, 푸딩, 베이컨 등의 일정한 양. 강제 작업장에 수용된 노동능력빈민에게 제공되는 식사를 근거로 함.

④ **식품의 비용** : 노동자들이 시장에서 실제로 구입하는 가격을 기준. 가장 저렴한 비용으로 적절한 영양을 섭취할 수 있는 표준식단을 만들기 위한 것이 목적. 조리비 제외.

- 임대료는 빈민이 실제로 지불한 임대료의 평균치를 기준으로 삼았다. 사실상 최저임대료이다. 왜냐하면 임대료는 빈민이 절약하려고 하는 첫 번째 대상이기 때문이다.
- 가재도구에는 신발, 피복, 연료 등이 포함된다. 가격은 최저 수준의 생활을 영위하는 데 방해가 되지 않으면서 가장 저렴한 것이다. 피복을 예로 들면, 건강유지에 적절하면서 취직하는 데 장애가 될 정도로 남루해서는 안 된다.

(2) 상대빈곤

상대빈곤은 한 사회의 평균적인 생활수준에 비교하여 빈곤을 규정하는 것이다. 따라서 중요한 것은 사회의 평균적인 생활수준을 정확히 파악하는 일이다. 상대빈곤을 주장하는 대표적인 학자인 P. Townsend는 상대빈곤을 "일상식품을 획득하고 사회활동에 참여하며, 그들이 속한 사회에서는 관례적인 생활조건과 편의시설을 갖기에 필요한 자원을 결여하고 있는 사람"이라고 정의했다.

상대빈곤은 두 가지 점에서 절대빈곤과 대립된다. 절대빈곤은 소득과 소비(또는 영양)에 기준을 두고 있으나, 상대빈곤은 소득 대신 자원(resources), 소비 대신 생활양식(style of living)에 준거하고 있다.

상대빈곤을 주장하는 학자들은 절대빈곤 개념에 대해 다음과 같이 비판하고 있다.

- 식품목록(최저수준의 기본 자료)은 변화하는 관습과 욕구를 고려하여 시기별로 재규정되어야 하나 그렇지 못하다. 빈곤 규정의 탄력성을 잃고 있다.
- 빈곤기준으로서 영양(nutrition)을 사용하는 것은 빈곤기준을 더욱 낮은 수준에 고정시키기 때문에 문제가 있다. 예컨대 최저한으로 필요한 영양식품비만 인정함으로써 예외적인 식품(예 노인이나 영・유아에게 필요한 특수 식품)에 대한 욕구를 무시하게 되고, 직업별 또는 사회적 역할별로 다를 수 있는 음식욕구의 질적 다양성을 배제시킨다.
- 식품비와 필수적인 전체 생활비의 고정된 비율인 식품비 비율(엥겔계수)만 고려함으로써 식품비 외의 기준을 찾는 데 있어서 문제가 된다. 식품비만으로는 빈곤을 충분히 반영한다고는 볼 수 없으며, 식품비의 비율조차 가족별, 지역별로 다양하다.

이러한 비판을 정리하면, 빈곤의 기준이 상대적이어야 한다는 것인데, 그 이유는 빈민의 욕구가 시기별・지역별・가족 크기별・계층별로 다양하고 빈곤의 영양기준이라는 것이 빈곤현상을 충분히 반영하지 못한다는 데 있다. 따라서 빈곤을 아예 불평등이라는 맥락에서 고찰하여 다양한 기준에 입각한 상대적 박탈(relative deprivation)의 개념으로 파악하자고 한다.

객관적 박탈은 다양하고 객관화된 지표로 박탈의 정도를 표현하는 것이다. 예를 들면, 빈곤을 규정함에 있어서 '자원과 생활양식'을 기준으로 하여 자원부문에는 현금소득, 사업자본, 현물의 사회서비스급여, 사적인 현물소득 등이 포함되고, 생활양식에는 표준적인 생활관습 및 사회활동과, 지역별, 계급별, 인종별, 종교별, 직업별 관습 및 생활양식의 차이에 관한 지표, 예컨대 휴일, 친우와의 교류, 레크리에이션, 음식의 질, 표준주거시설(부엌, 온수, 수세식 화장실, 욕실, 가스 또는 전기 조리기 등)의 소유 여부 등이 포함된다.

상대빈곤은 이상과 같은 객관적인 지표를 이용해 빈곤을 규정하는데, Townsend는 12가지 박탈조건을 제시했다. ① 지난 1년 동안 일주일간의 휴가가 있었는지, ② 지난 4주 동안 친구를 집에 초대한 적이 있었는지(성인), ③ 지난 4주 동안 친구를 외식에 초대한 적이 있었는지(성인), ④ 지난 4주 동안 같이 논 친구가 있었는지(15세 미만 아동), ⑤ 생일파티를 했는지(아동), ⑥ 지난 2주 동안 예술을 관람한 적이 있었는지, ⑦ 일주일에 4일간 신선한 고기를 섭취했었는지, ⑧ 지난 2주 동안 하루 이상 요리된 음식을 섭취했었는지, ⑨ 일주일 동안 요리된 아침식사를 했는지, ⑩ 냉장고가 있는지, ⑪ 가족과의 일요 모임을 가졌는지, ⑫ 가정 내 표준 편의시설(전술한 대로 부엌, 온수, 수세식 화장실, 욕실, 가스 또는 전기 조리기 등을 의미)이 설치되어 있는지의 여부가 그것이다.

그런데 그가 제시한 박탈지표들이 얼마만큼 빈곤을 과학적으로 측정할 수 있는지, 그리고 박탈의 시점(빈민이 되는 시점)이 언제인지를 검증하는 문제는 여전히 숙제로 남아 있다.

절대빈곤과 상대빈곤

구 분	내 용
절대빈곤	• 최저생활을 유지할 수 없는 수준, 즉 최소한의 신체적 효율성을 유지하는 데 필요한 식·열·주·의를 가지지 못한 수준 • 최소한의 일일 칼로리 섭취량, 식품비가 가계지출에서 차지하는 비율(엥겔계수), 최소한의 생필품을 구입하는 데 필요한 소득으로 파악
상대빈곤	• 일상식품을 획득하고 사회활동에 참여하며, 그들이 속한 사회에서는 관례적인 생활조건과 편의시설을 갖기에 필요한 자원을 결여하고 있는 사람 • 절대빈곤은 소득과 소비(또는 영양)에 기준을 두고 있으나, 상대빈곤은 소득 대신 자원, 소비 대신 생활양식에 준거 • 빈곤을 불평등이라는 맥락에서 고찰하여 다양한 기준에 입각한 상대적 박탈의 개념으로 이해

2) 빈곤의 측정

빈곤을 가리기 위해서는 어떤 기준이 있어야 한다. 이를 흔히 빈곤선이라 한다. 각국은 빈민을 대상으로 하는 사회보장제도의 운용을 위해 빈곤을 측정하는 방법을 개발해 왔다. 대표적인 몇 가지를 추리면, 오샨스키척도, 예산기준방식, 여론·합의방식, 가계지출방식이 있다. 오샨스키척도는 미국, 가계지출방식은 영국이 채택하고 있고, 예산기준방식과 여론·합의방식은 빈곤연구자들이 대안으로 제시한 것이다. 예산기준방식은 Bradshaw 등(1987)이, 여론·합의방식은 Veit-Wilson (1987)이 주장했다 (Dixon and Macarov eds., 1998 : 8-16; Piachaud, 1987 : 152-153; Walker, 1987 : 214-215).

(1) 오샨스키척도

오샨스키척도(the Orshansky scale)는 최저생계비 개념에 입각하여 빈곤을 측정하는 방법으로서 1960년대 초 미국 사회보장청 경제학자로 일한 Molly Orshansky가 개발했다.

오샨스키척도의 빈곤 측정방법은 다음과 같다. 먼저 영양학적 기준을 충족시키는 데 필요한 최저한의 비용, 즉 객관적인 식품비(이론적 식품비)를 계산한다. 그런 다음 가구의 실질적인 생활비 분석을 통해 엥겔계수를 구한다. 마지막으로 엥겔계수를 이론적 식품비에 적용하여 전체 생계비를 계산해 낸다. 모든 항목의 생계비를 조사하지 않고, 엥겔계수로 생계비를 추정한다는 점에서 오샨스키척도를 반물량방식(半物量方式)이라고도 한다. 실제로 Orshansky는 최소한의 식품 마켓 바스켓(market basket)을 구성하여 산출한 저소득층의 최저식품비의 세 배로 빈곤선을 정했다. 그는 이렇게 함으로써 빈곤의 사회적 차원과 생물학적 차원을 절충시킬 수 있었다.

공식적인 빈곤선을 개발·발전시킨 극소수 나라 중 하나인 미국은 영양학적 기준과 소득기준을 절충한 오샨스키척도를 1963년부터 빈곤선 기준으로 채택했다. 오샨스키 빈곤선은 처음 적용된 이후 매년 인플레를 감안하여 인상되었다. 이는 1963년의 실질 구매력이 지금도 유지된다는 것을 의미한다. 다시 말해서 빈곤선 적용 이후에 생긴 생활수준, 소비 및 지출 패턴의 변화는 반영되지 않고 있다는 것이다.

오샨스키 빈곤선의 장점은 명확하고, 계산하기 쉬우며, 수정하기도 쉽다는 것이다. 단점은 빈곤의 측정방법이 너무 단순하여, 빈민이 경험하는 다양한 생활상의 압박을 제대로 반영하지 못한다는 데 있다.

(2) 예산기준방식

예산기준방식(budget standards)은 빈민의 음식, 의복, 교통, 주거, 난방 등 소비지출 마켓 바스켓을 구성한 다음 그것을 화폐로 환산하고 합산하여 빈곤선을 정하는 방법이다. 말하자면 욕구를 규정하고 그것을 화폐로 환산하여 빈곤을 측정하는 방법, 예컨대 과학적 영양기준을 정한 다음 그것을 충족시킬 수 있는 충분한 식사와 그것에 필요한 비용을 산출하는 것이다.

마켓 바스켓 구성은 전문가 집단의 전문적 판단에 맡긴다. 전문가들은 이를 위해 다양한 소비지출 유형을 위한 가계기준을 정한다. 식료품, 의료, 교통, 주택, 난방 등 표준적인 소비를 위해 얼마가 지출되어야 하는지를 엄밀하게 조사한다는 것이다. 오샨스키 방식이 식품의 마켓 바스켓이라면, 예산기준방식은 전체 생필품의 마켓 바스켓이라고 할 수 있다. 예산기준방식은 전술한 Rowntree의 신체적 효율성에 입각한 최저생계비 개념에서 나왔다. 빈민의 전체 소비지출을 감안한다는 점에서 전물량방식(全物量方式)이라고도 한다.

그런데 사회가 수용할 만한 생계비 마켓 바스켓을 만들고 그 비용을 산출하는 작업은 생각보다 까다롭다. 무엇보다 마켓 바스켓에 무엇을 포함시키고 무엇을 제외할지를 판단하는 일, 곧 지출 항목의 선정이 어렵다. 누구는 음식, 누구는 휴일, 누구는 교육을 중시할 것이다. 또 식품비, 의료비, 주거비 등은 몰라도 사회활동(출퇴근 제외)에 필요한 교통비, 여가활동비, 문화비, 경조사비 등을 포함시키자고 하면 반대하는 사람이 많을 것이다. 소득과 소비보다는 저축과 투자가 빈곤 탈피의 열쇠라 하여 빈민의 주식보유를 권장해야 한다고 주장하는 사람도 있다. 이런 주장에 따르자면, 바스켓 속에 주식구입비도 포함시켜야 할 것이다. 항목을 정했다 하더라도 그것이 얼마나 필요한지를 정하는 것도 쉬운 일이 아니다.

(3) 여론 · 합의방식

빈곤을 정의하고 측정하는 일을 전문가에게 맡길 경우 빈곤선에 포함시킨 항목에 대해 시민들이 이의를 제기할 수 있다. 이를 피하기 위한 가장 좋은 방법이 여론에 따라 빈곤선을 정하는 것이다. 이를 여론 · 합의방식(public opinion and social consensus measures)이라고 한다.

여론 · 합의방식은 빈곤을 정의하고 측정하는 것을 전문가집단에게 위임하지 않고 일반인의 여론에 따라 하는 것이다. 대중이 말하는 것을 최저수준(바람직한 빈곤선)으로 하고, 대중이 세금으로 낼 준비가 된 금액을 최저소득(재정적 빈곤선)으로 삼자는 것이다.

여기서 가장 중요한 것이 사회적 합의(social consensus)이다. 합의를 이끌어내는 가장 좋은 방법은 여론조사(사회조사)이다. 여론조사를 통해 "빈곤에서 벗어나기 위해서는 어느 정도의 소득이 있어야 하는가?"(빈민의 소득에 대한 합의), 또 "표준생계를 위해서 꼭 필요한 생필품 항목은 무엇인가?"(생필품 항목에 대한 합의)를 물어 빈곤선을 계산해 내는 것이다. 요컨대 대중에게 생필품 목록과 그것을 구매하는 데 드는 돈을 물어보고 그 결과를 토대로 빈곤선을 정하는 것이 여론 · 합의방식이다.

여론 · 합의방식의 장점은 자의적이고 독단적인 전문가집단의 판단을 배제하고, 일반인이 빈곤의 기준을 결정하게 만드는 것, 즉 전문가의 견해나 주변에서 관찰되는 생계수준이 아니라 일반인이 생각하는 사회 전체의 견해(the view of society as a whole)로 빈곤선을 정하는 것이다.

그러나 바로 이런 점이 이 방식의 약점이다. 빈곤수준에 대한 일반인의 생각이라는 게 그들의 주관적 경험에 기초해 있기 때문에 빈곤실태를 얼마나 사실적으로 반영하는지 알 수가 없다. 그리고 표준생계에 포함시킬 항목이 얼마나 정확하게 생활양식을 반영하는지에 대해서도 의문이 제기될 수 있다.

이런 문제의 극복을 위해 조사대상자에게 어떤 소득을 제시한 다음 그것이 충분한지 아니면 불충분한지에 관해 직접 질문을 던지는 방법이 있다. 이를 주관적 빈곤선(subjective poverty line)이라 한다. 그러나 이 역시 응답자의 최저욕구에 대한 주관적 판단을 피할 수 없다. 따라서 일반인의 빈곤 관념의 객관성에 대해 전문가들이 의문을 제기할 때 적절한 답을 내놓기 어렵다.

그리고 전문가 집단이 빈곤선을 정하는 것은 아니지만, 대중에게 던지는 질문을 정할 때는 물론 조사결과의 해석에서도 이들의 조력이 반드시 필요하다. 이 과정에서 전문가의 주관적 판단과 관점이 영향을 미칠 수 있다. 과연 사회적 합의라는 것이 존재하는가라는 근본적인 의문도 제기된다. 빈민, 사회적 다수, 납세자, 부자 등의 의견을 종합하는 게 리얼한가 하는 것이다. 누구의 의견이 우세한가는 사회의 권력배분에 의해 좌우될 수도 있다. 사회조사 과정에서 나타나는 조사의 기술적 · 방법론적 문제도 피할 수 없다. 응답자가 조사 전문가가 듣고 싶어 하는 답을 하는 것이 좋은 예이다. 또한 조사에 응하는 시민 중에는 사회현상에 관한 질문에 준비가 되어 있는 사람이 있는가 하면 준비가 안 된 사람도 있다. 준비가 된 사람만 적극적으로 의견을 표시하면, 빈곤은 이들의 문제가 된다.

(4) 가계지출방식

가계지출방식(household expenditure measures)은 Townsend가 주장한 상대빈곤의 개념에 입각하여 빈곤선을 정하는 방법이다(그는 여론 · 합의방식과 예산기준방식을 거부했다). 빈곤을 생활방식으로 정의하고, 생활에 필요한 자원이 부적절하게 배분된 상태인 박탈(deprivation)에 기초하여 객관적 빈곤을 정의한다. 중요한 것은 박탈의 임계점, 즉 박탈이 발생하는 임계소득(threshold of income)이다. 임계소득 이하에서는 소득감소에 비례하여 박탈이 증가하고, 그 이상에서는 박탈이 감소한다.

임계소득이 곧 빈곤선이다. 가계지출방식은 전체인구의 가계지출 평균치를 임계선으로 간주한다. 따라서 가계지출에 관한 자세하고도 신뢰할 만한 자료가 있어야 하고, 또 자료가 정기적으로 업데이트되어야만 가능하다.

영국이 1988년부터 이런 방식을 채택하고 있다. 영국은 매년 가계지출조사를 실시하고 있으며, 평균가계소득의 40% 이하를 빈곤선으로 정하고 있다. 그러나 엄격히 말해서, 이런 방식은 상대빈곤을 측정하는 것이라기보다는 사회보장의 최저급여수준을 정하는 방법이라고 하는 게 더 정확하다.

가계지출방식에도 문제가 있다. 가계지출조사 대상에 모든 가구가 포함되는 게 아니다. 예컨대 노숙자는 제외된다. 그리고 수입도 정확하게 조사된다고 보기 어렵다. 비현금성 수입, 조세감면, 국가제공 급여(보건의료와 교육) 등 가족의 복지에 기여하는 각종 수입이 조사대상에서 제외되어 있다.

빈곤의 측정방법

구 분	내 용
오샨스키척도	• 최저생계비 개념에 입각하여 빈곤을 측정하는 방법 • 영양학적 기준을 충족시키는 데 필요한 최저한의 비용, 즉 이론적 식품비 계산 → 가구의 실질적인 생활비 분석을 통해 엥겔계수 산출 → 엥겔계수를 이론적 식품비에 적용하여 전체 생계비 계산
예산기준방식	• 빈민의 소비지출 마켓 바스켓을 구성하여 이를 합산하여 빈곤선을 정하는 방법 • 식료품, 의료, 교통, 주택, 난방 등 표준적인 소비를 위해 얼마가 지출되어야 하는지를 엄밀하게 조사해야 함
여론 · 합의방식	• 빈곤을 정의하고 측정하는 것을 전문가집단에게 위임하는 것이 아니라 일반인의 여론에 따라 하는 것
가계지출방식	• 상대빈곤의 개념에 입각하여 빈곤선을 정하는 방법 • 전체 인구의 가계지출 평균치에 의거하여 빈곤선 결정

참고문헌

강신준. 1991. 수정주의 연구 I : 노농동맹 문제와 기회주의의 발전과정. 이론과 실천.

강철구. 1983. 독일 사회정책의 제전제. 한국사회과학연구소 편. 복지국가의 형성. 민음사.

고세훈. 1999. 영국노동당사 : 한 노동운동의 정치화 이야기. 나남.

기든스 저. 김현옥 옮김. 1997. 좌파와 우파를 넘어서. 한울.

기든스 저. 한상진 · 박찬욱 옮김. 1998. 제3의 길. 생각의 나무.

김기원. 2000. 공공부조론. 학지사.

김대중. 1997. 대중참여경제론. 산하.

김수행. 1986. 경제변동론. 비봉출판사.

김수행. 1988. 정치경제학원론. 한길사.

김연명. 2000. '시장' 기능을 이용한 연금기금 운용사례와 그 함의. 사회복지정책. 10.

김연명. 2007. 노후소득보장을 위한 국민연금의 개편방향. 참여연대 사회복지위원회 편. 21세기의 사회복지. 나눔의 집.

김영모. 1999. 사회정책. 한국복지정책연구소출판부.

김영순. 1998. 복지국가의 위기와 재편 : 영국과 스웨덴의 경험. 서울대학교출판부.

김창엽 · 이태수 · 김연명. 1998. IBRD는 우리에게 무엇을 요구하는가. 복지동향. 2. 참여연대.

나바로 저. 보건과사회연구회 옮김. 1989. 현대자본주의와 보건의료. 한울.

노대명. 1999. 제3의 길에 대한 비판적 논의를 위하여 : 제3의 길의 한국적 수용에 대한 비판. 홉스봄 외 저. 노대명 옮김. 1999. 제3의 길은 없다. 당대.

대통령자문정책기획위원회. 1998. 제2건국의 비전과 전략.

대통령자문정책기획위원회. 2007. 참여정부 국정리포트.

대한민국정부. 2006. 새로마지 플랜 2010 : 저출산고령사회 기본 계획.

듀마 저. 노응원 · 조성숙 옮김. 1990. 군비냐 복지냐. 비봉출판사.

듀보프스키 저. 배영수 옮김. 1990. 현대 미국노동운동의 기원. 한울.

마르크스 저. 김영민 옮김. 1990. 자본 I–3. 개역판. 이론과 실천.

마일스 저. 김혜순 옮김. 1992. 복지국가의 노년. 한울.

문기상. 1983. 비스마르크의 사회정책. 한국사회과학연구소 편. 복지국가의 형성. 민음사.

박능후. 2001. 공공부조 급여구조가 수급자의 근로동기에 미치는 효과. 한국사회복지학. 46.

박능후. 2001. 국민기초생활보장과 생산적 복지 : 기초보장제도 분석틀의 모색. 생산적 복지정책의 재조명. 한국사회복지정책학회 2001년 추계학술대회 자료집.

박능후. 2007. 근로빈민을 위한 소득보장정책. 21세기 새로운 사회복지정책 : 사회복지정책의 10대 과제.

박상섭. 1985. 자본주의국가론. 한울.

박순성. 2003. 아담 스미스와 자유주의. 풀빛.
배영수 편. 1992. 서양사강의. 한울.
알지니 저. 공보경 옮김. 2007. 일이란 무엇인가. 들녘.
애덤 스미스 저. 김수행 옮김. 2003. 국부론(상). 비봉출판사.
야페 외 저. 주익종 옮김. 1986. 자본주의국가논쟁. 한울림.
이성기. 2001. 자활복지의 현황과 정책과제. 생산적 복지정책의 재조명. 한국사회복지정책학회 2001년 추계학술대회 자료집.
이영찬. 2000. 영국의 복지정책 : 구빈법 개혁부터 제3의 길까지. 나남출판.
이정전. 1993. 두 경제학의 이야기. 한길사.
정창률 · 권혁창 · 정인영. 2015. 남부유럽 국가의 연금개혁 비교연구 : 이탈리아, 스페인, 그리스를 중심으로. 사회복지정책. 42(1).
제라르 뒤메닐 외 저. 이강국 외 옮김. 2006. 자본의 반격 : 신자유주의 혁명의 기원. 필맥.
카노이 저. 이재석 외 옮김. 1985. 국가와 정치이론 : 현대 자본주의 국가와 계급. 한울.
케네스 데이비스 저. 진병호 옮김. 1991. 교과서에서 배우지 못한 미국의 역사. 고려원미디어.
파인 · 해리스 저. 김수행 옮김. 1985. 현대 정치경제학 입문. 한울.
파인 · 해리스 저. 주익종 옮김. 1986. 선진 자본주의에 있어서의 국가지출 : 비판. 야페 외 지음. 자본주의 국가논쟁. 한울림.
평화연구소. 1991. 한반도의 군축과 사회복지. 한울.
홉스봄 외 저. 노대명 옮김. 1999. 제3의 길은 없다. 당대.
홉스봄 저. 김동택 옮김. 1998. 제국의 시대. 한길사.

Aaron, H. J. 1999. "Social Security : Turn it up. Don't trade it in." in Friedman, B. M. ed. *Should the United States Privatize Social Security?* Cambridge, Massachusetts : MIT Press.
Aaron, H. J. and Reischauer, R. D. 1998. *Countdown to Reform : The Great Social Security Debate.* New York : Century Foundation Press.
Abercrombie, N. and Hill, S. 1976. "Paternalism and Patronage." *British Journal of Sociology.* 27(4).
Abramovitz, M. 1981. "Welfare Quandaries and Productivity Concerns." *American Economic Revue.* 71.
Achenbaum, W. A. 1986. *Social Security : Visions and Revisions.* Cambridge : Cambridge Univ. Press.
Adler, M. and Ewing, K. 1983. "The Teaching of Social Security in the United Kingdom." *The Teaching of Social Security.* ISSA Studies and Research. 20.
Alber, J. 1986. "Germany." in Flora, P. ed. *Growth to Limits 2.* Berlin : Walter de Gruyter.
Alesina, A., Glaeser, E. and Sacerdote, B. 2001. "Why Doesn't the US Have a European-Style Welfare State?" Harvard Institute of Economic Research Discussion Paper 1933. Harvard University, Cambridge, Massachusetts.

Anderson, M. 1980. "Welfare Reform." in Duignan, P. and Rabushka, A. eds. *The United States in the 1980s*. Stanford, CA : Hoover Institution.

Ankarloo, D. 2009. "The Swedish Welfare Model Counter-arguments to neoliberal myths and assertions." Paper prepared for Association of Heterodox Economics Conference, London.

Arts, W. and Gelissen, J. 2002. "Three Worlds of Welfare Capitalism or More?" *Journal of European Social Policy*. 12(2).

Asian Development Bank. 2002. "People's Republic of China : Toward Establishing a Rural Health Protection Scheme." Manila : ADB.

Aspalter, C. 2001. *Conservative Welfare State Systems in East Asia*. Westport, Conn : Praeger.

Aspalter, C. 2002. *Democratization and Welfare State Development in Taiwan*. Aldershot : Ashgate.

Aspalter, C. ed. 2002. *Discovering the Welfare State in East Asia*. Westport. Conn : Praeger.

Aspalter, C. et al. eds. 2008. *The State of Social Welfare in Asia*. Taoyuan : Casa Verde.

Atkinson. A. B. and Mogersen, G. V. 1993. *Welfare and Work Incentives : A North European Perspective*. Oxford : Clarendon Press.

Baker, J. 1979. "Social Conscience and Social Policy." *Journal of Social Policy*. 8(2).

Baldwin, P. 1990. *The Politics of Social Solidarity : Class Base of the European Welfare State 1875~1975*. Cambridge : Cambridge Univ. Press.

Ball, R. M. and Bethell, T. N. 1998. *Straight Talk about Social Security*. New York : Century Foundation Press.

Bao, W. 2009. "Agencies Study Future of Charity, Social welfare system." http://www.chinadaily.com.cn/bizchina/2009-10/26/content_8848602.htm

Barker, P. 1984. *Founders of the Welfare State*. London : Heinemann.

Barr, N. 1987. *The Economics of the Welfare State*. London : Weidenfeld and Nicolson.

Barr, N. et al. 1990. *The State of Welfare : The Welfare State in Britain since 1974*. Oxford : Clarendon Press.

Bateman, H. and Piggott, J. 1997. "Mandatory Retirement Saving : Australia and Malaysia compared." in Valdes-Prieto, S. ed. *The Economics of Pensions : Principles, Policies, and International Experience*. Cambridge University Press : Cambridge.

Beard, J. R., Biggs, S., Bloom, D. E., Fried, L. P., Hogan, P., Kalache, A. and Olshansky, S. J. eds. 2011. "Global Population Ageing : Peril or Promise." Geneva : World Economic Forum.

Beattie, R. and McGillivray, W. 1995. "A Risky Strategy : Reflections on the World Bank Report Averting the Old Age Crisis." *International Social Security Review*. 48(3-4).

Beblavý, M. 2008. *New Welfare State Models based on the New Member States' Experience?* Bratislava : Slovak Governance Institute.

Bell, W. 1983. *Contemporary Social Welfare*. New York : Macmillan.

Berger, P. and Neuhaus, J. 1977. *To Empower People : The Role of Mediating Structures in Public Policy*. Washington, DC : American Enterprise Institute.

Berkowitz, E. D. 1991. *America's Welfare State : From Roosevelt to Reagan*. Baltimore : Johns Hopkins Univ. Press.

Bernstein, M. C. and Bernstein, J. B. 1988. *Social Security : The System that Works*. New York : Basic Books.

Beveridge, W. 1942. *Social Insurance and Allied Services*. Reprinted 1984. London : HMSO.

Blank, R. M. and Schmidt, L. 2001. "Work, Wages, and Welfare." in Blank, R. M. and Haskin, R. eds. *The New World of Welfare*. Washington, DC : Brookings Institution Press.

Blitzstein, D. S. 1999. "An Organized Labor Perspective on Social Security Reform." in Mitchell, O. S. et al. eds. *Prospects for Social Security Reform*. Philadelphia : Univ. of Pennsylvania Press.

Bloom, D. E., Börsch-Supan, A., McGee, P. and Seike, A. 2011. "Population Ageing : Macro Challenges and Policy Responses." in Beard, J. R. et al. eds. *Global Population Ageing : Peril or Promise*. Geneva : World Economic Forum.

Blum, J. M. et al. 1968. *The National Experience : A History of the United States since 1865*. New York : Harcourt, Brace and World.

Bonoli, G. 1997. "Classifying Welfare States : a Two Dimensional Approach." *Journal of Social Policy*. 26(3).

Boulding, K. E. 1958. *Principles of Economic Policy*. Englewood Cliffs, NJ : Prentice-Hall.

Boulding, K. E. 1967. "The Boundaries of Social Policy." *Social Work*. 12(1).

Bradshaw, J., Mitchell, D. and Morgan, J. 1987. "Evaluating Adequacy: The Potential of Budget Standards." *Journal of Social Policy*. 16(2).

Brittain, J. A. 1972. *The Payroll Tax for Social Security*. Washington : Brookings Institution.

Brody, D. 1993. *Workers in Industrial America : Essays on the 20th century struggle*. 2nd ed. New York : Oxford Univ. Press.

Brooks, R. C. 2004. "Privatization of Government Services : An Overview and Review of the Literature." *Journal of Public Budgeting, Accounting and Financial Management*. 16(4).

Brown, J. 1995. *The British Welfare State : A Critical History*. Oxford : Basil Blackwell.

Brown, M. 1987. "The Development of Social Administration." in Loney, M. et al. ed. *Social Policy and Social Welfare*. Milton Keynes : Open Univ. Press.

Brown, P. and Spark, R. eds. 1989. *Beyond Thatcherism : Social Policy. Politics and Society*. Milton Keynes : Open Univ.

Bulmer, M. et al. eds. 1989. *The Goals of Social Policy*. London : Unwin.

Burchardt, T., Hills, J. and Propper, C. 1999. *Private Welfare and Public Policy*. York : Joseph Rowntree Foundation.

Butcher, T. 1995. *Delivering Welfare : The Governance of the Social Services in the 1990s*. Buckingham : Open Univ. Press.

Cahnman, W. J. and Schmitt, C. M. 1979. "The Concept of Social Policy(*Sozialpolitik*)." *Journal of Social Policy*. 8(1).

Campbell, J. C. 2003. "Population Aging : Hardly Japan's Biggest Problem." Asia Program Special Report. Woodrow Wilson International Center for Scholars. No. 107.

Carmines, E. G. 1974. "The Mediating Influence of State Legislatures on the Linkage between Interparty Competition and Welfare Policies." *American Political Science Review*. 68.

Carrier, J. and I. Kendall 1977. "Social Administration as Social Science." in Heisler, H. ed. *Foundations of Social Administration*. London : Macmillan.

Casalegno, L. 2006. "On Some Aspects of the European Social Model(s)." http://www.federalist-debate.org/index.php/component/k2/item/385-on-some-aspects-of-the-european-social-models (Centro Studi Sul Federalismo 검색일 2014/5/26)

Castles, F. G. 1998. *Comparative Public Policy : Patterns of Post-war Transformation*. Cheltenham : Edward Elgar.

Cawson, K. 1982. *Corporatism and Welfare*. London : Heinemann.

CED(Committee for Economic Development). 1997. *Fixing Social Security*. New York : CED.

Cerami, A. 2006. *Social Policy in Central and Eastern Europe : The Emergence of a New European Welfare Regime*. Berlin : LIT Verlag.

Cerami, A. 2009. "Welfare State Developments in the Russian Federation : Oil-Led Social Policy and the Russian Miracle." *Social Policy and Administration*. 43(2).

Cerra, V. and Chaman, S. S. 2005. *Eurosclerosis or Financial Collapse? : Why Did Swedish Incomes Fall behind?* IMF Working Paper 05/29, Abstract.

Chan, K. W. and Buckingham, W. 2008. "Is China Abolishing the Hukou System?" *The China Quarterly*. 195.

Chen, J. and Gallagher, M. 2009. "Social Insurance Provision in Urban China : Variations according to Region and Workplace Ownership." Proceedings of Asian Social Protection in Comparative Perspective. APPAM International Conference, Singapore.

Chen, S. 1996. *Social Policy of the Economic State and Community Care in China Culture*. Brookfield : Ashgate.

Chu, K. and Gupta, S. 1998. *Social Safety Net*. IMF.

Collier, D. ed. 1979. *The New Authoritarianism in Latin America*. New York : Princeton Univ. Press.

Colwill, J. 1994. "Beveridge, Women and the Welfare State." *Critical Social Policy*. 14(2).

Cook, L. J. 2007. *Postcommunist Welfare State : Reform Politics in Russia and Eastern Europe*. Ithaca : Cornell Univ. Press.

Cranston, M. 1973. *What are Human Rights?* London : Boclley Head.

Croissant, A. 2004. "Changing Welfare Regimes in East and Southeast Asia : Crisis, Change and Challenge." *Social Policy and Administration*. 38(5).

Davis, M. 1980. "Why the US Working Class is Different." *New Left Review*. 124.

Day, P. J. 2000. *A New History of Social Welfare*. Boston : Allyn and Bacon.

Deacon, B. 2000. "Eastern European Welfare States : the Impact of the Politics of Globalization." *Journal of European Social Policy*. 10(2).

Deakin, N. 1994. *The Politics of Welfare : Continuities and Change*. London : Harvester Wheatsheaf.

Derthick, M. 1979. *Policymaking for Social Security*. Washington, DC : The Brookings Institution.

Diamond, P. A. ed. 1999. *Issues in Privatizing Social Security. Report of an Expert Panel of the National Academy of Social Insurance*. Cambridge, Massachusetts : The MIT Press.

Dickson, B. 2004. *Red Capitalists in China : The Party, Private Entrepreneurs, and Prospects for Political Change*. Cambridge : Cambridge Univ. Press.

DiNitto, D. M. 2000. *Social Welfare : Politics and Public Policy*. 5th ed. Boston : Allyn and Bacon.

DiNitto, D. M. and Dye, T. R. 1983. *Social Welfare : Politics and Public Policy*. Englewood Cliffs, NJ : Prentice-Hall.

Dixon, J. 1981. *The Chinese Welfare System 1949-1979*. Westport : Praeger.

Dixon, J. 1992. "China." in Dixon, J. and David, M. eds. *Social Welfare in Socialist Countries*. London : Routledge.

Dobbs, F. 1983. *Revolutionary Continuity : Birth of the Communist Movement 1918~1922*. New York : Monad Press.

Dolgoff, R. and Feldstein, D. 2000. *Understanding Social Welfare*. 5th ed. Boston : Allyn and Bacon.

Donahue, J. D. 1989. *The Privatization Decision*. New York : Basic Books.

Doyal, L. and Gough, I. 1991. *A Theory of Human Needs*. London : Guilford Press.

Drucker, P. F. 1990. *Managing the Nonprofit Organization : Principles and Practices*. New York : HarperCollins.

Edwards, S. 1998. "The Chilean Pension Reform : A Pioneering Program." in Feldstein, M. ed. *Privatizing Social Security*. Chicago : Univ. of Chicago Press.

Engels, F. 1989a. "The Socialism of Mr. Bismarck." Marx, K. and Engels, F. *Collected Works*. Moscow : Progress Publishers.

Engels, F. 1989b. "Bismarck and The German Working Men's Party." Marx, K. and Engels, F. *Collected Works*. Moscow : Progress Publishers.

Esping-Andersen, G. 1990. *The Three World of Welfare Capitalism*. Princeton, NJ : Princeton Univ. Press.

Esping-Andersen, G. 1996. "After the Golden Age? Welfare State Dilemmas in a Global Economy." in Esping-Andersen, G. ed. *Welfare States in Transition. National Adaptations in Global Economies*. London : Sage.

Esping-Andersen, G. 1999. *Social Foundations of Post-Industrial Economics*. Oxford : Oxford Univ. Press.

Fajth, G. 1999. "Social Security in a Rapidly Changing Environment : The Case of Post-communist Transformation." *Social Policy and Administration*. 33(4).

Fazio, H. and Riesco, M. 1997. "The Chilean Pension Fund Association." *New Left Review*. 225.

Feldstein, M. and Liebman, J. 2006. "Realizing the Potential of China's Social Security Pension System." *China Economic Times*. Feb, 24.

Feldstein, M. and Liebman, J. eds. 2002. *Distributional Aspects of Social Security and Social Security Reform*. Chicago : University of Chicago Press.

Feldstein, M. and Samwick, A. 1998. "The Transition Path in Privatizing Social Security." in Feldstein, M. ed. *Privatizing Social Security*. Chicago : Univ. of Chicago Press.

Feldstein, M. and Siebert, H. 2002. *Social Security Pension Reform in Europe*. Chicago : University of Chicago Press.

Feldstein, M. ed. 1998. *Privatizing Social Security*. Chicago : Chicago University Press.

Fenger, H. J. M. 2007. "Welfare regimes in Central and Eastern Europe : Incorporating Post-Communist Countries in a Welfare Regime Typology." *Contemporary Issues and Ideas in Social Sciences*. August.

Ferge, Z. 1989. "Social Policy and the Economy." in Bulmer, M. et al. eds. *The Goals of Social Policy*. London : Unwin.

Ferge, Z. 2001. "Welfare and 'Ill-fare' Systems in Central-Eastern Europe." in Sykes, B., Palier, B. and Prior, M. eds. *Globalization and European Welfare States : Challenges and Change*. Basingstoke : Palgrave.

Ferrara, P. J. and Tanner, M. 1998. *A New Deal for Social Security*. Washington, DC : Cato Institute.

Ferrera, M. 1996. The 'Southern Model' of Welfare in Social Europe. *Journal of European Social Policy*. 6(1).

Ferrera, M. and Rhodes, M. eds. 2000. *Recasting European Welfare States*. London. Frank Cass.

Flora, P. and Alber, J. 1981. "Modernization. Democratization. and the Development of Welfare States in Western Europe." in Flora, P. and Heidenheimer, A. J. ed. *The Development of Welfare State in Europe and America*. New Brunswick : Transaction Books.

Flora, P. ed. 1986. *Growth to Limits : The Western European Welfare States since World War II, 1-2*. Berlin and New York : Walter de Gruyter.

Forder, A. et al. 1984. *Theories of Welfare*. London : RKP.

Fox, R. 1933. *The Class Struggle in Britain : In the Epoch of Imperialism : Part I : 1880~1914*. London : Martin Lawrence.

Fraser, D. 1984. *The Evolution of the British Welfare State*. 2nd ed. London : Macmillan.

Friedlander, W. A. and Apte, R. Z. 1974. *Introduction to Social Welfare*. 4th ed. Englewood Cliffs, NJ : Prentice-Hall.

Friedman, B. M. ed. 1999. *Should the United States Privatize Social Security?* Cambridge, Massachusetts : The MIT Press.

Friedman, K. 1981. *Legitimation of Social Rights and the Western Welfare State : A Weberian Perspective*. Chapel Hill : Univ. of North Carolina Press.

Friedman, M. 1962. *Capitalism and Freedom*. Chicago : University of Chicago Press.

Furniss, N. and Tilton, T. 1977. *The Case for the Welfare State : From Social Security to Social Equality*. Bloomington : Indiana Univ. Press.

Gamble, A. 1993. "The Entails of Thatcherism." *New Left Review*. 198.

Gamble, A. 1994. *The Free Economy and the Strong State : The Politics of Thatcherism*. 2nd ed. Macmillan.

Gao, Q. et al. 2009. "Social Benefits and Income Inequality in Post-Socialist China and Vietnam." Proceedings of the Conference on Asian Social Protection in Comparative Perspective. National Univ. of Singapore, Singapore.

Gardner, J. A. 1989. *Return to Work Incentives : Lessons for policymarkers from economic studies*. Workers Compensation Research Institute.

George, V. and Wilding, P. 1984. The Impact of Social Policy. London : RKP.

Gibelman, M. 2000. "Structural and Fiscal Characteristics of Social Service Agencies." in Patti, R. J. ed. *The Handbook of Social Welfare Management*. Thousand Oaks, CA : Sage.

Gilbert, N. 1983. *Capitalism and the Welfare State : Dilemmas of Social Benevolence*. New Haven : Yale Univ. Press.

Gilbert, N. 1984. "Welfare for Profit: Moral, Empirical and Theoretical Perspectives." *Journal of Social Policy*. 13(1).

Gilbert, N. 2002. *Transformation of the Welfare State : The silent surrender of public responsibility*. Oxford : Oxford Univ. Press.

Gilbert, N. and Specht, H. ed. 1981. *Handbook of the Social Services*. Englewood Cliffs, NJ : Prentice-Hall.

Gilbert, N. and Terrell, P. 2002. *Dimensions of Social Welfare Policy*. 5th ed. Boston : Allyn and Bacon.

Gilens, M. 1999. *Why Americans Hate Welfare : Race, media, and the politics of antipoverty policy*. Chicago : The Univ. of Chicago Press.

Ginsberg, N. 1979. *Class, Capital and Social Policy*. London : Macmillan.

Glaeser, E. and Shleifer, A. 2001. "Not-for-profit Entrepreneurs." *Journal of Public Economics*. 81(1).

Godement, F. 2000. "Models and Policies for Asian Social Policies." A Report of UN Public Administration Network, UNPAN.

Goodman, G. and Peng, I. 1996. "The East Asian Welfare States : Peripatetic Learning, Adaptive Change, and Nation Building." in Esping-Andersen, G. ed. *Welfare States in Transition : National Adaptations in Global Economies*. London : Sage.

Goodman, R. et al. eds. 1998. *The East Asian Welfare Model*. London : Routledge.

Gordon, C. 1994. *New Deals : Business, Labor, and Politics in America, 1920~1935*. Cambridge : Cambridge Univ. Press.

Gough, I. 1979. *The Political Economy of the Welfare State*. London : Macmillan.

Gough, I. 1983. "The Crisis of the British Welfare State." *International Journal of Health Services*. 13(3).

Gough, I. 2005. "European Welfare State : Explanations and Lessons for Developing Countries." a draft working paper produced for the World Bank conference, New Frontiers of Social Policy : Development in a Globalizing World.

Gregory, J. M. 1999. "Possible Employer Responses to Social Security Reform." in Mitchell, O. S. et al. eds. *Prospects for Social Security Reform.* Philadelphia : Univ. of Pennsylvania Press.

Guan, X. 2000. "China's Social Policy : Reform and Development in the Context of Marketization and Globalization." *Social Policy and Administration*. 34(2).

Guhan, S. 1994. "Social Security Options for Developing Countries." in Figueiredo, J. B. and Shaheed, Z. eds. *New Approaches to Poverty Analysis and Policy*. Geneva.

Haanes-Olsen, L. 1979. *Taxation and Pension*. ISSA Studies and Research. 13.

Hacker, J. S. 2002. *The Divided Welfare State*. Cambridge : Cambridge Univ. Press.

Halpern, R. 1992. "The Iron Fist and the Velvet Glove : Welfare Capitalism in Chicago's Packinghouse. 1921~1933." *Journal of American Studies*. 26(2).

Harris, D. 1987. *Justifying State Welfare : The New Right versus The Old Left*. Oxford : Basil Blackwell.

Harris, J. 1981. "Some Aspects of Social Policy in Britain during the Second World War." Mommsen, W. J. ed. *The Emergence of the Welfare State in Britain and Germany*. London : Croom Helm.

Hatch, S. and Mocroft, I. 1983. *Components of Welfare*. London : Bedford Square Press.

Headey, B. et al. 1997. "Welfare over Time : Three World of Welfare Capitalism in Panel Perspective." *Journal of Public Policy*. 17(3).

Hess, J. 1981. "The Social Policy of the Attlee Government." Mommsen, W. J. ed. *The Emergence of the Welfare State in Britain and Germany*. London : Croom Helm.

Hewitt, C. 1977. "The Effect of Political Democracy and Social Democracy on Equality in Industrial Societie s : Cross-National Comparison." *American Sociological Review*. 42.

Hewitt, P. S. 2003. "The Gray Roots of Japan's Crisis." Asia Program Special Report. Woodrow Wilson International Center for Scholars. No. 107.

Higgins, J. 1978. "Regulating the Poor Revisited." *Journal of Social Policy*. 7(2).

Hill, M. 1983. *Understanding Social Policy*. 2nd ed. Oxford : Basil Blackwell.

Hill, M. 1993. *The Welfare State in Britain : A Political History since 1945*. Aldershot : Edward Elgar.

Hill, M. and Bramley, G. 1986. *Analysing Social Policy*. Oxford : Basil Blackwell.

Himmelstand, U. et al. 1981. *Beyond Welfare Capitalism : Issues. Actors and Forces in Societal Change*. Londo n : Heinemann.

Hinton, J. 1983. *Labour and Socialism : A History of the British Labour Movement 1867~1974*. Brighton : Wheatsheaf.

Holliday, I. 2000. "Productivist Welfare Capitalism : Social Policy in East Asia." *Political Studies*. 48(4).

Holliday, I. 2005. "East Asia Social Policy in the Wake of the Financial Crisis : Farewell to Productivism." *Policy and Politics*. 33(1).

Holzmann, R., Palacios, R. and Hinz, R. 2005. *Old Age Income Support in the 21st Century*. Washington, D C : World Bank.

ILO. 2001. *Social Security : A New Consensus*. Geneva : International Labour Office.

James, E. 1996. "Providing Better Protection and Promoting Growth : A Defence of Averting the Old Age Crisis." *International Social Security Review*. 49(3).

Janowitz, M. 1976. *Social Control of the Welfare State*. Chicago : Univ. of Chicago Press.

Jansson, B. S. 1984. *Theory and Practice of Social Policy : Analysis, Process, and Current Issues*. Belmont : Wadsworth.

Jessop, B. 1999. "The Changing Governance of Welfare : Recent Trends in its Primary Functions, Scale, and Modes of Coordination." *Social Policy and Administration*. 33(4).

Jessop, B., Bonnett, K. and Bromley, S. 1990. "Farewell to Thatcherism? Neo-Liberalism and New Times." *New Left Review*. 179.

Johnson, N. 1990. *Reconstructing the Welfare State : A Decade of Change 1980~1990*. London : Harvester.

Jones, C. 1979. "Teaching Social Policy: Some European Perspectives." *Journal of Social Policy*. 8(4).

Jones, C. 1990. "Hong Kong, Singapore, South Korea and Taiwan : Oikonomic Welfare State." *Government and Opposition*. 25(4).

Jones, C. 1993. "The Pacific Challenge : Confucian Welfare States." in Jones, C. ed. *New Perspectives on the Welfare State in Europe*. London : Routledge.

Jones, C. ed. 1993. *New Perspectives on the Welfare State in Europe*. London : Routledge.

Jones, K. 1991. *The Making of Social Policy in Britain 1830~1990*. London : Athlone.

Ka, L. 2003. "Transformation of the Chinese Social Security System : Collective Welfare vs. State Welfare." http://www.helsinki.fi/nacs2003_papers

Karger, H. J. and Stoesz, D. 2002. *American Social Welfare Policy : A Pluralist Approach*. 4th ed. Boston : Allyn and Bacon.

Kasza, G. J. 2002. "The Illusion of Welfare Regimes." *Journal of Social Policy*. 31(2).

Katz, M. B. 1986. *A Social History of Welfare in America*. New York : Basic Books.

Katz, M. B. 1989. *The Understanding Poor : From the war on poverty to the war on welfare*. New York : Pantheon Books.

Kautto, M. et al. eds. 1999. *Nordic Social Policy : Changing Welfare States*. London : Routledge.

Kautto, M. et al. eds. 2001. *Nordic Welfare States in the European Context*. London : Routledge.

Kavanagh, D. 1990. *Thatcherism and British Politics : The End of Consensus?* 2nd ed. Oxford : Oxford Univ. Press.

Kent, C. A. 1987. "Privatization of Public Functions : Promises and Problems." in Kent, C. A. ed. *Entrepreneurship and the Privatizing of Government*. Westport : Quorum Books.

Kerr, C. et al. 1964. *Industrialism and Industrial Man*. New York : Oxford Univ. Press.

Keynes, J. M. 1936. *The General Theory of Employment, Interest and Money*. London : Macmillan.

Khan, H. 2001. *Social Policy in Singapore : A Confucian Model?* Washington, DC : World Bank.

Kim, Y. M. 2008. "Beyond East Asian Welfare Productivism in South Korea." *Policy and Politics*. 36(1).

Kingson, E. R. and Berkowitz, E. D. 1993. *Social Security and Medicare : A Policy Primer. Westport*, Connecticut : Auburn House.

Kitashiro, K. and Ollila, J. 2006. "Creative and Aging Societies : Views from Japan and Finland." Joint Report of EVA and Keizai Doyukai.

Korpi, W. and Palme, J. 1998. "The Paradox of Redistribution and Strategies of Equality : Welfare State Institutions, Inequality and Poverty in the Western Countries." *American Sociological Review*. 63(5).

Kotlikoff, L. J. 1998. "Simulating the Privatization of Social Security in General Equilibrium." in Feldstein, M. ed. *Privatizing Social Security*. Chicago : Univ. of Chicago Press.

Krugman, P. R. 1994. *Peddling Prosperity : Economic Sense and Nonsense in the Age of Diminished Expectations*. New York : W. W. Norton.

Ku, Y. W. and Jones, C. 2007. "Developments in East Asian Welfare Studies." *Social Policy and Administration*. 41(2).

Kwon, H. J. 2005. "Transforming the Developmental Welfare State in East Asia." *Development and Change*. 36(3).

Lane, C. 1989. "From 'Welfare Capitalism' to 'Market Capitalism'; A Comparative Review of Trends toward Employment Flexibility in the Labour Markets of Three Major European Societies." *Sociology*. 23(4).

Lee, E. W. Y. 2005. "The Renegotiation of the Social Pact in Hong Kong : Economic Globalization, Socio-economic Change, and Local Politics." *Journal of Social Policy*. 34(2).

Lee, E. W. Y. 2006. "Welfare Restructing in Asian Newly Industrialized Countries : A Comparison of Hong Kong and Singapore." *Policy and Politics*. 34(1).

Lee, M. 2000. *Chinese Occupational Welfare in Market Transition*. New York : St. Martin.

Lee, P. and Raban, C. 1988. *Welfare Theory and Social Policy : Reform or Revolution?* London : Sage.

Lei, J. Z. et al. 1991. "The Thirty Years of the Social Work Programme of Yanjing University." Status-Quo, Challenge and Prospect : Collected works of the seminar of the Asian-Pacific region social work education. Beijing : Beijing Univ. Press.

Leibfried, S. 1992. "Towards a European Welfare State? On Integrating Poverty Regimes into the European Community." in Ferge, Z. and Kolberg, J. E. eds. *Social Policy in a Changing Europe*. Frankfurt am Main : Campus Verlag.

Leuchtenburg, W. 1963. *Franklin D. Roosevelt and the New Deal 1932~1940*. New York : Harper and Row.

Levitas, R. ed. 1986. *The Ideology of the New Right*. Cambridge : Polity Press.

Lewis, M. A. and Widerquist, K. 2001. *Economics for Social Workers : The Application of Economic Theory to Social Policy and the Human Services.* New York : Columbia University Press.

Li, J. et al. 2008. "China's New Social Security System in the Making : Problems and Prospects." *International Journal of Public Administration*. 31.

Li, M. 2005. "The Rural-Urban Divide in Chinese Social Security : Political and Institutional Explanations." *Perspectives*. 6(4).

Lind, W. and Marshner, W. 1987. *Cultural Conservatism : Toward a New National Agenda*. Washington, DC : Free Congress Research and Education Foundation.

Linda, W. and Flynn, N. eds. 2001. *The Market in Chinese Social Policy*. New York : Palgrave.

Liu, Y. et al. 2008. "Urban Pauperization under China's Social Exclusion : A Case Study of Nanjing." *Journal of Urban Affairs*. 30(1).

Loewenberg, F. M. 1974. "Toward a Sociological Perspective on Social Welfare Strategies." in Romanyshyn, J. M. ed. *Social Science and Social Welfare*. New York : Council on Social Work Education.

Lowe, R. 1993. *The Welfare State in Britain since 1945*. London : Macmillan.

Lu, M. and Feng, M. 2008. "Reforming the Welfare System in the People's Republic of China." *Asian Development Review*. 25(1-2).

Lu, Y. 2000. "The Limitations of NGOs : A Preliminary Study of Non-Governmental Social Welfare Organizations in China." Center for Civil Society International Working Paper 13.

Lubove, R. 1986. *The Struggle for Social Security 1900~1935*. Pittsburgh : University of Pittsburgh Press.

Lue, P. J. 2007. "Making a Liberal Labor Market : The Political Economy of the Chinese State-Owned Enterprises Welfare Reform." A Paper to be presented at International Sociological Association Research Committee on Poverty, Social Welfare and Social Policy.

Luo, G. 2005. "China's Family Support System : Challenges and Solutions under the Circumstances of Rural-Urban Female Labour Migration." Research Report of UNRISD.

MacInnes, J. 1987. *Thatcherism at Work : Industrial Relations and Economic Change*. Milton Keynes : Open Univ. Press.

Malka, A., Soto, C. J., Cohen, A. B. and Miller, D. T. 2011. "Religiosity and Social Welfare : Competing Influences of Cultural Conservatism and Prosocial Value Orientation." *Journal of Personality*. 79(4).

Manow, P. and van Kersbergen, P. 2009. "Religion and the Western Welfare State : The Theoretical Context." in van Kersbergen, K. and Manow, P. eds. *Religion, Class Coalitions, and Welfare States*. Cambridge : Cambridge University Press.

Marshall, T. H. 1970. *Social Policy*. London : Hutchinson.

Marshall, T. H. 1977. *Class, Citizenship, and Social Development*. Chicago : The Univ. of Chicago Press.

Martin, B. 1993. *In the Public Interest? Privatization and Public Sector Reform*. London : Zed Books.

Melling, J. 1992. "Welfare Capitalism and the Origin of Welfare State : British Industry. Workplace Welfare and Social Reform. 1870~1914." *Social History*. 17(3).

Mesa-Lago, C. 1978. *Social Security in Latin America*. Pittsburgh : Univ. of Pittsburgh.

MHRSS(Ministry of Human Resources and Social Security, People's Republic of China). 2009. "The Chinese Government's Experience and Practices in Extending Social Insurance Coverage." *Good Practices in Social Security*. ISSA.

Michalopoulos, C. and Berlin, G. 2001. "Financial Work Incentives for Low-Wage Worker." Blank, R. M. and Haskins, R. eds. *The New World of Welfare*. Washington, DC : Brookings Institution Press.

Midgley, J. 1984. "Diffusion and the Development of Social Policy: Evidence from the Third World." *Journal of Social Policy*. 13(1).

Midgley, J. 1995. *Social Development : The Developmental Perspective in Social Welfare.* Thousand Oaks : Sage.

Midgley, J. 1999. "Growth, Redistribution and Welfare : Toward Social Investment." *Social Service Review*. March.

Midwinter, E. 1994. *The Development of Social Welfare in Britain.* Buckingham : Open Univ. Press.

Mike, D. 1980. "Why the US Working Class is Different." *New Left Review*. 124.

Mishra, M. 1981. *Society and Social Policy : Theories and Practice of Welfare.* 2nd ed. London : Macmillan.

Mishra, R. 2003. "Globalization and Social Security Expansion in East Asia." in Weiss, L. ed. *States in the Global Economy : Bring the Domestic Institutions Back In*. Cambridge : Cambridge University Press.

Mishra, R. 2004. *Social Policy in East and Southeast Asia : Education, Health, Housing, and Income Maintenance*. London : Routledge.

Mishra, R. and Asher, M. G. 2000. *Welfare Capitalism in Southeast Asia : Social Security, Health and Education Policies*. Basingstoke : Macmillan.

Mitchell, O. S. 1998. "Administrative Costs in Public and Private Retirement System." in Feldstein, M. ed. *Privatizing Social Security*. Chicago : Univ. of Chicago Press.

Mitchell, O. S. et al. eds. 1999. *Prospects for Social Security Reform*. Philadelphia : Univ. of Pennsylvania Press.

Miyamoto, T. 2003. "Dynamics of the Japanese Welfare State in Comparative Perspective : Between Three Worlds and the Developmental Sate." *The Japanese Journal of Social Security Policy*. 2(2).

Mogensen, G. V. ed. 1995. *Work Incentives in the Danish Welfare State : New Empirical Evidence.* Bogtykkeriet, Skive : Aarthus Univ. Press.

Moles, R. R. 1971. *Social Security and Economic Planning. in The Planning of Social Security.* ISSA Studies and Research. 2.

Munkhammar, J. 2005. *European Dawn : After the Social Model*. London/Stockholm : Stockholm Network.

Muramatsu, N. and Akiyama, H. 2011. "Japan : Super-Aging Society Preparing for the Future." http://gerontologist.oxfordjournals.org/content/51/4/425.full (gerontologist 검색일 2011/2/16)

NASI(National Academy of Social Insurance) 1998. *Evaluating Issues in Privatizing Social Security.* Report of the Panel on Privatization of Social Security.

NASW 1977. *Encyclopedia of Social Work*. Washington, DC : NASW Press.

NASW 1995. *Encyclopedia of Social Work*. Washington, DC : NASW Press.

Norden. 2013. "Focus on the Nordic Welfare Model." http://www.nordicwelfare.org/PageFiles/7117/Nordic_Welfare_Model_Web.pdf (Nordic Centre for Welfare and Social Issues 검색일 2014/5/14)

O'Conner, J. 1973. *The Fiscal Crisis of the State*. New York : St. Martin's Press.

O'Donell, G. 1973. *Modernization and Bureaucratic-Authoritarianism*. Berkeley : Univ. of California Press.

OECD. 1998. *Benefit Systems and Work Incentives*. OECD Press.

Offe, C. 1972. "Advanced Capitalism and the Welfare State." in *Politics and Society*. Summer.

Offe, C. 1982. "Some Contradictions of the Modern Welfare State." *Critical Social Policy*. 2(2).

Oizumi, K. 2006. "An Aging Population with a Declining Birthrate and Economic Development in Developing Countries." in Oizumi, K., Kajiwara, H. and Aratame, N. *Facing up to the Problem of Population Aging in Developing Countries : New Perspectives for Assistance and Cooperation*. Institute for International Cooperation Japan International Cooperation Agency.

Orszag, P. R. and Stiglitz, J. E. 1999. "Rethinking Pension Reform : Ten Myths About Social Security Systems." presented at the conference on New Ideas About Old Age Security. World Bank Washington, DC. September.

Pampel, F. C. and Williamson, J. B. 1992. *Age, Class, Politics, and the Welfare State*. Cambridge : Cambridge Univ. Press.

Parker, H. 1982. *Moral Hazard of Social Benefits : Incentives to Work*. London : Institute of Economic Affairs.

Parsons, T. 1962. *Toward a General Theory of Action*. New York : Harper and Row.

Pavard, F. 1979. "Social Security Financing through the Contribution Method." *International Social Security Review*. Year XXXII. No. 4.

Pemberton, A. 1983. "Marxism and Social Policy : a critique of the contradictions of welfare." *Journal of Social Policy*. 12(3).

Piachaud, D. 1987. "Problems in the Definition and Measurement of Poverty." *Journal of Social Policy*. 16(2).

Pinker, R. 1971. *Social Theory and Social Policy*. London : Heinemann.

Pinker, R. 1979. *The Idea of Welfare*. London : Heinemann.

Piven, F. F. and Cloward, R. A. 1971. *Regulating the Poor*. New York : Vintage.

Piven, F. F. and Cloward, R. A. 1982. *The New Class War*. New York : Pantheon Books.

Plant, R. et al. 1980. *Political Philosophy and Social Welfare*. London : RKP.

Poe, M. A. 2002. "Christian Worldview and Social Work." in Dockery, D. S. and Thornbury, G. A. eds. *Shaping a Christian Worldview : The Foundations of Christian Higher Education*. Nashville, TN : Broadman and Holman.

Popple, P. R. and Leighninger, L. 2002. *Social Work, Social Welfare, and American Society*. 5th ed. Boston : Allyn and Bacon.

Quadagno, J. S. 1984. "Welfare Capitalism and the Social Security Act of 1935." *American Sociological Review*. 49.

Queisser, M. 1995. "Chile and Beyond : The Second-Generation Pension Reforms in Latin America." *International Social Security Review*. 48(3-4).

Rabushka, A. 1980. "Tax and Spending Limits." in Duignan, P. and Rabushka, A. eds. *The United States in the 1980s*. Stanford, CA : Hoover Institution.

Reich, R. 1983. *The Next American Frontier.* New York : Times Books.

Rejda, G. E. 1999. *Social Insurance and Economic Security*. 6th ed. Englewood Cliffs, NJ : Prentice-Hall.

Renshaw, P. 1991. *American Labour and Consensus Capitalism 1935~1990*. London : Macmillan.

Reynaud, E. ed. 2000. *Social Dialogue and Pension Reform*. Geneva : ILO.

Rhodes, R. A. W. 1996. "The New Governance : Governing without Government." *Political Studies.* 44(4).

Rimlinger, G. V. 1971. *Welfare Policy and Industrialization in Europe. America, and Russia*. New York : Wiley.

Ringen, S. and Ngok, K. 2012. "What Kind of Welfare State is Emerging in China?" International Workshop on 'Social Welfare Development and Governance Transformation in East Asia' at the Central China Normal University in Wuhan.

Rose, H. 1981. "Rereading Titmuss: The Sexual Division of Welfare." *Journal of Social Policy*. 10(4).

Rother, J. and Wright, W. E. 1999. "Americans' Views of Social Security and Social Security." in Mitchell, O. S. et al. eds. *Prospects for Social Security Reform.* Philadelphia : Univ. of Pennsylvania Press.

Rys, V. 2001. "Transition Countries of Central Europe entering the European Union : Some Social Protection Issues." *International Social Security Review*. 54(2-3).

Sainsbury, R. 1999. "The Aims of Social Security." in Ditch, J. ed. *Introduction to Social Security : Policies. Benefits and Poverty*. London : Routledge.

Salamon, L. M. 1990. "The Non-profit Sector and Government in the US." in Anheier, H. K. and Seibel, W. eds. *The Third Sector : Comparative Studies of Non-profit Organizations*. New York : Aldine de Gruyter.

Schieber, S. J. and Shoven, J. B. 1999. *The Real Deal : The History and Future of Social Security.* New Have n : Yale Univ. Press.

Schroeder, D. 2000. *Work Incentives and Welfare Provision : The pathological theory of unemployment.* Aldershot : Ashgate.

Schulz, J. H. 1983. "The Teaching of Social Security in the United States." *The Teaching of Social Security*. ISSA Studies and Research. 20.

Shalev, M. 1983. Class Politics and the Western Welfare State. in Spiro, S. E. and Yuchman-Yaar, E. eds. *Evaluating the Welfare State : Social and Political Perspectives.* New York : Academic Press.

Sheldon, M. and You, L. 1997. *The Reform of Social Welfare in China*. World Development. 25(10).

Shove, J. B. 1999. "Social Security Reform : Two Tiers Are Better Than One." in Friedman, B. M. ed. *Should the United States Privatize Social Security?* Cambridge, Massachusetts : MIT Press.

Sicular, T. et al. 2007. "The Urban-Rural Income Gap and Inequality in China." *Review of Income and Wealth.* 53(1).

Singh, A. 1996. "Pension Reform. the Stock Market. Capital Formation and Economic Growth : A Critical Commentary on the World Bank's Proposal." *International Social Security Review*. 49(3).

Siren, P. 1978. "Problems in the Financing of Social Security Schemes under Economic Recession and Inflation." in *Problems of Social Security under Economic Recession and Inflation*. ISSA Studies and Research. 10.

Skocpol, T., Ganz, M. and Munson, Z. 2000. "A Nation of Organizers : The Institutional Origins of Civic Voluntarism in the United States." *American Political Science Review.* 94.

Social Welfare Advisory Committee. 2010. "Long-term Social Welfare Planning in Hong Kong." Consultation Paper.

SSA. 1995. *Social Security Handbook*. 12th ed. Social Security Administration.

SSA. 1999. *Social Security Programs Throughout the World-1999*. Social Security Administration.

Steinfels, P. 1979. *The Neoconservatives*. New York : Simon and Schuster.

Stoesz, D, and Karger, H. 1991. "The Corporatisation of the United States Welfare State." *Journal of Social Policy*. 20(2).

Strawn, J. M. et al. 2001. "Improving Employment Outcome under TANF." in Blank, R. M. and Haskin, R. eds. *The New World of Welfare.* Washington, DC : Brookings Institution Press.

Tang, K. 2000. *Social Welfare Development in East Asia*. New York : Palgrave.

Tang, K. and Midgley, J. 2002. "Social Policy after the East Asian Crisis : Forging a Normative Basis for Welfare." *Journal of Comparative Development*. 1(2).

Tang, K. L. and Ngan, R. 2001. "China : Developmentalism and Social Security." in *International Journal of Social Welfare.* 10(4).

Taylor-Gooby, P. and Dale, J. 1981. *Social Theory and Social Welfare*. London : Edward Arnold.

Teplova, T. 2007. "Welfare State Transformation, Childcare, and Women's Work in Russia." *Social Politics.* 14(3).

Thane, P. 1982. *Foundations of the Welfare State*. London : Longman.

Thoenes, P. 1966. *The Elite in the Welfare State*. London : Faber and Faber.

Thompson, L. H. 2000. "The Public Pension System of the United States." in Reynaud, E. ed. *Social Dialogue and Pension Reform.* Geneva : ILO.

Tin, N. G. 2013. "The Context of Social Welfare in Hong Kong : History, Economics, and Politics." http://www.social-dimension.com/2013/08/the-context-of-social-welfare-in-hong- konghistory-economics-and-politics.html

Titmuss, R. M. 1963. *Essays on The Welfare State*. London : Allen and Unwin.

Titmuss, R. M. 1974. *Social Policy : An Introduction*. London : Allen and Unwin.

Titmuss, R. M. 1976. *Commitment to Welfare.* London : Allen and Unwin.

Townsend, P. 1975. *Sociology and Social Policy*. London : Penguin Books.

Trattner, W. I. 1979. *From Poor Law to Welfare State.* 2nd ed. New York : Free Press.

Trattner, W. I. ed. 1983. *Social Welfare or Social Control? : Some Historical Reflections on Regulating the Poor.* Knoxville : Univ. of Tennessee Press.

UN. 2019b. *World Population Ageing 2019 : Highlights.* New York : Department of Economic and Social Affairs/Population Division.

Usui, C. 2003. "Japan's Aging Dilemma?" *Asia Program Special Report*. Woodrow Wilson International Center for Scholars. No. 107.

van Kersbergen, K. 1995. *Social Capitalism : A Study of Christian Democracy and the Welfare State*. London : Routledge.

Vanderwoerd, J. R. 2004. "How Faith-Based Social Service Organizations Manage Secular Pressures Associated with Government Funding." *Nonprofit Management and Leadership*. 14(3).

Veit-Wilson, J. 1987. "Consensual Approaches to Poverty Lines and Social Security." *Journal of Social Policy*. 16(2).

Veit-Wilson, J. 1999. "Poverty and the Adequacy of Social Security." in Ditch, J. ed. *Introduction to Social Security : Policies, Benefits and Poverty*. London : Routledge.

Vlieghere, M. D. 2006. "The Myth of the Scandinavian Model." in Mullally, L. and O'Brien, N. *Beyond the European Social Model*. Open Europe.

Wadensjö, E. 2000. "Sweden : Reform of the Public Pension System." in Reynaud, E. ed. *Social Dialogue and Pension Reform*. Geneva : ILO.

Walker, A. and Wong, C. 2009. "The Relationship Between Social Policy and Economic Policy : Constructing the Public Burden of Welfare in China and the West." *Development and Society*. 38(1).

Walker, R. 1987. "Consensual Approaches to the Definition of Poverty : Towards and Alternative Methodology." *Journal of Social Policy*. 16(2).

Wang, F. 2005. *Organizing through Division and Exclusion : China's Hukou System*. Stanford : Stanford Univ. Press.

Wang, S. B. 2004. "The Age of Social Policy and Government Capacity-Building in Social Policy." *Social Science in China*. 4.

Watson, D. 1977. "Welfare Rights and Human Rights." *Journal of Social Policy*. 6(1).

Webb, A. L. and Sieve, J. E. B. 1971. *Income Redistribution and the Welfare State*. London : Bell and Sons.

West, P. A. 1997. *Understanding the National Health Service Reforms : The Creation of Incentives?* Buckingham : Open Univ. Press.

Wetherly, P. 1988. "Class struggle and the Welfare Sate : some theoretical problems considered." *Critical Social Policy*. 8(1).

White, G. 1998. "Social Security Reforms in China : Towards an East Asian model?" in Goodman, R., White, G. and Kwon, H. eds. *The East Asian Welfare Model : Welfare Orientalism and the State*. London and New York : Routledge.

White, G. and Goodman, R. 1998. "Welfare Orientalism and the Search for an East Asian Welfare Model." in Goodman, R., White, G. and Kwon, H. eds. *The East Asian Welfare Model : Welfare Orientalism and the State*. London and New York : Routledge.

Whiteman, V. L. 2001. *Social Security : What Every Human Services Professional Should Know*. Boston : Allyn and Bacon.

Wilensky, H. and Lebeaux, C. N. 1965. *Industrial Society and Social Welfare.* New York : Free Press.

Wilensky, H. et al. 1985. *Comparative Social Policy : Theories, Methods, Findings*. Berkeley : Institute of International Studies. Univ. of California.

Wilensky, H. L. 1975. *The Welfare State and Equality : Structural and Ideological Roots of Public Expenditure.* Berkeley : Univ. of California Press.

Williamson, J. B. and Deitebaum, C. 2005. "Social Security Reform : Does Partial Privatization Make Sense for China?" *Journal of Aging Studies*. 19.

Wilson, E. 1983. "Feminism and Social Policy." in Loney, M. et al. eds. *Social Policy and Social Welfare.* Milton Keynes : Open Univ. Press.

Wolfenden, J. 1978. *The Future of Voluntary Organization.* London : Croom Helm.

Wong, B. 2008. "Historical Lessons about Contemporary Social Welfare : Chinese Puzzles and Global Challenges." BWPI Working Paper 58. The Univ. of Manchester, Brooks Word Poverty Institute.

Wong, J. 2005. *Healthy Democracies : Welfare Politics in Korea and Taiwan*. Ithaca, New York : Cornell University Press.

Wong, L. 1998. *Marginalization and Social Welfare in China*. London : Routledge.

Wong, L. 2008. "Hong Kong's Welfare Model Reconsidered : What Model? What Traits? And What Functions?" EASP 5th Conference, Welfare Reform in East Asia : Meeting the Needs of Social Change, Economic Competitiveness and Social Justice. National Taiwan University, Taipei, Taiwan. http://www.welfareasia.org/5thconference/papers/Wong L_Hong Kong Welfare Model.pdf

World Bank. 1994. *Averting the Old Age Crisis : Policies to Protect the Old and Promote Growth*. Oxford : Oxford Univ. Press.

World Bank. 2008. *Pension Systems and Reform Conceptual Framework*. Social Protection Discussion Paper. Washington DC.

Xin, C. 2004. "The Development of Social Security Net System in China." in Zhang, Y. ed. *Emerging Urban Poverty in East Asia*. East Asian Development Network Regional Research Project.

Zastrow, C. 2000. *Introduction to Social Work and Social Welfare.* 7th ed. Belmont, CA : Wadsworth.

Zhu, Y. 2002. "Recent Developments in China's Social Security Reforms." *International Social Security Review.* 55(4).

Zinn, H. 1980. *A People's History of the United States*. New York : Harper and Row.

Zwiedineck-Südenhorst, Otto von. 1979. "Social Policy and its Manifestation : Concept and Substance of Social Policy." *Journal of Social Policy*. 8(1).

深圳市民政局. 2010. 赴香港考察社會福利体系報告. 3月.

田北海·張曉霞. 2008. 近代以來香港老年社會福利模式轉型的制度主義分析：兼論對內地福利制度改革的啓示.《江西社會科學》. 第2期. http://www.cnlsslaw.com/list.asp?unid=6966 (中國勞動和社會保障法律网 검색일 2015/2/8)

찾아보기

[이름]

[내용]

저/자/약/력

원석조

중앙대학교 사회복지학 전공 학사, 석사, 박사
오스트리아 빈 경제대학 객원교수
행정고시 출제위원, 사회복지사 1급 국가시험 출제위원
대통령자문정책기획위원회 위원
한국사회복지정책학회 회장
원광대학교 복지보건학부 교수

[주요 저서]
사회복지정책의 궤적, 사회복지정책학원론, 사회보장론, 사회복지행정론, 사회문제론, 사회복지발달사, 노인복지론, 사회복지조사론 외

사회복지정책론 【제11판】

11판 1쇄 2023년 2월 20일
11판 2쇄 2023년 8월 14일
11판 3쇄 2024년 1월 15일

지은이 원석조

펴낸이 김동근
펴낸곳 지식터
등록 2022년 10월 19일(등록번호 제396-2022-000170호)
주소 경기도 고양시 일산동구 정발산로 24 웨스턴타워 3차 417호(장항동)
전화 031-811-8500
팩스 031-811-8600
이메일 jster22@naver.com
홈페이지 http://www.jster22.com
ISBN 979-11-92845-13-5 (93330)

값 21,000원
잘못된 책은 구입처에서 바꾸어 드립니다.